Geschichte   **Realschule Bayern**

entdecken und verstehen

6

Von den Anfängen der Geschichte bis zum Frühmittelalter

Bearbeitet von
Florian Basel, Beilngries
Heike Bruchertseifer, Buchloe
Judith Englhardt, Ergolding
Matthias Fels, Burgau
Kathrin Grashiller, Neumarkt
Carola Gruner-Basel, Kösching
Stefanie Müller, Weiden
Katrin Roth, Hilpoltstein
Maximilian Schuster, Ingolstadt
Doris Thammer, Vohenstrauß

Cornelsen

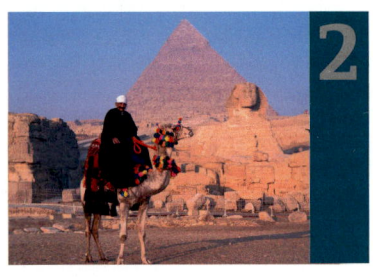

entdecken und verstehen

Liebe Schülerin, lieber Schüler,
wir möchten dir die verschiedenen Seiten dieses Buches vorstellen.

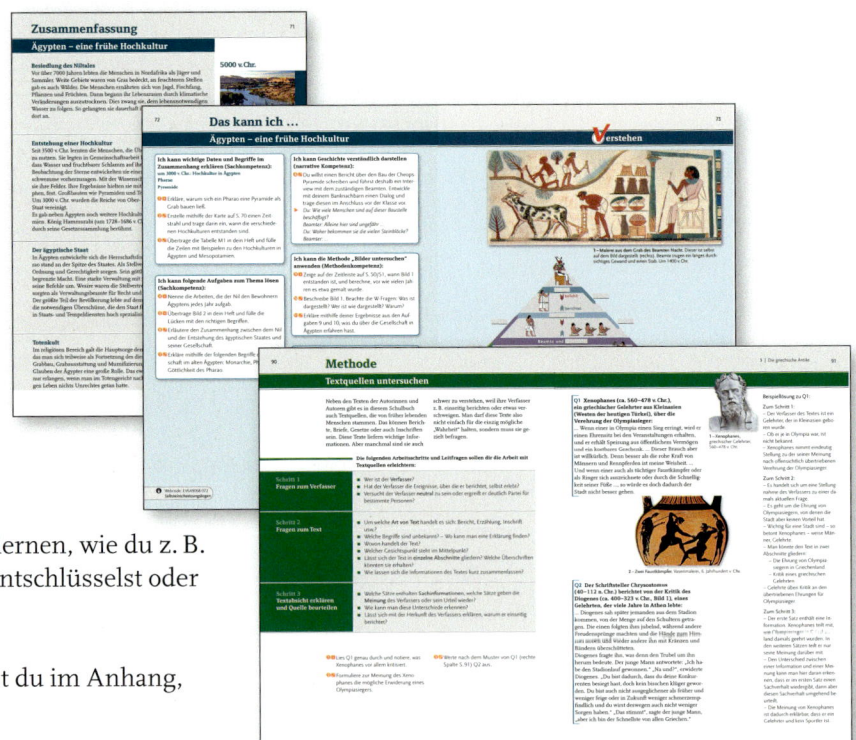

Auftaktseiten

Jedes Kapitel startet mit einem großen Bild.
Darauf gibt es viel zu entdecken: Du kannst
Eindrücke sammeln und zusammentragen,
was du schon weißt.

Darum geht es …

Diese Seite gibt dir einen Überblick
– über wichtige Daten und Räume,
– über die Themen des Kapitels und
– darüber, was du am Ende wissen und können sollst.

Zusammenfassung

Am Ende des Kapitels findest du eine
Zusammenfassung der Inhalte.

Das kann ich …

Am Ende des Kapitels kannst
du dein Wissen und Können testen.

Methode

– Hier kannst du **Schritt für Schritt** erlernen, wie du z. B.
  Geschichtskarten oder Textquellen entschlüsselst oder
  wie du dir ein Urteil bildest.
– **Lösungsbeispiele** helfen dir.
– Eine Übersicht der Methoden findest du im Anhang,
  S. 221 ff.

Inhaltsseite

Oben links steht immer die **Frage**, um die es auf der Doppelseite geht. Dann folgen **Autorentexte**.

Bei den **Materialien** werden Reden von Politikern, Zeitzeugenberichte und andere Schriften aus der Vergangenheit als Quellen mit einem **Q** versehen. Texte, in denen Wissenschaftler oder Journalisten aus heutiger Sicht etwas darstellen, tragen ein **M**.

Du findest hier auch **Bilder, Karten und Grafiken**.

Mit den **Aufgaben** kannst du Fragen, Autorentexte und Materialien bearbeiten. Hinter dem Pfeil ▶ findest du **Starthilfen**.

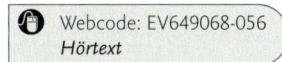

Auf der Randspalte findest du **in schwarzer Schrift Worterklärungen** von schwierigen Begriffen im Autorentext.

Blau gekennzeichnete Begriffe sind wichtige **Lernbegriffe** zum Inhalt der jeweiligen Doppelseite. Zu diesen Lernbegriffen findest du im Autorentext Erklärungen und du kannst sie im Lexikon hinten im Buch nachschlagen.

Der **Webcode** rechts unten auf der Seite führt dich zu verschiedenen Angeboten zur Weiterarbeit: Du kannst Texte der Schulbuchseiten hören, Filme und kurze Bildpräsentationen sehen sowie dein Wissen auf Selbsteinschätzungsbögen prüfen.

So geht es:

1. Gehe auf die Webseite cornelsen.de
2. Gib den Webcode der Seite ein, z. B.:

Webcode: EV649068-056
Hörtext

Geschichte vor Ort

Hier erfährst du etwas über die Geschichte Bayerns.

Längsschnitt

In diesem Buch findest du auch zwei Kapitel, die bestimmte Themen über mehrere Epochen hinweg untersuchen. Man nennt sie **Längsschnitt**.

Individuell lernen und fördern

Schauplatz-Seiten:
Wahlaufgaben zu einem spannenden Großbild
Auf Schauplatz-Seiten findest du – immer passend zum Kapitelthema – **ein großes Bild mit Wahlaufgaben** (rot), die du in Gruppenarbeit löst.

entdecken-Seiten:
Wahlaufgaben mit unterschiedlichen Materialien
Auf den entdecken-Seiten kannst du dir mit einer Arbeitsgruppe ein **Thema mithilfe verschiedener Materialien** (Texte, Bilder) und Wahlaufgaben (rot) **selbst erschließen**.

Von leicht bis schwierig …
Bei allen Aufgaben dieses Buches findest du **Würfel** 🔲
Sie zeigen **unterschiedliche Schwierigkeitsgrade** an:
🔲 einfacher Schwierigkeitsgrad
🔲 mittlerer Schwierigkeitsgrad
🔲 erhöhter Schwierigkeitsgrad

❶🔲 Beschreibe mithilfe des Textes auf S. 126, wie sich die politische Ordnung nach der Königsherrschaft verändert hatte.

❷🔲 Stell dir vor, du bist Plebejer und willst deinen Unmut öffentlich machen. Erstelle Texte für Schilder, auf denen deine Beschwerden und Forderungen zu lesen sind.

❸🔲 „Die Politik in Rom war eine Angelegenheit aller Bürger." Stimmst du zu oder nicht? Nimm dazu Stellung und verwende die Begriffe „Republik" und „Senat".

▶▶ Starthilfen – unterstützen und fördern
Auf den Seiten dieses Buches findest du **Starthilfen, die dich bei der Lösung von Aufgaben unterstützen**. Sie tragen ein oranges ▶ oder rotes ▶ Dreieck und sind in *kursiver* Schrift gesetzt.

❶🔲 Erkläre anhand des Schaubildes 2 und des Textes den Aufbau der ägyptischen ✳Gesellschaft.

▶ *An der Spitze der Gesellschaft steht der … . Er befiehlt über … und gewährt …*

❷🔲 Ein ägyptischer Priester erzählt einem griechischen Händler vom Glauben der Ägypter und ihrem Totenkult. Führe diese Erzählung weiter, indem du Bild 4 und den Text dieser Seite zu Hilfe nimmst.

▶ *Wir verehren sehr viele Götter. Nach dem Tod müssen wir vor ihnen über unser Leben Rechenschaft ablegen. Bevor wir aber ins Jenseits gelangen, müssen wir … Mumifizierung … Grab … Totengericht*

Hilfe durch die Operatorenliste

Alle Aufgaben enthalten bestimmte Begriffe, die dir mitteilen, was du bei dieser Aufgabe tun sollst, z. B. nenne, vergleiche, erkläre … . Dies sind die Operatoren. Auf den beiden **Klappen vorne und hinten** im Buch findest du eine **Operatorenliste**, in der du solche Begriffe nachschlagen kannst. Du findest dort außerdem Hilfen, wie du bei der Lösung von Aufgaben mit diesem Operator vorgehen kannst, und ein Beispiel dazu.
Die Operatoren sind **alphabetisch** geordnet.

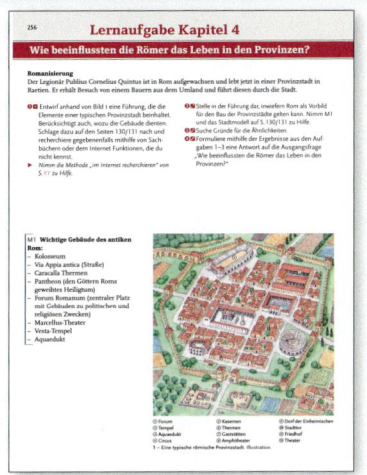

Lernaufgaben

Im **Anhang** findest du zu den Kapiteln 1–5 Zusatzaufgaben. In diesen Lernaufgaben kannst du dein **Wissen anwenden**, das du in dem jeweiligen Kapitel erworben hast.

Medienbildung / digitale Bildung

Auf vielen Seiten kannst du **Angebote zur Medienbildung und digitalen Bildung** finden:
Unter den Webcodes:

- **Hörtexte** zu den Schulbuchseiten

> Webcode: EV649068-086
> *Hörtext*

- **Filme** zu einzelnen Themen

> Webcode: EV649068-066
> *Film*

- **Bildpräsentationen**
- **Selbsteinschätzungsbögen**
  zur „Das kann ich"-Seite

> Webcode: EV649068-206
> *Bildpräsentation*

> Webcode: EV649068-046
> *Selbsteinschätzungsbogen*

Bei den Aufgaben:
- **Rechercheaufgaben im Internet**

> ❶ 🔲 Erstellt mithilfe von M1 und Bild 1 einen Steckbrief über das antike Rom. Nennt darin Gebäude und recherchiert deren Funktion. Beschreibt anschließend, wie die Stadt auf euch wirkt. Sucht dazu passende Adjektive.
> ▶ *Nehmt die Methode „Im Internet recherchieren" von S. 221 zu Hilfe. Verwendet als Suchstichworte die Namen der Gebäude.*

- **Aufgaben zur Medienarbeit**
  Zusätzlich kannst du auf der Website mebis viele interessante Angebote zur Arbeit mit und über Medien finden, z. B. Filme, und Programme, mit denen man Mindmaps am Computer und Hörspiele erstellt. Es gibt auch spezielle Angebote zum Fach Geschichte.

> ❹ 🔲 Stelle die Mindmap auf S. 27 auf dem Computer her. Suche im Internet das Portal mebis und dort mit dem Stichwort „Mindmap" das entsprechende Softwareprogramm. In der rechten Spalte helfen dir dort Anleitungen zum Erstellen einer Mindmap. Sicherlich kannst du auch einen Informatiklehrer um Rat fragen.

1 Der Mensch und seine Geschichte

Wenn du mit offenen Augen durch deinen Heimatort gehst, kannst du Gebäude, Brücken oder Stadtmauern entdecken, die aus früheren Zeiten stammen. Dabei fragst du dich: Wie haben die Menschen damals gelebt? Was haben sie gedacht oder gefühlt? Wenn du beginnst, dich mit der Geschichte zu beschäftigen, kannst du also gleich vor der Haustür starten. Auf diesem Bild siehst du beispielsweise Ausgrabungen einer Kirche bei Neukirchen bei Sulzbach-Rosenberg. Findest du ähnliche Ausgrabungsstätten auch in deiner Nähe?

1 Der Mensch und seine Geschichte

ca. 4 Mio. Jahre	ca. 2 Mio. Jahre
Entwicklung des Vormenschen	Altsteinzeit Auftreten des Frühmenschen

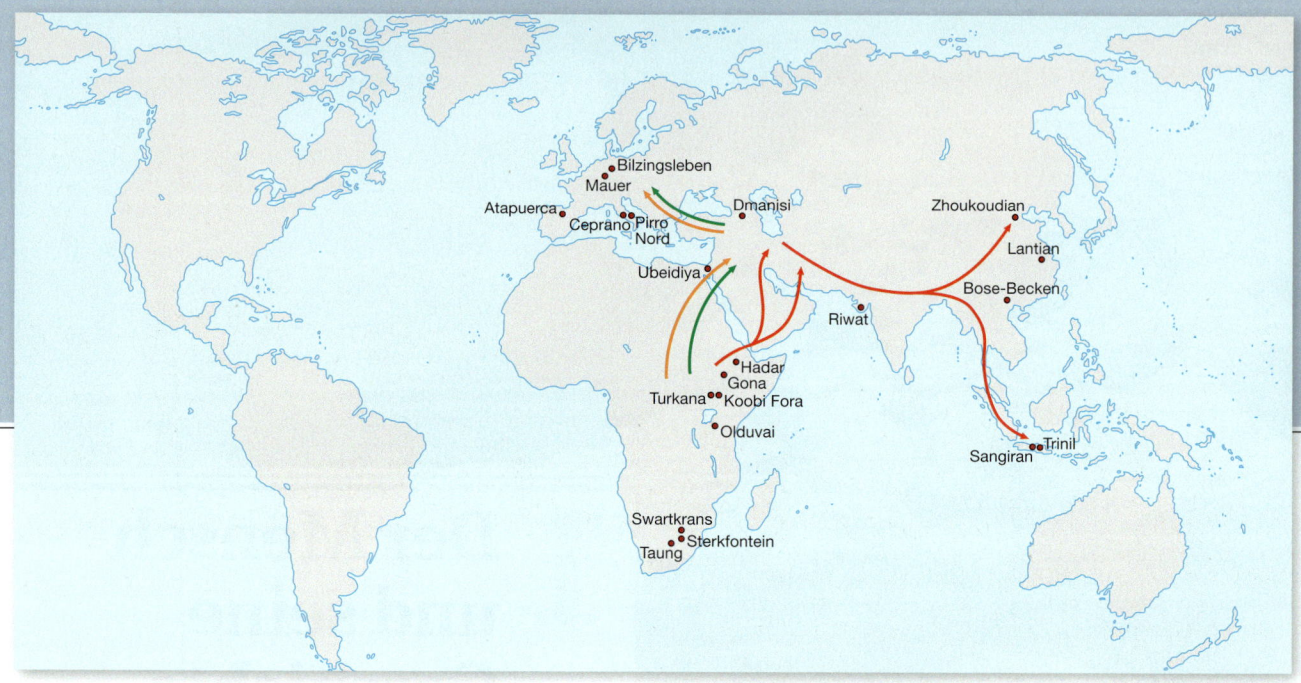

1 – Ursprungsgebiete des Frühmenschen (Homo erectus) und die Ausbreitungswege.

Die Ausbreitung des Frühmenschen (Homo erectus) von Afrika nach Asien und Europa begann schon vor mehr als 2 Millionen Jahren und vollzog sich in mehreren Wellen:

- vor 2–1,5 Mio. Jahren
- vor 1–0,5 Mio. Jahren
- vor 500000–100000 Jahren
- wichtige Fundstellen

Unter „Geschichte" verstehen wir alles, was seit dem ersten Auftreten der Menschen geschehen ist. Anhand von Quellen wie Skelettresten, Werkzeugen oder Siedlungsspuren gelingt es den Forschern, das Leben unserer Vorfahren in Darstellungen wieder lebendig werden zu lassen.

Anhand einiger Quellen und Darstellungen wirst du im folgenden Kapitel herausfinden, was sich im Laufe der Vergangenheit verändert hat und was bis in die Gegenwart hinein geblieben ist und damit auch die Menschen heute sowie in der Zukunft betrifft.

Am Ende des Kapitels kannst du folgende Fragen beantworten:

- Wo begegnet mir Geschichte?
- Wie lässt sich die vergangene Zeit einteilen?
- Woher erfahre ich, was früher passiert ist?

- Wodurch unterscheiden sich Lebensumstände der Menschen in der Alt- und Jungsteinzeit?
- Wie arbeiten Archäologen?
- Wer waren die Kelten und welche Spuren haben sie hinterlassen?
- Wie erstelle ich eine Zeitleiste?
- Wie fertige ich eine Mindmap an?
- Wie kann ich Sachtexte verstehen?

1 Ordne die Bilder 2–4 in zeitlicher Reihenfolge. Begründe deine Entscheidung.

2 Sieh dir die Bilder 2–5 an und erzähle, was du schon dazu weißt.

3 Stelle mithilfe der Karte 1 fest, wo die ersten Menschen lebten. Suche diese Orte in einem Atlas und finde heraus, in welchen heutigen Ländern sie liegen.

ca. 130 000 Jahre	ca. 40 000 Jahre	ca. 5500 v. Chr.	ca. 2200 v. Chr.
			Metallzeit in Mitteleuropa
Neandertaler in Europa	Moderner Mensch in Europa	Jungsteinzeit in Mitteleuropa	

2 – Jäger der Altsteinzeit. Illustration.

4 – In einem Dorf der Jungsteinzeit. Illustration.

5 – Faustkeil aus der Altsteinzeit , ca. 250 000 Jahre alt.

3 – Wohnhaus der Kelten in Süddeutschland, etwa 5. Jh. v. Chr. Illustration.

Geschichte begegnet uns überall

Wo finden wir Geschichte in unserer Nähe?

1 – Oktoberfest in München – im Hintergrund die Bavaria, die Patronin Bayerns, und die Ruhmeshalle. Sie wurden in der Zeit von 1843 bis 1853 erbaut.

4 – Kloster Ettal. Seine jetzige Gestalt erhielt das Kloster im 18. Jahrhundert.

2 – Burg in Burghausen. Die Anlage entstand im 11. Jahrhundert.

5 – Rekonstruiertes Nordtor im Römerkastell Weißenburg, ca. 250 n. Chr.

3 – Das Bamberger Rathaus, erbaut 1461–1467.

6 – Der Dom in Regensburg, der in seiner jetzigen Erscheinungsform ab 1270 erbaut wurde.

8 – Schulanfängerin in den 1950er-Jahren.

7 – Schloss Neuschwanstein, das ab 1869 errichtet wurde.

Die Geschichte unseres Ortes

Einige Bilder auf dieser Doppelseite kommen dir möglicherweise bekannt vor. Vielleicht gibt es auch ähnliche Gebäude, Brücken, Denkmäler, Museen etc., in deinem Heimatort.

❶ ▣ Ordne die Bilder 1–7 in zeitlicher Abfolge.
▶ *Gehe vom ältesten Bauwerk aus.*

❷ ▣ Betrachte die Bilder 1 bis 7 und vermute, welchem Zweck die Bauwerke zu ihrer Entstehungszeit dienten und welchen sie heute erfüllen.

❸ ▣ Bild 8 könnte in den Wohnzimmern deiner Großeltern hängen. Auch dieses Bild hat etwas mit Geschichte zu tun. Suche zu Hause nach weiteren Gegenständen oder Bildern, die etwas über vergangene Zeiten erzählen, und stelle sie der Klasse vor.
▶ *Besonders eignen sich z. B. alte Bücher, Fotos oder Haushaltsgegenstände.*

❹ ▣ Erstelle in der Klasse eine Liste mit Gebäuden, Denkmälern, Brücken usw. aus deinem Heimatort, die aus früherer Zeit stammen. Besorge dir dazu einen Prospekt aus dem Rathaus, beim Verkehrsverein oder bei der Sehenswürdigkeit selbst.

❺ ▣ Entwirf eine Wandzeitung zum Thema: „Die Geschichte unserer Stadt/unserer Gemeinde".
▶ *Auf dieser Wandzeitung kannst du Bilder aus Prospekten oder eigene Fotos aufkleben. Schreibe zu den Bildern kurze Erklärungen.*

Methode

Eine Zeitleiste erstellen

Familiengeschichte wird sichtbar: die Zeitleiste
Wenn du zu Hause in deinen Fotoalben blätterst, wirst du auf Bilder aus deiner Vergangenheit stoßen. Nicht an alles wirst du dich erinnern. Zu manchen Bildern können dir nur deine Eltern oder Großeltern etwas erzählen.

Diese Fotografien sind wichtige Bildquellen deiner eigenen Geschichte. Wenn du sie zeitlich ordnest, kannst du mit ihnen deine Lebensgeschichte und die Geschichte deiner Familie darstellen.
Auf der rechten Seite siehst du, wie Marc versucht hat, eine Zeitleiste seiner eigenen Familiengeschichte herzustellen.

Die folgenden vier Schritte helfen dir bei der Erarbeitung einer Zeitleiste zur Geschichte deiner Familie.

Schritt 1 Bilder sammeln	■ Suche zu Hause Bilder von deiner Familie. Befrage dazu auch deine Eltern und Großeltern. ■ Lass dir von deinen Eltern und Großeltern aus deren Leben erzählen.
Schritt 2 Material ordnen	■ Sortiere ähnliche Bilder aus und mache Fotokopien von den ausgewählten Bildern. ■ Schreibe zu jedem Bild auf, aus welchem Jahr es stammt. ■ Berechne, wie viele Jahre seitdem bis heute vergangen sind.
Schritt 3 Zeitleiste anlegen	■ Nimm eine Papierbahn und zeichne darauf einen Zeitstrahl (siehe Bild 1). ■ Unterteile den Zeitstrahl dort in mindestens zehn gleiche Abschnitte. ■ Schreibe von rechts nach links unter die Markierungen die Jahreszahlen 2020, 2010, 2000, 1990, 1980 … ■ Markiere dann die Jahreszahl des aktuellen Jahres.
Schritt 4 Zeitleiste gestalten	■ Lege deine Bilder auf den richtigen Platz auf dem Zeitstrahl. Probiere aus, wie du die Bilder am besten platzierst. ■ Klebe die Bilder auf und beschrifte sie.

❶ Schau die Bilder auf der rechten Seite an. Erzähle, wovon die Fotos berichten.
❷ Erkundige dich, welche Ereignisse in der Geschichte deiner Familie besonders wichtig waren.
❸ Erstelle nach dem Beispiel auf der rechten Seite eine bebilderte Zeitleiste zu deiner Familiengeschichte. Trage in diese Zeitleiste die für deine Familie wichtigen Ereignisse ein.
❹ Wie stellst du dir deine Zukunft in den Jahren 2027 und 2037 vor?

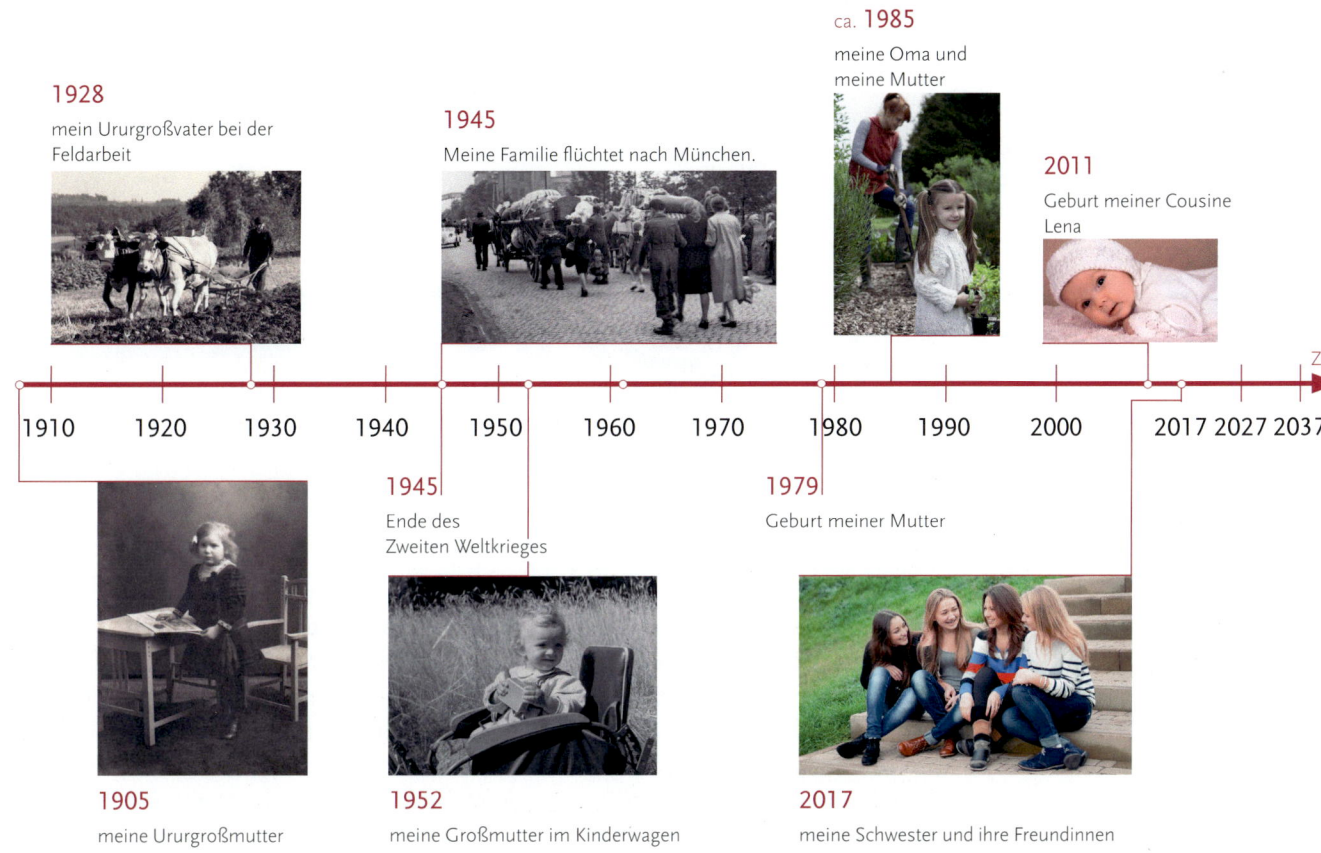

1 – Marcs Zeitleiste.

Viele alte Bilder aus dem Fotoalbum

Marc hat zu Hause auf dem Dachboden ein altes Fotoalbum gefunden und in den Unterricht mitgebracht.

M1 Fotoalben „erzählen"

„Schaut mal, was auf der Rückseite des Fotos steht: Foto Tischner – 1905. Das kleine Kind auf dem Foto muss meine Ururgroßmutter sein. Wie komisch die Kinder damals angezogen waren!"

Marc blättert zurück und findet ein Foto mit dem Eintrag „1928". „Das Foto zeigt meinen Ururgroßvater bei der Feldarbeit. Meine Oma hat mir mal erzählt, dass es damals bei uns noch keinen Traktor gab. Der Pflug wurde von einem Ochsen gezogen."

Auf einem anderen Bild, das lose im Album liegt, fehlt das Datum. Marc glaubt zu wissen, was dargestellt ist: „In einem Fotoalbum meiner Oma ist ein ähnliches Bild. Es zeigt, wie meine Familie zusammen mit vielen anderen damals kurz nach dem Zweiten Weltkrieg nach München geflüchtet ist. Der Krieg war 1945 zu Ende."

Hinten im Album gibt es auch Farbfotos. Marc sagt: „Das Bild kenne ich. Es zeigt meine Oma mit meiner Mutter im Urlaub. Meine Mutter ist 1972 geboren. Das Foto muss also etwa 1985 entstanden sein."

Marc ruft begeistert: „Und hier ist noch ein Bild mit meiner Schwester und ihren Freundinnen."

Orientierung in der Zeit

Wie unterteilen die Menschen die Zeit?

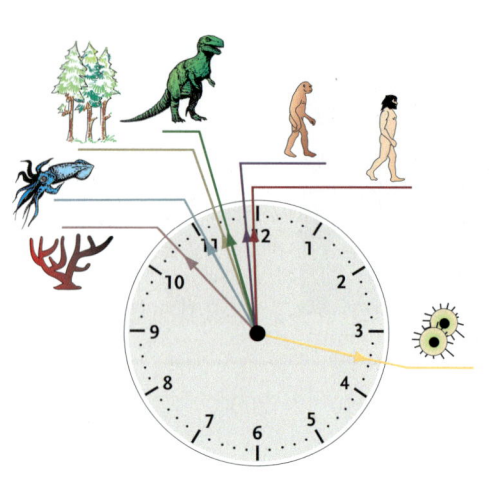

1 – Lebensuhr.

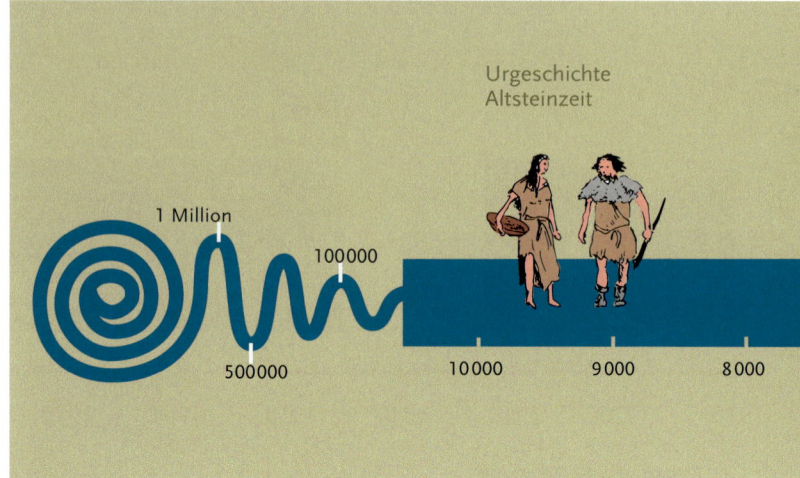

2 – Zeitleiste.

Die Lebensuhr

Menschen gibt es nicht nur seit einigen 100 oder 1000 Jahren, sondern sie entwickelten sich allmählich seit etwa 4 Millionen Jahren. Dabei durchlief der Mensch viele Stadien, bis er zu dem wurde, was er heute ist. Noch viel älter ist die Erde, nämlich ungefähr 5 Milliarden Jahre alt. Unter diesen Zahlen kann man sich eigentlich nichts vorstellen. Etwas leichter fällt uns dies, wenn wir diese Zeit in den 12 Stunden eines Zifferblattes darstellen:

0 Uhr	Die Erde entsteht – vor etwa 5 Milliarden Jahren.
3.30 Uhr	Im Wasser regt sich das erste Leben.
11.30 Uhr	Die ersten Säugetiere treten auf. Dies ist die Zeit der Saurier.
11.53 Uhr	Jetzt gibt es die ersten Menschenaffen.

Es war 11.00 Uhr, 59 Minuten und 42 Sekunden, als die ersten Menschen lebten. Allein von den folgenden 18 Sekunden bis 12.00 Uhr will dieses Buch berichten.

Die Geschichte der Menschheit

Wer sich mit Geschichte beschäftigt, muss das, was „früher" war, genau ordnen. Wissenschaftler haben die Geschichte der Menschheit daher in verschiedene Zeitabschnitte (Epochen) eingeteilt (Zeitleiste, Bild 2).

– Am Anfang steht die Urgeschichte. Das ist der Zeitraum vom Beginn der Menschheit bis zum Auftauchen der ersten schriftlichen Zeugnisse.
– Es folgen Frühe Hochkulturen wie zum Beispiel die Sumerer in Mesopotamien, die Ägypter oder Inder. Sie zeichnen sich dadurch aus, dass sie für ihre Zeit sehr fortschrittlich sind.
– Die Antike beginnt, als die Menschen das Schreiben erfinden. In dieser Epoche gibt es die Hochkulturen.
– Den Zeitabschnitt zwischen der Antike und der Neuzeit nennt man Mittelalter. Hier ändern sich die Kultur sowie das Leben der Menschen in Europa enorm.
– In der Neuzeit, die bis in unsere Gegenwart reicht, gibt es besonders viele und wichtige Erfindungen und Entdeckungen.

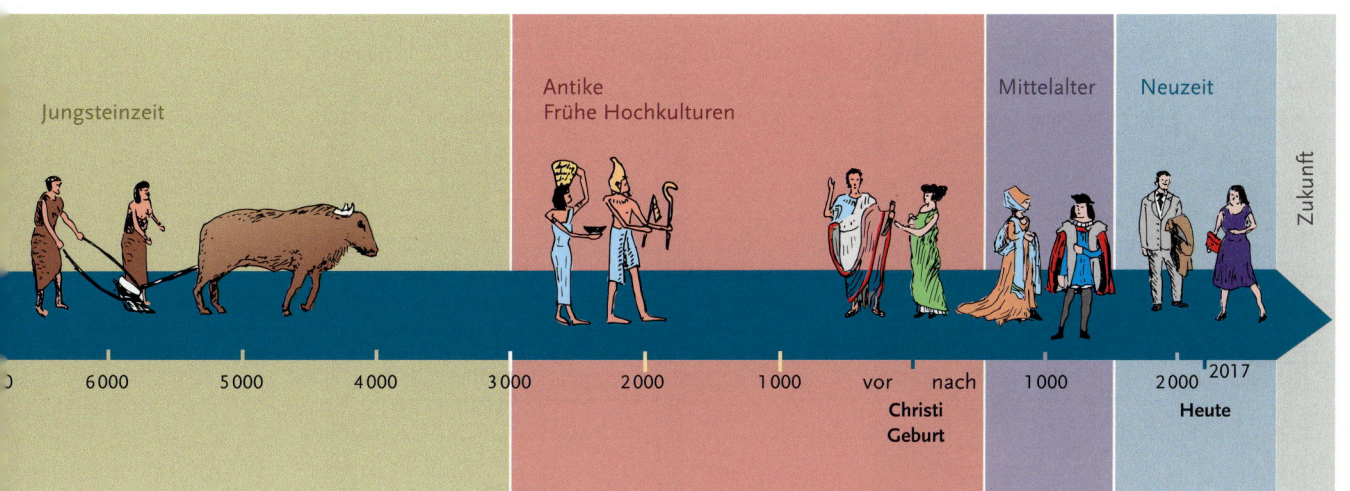

Will man angeben, wann ein bestimmtes Ereignis genau stattgefunden hat, dann sprechen wir von den Jahren vor oder nach der Geburt Christi.

Für andere Religionen gibt es andere Ausgangspunkte. Nach der Überzeugung der Juden wurde die Welt im Jahre 3761 (v. Chr.) erschaffen. Das ist also für sie das Jahr „1". Um heute das Jahr nach jüdischer Zeitrechnung zu bestimmen, zählt man zur christlichen Zeitrechnung 3760 Jahre hinzu. Die Zeitrechnung im Islam beginnt mit der Flucht Mohammeds aus Mekka im Jahre 622 n. Chr.

Die Zeitmessung

Um erkennen zu können, welche Entwicklung die Geschichte der Menschheit genommen hat, müssen wir alle Ereignisse in die richtige Reihenfolge bringen. Wie für die Familiengeschichte brauchen wir also auch hier eine Zeitleiste. Man kann die Zeit in etwa gleich große Abschnitte einteilen.

In früheren Zeiten ordnete man die Zeit nach Naturerscheinungen, wie etwa dem Sonnenauf- und -untergang oder der Fülle des Mondes. Man spricht hier – im Gegensatz zur Einteilung der Epochen – von einer natürlichen Gliederung der Zeit. Geschichtswissenschaftler rechnen aber meist in größeren Einheiten: in Jahrzehnten, Jahrhunderten oder Jahrtausenden. In dem Zeitstrahl oben lassen sich nur die großen Zeiteinheiten darstellen. Es stehen dort 2 cm für 1000 Jahre. Die Jahre nach der Geburt Christi stehen rechts, die Jahre vor der Geburt Christi stehen links davon. Das Jahr „null" gibt es nicht.

---

❶ ▶ Berechne mithilfe des Zeitstrahls, wie alt der römische Kaiser Augustus wurde, der von 63 v. Chr. bis 14 n. Chr. lebte.

❷ ▶ Die ältesten Schriften stammen aus der Zeit um 3150 v. Chr. Wie alt sind sie jetzt?

❸ ▶ Ordne in Partnerarbeit die unten stehenden Begriffe den richtigen Epochen auf der Zeitleiste zu.
Griechen und Römer, Ägypter, Entdeckung Amerikas, Steinzeitmenschen, Ritter und Burgen

❹ ▶ Befrage deine jüdischen, christlichen und muslimischen Mitschülerinnen und -schüler, warum in ihrer Religion die Erschaffung der Welt, die Geburt Jesu, die Flucht Mohammeds aus Mekka zum Ausgangspunkt der Zeitrechnung genommen wurde.

❺ ▶ Berechne mithilfe der Angaben auf S. 19, in welchem Jahr wir uns jetzt nach der jüdischen oder islamischen Zeitrechnung befinden.

Woher wissen wir, was früher war?

1 – Blick in eine mittelalterliche Küche. Buchmalerei, um 1500.

4 – Schulzeugnis von 1903.

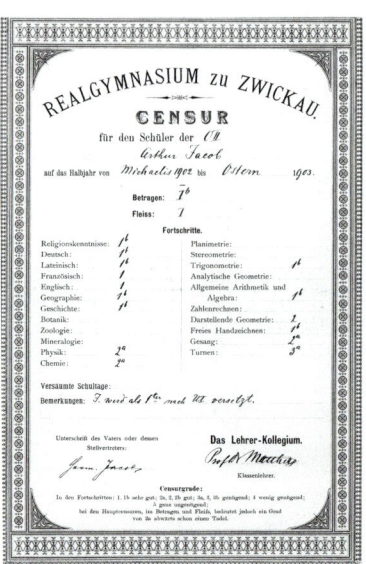

2 – Ägyptische Schriftzeichen (Hieroglyphen). Zeichnung ca. 1300 v. Chr.

3 – Antike Münze mit Kaiser Augustus, ca. 18 v. Chr.

Spuren der Vergangenheit

Wenn sich Historikerinnen und Historiker (Geschichtsforscher) mit der Vergangenheit beschäftigen, dann suchen sie Materialien, die möglichst aus der Zeit stammen, über die sie etwas erfahren möchten, d.h., sie gehen zurück bis an die „Quelle". Man nennt diese Materialien daher auch einfach „Quellen". Wir unterscheiden vier Quellenarten:

Schriftliche Quellen: Briefe, Tagebücher, Urkunden, Inschriften, alte Zeugnisse etc.

Mündliche Quellen: Berichte von Zeitzeugen, Volkslieder, Sagen etc.

Bildliche Quellen: Gemälde, Zeichnungen, Fotos, Filme etc.

Gegenständliche Quellen: Gebäude, Schmuck, Werkzeuge, Skelette, alte Münzen etc.

Zudem muss man unterscheiden, ob Quellen mit einer Überlieferungsabsicht erstellt wurden **(Überlieferungen)** oder ob sie aus anderen Gründen entstanden, als der Nachwelt über Gegenwart oder Vergangenheit zu berichten **(Überreste)**.

In diesem Buch bezeichnen wir die Materialien aus vergangenen Zeiten, die uns Auskunft über diese geben können, als Quellen (Q). Beschreibungen und Deutungen der Vergangenheit aus späterer Zeit nennen wir **Darstellungen (M)**.

5 – Kistengrab mit Beigaben aus der Jungsteinzeit, ca. 5000 v. Chr. Foto, 2008.

7 – Der Stein von Rosette, 196 v. Chr. Mithilfe dieses Steins konnte die Bedeutung der ägyptischen Schriftzeichen ermittelt werden.

9 – Ritterrüstung , Anfang 16. Jh.

6 – Schülerinnen und Schüler befragen einen Zeitzeugen. Foto, ohne Datum.

8 – Feiernde Berlinerinnen und Berliner auf der Berliner Mauer. Foto, November 1989.

Geschichte aus unterschiedlichen Perspektiven

Historiker sind „Geschichtsdetektive": Sie stellen Fragen an die Vergangenheit und suchen in Quellen nach Antworten. Dabei kommen sie manchmal zu unterschiedlichen Ergebnissen, weil sowohl Quellen als auch Darstellungen von der Meinung des Verfassers geprägt sind und dieser die Dinge aus seinem Blickwinkel (Perspektive) aufgeschrieben hat. So muss der Historiker immer die Glaubwürdigkeit eines Quellentextes beurteilen.

❶ Nenne die Quellenarten.

❷ Erkläre den Begriff „Quelle".

❸ Ordne die Quellen auf den Bildern 1–9 den richtigen Epochen auf dem Zeitstrahl von S. 18/19 zu.

❹ Erstelle eine Tabelle mit den vier Quellenarten als Spaltenüberschriften. Trage dann die Quellen 1 bis 9 in die jeweils zugehörige(n) Spalte(n) ein.

❺ Führe zu jeder Quellenart mindestens zwei Beispiele aus diesem Buch an und notiere diese mit Seitenzahl in der Tabelle.

❻ Sammle Quellen zur Geschichte deines Schulortes und fertige dazu ein Plakat an. Schreibe unter jede Quelle, um welche Quellenart es sich handelt.

Die Altsteinzeit

Seit wann gibt es Menschen?

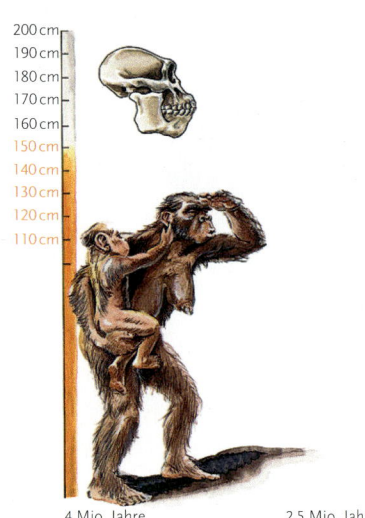
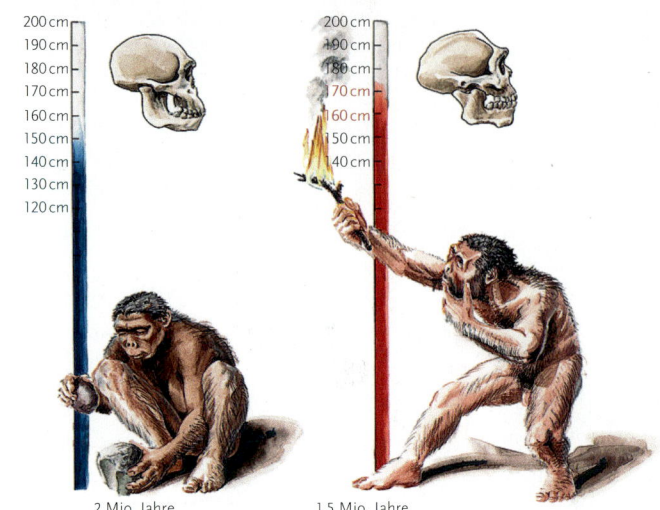

| 4 Mio. Jahre | 2,5 Mio. Jahre | 2 Mio. Jahre | 1,5 Mio. Jahre |

Vormensch – Australopithecus
(Südaffe)
– 1,10 m bis 1,50 m
– keine Werkzeugherstellung
– Afrika

Geschickter Mensch – Homo habilis
– 1,45 m
– einfache Werkzeuge
– Ostafrika

Frühmensch – Homo erectus
(der aufrecht gehende Mensch)
– 1,65 m
– Faustkeilkultur, Werkzeuge aus Holz und Knochen
– Nutzung des Feuers
– siedelte erstmals in Europa und Asien

1 – Stationen in der Entwicklung des Menschen.

☆ **Archäologe**
Er erforscht durch Ausgrabungen und Bodenfunde alte Kulturen. Viele Funde werden zufällig entdeckt, z. B. bei Bauarbeiten. Die Auswertung der Funde erfolgt in einem Labor. Die Wissenschaft der Archäologen wird Archäologie genannt.

☆ **Cromagnon-Mensch**
1898 fanden Forscher in einer Höhle die Skelette von fünf Menschen. Die Höhle heißt Cro-Magnon und liegt in der Dordogne (Frankreich).

☆ **Anthropologe**
Ein Anthropologe untersucht die menschliche Entwicklung.

Spuren der ersten Menschen?
Die ersten Menschen lebten in Südafrika, 40 km nördlich von Johannesburg, vor etwa 2 Millionen Jahren. In Deutschland fand man die ältesten Menschenknochen bei Heidelberg (Baden-Württemberg). Diese sind etwa 630 000 Jahre alt.

Affen oder Menschen?
Als unser direkter Vorfahr gilt der Homo erectus, der aufrecht gehende Mensch (Bild 1). Vom Affen unterscheidet er sich durch ein deutlich größeres Gehirn als Voraussetzung dafür, dass er denken und sprechen, planen und überlegt handeln kann. Die ältesten Spuren dieser Menschen sind die Faustkeile (siehe Bild 5, S. 13). Sie sind etwa eine Million Jahre alt. Anfangs nur grob behauen, entwickelte der aufrecht gehende Mensch eine Technik, Steine so zu behandeln, dass das zugespitzte Ende für viele Zwecke verwendet werden konnte: für das Graben,

Schneiden von Fleisch, Abschaben von Fellen usw. Da die Werkzeuge dieser frühen Menschen hauptsächlich aus Stein waren, nennen die ☆Archäologen diese Zeit „Steinzeit".

M1 **Der amerikanische Grabungsleiter Lee Berger vermutete 2010, dass vor 2 Millionen Jahren Folgendes in Afrika passiert sein könnte:**
... Die kleine Frau, vielleicht Ende 20, streift mit dem etwa 13-jährigen, fast gleich großen Jungen durch die zerklüftete, bewaldete Hügellandschaft. Sie suchen nach Wasser. Die Trockenheit und die Hitze der südafrikanischen Sonne haben den Fluss weiter unten am Hang versiegen lassen. Sie hoffen, in einer der Höhlen im Berg Wasser zu finden. ... Doch dann übersehen die beiden die Öffnung im Boden. Sie fallen zehn, fünfzehn Meter in die Tiefe. Dicht beieinander bleiben sie liegen.

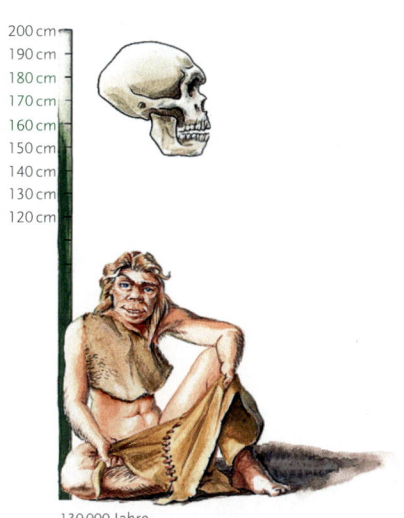

Neandertaler – Homo sapiens neanderthalensis
– bis 1,80 m
– vielfältige Werkzeugherstellung
– hatte religiöse Vorstellungen
– vor 130 000–30 000 Jahren

130 000 Jahre

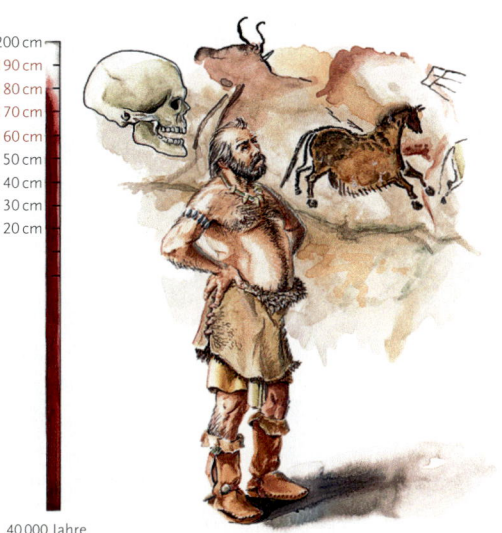

*Cromagnon-/moderner Mensch – Homo sapiens sapiens
– 1,60 bis 1,85 m
– Schöpfer von Kunstwerken
– seit etwa 40 000 Jahren
– von ihm stammen alle heute lebenden Menschen ab

40 000 Jahre   heute

M2 Der Wissenschaftsjournalist Hubert Filser schrieb zu Bergers Überlegungen 2010:

... Das Unglück von damals ist das Glück der Forscher von heute, insbesondere das des *Anthropologen Lee Berger. ... Er hat die knapp zwei Millionen Jahre alten Überreste ... gefunden: Zähne, zahlreiche Knochen, die Kiefer und ein kompletter Schädel sind erhalten. ... „Ich glaube, wir haben es hier mit einem guten Kandidaten für die Übergangsart vom südafrikanischen Affen-Menschen Australopithecus africanus entweder zum Homo habilis oder vielleicht sogar zu unserem direkten Vorfahren, dem Homo erectus, zu tun", sagt Berger. ...
Beide Vormenschen waren 1,27 m groß, die Frau wog etwa 33 Kilogramm, der Junge 27 Kilogramm. Sie hatten schmale Körper mit langen, kräftigen Armen und kurzen Händen. Schädel und Hüfte ähneln der Gattung Mensch, die beiden Wesen konnten bereits aufrecht gehen. Mit ihren langen Beinen liefen sie möglicherweise ähnlich wie heutige Menschen. Doch ihr Gehirn war noch deutlich kleiner, ... kaum größer als das eines Schimpansen.

---

❶ ▣ Fasse zusammen, was Lee Berger in M1 beschreibt.

❷ ▣ Ordne den Fund aus M2 auf dem Bild 1 ein.

❸ ▣ Beschreibe den Faustkeil auf S. 13 und erläutere seine Funktion mithilfe des Textes.

❹ ▣ Schildere mithilfe der Zeitleiste oben und M2 die Entwicklung vom Vormenschen zum modernen Menschen.

▶ *Die Entwicklung vom Affen zum modernen Menschen beginnt mit dem Vormenschen, der ... Circa 2 Millionen Jahre später ...*

❺ ▣ Der Mensch unterscheidet sich unter anderem dadurch vom Affen, dass er nachdenken und planmäßig vorgehen kann. Erläutere dies anhand von Beispielen aus der Zeitleiste oben und dem Text dieser Seite.

▶ *Berücksichtige z. B. die Jagd, den Gebrauch des Feuers, die Werkzeugherstellung ...*

❻ ▣ Wähle aus der Zeitleiste jeweils einen Menschentypen aus und suche in Sachbüchern, Lexika oder im Internet nach weiteren Informationen über Nahrung, Wohnen, Größe usw. Trage deine Ergebnisse in der Klasse vor.

Wie lebten die Menschen in der Altsteinzeit?

a Pfeil
b Herdstein
c Hacke
d Speere mit
   Feuersteinspitze
e geräuchertes Fleisch
f Stein zum Mahlen
   von Körnern
g Bogen
h Tierzähne und
   Schnecken als Schmuck
i Brennholz

1 – Techniken und Werkzeuge in der Altsteinzeit. Illustration.

Altsteinzeit

Bodenfund eines Faust-
keils aus der Altstein-
zeit, ca. 250 000 Jahre
alt.

Alltag in der Altsteinzeit

Überleben konnten die Menschen in der Altsteinzeit nur in kleinen Gruppen, in Horden, von etwa 20 bis 30 Mitgliedern. Sie lebten in Zelten oder einfachen Hütten, die schnell auf- und abgebaut werden konnten. Gab es in einem Gebiet nämlich nicht mehr genügend Tiere, die man erlegen konnte, oder andere Nahrungsmittel, zog man weiter. Man nennt diese Lebensweise Nomadentum.

Das Leben war bestimmt von der täglichen Beschaffung von Nahrung. Daneben mussten die Menschen Werkzeuge herstellen oder reparieren, Tiere häuten und die Felle gerben, Feuer anzünden, Kranke und Verletzte versorgen sowie Tote bestatten. Ein wichtiges Instrument zum Ausführen vieler dieser Tätigkeiten war der Faustkeil.

Die unterschiedlichen Tätigkeiten mussten miteinander abgesprochen werden. Viele Wissenschaftler sind überzeugt, dass die Menschen der Altsteinzeit schon vor mindestens 500 000 Jahren miteinander sprechen konnten. In ihrer „Freizeit" – das zeigen Funde von Flöten von vor 35 000 Jahren – spielten vermutlich Musik und Tanz eine große Rolle. Bislang fanden Forscher keine eindeutigen Hinweise auf kriegerische Auseinandersetzungen zwischen verschiedenen Gruppen in der Altsteinzeit. Vielleicht begannen die gegenseitigen Überfälle, als die Menschen Eigentum besaßen, wie z. B. kostbaren Schmuck oder Tierherden.

Frauen kochen, Männer jagen?

Bilder über die Steinzeit zeigen Frauen beim Sammeln von Kräutern oder Beeren. Außerdem – so glaubt man – waren sie zuständig für Kochen, Nähen und die Kindererziehung. Männer hingegen gingen auf die Jagd oder stellten Werkzeuge und Waffen her. – Stimmt dieses Bild?

2 – Jäger in der Altsteinzeit. Illustration.

3 – Sammler und Sammlerinnen. Illustration.

M1 Die Wissenschaftlerin Linda R. Owen schrieb über den Alltag von noch heute lebenden Jäger- und Sammler-Stämmen:

... In vielen Gesellschaften haben sich aber die Frauen an der Großwildjagd beteiligt, sei es als Jägerinnen oder beim Sichten und Zerlegen von Tieren. Die Frauen haben auch Kleinwild aktiv gejagt und es mit Schlingen und Fallen gefangen, entweder allein oder zusammen mit Männern oder älteren Kindern. ...

M2 Die Wissenschaftlerin kommt aufgrund ihrer Forschungen zu dem Ergebnis:

... (Es gab in der Altsteinzeit) aktive, starke Frauen, die große Entfernungen laufen, schwere Lasten tragen oder stundenlang Wurzeln ausgraben; Mütter, die Kinder erziehen und ihnen ihre Kenntnisse und ihr Handwerk beibringen; Sammlerinnen, Jägerinnen und Fischerinnen, die erheblich zur Ernährung ...

beitragen; Frauen, die Werkzeuge herstellen und für eine Vielzahl von Tätigkeiten verwenden. ...

Frauen besaßen auch ein hohes Ansehen als Hebammen oder Heilerinnen.

---

❶ ▣ Schreibe die Begriffe links von Bild 1 ab und ordne sie den Zahlen richtig zu.

❷ ▣ Beschreibe die Bilder 1–3.

❸ ▣ Erkläre, was nach Ansicht der Wissenschaftlerin (M2) auf den Bildern 1 und 2 verändert werden müsste.

❹ ▣ Spiele folgende Situation: Eine Horde berät, ob sie bleiben oder ein neues Jagdgebiet aufsuchen soll.

▶ *Ein Mitglied der Horde sagt: Lasst uns weiterziehen, denn ...*

❺ ▣ In den Horden der Altsteinzeit verrichteten nicht alle Menschen dieselbe Arbeit. Nenne unterschiedliche Arbeitsbereiche und erkläre, welche Vorteile eine Aufgabenteilung brachte.

❻ ▣ Das Leben der Menschen in der Altsteinzeit war voller Gefahren und Probleme. Schildere den Alltag einer Horde und zeige, warum die Menschen schnell in Not geraten konnten.

Methode

Eine Mindmap erstellen

Gedanken sammeln und anordnen

Wenn du dir über ein Thema Gedanken machen und Informationen zusammentragen sollst, ist es sinnvoll, diese in eine übersichtliche und geordnete Form zu bringen. Neben dem Erstellen einer Tabelle oder eines Clusters ist das Zeichnen einer Mindmap ein geeignetes Vorgehen. Hier werden Gedanken nicht hinter- oder untereinander notiert, sondern es entsteht – wie es der englische Begriff schon sagt – eine Gedankenkarte.

Eine Mindmap kann nicht nur Wissen aus einem vorgegebenen Text ordnen, sondern etwa auch eigene Gedanken in eine gewisse Form bringen. Dabei kann die Mindmap immer wieder ergänzt und erweitert werden.

Neben handschriftlichen Gedankenkarten ist es möglich, eine Mindmap auch am Computer zu erstellen. Hierfür gibt es zahlreiche Mindmapping-Programme, wie etwa „freemind", das du in mebis (siehe S. 9) finden kannst.

Die folgenden Schritte helfen dir, eine Mindmap zu erstellen:

Schritt 1 **Thema festlegen und Informationen sammeln**	■ Wähle ein Thema aus, über das du etwas erfahren möchtest. ■ Suche dazu Texte und/oder Bilder. ■ Unterstreiche nützliche Informationen zum Thema im vorliegenden Text. ■ Überlege, welche Begriffe zusammengehören, und finde Überschriften.
Schritt 2 **Mind-Map zeichnen**	■ Nimm ein unlinertes Papier zur Hand. ■ Formuliere das Thema in der Mitte, am besten umrahmst du es. ■ Zeichne nun so viele dicke Hauptlinien vom Thema in der Mitte nach außen, wie du Überschriften gefunden hast. ■ Schreibe diese an die Enden der Hauptlinien. ■ Davon ausgehend zeichnest du weitere, dünnere Zweige. Notiere an deren Ende dazugehörige Stichworte.
Schritt 3 **Symbole und Farben einfügen**	■ Die Überschriften und besonders wichtige Stichpunkte solltest du jetzt durch Unterstreichen oder verschiedene Farben hervorheben. So kannst du auf einen Blick erkennen, was Ober- und Unterpunkte sind. ■ Zum besseren Einprägen kannst du Symbole oder einfache Zeichnungen zu den einzelnen Überschriften malen.

❶ ▶ Betrachte die Mindmap auf der rechten Seite und erkläre den Aufbau.

❷ ▶ Gib die Informationen, die du herauslesen kannst, in einem kurzen Vortrag wieder.

❸ ▶ Erstelle eine Mindmap zum Thema „Quellen" (siehe S. 20/21).

❹ ▶ Stelle die Mindmap auf S. 27 auf dem Computer her. Gehe dazu über den webcode zum Freemind-Programm auf dem Portal mebis. In der rechten Spalte helfen dir dort Anleitungen zum Erstellen einer Mindmap. Sicherlich kannst du auch einen Informatiklehrer um Rat fragen.

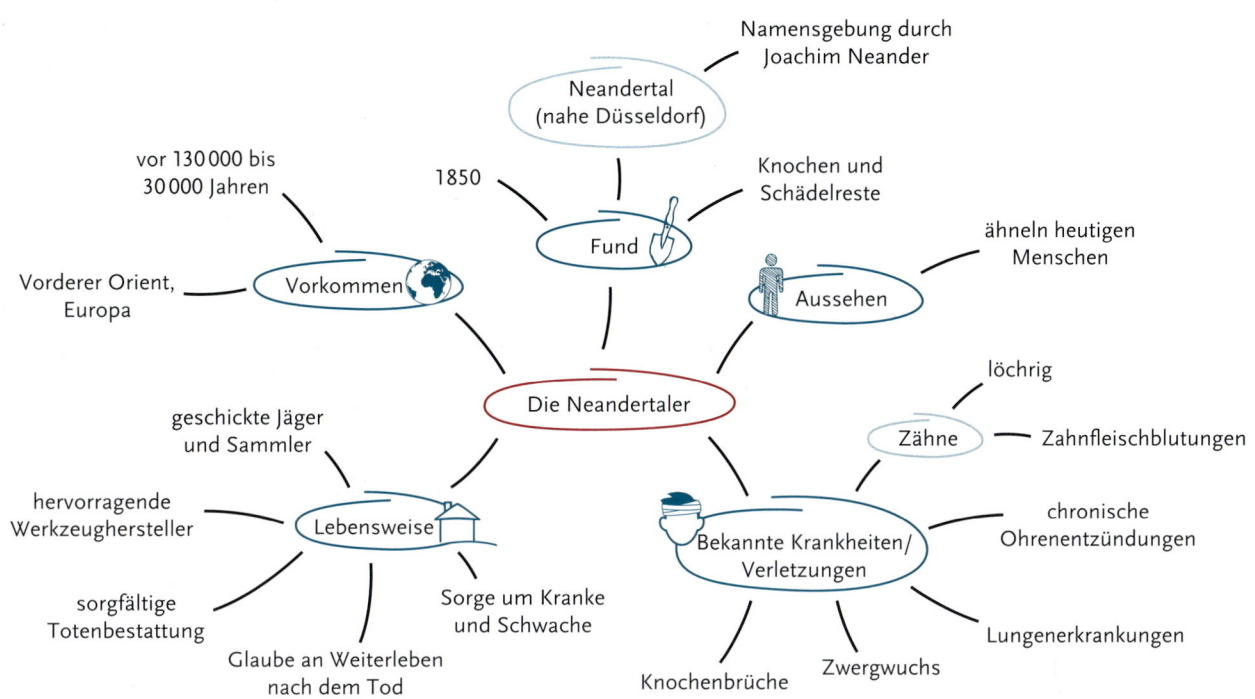

Namensgebung durch Joachim Neander

Neandertal (nahe Düsseldorf)

vor 130 000 bis 30 000 Jahren

1850

Knochen und Schädelreste

Fund

ähneln heutigen Menschen

Vorderer Orient, Europa

Vorkommen

Aussehen

löchrig

Die Neandertaler

Zähne — Zahnfleischblutungen

geschickte Jäger und Sammler

chronische Ohrenentzündungen

hervorragende Werkzeughersteller

Lebensweise

Bekannte Krankheiten/ Verletzungen

Lungenerkrankungen

sorgfältige Totenbestattung

Sorge um Kranke und Schwache

Glaube an Weiterleben nach dem Tod

Knochenbrüche

Zwergwuchs

M1 Ein Sachbuchautor beschreibt 2011 den Fund im Neandertal:

In der Nähe von Düsseldorf gab es ein kleines Tal, an dem rechts und links steile Felsen aufstiegen, in denen sich Höhlen befanden. In einer dieser Höhlen wohnte oft in den Sommermonaten Joachim Neander (1650–1680), um hier Kirchenlieder zu schreiben. Nach ihm heißt dieses Tal das „Neandertal". Um 1850 wurden die Felsen und Höhlen abgetragen. Dabei entdeckten Arbeiter Knochen und Reste eines Schädels, die zu einer unbekannten Menschenart gehörten, die man „Neandertaler" nannte. Neandertaler – das zeigten spätere Funde – lebten vor etwa 130 000 bis 30 000 Jahren im Vorderen Orient und in Europa. Lange Zeit hielt man den Neandertaler für einen primitiven affenähnlichen Menschen, der sich kaum verständigen konnte. Neuere Forschungen beweisen das Gegenteil: Neandertaler waren geschickte Jäger und Sammler und hervorragende Werkzeughersteller. In ihrem Aussehen ähnelten sie den heutigen Menschen. Sie waren – soweit wir das bis jetzt wissen – die ersten Menschen, die ihre Toten sorgfältig bestatteten. Vermutlich glaubten sie an ein Weiterleben nach dem Tod.

M2 Der Autor berichtet weiter über Krankheiten der Neandertaler:

Viele Neandertaler litten offenbar unter löchrigen Zähnen und Zahnfleischentzündungen. Zahlreiche Skelette zeigen zudem Spuren von Wunden, die meistens aber gut verheilten. Der Bruch eines Kieferknochens, der das Kauen stark behindert haben muss, gebrochene Rippen, dauerhafte Behinderungen durch Verletzungen an Kopf, Armen und Füßen, Schädelbruche – all dies fand man bei Skeletten von Neandertalern. Bei Kindern gab es Zwergwuchs ebenso wie Lungenerkrankungen oder chronische Ohrenentzündungen. Kranke und Schwache wurden aber offensichtlich nicht alleingelassen. Sie gehörten zur Gruppe und man versorgte sie ausreichend mit Nahrung und Kleidung, wenn sie nicht mehr selber für sich sorgen konnten.

Die Jungsteinzeit

Wie änderte sich das Leben in der Jungsteinzeit?

1 – Ackerbauern und Viehzüchter in der Jungsteinzeit. Illustration.

※ **Eiszeit**
Dies ist eine über Jahrtausende anhaltende Kaltzeit in der Erdgeschichte. Es kommt zu einer enormen Ausbreitung von Gletschern. Diese letzte Eiszeit dauerte etwa 100 000 Jahre.

※ **Palisaden**
So nennt man einen Zaun aus Holzpflöcken.

Menschen werden sesshaft

Vor etwa 12 000 Jahren endete die letzte ※Eiszeit. Im Vorderen Orient (Karte 2) kam es in dieser Zeit zu starken Regenfällen. Gerste und Weizen, die hier schon lange wild wuchsen, breiteten sich dadurch weiter rasch aus. Bald gab es mehr Wildgetreide, als die Menschen während der kurzen Reifezeit verbrauchen konnten. So begannen sie, die Getreidekörner in Erdgruben aufzubewahren. Mit diesen Vorräten konnten sie ihre Ernährung für mehrere Wochen oder Monate sichern. Sie mussten also in dieser Zeit nicht mehr als Nomaden umherziehen, um Nahrung zu suchen.

Ackerbau und Viehzucht

Bei der Aufbewahrung der Getreidekörner in den Erdgruben machten die Menschen vermutlich die Beobachtung, dass das Korn auskeimt und sich daraus neue Pflanzen entwickeln konnten. Von dieser Beobachtung bis zur planmäßigen Aussaat war es nur noch ein kleiner Schritt. Da sie nun längere Zeit an einem Ort lebten, lohnte sich für sie auch der Hausbau.

Die Menschen im Vorderen Orient wurden sesshaft.

Etwa zeitgleich, um 9000 v. Chr., lernten die Menschen dieser Gegend auch Schafe und Ziegen, später Schweine und Rinder zu zähmen. So waren sie nicht mehr nur auf das Jagdglück angewiesen. Ackerbau und Viehzucht machten die Ernährung sicherer. Die Bevölkerungszahl wuchs. Bald reichte das fruchtbare Land nicht mehr aus. So machten sich ganze Gruppen auf die Suche nach neuem Land. Etwa um 6000 v. Chr. ließen sich die ersten Ackerbauern und Viehzüchter in Mitteleuropa nieder.

Wohnen in der Jungsteinzeit

In der Jungsteinzeit spielten Familie und Verwandtschaft eine große Rolle, weil man jetzt etwas vererben konnte, nämlich Häuser, Werkzeuge, Felder und Tiere. Zum ersten Mal entstanden nun auch größere Dörfer, in denen mehrere hundert Menschen lebten. Gemeinsam bauten sie ※Palisaden, Zäune und Gräben zum Schutz vor wilden Tieren oder Überfällen.

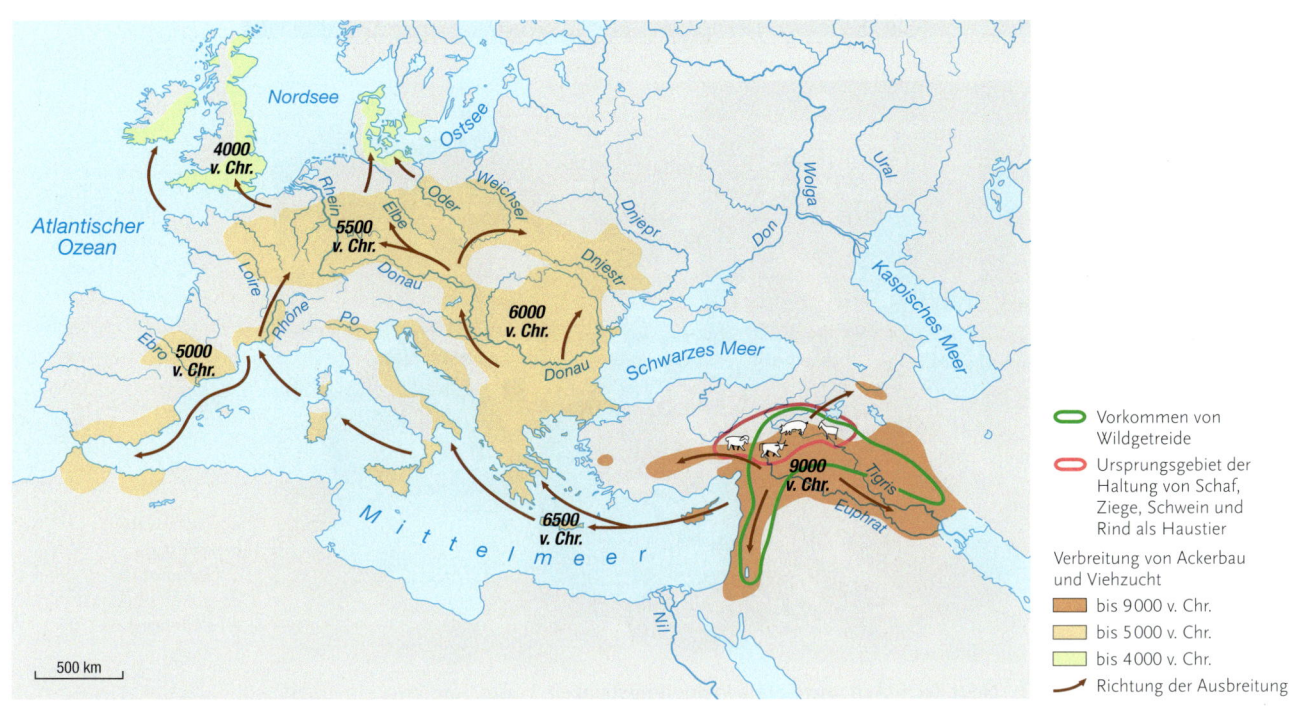

2 – Die Ausbreitung des Ackerbaus nach Europa.

Eine Wohnform in der Jungsteinzeit ist das sogenannte Langhaus (S. 32/33 und S. 47, Bild 2). Gebäudereste lassen auf eine Größe von 20 x 8 Meter schließen. Unklar ist, ob mehrere Familien in einem Langhaus zusammen lebten, welches zunächst nur aus Wohnräumen und Speichern bestand, später aber auch der Unterbringung von Tieren diente. Handwerkliche Tätigkeiten mussten in den fensterlosen Häusern im Eingangsbereich oder auf einem überdachten Vorplatz verrichtet werden. Eine in der Mitte der Langhäuser befindliche Feuerstelle diente der Nahrungszubereitung. Beim Bau halfen alle Bewohner eines Dorfes zusammen. Zunächst wurden große Balken miteinander verbunden, dann die Zwischenräume mit Zweigen ausgeflochten und schließlich mit Lehm geschlossen. Für die Dächer wurde aus Ästen eine Unterkonstruktion angefertigt, dann mit Schilfrohr eine wasserdichte und dämmende Schicht aufgebracht.

❶ Betrachte Bild 1 und beschreibe es.

❷ Erkläre, was sich hier gegenüber der Altsteinzeit verändert hat.
▶ *Achte dabei vor allem auf die Werkzeuge, die Wohnsituation und die abgebildeten Tiere.*

❸ Nenne mithilfe eines Atlas die heutigen Länder, in denen der Ackerbau zuerst entstand (Karte 2).

❹ In Aufgabe 2 hast du dir anhand der Zeichnung überlegt, was sich gegenüber der Altsteinzeit verändert hat. Ordne nun die unterschiedlichen Aspekte in eine Tabelle ein, die du in dein Heft überträgst. Berücksichtige nun auch dein Wissen aus dem Text dieser Doppelseite.

Altsteinzeit	Jungsteinzeit
Wohnen in Zelten oder einfachen Hütten	*Wohnen im …*
…	*…*

❺ Stell dir vor, du könntest Menschen aus der Jungsteinzeit interviewen: Formuliere Fragen, die du den Personen auf Bild 1 stellen könntest, und notiere diese. Schreibe mögliche Antworten auf.

❻ Zeichne mithilfe des Textes, des Bildes auf S. 32/33 und Bild 2, S. 47, ein Langhaus. Entscheide dich zuerst für eine Ansicht von innen oder außen.

Welche neuen Techniken entstanden?

a   Töpferwaren
b   Webstuhl
c   Steinbohrer
d   polierte Steinaxt
e   Räderwagen
f   Pflug

1 – Neue Techniken und Geräte in der Jungsteinzeit. Illustration.

---

* **Spezialisierung**
Die Menschen machten sich mit einem bestimmten Bereich (z. B. der Herstellung von Bienenkörben) besonders vertraut.

* **Steinaxt**
Das ist ein Instrument der Jungsteinzeit, das sowohl als Waffe als auch zum Fällen von Bäumen und dem Spalten von Holz genutzt werden konnte. Der Stein wurde so lange bearbeitet, bis er scharf genug war, diese Tätigkeiten damit zu erledigen. Der Kopf der Steinaxt wurde an einem Holzstab befestigt.

* **Grabstock**
So nennt man einen ca. ein Meter langen, oben zugespitzten Holzstab, mit dem kleine Löcher zum Einsetzen von Setzlingen in die Erde gebohrt werden konnten. Mit ihm konnten außerdem Erdschollen umgewendet und Wurzeln ausgegraben werden.

Neue Techniken

Mit der Sesshaftigkeit veränderte sich das Leben der Menschen erheblich. Neue Techniken brachten Vorteile und erforderten gleichzeitig *Spezialisierung und Arbeitsteilung.

Der Häuserbau, das Roden von Wäldern für neue Anbauflächen und die Bearbeitung der Felder machten bessere Werkzeuge und Geräte nötig. Die Bohrtechnik und das Polieren von Steinwerkzeugen ermöglichten die Verbesserung wichtiger Werkzeuge wie der *Steinaxt (Bild 3). Der hölzerne Pflug ersetzte den *Grabstock und den Spaten. Der Boden konnte besser gelockert werden. Die Bearbeitung der Felder erfolgte schneller und leichter, blieb aber dennoch mühsam. Der Ernteertrag stieg. Gebrannte Tongefäße halfen bei der Vorratshaltung. Das Spinnen und das Weben wurden weiterentwickelt und verfeinert. Wie aber in der Gemeinschaft Entscheidungen getroffen wurden, darüber gibt es nur Vermutungen.

Als die ersten Räder rollten

In jedem Jahr musste die Ernte oder das Stroh von den Feldern in die Dörfer gebracht werden. Die gesamte Familie half mit, alles zu den Scheunen oder Vorratshäusern zu tragen. Auch die Kinder mussten ihre Eltern in der Landwirtschaft unterstützen – vermutlich ab dem sechsten Lebensjahr. Wissenschaftler schließen dies aus Schäden an Kinderskeletten, die vermutlich durch das Tragen zu schwerer Gegenstände hervorgerufen wurden. Durch die Erfindung von Rad und Wagen um 3500 v. Chr. konnten schwere Lasten leichter und über größere Entfernungen transportiert werden: landwirtschaftliche Geräte und Ernteerträge ebenso wie Baumaterialien für Häuser. Gezogen wurden die Wagen von Ochsengespannen. Seit etwa 2000 v. Chr. spannte man auch Pferde vor die Wagen. Jetzt konnte man größere Strecken im Fernhandel, bei dem wichtige Materialien wie Feuerstein oder Kupfer gehandelt wurden, leichter überwinden.

2 – So viele Menschen konnten in der Alt- und Jungsteinzeit etwa von einem Quadratkilometer ernährt werden. Schaubild.

1 km²

🌾 Ackerbau

🌿 Viehzucht

Jagd (+ Sammeln)

3 – Steinaxt aus der Jungsteinzeit, ca. 2500 v. Chr. Der Stiel ist aus Hirschgeweih, die Axt selbst aus Feuerstein.

* neolithisch
Wortbildung aus neos (griech. „neu") und lithos (griech. „Stein") zum Begriff „Jungsteinzeit".

Arbeitsteilung

Bereits in der Altsteinzeit hatte es eine Aufgabenteilung gegeben. Während ein Teil der Horde jagte, sammelte der andere Pflanzen und Kleintiere. Nun fand eine weitere Spezialisierung statt. Händler, vor allem Fernhändler, und viele Handwerker hatten keine Zeit, gleichzeitig auch ihre Felder zu bestellen. Sie erhielten für ihre Waren und Werkzeuge aber Getreide von den Bauern, die meist mehr produzierten, als sie selbst und ihre Familien brauchten. So begann in dieser Zeit eine immer stärkere Arbeitsteilung.

Weil sich das Leben der Menschen im Übergang von der Alt- zur Jungsteinzeit stark veränderte, spricht man heute von einer „Revolution", der *neolithischen Revolution.

❶ ▫ Betrachte Bild 1, schreib die Begriffe aus der Legende ab und ordne sie den Zahlen zu.

❷ ▪ Erläutere mithilfe des Texts die Bedeutung der Erfindung von Rad und Wagen für den Alltag der Menschen.

❸ ▫ Vergleiche die Steinaxt (Bild 3) mit dem Faustkeil (S. 13). Welchen Fortschritt kannst du feststellen?

❹ ▪ Werte das Schaubild 2 aus.

▶ *Beginne deine Überlegungen so:*
Ein Quadratkilometer ist notwendig, um einen Menschen durch Jagd und Sammeln satt zu machen …

❺ ▪ Die neolithische Revolution zählt für Forscher zu den wichtigsten Veränderungen der Menschheit. Erkläre diese Meinung der Wissenschaftler.

Jäger und Sammler treffen auf Bauern und Viehzüchter

Schaupla **tz** Geschichte

Der Wandel von der Altsteinzeit zur Jungsteinzeit vollzog sich sehr langsam. Lange existierten beide Lebensformen nebeneinander. Nomadische Jäger und Sammler begegneten sesshaften Bauern und Viehzüchtern.

Bildet Gruppen und bearbeitet eine der Aufgaben 1–3. Stellt eure Ergebnisse den anderen Gruppen anschließend vor.

❶ Der Junge rechts im Bild entdeckt am Waldrand eine Gruppe nomadischer Jäger und Sammler. Er macht die übrigen Dorfbewohner darauf aufmerksam. Wählt drei Personen aus und schreibt auf, welche Gedanken diesen durch den Kopf gehen könnten. Eine Person antwortet auf die Aussage des Jungen.

❷ Die Gruppen begegnen sich im Anschluss feindlich. Die Dorfbewohner lehnen die „Herumtreiber" von vornherein ab. Stellt diese Situation in einem Rollenspiel dar.

▶ *Die Bauern und Handwerker beobachten, wie sich die Nomaden dem Dorf nähern. Ein Bauer ergreift das Wort: „Verschwindet von hier und lasst unser Vieh in Ruhe ..."*

❸ Die Gruppen begegnen sich freundlich und sehen in der Begegnung Vorteile.

▶ *„Wir können weiterhin auf die Jagd gehen und euch mit Wildfleisch versorgen ..."* Spielt diese Situation.

Was wissen wir von „Ötzi"?

Ein sensationeller Fund

Es war der 19. September 1991, als die Bergwanderer Erika und Helmut Simon aus Nürnberg in den Ötztaler Alpen am Tisenjoch auf ca. 3210 Metern in einem Schneefeld einen Leichnam fanden.

In diesem Gebiet ist dies schon die siebte Gletscherleiche im Jahr 1991. Die Polizei wurde informiert. Wahrscheinlich – so glaubte man – handelte es sich um einen Bergsteiger, der hier vor einigen Jahren tödlich verunglückte. Nur Reinhold Messner, der sich zufällig in der Nähe des Fundortes befand (siehe Bild 2), schätzte, dass der Tote vor mindestens 3000 Jahren gelebt habe.

2 – Die Bergsteiger R. Kammerlander und R. Messner am Fundort des „Ötzi", 1991.

1 – Die Rekonstruktion des „Ötzi".

Die Datierung des Fundes

M1 Die Archäologin Elisabeth Rastbichler-Zissernig schrieb 2011:

... Konrad Spindler war der erste Archäologe, der den „Mann im Eis" ... zu Gesicht bekam. Der Fachmann erkannte den Fundkomplex sogleich als urgeschichtlich. „Mindestens 4000 Jahre oder älter" – das waren seine Worte beim ersten Anblick. Das Beil mit der Metallklinge und der Feuersteindolch ließen ihn nicht daran zweifeln. Aus einem Leichenfund im Hochgebirge wurde eine archäologische Sensation.

Endgültige Gewissheit brachte die Untersuchung der Leiche mithilfe der C-14-Methode: Alle lebenden Wesen nehmen mit der Atmung aus der Luft den Kohlenstoff C-14 auf; das sind kleine radioaktive Atome. Stirbt ein Lebewesen, hört die Aufnahme sofort auf und die Atome zerfallen, in 5568 Jahren etwa auf die Hälfte. An den Knochen kann man feststellen, wie viele Atome bereits zerfallen sind, und so das Alter von Funden ungefähr bestimmen.

Ötzi lebte demnach zwischen 3350 und 3120 v. Chr., also vor jetzt über 5000 Jahren und damit in einer Zeit, als in Europa die Metallzeit mit der Verwendung des Kupfers begann.

entdecken

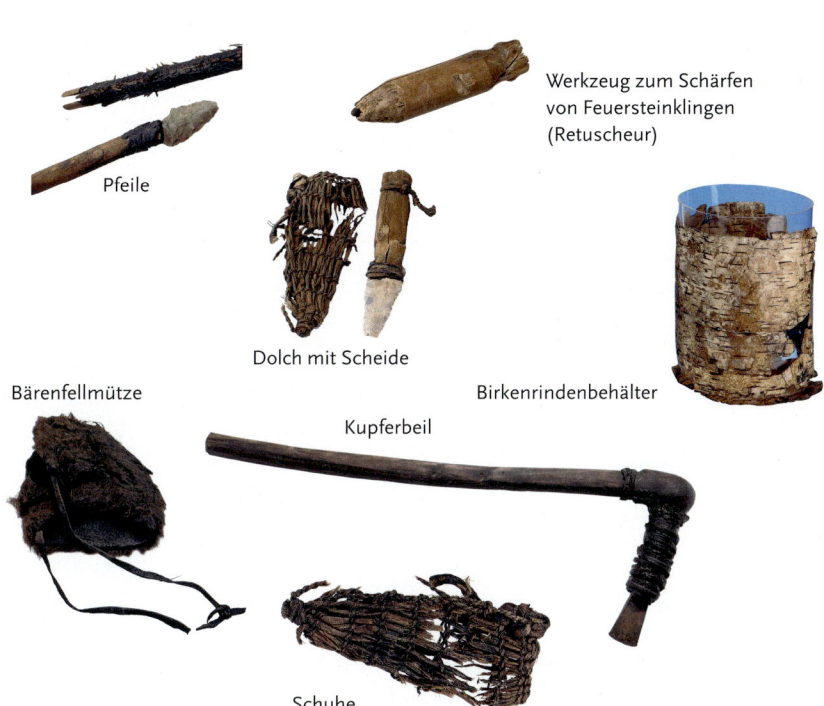

Werkzeug zum Schärfen
von Feuersteinklingen
(Retuscheur)

Pfeile

Dolch mit Scheide

Birkenrindenbehälter

Bärenfellmütze

Kupferbeil

Schuhe

3 – Funde aus der Nähe der Gletschermumie.

Bildet Gruppen und bearbeitet eine der Aufgaben 1–3. Stellt eure Ergebnisse den anderen Gruppen anschließend vor.

❶ ▪ Erstellt mithilfe der Bilder 1 und 3, M1 und M2 einen Steckbrief von Ötzi.
  ▸ *Berücksichtigt Angaben über Herkunft, Alter, Größe, Gewicht, Augenfarbe, Haare, Kleidung und Gegenstände.*

❷ ▪ Schreibt mithilfe von Bild 1, M1 und des Textes einen kurzen Zeitungsartikel mit der Überschrift: Sensationeller Fund in den Alpen.

❸ ▪ Stellt mithilfe der Materialien und des Verfassertextes zusammen, durch welche Untersuchungen und Methoden die Wissenschaftler zu Erkenntnissen über Ötzi gekommen sind.

Ötzis Tod

M3 Der Arzt E. Egarter-Vigl schrieb 2011:
… Der drahtige Mann … ist müde vom Aufstieg aus dem Tal bis über die Baumgrenze. Unterwegs hat er Wasser von den umliegenden Bächen getrunken. In seinen Lungen und im Darminhalt konnten Pollen und Pflanzen nachgewiesen werden, die nur im Frühling und im Frühsommer blühen. … Der Mann sucht nach einer einigermaßen sicheren … Stelle zwischen den Felstrümmern, um sich auszuruhen. … Über die weiteren Ereignisse … kann nur mehr spekuliert werden. Ob sich der Pfeilschütze heimlich im Schutz der mannshohen Felsblöcke angeschlichen hat oder sein Opfer schon erwartet hat, wird sich wohl nie klären lassen. …
Der Pfeil trifft das Opfer … unvorbereitet und mit enormer Wucht. … In weniger als einer Minute wird der Blutverlust aus der zerfetzten Oberarmschlagader so groß sein, dass das Gehirn nicht mehr ausreichend mit Blut und Sauerstoff versorgt sein wird. Dann überkommt ihn endgültig die Dunkelheit. …

Das Aussehen

M2 Über das Aussehen heißt es in der Darstellung des Südtiroler Archäologiemuseums:
… Es handelt sich ohne Zweifel um einen Erwachsenen männlichen Geschlechts. Sein Alter beträgt aufgrund der Knochenstruktur ungefähr 45 Jahre. Der Mann war zu Lebzeiten etwa 1,60 m groß. Er war schlank … und dürfte um die 50 kg gewogen haben. Seine Haare, die durch die Mumifizierung völlig ausgefallen sind, waren dunkel und gewellt. Er trug sie mindestens schulterlang und vermutlich offen. Neben Büscheln von menschlichem Haupthaar konnten an der Fundstelle auch kürzere krause Haare geborgen werden. Demnach trug der Mann mit großer Wahrscheinlichkeit einen Bart. DNA-Untersuchungen haben ergeben, dass er braune Augen hatte.

Fortschritt durch Metall – die Kelten

Wer waren die Kelten?

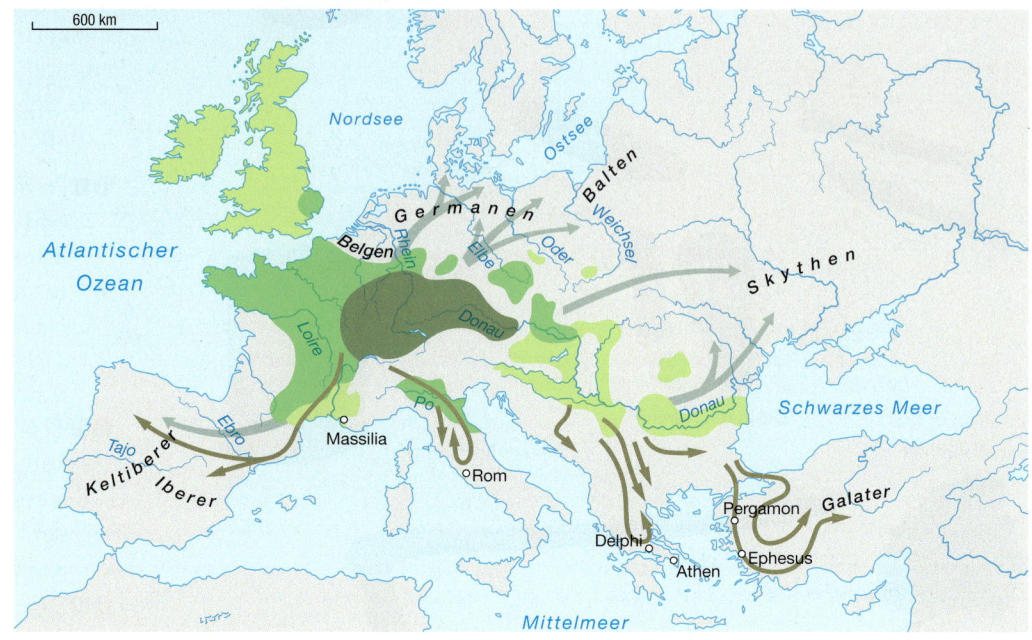

Siedlungsgebiet der Kelten:

- um 500 v. Chr.
- im 4. Jh. v. Chr.
- Landnahme im 2. Jh. v. Chr. und später

➤ Wanderzüge keltischer Stämme

➤ Einflüsse keltischer Kultur

1 – Die Ausbreitung der Kelten.

Metall – ein fortschrittlicher Werkstoff

Schon in der Jungsteinzeit bemühten sich die Menschen um eine Verbesserung der Geräte, da Steinwerkzeuge schon nach kurzer Zeit erneuert oder ersetzt werden mussten. Wie sie darauf gekommen sind, Metalle zu nutzen, lässt sich nur vermuten. Wahrscheinlich haben sie das auf der Erdoberfläche vorkommende Kupfer wegen seiner schönen grünen Farbe aufgesammelt und versucht, es wie einen Feuerstein zuzuschlagen. Dabei hat das Metall seine Form verändert, ohne zu splittern. Kupfer war für Gebrauchsgegenstände allerdings zu weich. So fertigte man daraus vor allem Schmuck und Herrschaftssymbole.

Im 3. Jahrtausend v. Chr. fand man heraus, dass eine *Legierung aus neun Teilen Kupfer und einem Teil Zinn einen härteren Werkstoff ergibt – die Bronze, die sich etwa 2000 v. Chr. in Mitteleuropa ausbreitete.

Ab etwa 800 v. Chr. setzte sich ein noch härteres Metall durch: das Eisen. Es war ein besser zu bearbeitendes Metall. Da

Eisen wesentlich härter ist als die bisherigen Metalle, verdrängten die Eisengeräte diejenigen aus Bronze.

Gesellschaft und Religion der Kelten

Werkzeuge und Waffen aus Eisen stellten als erstes Volk in großem Umfang die Kelten, die von den Römern auch Gallier* genannt wurden, her.

Alle keltischen Stämme besaßen eine ähnliche soziale Struktur und die Gesellschaft bestand im Wesentlichen aus der Gruppe der Freien und der Unfreien. Zur ersten Gruppe gehörten die Fürsten und ihre religiösen Berater, die *Druiden (siehe Lernaufgabe S. 216), ebenso die Barden, die Sänger von Heldenliedern. Die übrige Bevölkerung, etwa Bauern, Händler und Handwerker, galt als unfrei.

Die Kelten verehrten verschiedene Götter wie Kriegs-und Jagdgötter. Göttinnen sorgten für Fruchtbarkeit und gute Ernten. Neben Personen wurden aber auch Dinge aus der Natur wie Flüsse, Bäume und Tiere als göttlich verehrt (siehe Lernaufgabe S. 216). Die Priester der Kelten waren

---

* Legierung
Eine Legierung (lat.: ligare – verbinden) ist ein metallischer Werkstoff, der aus mindestens zwei Elementen besteht.

* Gallier
Lateinischer (römischer) Name der Kelten.

* Druiden
Die Druiden waren Priester, Lehrer, Heiler und Richter in einer Person. Sie wirkten an allen wichtigen Entscheidungen mit, z. B. über Krieg und Frieden. Die Ausbildung eines Druiden konnte bis zu 20 Jahren dauern, da er sich in vielen Gebieten auskennen musste. Aufgrund ihrer Kenntnisse waren sie hochangesehen und rangierten in der Geltung gleich nach dem jeweiligen Fürsten.

2 – Modell der Keltenstadt von Manching, ca. 130 v. Chr. Rekonstruktion.

3 – Fünf Zangen, die auf dem Gelände des oppidum Manching gefunden wurden. Sie bestehen aus Eisen. Die große Zange in der Mitte ist 53,5 cm und diente vermutlich zur Herstellung von landwirtschaftlichen Geräten oder Waffen. Die kleinere Zange links ist nur 16,6 cm lang und wurde für Feinschmiedearbeiten wie Gewandspangen, Schmuck und Beschlägen eingesetzt. Die Zangen stammen aus dem 2.–1. Jh. v. Chr.

die Druiden. Vermutlich vor allem in den sogenannten Viereckschanzen (siehe S. 40, Bild 1), die es besonders häufig in Süddeutschland gibt, führten sie ihre Zeremonien aus.

Die Kelten glaubten an ein Weiterleben nach dem Tod: Daher gaben sie den Verstorbenen Dinge wie z. B. Geschirr mit ins Grab, von denen sie annahmen, dass ihnen diese Gegenstände im Jenseits nützlich seien (siehe S. 40, Bild 3).

Keltische Städte – Manching

Höhepunkt der keltischen Kultur war seit Ende des 2. Jahrhunderts v. Chr. die Gründung großer Städte mit mächtigen Mauern aus Stein, Zangentoren (Toreingänge) und einem geregelten Bebauungsplan. Diese von den Römern als „Oppida" (Plural von „*oppidum") bezeichneten Stadtanlagen waren die politischen und wirtschaftlichen Zentren einzelner Stämme, die Platz für Versammlungen und Märkte boten, in Krisenzeiten aber auch als Zufluchtsorte für die umliegende Bevölkerung dienten.

Das Oppidum Manching zählt zu den am besten erforschten keltischen Großsiedlungen. Es wurde an der Kreuzung zweier wichtiger Handelsstraßen angelegt, von denen die eine entlang der Donau verlief

und die andere von der Ostsee über die Alpen führte. Zudem befanden sich in der Nähe reiche Eisenerzvorkommen, denn Manching war ein Mittelpunkt des Handwerks, vor allem des Schmiedehandwerks, aber auch der Töpferei oder der Glasherstellung. In seiner Blütezeit war es größer als das mittelalterliche Regensburg oder Nürnberg. Auf einer Fläche von 380 ha lebten 5000 bis 10 000 Menschen, geschützt von einem 7 km langen und 6 m hohen Ringwall.

✳ oppidum
Lateinische Bezeichnung für eine große keltische Stadtanlage, die Mittelpunkt von Handel, Handwerk, politischem und religiösem Leben war.

❶ ▶ Stelle mithilfe eines Atlas und der Karte 1 fest, in welchen heutigen Ländern die Kelten lebten.

❷ ▶ Ermittle auf der Klappenkarte vorne den Ort Manching und weitere Orte mit keltischen Spuren in Bayern.

❸ ▶ Werte die Karte 1 im Hinblick auf die Ausbreitung der Kelten aus.

▶ *Beachte die unterschiedlichen Zeiträume der Ausbreitung.*

❹ ▶ Beschreibe die Ausstellungsstücke auf Bild 3 mithilfe der Bildunterschrift und stelle anschließend dar, was sie über die Kultur der Kelten aussagt. Beantworte die W-Fragen, triff Aussagen zur Nutzung und Kultur.

❺ ▶ Verfasse einen Bericht über das Leben der Kelten für die Schülerzeitung oder die Schulhomepage.

▶ *Die fettgedruckten Zwischenüberschriften auf dieser Doppelseite geben dir die wichtigsten inhaltlichen Aspekte vor.*

Welche Neuerungen brachte die Metallzeit?

1 – Kupfergewinnung. Illustration.

2 – Verarbeitung von Kupfererz. Illustration.

Herstellung der Bronze

Archäologen haben inzwischen zahlreiche Bergwerke entdeckt, in welchen während der Bronzezeit (ca. 2200 v. Chr. bis 800 v. Chr.) Kupfererz abgebaut wurde. Da die Erz führenden Schichten meist tief unter der Erde lagen, gruben die Bergleute einen Schacht und erweiterten diesen zu einem großen Raum. Behauene Bäume dienten als Treppen. Mit starkem Feuer erhitzten die Bergleute zunächst die Gesteinswand und schütteten anschließend kaltes Wasser dagegen. Dadurch bildeten sich Risse in der Wand und Gesteinsbrocken konnten herausgeschlagen werden. Die zerkleinerten Erzbrocken wurden mit einer Winde und Seilen nach oben gebracht, um dort Erz von minderwertigem Gestein zu trennen und dann zu einem Schmelzofen zu transportieren. Beim Bau eines bronzezeitlichen Hochofens schichtete man abwechselnd Erz und Holzkohle zu einem Haufen auf und deckte diesen mit Lehm ab. Je ein Loch im Lehmmantel oben und unten sorgte für den Durchzug. Außerdem führte man mit einem Blasebalg Frischluft zu, um den Ofen auf etwa 1100 Grad zu erhitzen. Bei dieser Temperatur schmolz Kupfererz, floss unten aus dem Ofen in vorbereitete Formen aus Lehm und erkaltete. Aus den Barren konnten nun Schmuck, Werkzeuge und Waffen hergestellt werden, indem man die Barren mit Zinn zusammenschmolz. Dies ergab dann die Bronze.

Gesellschaftliche Veränderungen

Seit die Bronze bekannt war und immer mehr Menschen Gegenstände aus dem neuen Metall haben wollten, entwickelte sich die Bronzeherstellung und -bearbeitung als regelrechtes Handwerk. Diese Handwerker arbeiteten nicht mehr in der Landwirtschaft und tauschten ihre Erzeugnisse gegen Lebensmittel von Bauern. Diese wurden so vermutlich wohlhabend und mächtig. Einige von ihnen stiegen zu Häuptlingen oder Bauernfürsten auf und konnten zusätzliche Männer auf ihrem Hof halten, mit denen sie die Dörfer und ihre Umgebung schützen oder selbst auf Beute ausziehen konnten. In den Gebieten, in denen die Bauern-

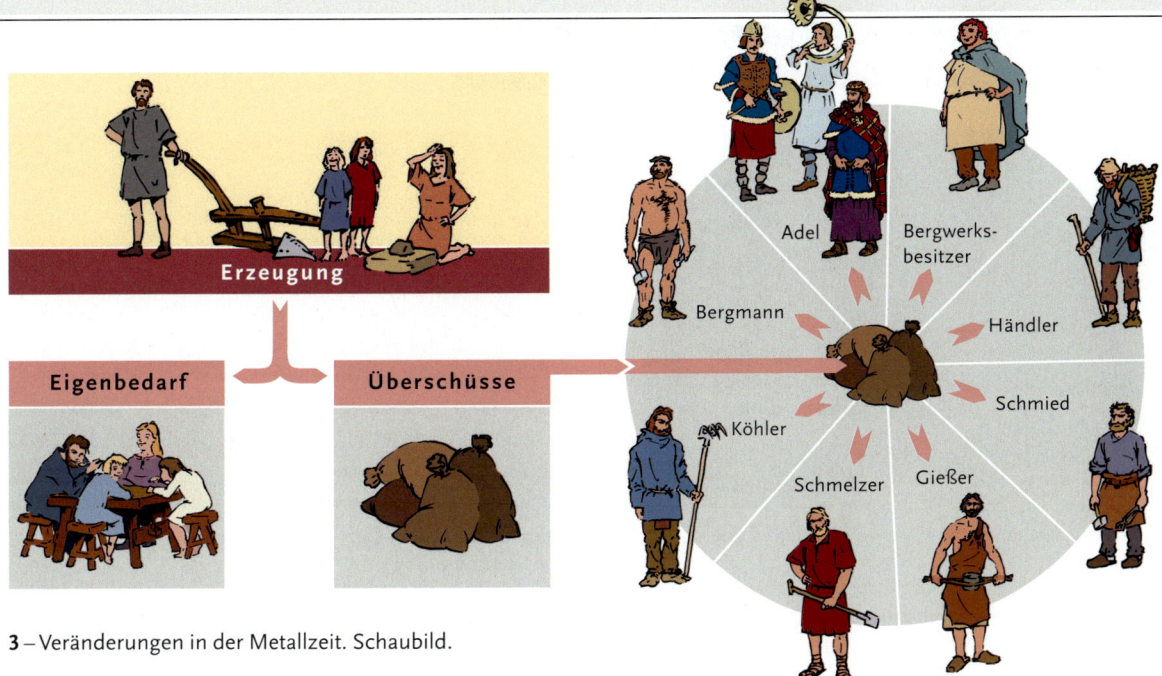

3 – Veränderungen in der Metallzeit. Schaubild.

fürsten für Schutz sorgten, gewannen sie auch an politischer Macht. Reich und mächtig wurden wahrscheinlich auch die Händler, die die fertigen Produkte in der näheren Umgebung verkauften und ein weit verzweigtes Handelsnetz aufbauten. Bestattet wurden die Angehörigen dieser reichen und mächtigen Führungsschicht in weithin sichtbaren Hügelgräbern.

Das Schicksal der Kelten

Im 5. Jahrhundert v. Chr. brach eine Zeit der Umwälzungen über die keltische Welt herein und die Kelten waren gezwungen, ihre mitteleuropäischen Stammländer zu verlassen. Auf ihren zahlreichen Wanderungen erreichten sie weit entfernte Gebiete und ihr Herrschaftsgebiet erstreckte sich von Schottland bis Kleinasien. Doch einige Jahrzehnte später hatte die keltische Ausbreitung bereits ihren Höhepunkt überschritten. Die Macht benachbarter Völker und Reiche nahm stetig zu und zudem waren die Kelten durch den Streit verschiedener Stämme untereinander geschwächt, sodass sie der wachsenden Macht Roms nichts mehr entgegenzusetzen hatten.

Das keltische Erbe wurde fast völlig verdrängt, weil sich unter anderem die unterworfenen Kelten auch immer mehr dem Lebensstil der Römer anpassten.

❶ ▪ Betrachte die Zeichnungen 1 und 2. Ordne anschließend mithilfe des Texts die folgenden Begriffe den Ziffern zu: geschmolzenes Kupfererz – Luftzufuhr mit dem Blasebalg – Trennung des Erz von minderwertigem Gestein – Zerkleinerung der Erzbrocken – Erhitzen der Gesteinswand mit Feuer und Abkühlen mit Wasser – Einfüllen des Kupfererzes in den Hochofen – Transport der Erzbrocken mit Winde und Seilen – Schichten von Holzkohle und Erz.

❷ ▪ Vergleiche die Werkstoffe aus der Steinzeit (Steine, Holz, Knochen) mit denen der Metallzeit und erstelle eine Liste, in welcher du Vor- und Nachteile aufführst.

❸ ▪ Betrachte das Schaubild 3 und nenne die Berufe der Bronzezeit. Überlege dir, welche Berufe es in der Steinzeit im Vergleich zur Metallzeit noch nicht gegeben hat.

❹ ▪ Bergarbeiter oder Handwerker konnten nicht gleichzeitig Bauern sein. Beschreibe mithilfe des Schaubildes 3, wie diese neuen Berufsgruppen zu Nahrungsmitteln kamen.

❺ ▪ Verfasse eine Erzählung „Vom Händler zum Fürsten der Bronzezeit".

▶ *Überlege dir zunächst, wie der Händler reich geworden ist, und denke dir dann eine Geschichte dazu aus.*

Wie arbeiten Archäologen?

1 – Die keltische *Viereckschanze bei Pliening (Landkreis Ebersberg) im Bewuchs.** 1980 konnten Archäologen durch eine Luftbildaufnahme die Anlage entdecken. Die Luftbildarchäologie erlaubt die Entdeckung von verebneten Wällen, Fundamenten, Gräben und Grabhügeln ohne Eingriffe ins Erdreich. Die Schanze bei Pliening stammt vermutlich aus dem 1. Jh. v. Chr.

2 – Grabung in einer keltischen Viereckschanze in Oberschneiding (Landkreis Straubing-Bogen).

* Viereckschanze
So nennt man ein Anlage, die meist quadratisch oder auch rechteckig und von einem Wall-Graben-System umgeben ist. Man findet sie vor allem in Süddeutschland. Über ihre Funktion in der damaligen Zeit sind sich die Forscher nicht ganz einig. Sehr wahrscheinlich handelt es sich um eine Siedlungsform, in der möglicherweise auch religiöse Zeremonien durchgeführt wurden.

Die Bedeutung von Archäologie und Museen

Besonders für Epochen, in denen es wenige oder keine schriftlichen und bildlichen Quellen gibt, sind Historiker und Historikerinnen vor allem auf gegenständliche Quellen angewiesen. Diese werden von Archäologen bei Grabungen entdeckt, untersucht und interpretiert. Besondere gegenständliche Quellen werden restauriert, d. h. ihr ursprüngliches Aussehen und Zustand werden wieder hergestellt. Sie werden dann untersucht und ihre Bedeutung für die Vergangenheit erforscht. Danach werden sie in Museen ausgestellt und der Öffentlichkeit zugänglich gemacht. So ist gewährleistet, dass auch andere Interessierte die Quellen untersuchen und Kenntnisse über die Vergangenheit erlangen können. Die Archäologie und die Museen leisten einen wichtigen Beitrag, dass vergangenes Geschehen nicht in Vergessenheit gerät. Die Fundstellen, an denen die Archäologen ihre Entdeckungen machen, werden oft zufällig gefunden, z. B. beim Bau von Tunneln oder Autobahnen. Weiterhin suchen sie an historisch bedeutsamen Orten, wie Domen oder Kirchen.

Arbeit in vier Schritten

1. Schritt Suchen und Finden:
Zunächst muss die Fundstelle festgestellt und beschrieben werden. Häufig geben Zufallsfunde beim Haus- oder Straßenbau erste Hinweise. Manchmal weisen aber auch schriftliche Quellen oder Luftbilder auf archäologische Überreste hin. Eine Ausgrabung wird dann systematisch vorbereitet (Personal, Werkzeuge usw.)
2. Schritt Graben:
Die Ausgrabung muss sehr vorsichtig durchgeführt werden: Grabungsgelände vermessen, Schicht für Schicht den Boden abtragen, fotografieren, genaue Lage von Gegenständen eintragen (Grabungstagebuch, Fundprotokoll führen).
3. Schritt Auswerten:
Beschreiben, Datieren, Funktion der Funde klären; eventuell Biologen, Geologen, Chemiker, Kunsthistoriker heranziehen
4. Schritt Bewahren und Ausstellen:
Funde reinigen, restaurieren, ergänzen; für Besichtigung (Ausstellung) vorbereiten

3 – Vom Fund zum Ausstellungsstück: 2011 entdeckten Archäologen in Otzing (Landkreis Deggendorf) das Grab eines vornehmen Kelten aus dem 8. Jh. v. Chr. Auf den Wohlstand und edle Abkunft des Verstorbenen deuteten besonders die Reste eines Wagens hin, auf den der Verstorbene gebettet wurde, die wertvolle Keramik als Grabbeigaben sowie die Größe des Erdhügels, die die Kammer überdeckte. Die Keramiken wurden restauriert und ausgestellt. Durch die Erforschung dieser Quellen können Rückschlüsse auf das Leben der Kelten in dieser Zeit gezogen werden. Fotos, 2011.

4 – Werkzeuge der Archäologen und Archäologinnen

❶ ▶ Ordne die vier Arbeitsschritte der Archäologie den Bildern 1–3 zu.

❷ ▶ Mit welchen Geräten arbeiten Archäologen (M5)? Ordne aus der nachstehenden Liste die richtige Bezeichnung für die Geräte zu: Spitzhacke, Senkblei, Schreibblock, Fotoapparat, Bandmaß, Maßstab, Pinsel, Zahnarztinstrumente, Maurerkelle.

❸ ▶ Finde mithilfe des Darstellungstextes heraus, wozu die einzelnen Geräte dienen. Sortiere deine Auswahl nach den vier Arbeitsschritten.

❹ ▶ Erkläre am Beispiel von Bild 3, warum es wichtig ist, dass Historiker und Archäologen Quellen untersuchen.

Methode

Sachtexte verstehen

Arbeit mit Sachtexten

Wenn wir über Geschichte mehr erfahren wollen, lesen wir häufig Sachtexte. Diese können auf Schautafeln und in Informationsmaterialien von Museen stehen. Darüber hinaus gibt es neben Zeitungsartikeln und Forschungsberichten von Wissenschaftlern auch verschiedenste Informationstexte in deinem Schulbuch. Sachtexte sind oft kompliziert, enthalten unbekannte Wörter und stellen einen Sachverhalt meist kurz und stark zusammengefasst dar. Die unten abgedruckten Arbeitsschritte und Leitfragen sollen dir das Lesen und die Erschließung von Sachtexten erleichtern.

Die folgenden Schritte helfen dir, einen Sachtext zu verstehen:

Schritt 1 **Erfassung des Themas**	■ Worum geht es in dem Text? ■ Weißt du bereits etwas über dieses Thema?
Schritt 2 **Beantwortung von Fragen an den Text**	■ Um welche Sorte von Text (Forschungsbericht, Infotext in einem Museumsführer …) handelt es sich? ■ Kannst du die W-Fragen (Wer? – Was? – Wo? – Wann? – Wie? – Warum?) klären? ■ Welche Wörter sind unbekannt?
Schritt 3 **Gliederung des Textes**	■ Wie viele Abschnitte gibt es und worum geht es in den einzelnen Abschnitten? ■ Welche Überschriften kann man für die einzelnen Textabschnitte finden?
Schritt 4 **Markierung von Schlüssel-wörtern**	■ Kannst du Unbekanntes mithilfe eines Wörterbuches, des Internets oder im Klassengespräch klären? ■ Welche wichtigen Wörter im Text (Schlüsselwörter) hast du markiert?
Schritt 5 **Wiedergabe des Textinhalts**	■ Ist der Sachtext für dich verständlich oder bestehen weiterhin Unklarheiten? ■ Kannst du einer dritten Person über den Text berichten, sodass diese ihn verstehen kann?

❶ Lies den Text M1 und bearbeite ihn mithilfe der Arbeitsschritte 1 bis 5.

❷ Trage deine Ergebnisse in der Klasse vor und gebt euch gegenseitig Rückmeldung, ob alle wesentlichen Informationen in der Zusammenfassung enthalten sind und ob diese verständlich ist.

❸ Berichte einem Mitglied deiner Familie über den Text und überprüfe, ob es den Sachverhalt verstehen konnte, ohne den Text selbst gelesen zu haben.

1 – Der Archäologe Lothar Breinl beim Feuermachen mit Steinzeit-Materialien (Pyrit, Feuerstein, Zunderschwammbröseln und getrocknetem Riedgras). Fotos, 2017.

M1 **In einem Flyer des Historischen Forums Bayern wird für das Projekt „Steinzeit erleben" mit dem Archäologen Lothar Breinl in Schulen geworben:**
Anhand eines kurzen Diavortrags durch den Fachreferenten über Ausgrabungen bei Straubing an der Donau wird die wissenschaftliche Disziplin Archäologie vorgestellt. Dabei wird eine Auswertung der Grabungsfunde durch die Schülerinnen und Schüler im Gespräch mit dem Referenten vorgenommen. Thematische Grundlage ist ein Gräberfeld mit etwa 240 sogenannten Hockergräbern aus der Jungsteinzeit um 5500 v. Chr.
Anschließend demonstriert der Archäologe ... die steinzeitliche Feuererzeugung (Feuerschlagtechnik). Nach diesem Vortrags- und Demonstrationsteil erfolgt unter fachgerechter Anleitung des Archäologen das Anwenden der experimentellen Archäologie ... . Dabei werden individuell Pfeile, Schmuck, Töpferware, Pumpbohrer etc. hergestellt. Das Material für die Schülerarbeiten wird gegen geringes Entgelt vom Fachreferenten gestellt. Die Schülerinnen und Schüler erhalten einen sehr praxisnahen Einblick in die Arbeit eines Archäologen und begreifen dabei, wie schwierig und zugleich spannend es ist, aus spärlichen Funden ein plastisches Bild vom Leben in der Steinzeit zu rekonstruieren. Besonders nachhaltig wirkt sich die unmittelbare Verbindung von Theorie und Praxis aus. So werden das Leben in der Steinzeit und die mühevolle Arbeit der Steinzeitmenschen, wie z. B. das Herstellen von Muschelschmuck, konkret nachvollziehbar. ... Besonders faszinierend ... ist die steinzeitliche Feuererzeugung. Das Interesse für das Fach Geschichte wird zweifellos nachhaltig gefördert.

Lösungsbeispiel zum Sachtext M1:

Zum Schritt 1: Es geht in diesem Text um den Archäologen Lothar Breinl, der in Schulen seine Arbeit vorstellt.

Zum Schritt 2: Dieser Text wurde in einem Flyer des Historischen Forums Bayern abgedruckt, der für das Steinzeitprojekt „Steinzeit erleben" an Schulen wirbt.

Zum Schritt 3: Der Text kann in die folgenden Abschnitte unterteilt werden:
– Vorstellung der wissenschaftlichen Disziplin Archäologie
– Anwendung der experimentellen Archäologie

Zum Schritt 4: Folgende Wörter sind unbekannt:
– Fachreferent
– Gräberfeld mit Hockergräbern
– plastisch
– nachhaltig

Zum Schritt 5: Es geht vor allem um den Archäologen Lothar Breinl, der in Schulen sein Arbeitsfeld, die Archäologie, vorstellt. Nach einem Vortrags- und Demonstrationsteil, in welchem Ausgrabungen bei Straubing vorgestellt und die Feuerschlagtechnik vorgeführt werden, erfolgt die Anwendung der experimentellen Archäologie ...

Geschichte vor Ort

Archäologische Funde in Bayern

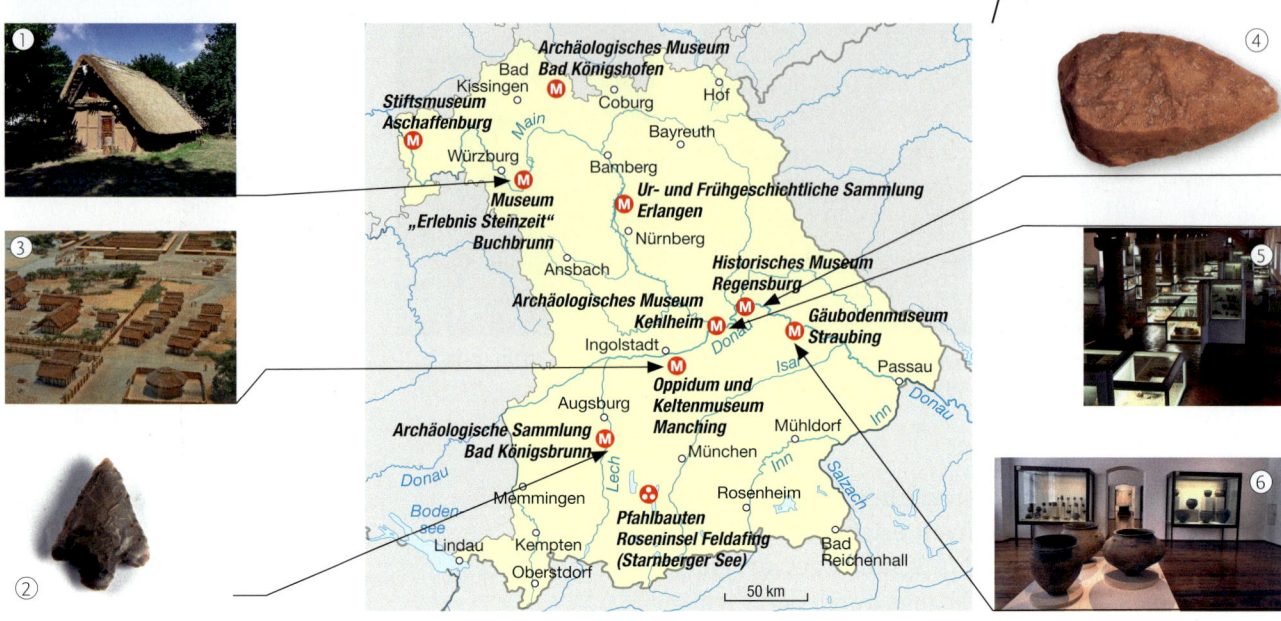

1 – Wichtige archäologische Funde und Museen in Bayern (M = archäologisches Museum).

① Teilrekonstruktion eines Langhauses im Museum „Erlebnis Steinzeit" in Buchbrunn

② Rekonstruktion des Oppidum Manching bei Ingolstadt mit angegliedertem Keltenmuseum

③ Pfeilspitzen aus Stein aus der Archäologischen Sammlung Bad Königsbrunn

④ Faustkeil von Pösing im Historischen Museum in Regensburg

⑤ Archäologisches Museum der Stadt Kelheim

⑥ Abteilung für Vorgeschichte im Gäubodenmuseum Straubing

Archäologische Spuren in Bayern

In Bayern gibt es zahlreiche alt-, jung- und bronzezeitliche Fundstätten. In verschiedenen kleineren und größeren Museen kann man Überreste aus dieser Zeit besichtigen und sich darüber informieren, wie die Menschen in den letzten 600 000 Jahren im Gebiet des heutigen Bayern gelebt haben.

Dargestellt werden die Jagd, aber auch das Zusammenleben der Menschen in dieser frühen Zeit, der Gebrauch des Feuers, ihre Behausungen und die allmähliche Weiterentwicklung von Werkzeugen. Ein weiteres Thema sind die Veränderungen in der Jungsteinzeit und die technischen Neuerungen im Übergang von der Jungstein- zur Bronzezeit.

Das archäologische Museum in Königsbrunn präsentiert regionale Funde aus der Vor- und Frühgeschichte. Neben verschiedenen Funden, d. h. Steinwerkzeugen wie Kratzer, Klingen, Bohrer, Messer oder Pfeilspitzen aus der Jungsteinzeit können dort ebenfalls Hockergräber der Kupferzeit betrachtet werden.

Bekannt ist auch das historische Museum in Regensburg, welches über die Kunst- und Kulturgeschichte von der Steinzeit bis ins 19. Jahrhundert informiert. Der älteste vom Menschen erzeugte Gegenstand der Oberpfalz, der etwa 250 000 Jahre alte Faustkeil von Pösing, wird dort aufbewahrt.

Will man mehr darüber erfahren, wie man vor 80 000 Jahren auf Mammutjagd gegangen ist, vor 20 000 Jahren Werkzeuge hergestellt oder vor 3500 Jahren Bronze gegossen hat, sollte man das archäologische Museum der Stadt Kelheim besuchen.

❶ ▶ Sieh die Karte genau an. Stelle fest, ob es auch in der Nähe deines Wohnortes wichtige Fundplätze aus der Ur- und Frühgeschichte gibt.

❷ ▶ Bereite eine Exkursion zu einem der Museen vor: Besorge dir Informationen und schreibe auf, zu welchen Themen du noch mehr erfahren willst.

Zusammenfassung

Der Mensch und seine Geschichte

Die Begegnung mit Geschichte

Die Begegnung mit Geschichte ist zu jeder Zeit und an jedem Ort möglich. So findet man in seinem Heimatort Bauwerke, Denkmäler und Museen, die etwas über vergangene Zeiten berichten. Auch alte Fotos oder Haushaltsgegenstände erzählen etwas über vergangene Ereignisse.

Es wird zwischen schriftlichen, mündlichen, bildlichen oder gegenständlichen Quellen unterschieden, die den Menschen heute die Möglichkeit geben, die Vergangenheit zu erforschen.

Die Wissenschaft, die sich mit den Überresten aus Ausgrabungen beschäftigt, heißt Archäologie. In der Archäologie werden die Erkenntnisse auch mithilfe naturwissenschaftlicher Methoden gewonnen.

Quellen berichten uns über die Vergangenheit.

Das Leben in der Altsteinzeit

Das Leben der Menschen war lange Zeit ein ständiger Kampf um Nahrung und Kleidung. Das Jagen großer Tiere und Sammeln von Pflanzen war mühsam. Die Menschen lernten ebenfalls, das Feuer als Wärmequelle, für die Nahrungszubereitung und die Jagd zu nutzen.

Wenn es keine zu jagenden Tiere oder pflanzliche Nahrung mehr gab, mussten die Menschen diesen Ort verlassen. Deshalb lebten sie als Nomaden. Bereits vor 400 000 Jahren ging man in Gruppen auf die Jagd und verfügte vermutlich über eine hohe Intelligenz sowie über eine Sprache.

2 000 000 – 11 000 v. Chr.

In der Altsteinzeit lebten die Menschen von der Jagd und dem Sammeln.

Das Leben in der Jungsteinzeit

Vor ca. 12 000 Jahren begann eine umwälzende Veränderung bei den Jägern und Sammlern im Vorderen Orient. Den Menschen wurde bewusst, dass sie sich besser ernähren konnten, wenn sie selbst Pflanzen anbauten, und dass man umso mehr erntete, je besser man den Boden bearbeitete. So lernte man auch, Tiere zu halten. Dadurch wurde die Fleischversorgung sicherer und die Menschen sesshaft. Dort, wo Felder angelegt wurden, bauten sie sich Häuser und lebten in Dörfern als Familie oder Sippe zusammen. Die neue Wirtschaftsform dehnte sich langsam auch nach Mitteleuropa aus und erreichte um 6000 v. Chr. unsere Gegend. Nun gab es meist genügend Nahrung und einzelne Menschen konnten sich als Handwerker spezialisieren.

Vor ca. 12 000 Jahren

Ackerbau und Viehzucht breiteten sich vom Vorderen Orient bis nach Europa aus.

Fortschritt durch Metall – Die Kelten

Etwa 3000 v. Chr. begann in Europa die Metallzeit. Das erste Metall, das die Menschen kannten, war Kupfer. Dann lernten sie einen härteren Werkstoff, die Bronze, zu erzeugen. Um ihre Waffen und Werkzeuge herzustellen, verwendeten die Kelten allerdings ein noch härteres Material, das Eisen. Höhepunkt der keltischen Kultur war seit Ende des 2. Jahrhunderts v. Chr. die Gründung großer Stadtanlagen mit mächtigen Mauern aus Stein und Zangentoren.

Ab etwa 3000 v. Chr.

Metallzeit in Europa.

Das kann ich …

Der Mensch und seine Geschichte

Ich kann wichtige Begriffe im Zusammenhang erklären (Sachkompetenz):

Quelle
Altsteinzeit
Jungsteinzeit

❶ Erkläre deinem Banknachbarn, was unter den oben angeführten Begriffen zu verstehen ist.

❷ Ordne die Bilder 1–4 den Begriffen Altsteinzeit und Jungsteinzeit zu. Ermittle anschließend, welches der Bilder eine Quelle darstellt. Begründe deine Zuordnungen.

Ich kann folgende Aufgaben zum Thema lösen (Sachkompetenz):

❸ Fasse zusammen, wie sich die Menschen in der Altsteinzeit und der Jungsteinzeit ernährten und wie sie wohnten.

❹ Nenne „Berufe" und Techniken der Altsteinzeit, Jungsteinzeit und Metallzeit.

❺ Du hast die Möglichkeit, mit einem Archäologen zu sprechen. Formuliere schriftlich, was du vom Experten wissen möchtest.

Ich kann Geschichte verständlich darstellen (narrative Kompetenz):

❻ Schreibe eine kurze Zusammenfassung mit dem Titel „Was ist Geschichte?" und erkläre darin, was unter dem Begriff „Geschichte" zu verstehen ist. Trage dein Ergebnis in der Klasse vor und lass deine Mitschülerinnen und Mitschüler überprüfen, ob deine Ausarbeitung schlüssig ist.

Ich kann die Methode „Sachtexte verstehen" anwenden (Methodenkompetenz):

❼ Nenne das Thema des Textes M1 und beantworte die W-Fragen.

❽ Teile den Text M1 in Sinnabschnitte ein, finde für sie passende Zwischenüberschriften und markiere Schlüsselwörter.

❾ Gib den Inhalt des Textes M1 in eigenen Worten wieder.

Ich kann mir ein Urteil bilden und es begründen (Urteilskompetenz):

❿ „Das ist ja wie in der Steinzeit!" Diesen Satz kann man heute manchmal hören. Erläutere, was damit gemeint sein könnte, und nimm Stellung dazu.

Ich verstehe, warum das Thema für uns heute noch wichtig ist (Orientierungskompetenz):

⓫ Das Leben der Menschen veränderte sich in der Jungsteinzeit in allen Bereichen sehr stark und diese Veränderungen wirkten sich gewaltig auf die kommenden Zeiten aus. Besprich mit deinem Banknachbarn, ob wir auch heute wieder in einer Zeit leben, in der sich das Leben für viele Menschen völlig verändert.

Verstehen

1 – Ackerbauern und Viehzüchter. Illustration.

3 – Höhlenmalerei aus Lascaux (Frankreich), ca. 15 000 v. Chr.

2 – Modell eines Langhauses, ca. 5600 v. Chr.

4 – Faustkeil, ca. 500 000–300 000 v. Chr.

M1 Der Wissenschaftler Friedemann Schenk schrieb 2009:

… Die klassischen Neandertaler besaßen lange, abgeflachte Gehirnschädel, große Nasen und Augenhöhlen, hervorstehende Schneidezähne, die als dritte Hand eingesetzt wurden, und kleine Backenzähne. Sie waren kleiner, aber gleichzeitig deutlich schwerer als moderne Menschen, und besaßen außerdem dickwandige Knochen … .

Im Zahnschmelz vieler Neandertaler finden sich Anzeichen für Unterernährung. Die meisten der gefundenen Skelette weisen Verletzungen auf, die Lebenserwartung lag bei höchstens 40 Jahren. Sie lebten als Jäger und Sammler. Mammuts, Fellnashörner, Wildpferde, Moschusochsen oder Saiga-Antilopen spielten eine wichtige Rolle als Rohstoff- und Fleischlieferant.

Da im kaltzeitlichen Klima die Auswahl und Verfügbarkeit an nährstoffreicher pflanzlicher Nahrung begrenzt waren, war Fleisch das wichtigste Grundnahrungsmittel. Die Knochen wurden aufgeschlagen, um an das Mark und damit an energiereiche Nahrung zu gelangen. Das Elfenbein der Mammutstoßzähne bildete den Rohstoff für Waffen, Geräte, vielleicht auch Schmuck. Da in der Steppenlandschaft das Holz knapp war, wurden Knochen als Brennmaterial verheizt. Wo Mammutreste in großer Zahl vorhanden waren, dienten ihre Stoßzähne, die Langknochen und sogar Schädel und Unterkiefer als Baumaterial für die Gerüste von Hütten. …

2 Ägypten – eine frühe Hochkultur

Ägypten gilt als ein Land mit einer vielfältigen Geschichte, die man auch heute noch hautnah erleben kann. Nicht nur die alte Kultur und traditionelle Lebensweise begeistern, sondern auch Bauwerke wie Sphinx oder die Pyramiden beeindrucken die Besucher. Schon in alter Zeit galten diese als großes Weltwunder. Und auch heute noch stehen Tag für Tag Tausende von Besuchern vor diesen eindrucksvollen Bauwerken und fragen sich, zu welchem Zweck diese errichtet wurden. Wie konnten die Menschen damals den Bau solcher Riesenkonstruktionen bewältigen?

2 Ägypten – eine frühe Hochkultur

2 – Die Lage Ägyptens in Europa und Afrika heute.

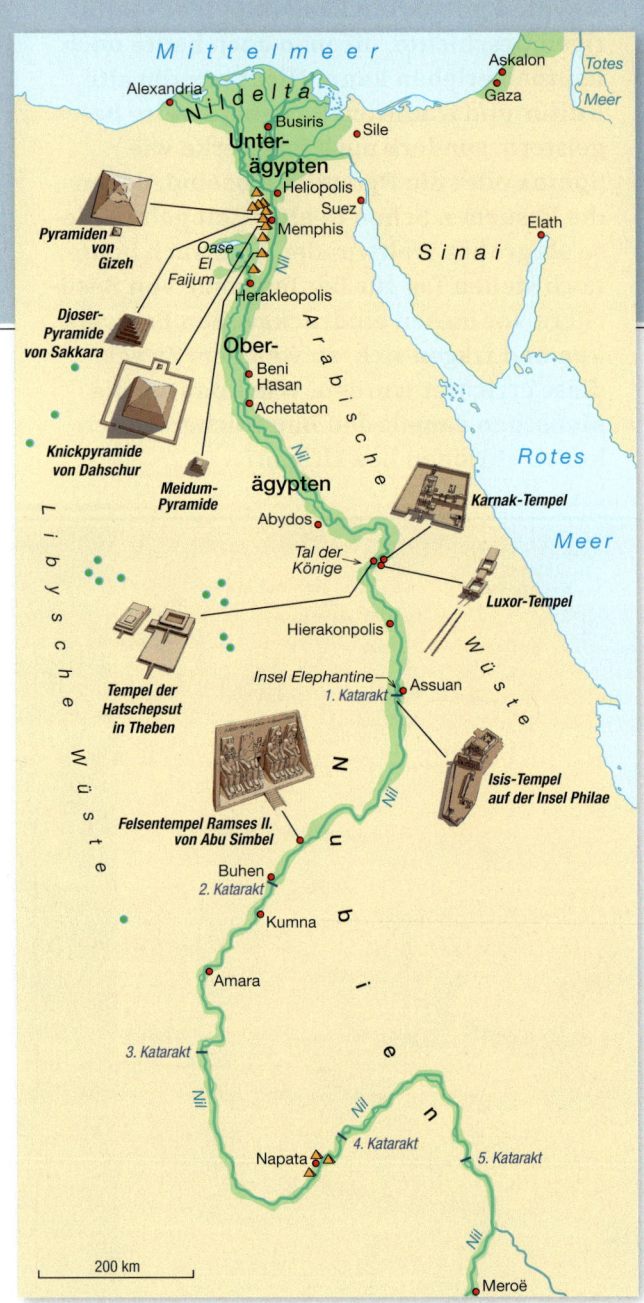

Legende:

- Kulturland
- Wüste
- Oase
- Katarakt (Stromschnellen)
- Pyramide
- wichtige Stadt/wichtiger Ort

1 – Karte des alten Ägypten.

Um 3000 v. Chr. lebten die Menschen in Europa in kleinen Siedlungen als Bauern, Jäger und Viehhüter. Ganz anders gestaltete sich das Leben der Menschen in Ägypten. Hier regierte ein mächtiger König über ein großes Reich mit fast einer Million Einwohnern. Bei der Verwaltung wurde er von Beamten unterstützt, die bereits das Lesen und Schreiben beherrschten – eine in der damaligen Zeit besondere Fähigkeit. Wegen dieser und weiterer Leistungen bezeichnet man Ägypten als frühe Hochkultur. Doch welche Merkmale sind außerdem typisch für eine Hochkultur? Und gab es auch noch andere Gebiete, die besonders weit entwickelt waren?

Am Ende des Kapitels kannst du folgende Fragen beantworten:

- Warum wird das alte Ägypten als Hochkultur bezeichnet?
- Welchen Einfluss hatte der Nil auf die Entstehung des ägyptischen Staates?
- Wie haben die Ägypter ihre Verwaltung organisiert?
- Wie übte der König (Pharao) seine Herrschaft aus?
- Woran glaubten die Menschen?
- Wie lebten die Menschen zur gleichen Zeit in anderen Hochkulturen?
- Was können uns Bau- und Kunstwerke über die Kultur der Ägypter mitteilen?

um 2500 v. Chr.

Pyramiden von Gizeh

1320 v. Chr.

Pharao
Tutanchamun

1000 v. Chr.

Ägyptens
Großreich zerfällt

30 v. Chr.

Ägypten wird römische
Provinz

3 – König Tutanchamun und die Königin Anchesenamun.
Darstellung auf der Rückseite des Thronsessels.

4 – Mumie einer ägyptischen Priesterin im Sarkophag.
Um 1000 v. Chr.

❶ ▪ Auf der Karte 1 sind zahlreiche Bauwerke eingezeichnet. Berichte, was du darüber schon weißt.
❷ ▪ Beschreibe die Herrscher auf Bild 3, achte dabei
besonders auf Körperhaltung und Ausschmückung.
Finde für die Art der Darstellung eine Begründung.
❸ ▪ Die Bilder 4 und 5 verraten viel über Glaube und
Umgang mit den Toten im alten Ägypten. Erkläre
dies mithilfe der Bilder, den Bildlegenden und
deinem Vorwissen.

5 – Großer Tempel von Abu Simbel. Tempel dienten als Bindeglied
zwischen Himmel und Erde.

In Ägypten entsteht ein Staat

Ägypten – ein Geschenk des Nils?

1 – Das Niltal heute. Foto, 2010.

**3000 v. Chr. Hoch-
kultur in Ägypten**

*Antike

* Antike
Die Antike ist ein Zeitabschnitt nach der nicht-
schriftlichen Vor- und
Frühgeschichte; beginnend
mit den frühen Hochkultu-
ren um 3000 v. Chr., en-
dend mit dem Zerfall des
Weströmischen Reiches
ca. 500 n. Chr. Die Zeit der
klassischen Antike in
Griechenland beginnt um
1000 v. Chr. und endet um
500 n. Chr.

* Pegel
Der Stand des Pegels gibt
die Höhe des Flusses an.

* Arbeitsteilung
Die Menschen teilen sich
die verschiedenen Tätig-
keiten auf und speziali-
sierten sich. Viele Berufe
entstanden dadurch.

Das Niltal wird besiedelt

Wo sich heute in Ägypten Wüsten erstre-
cken, gab es einst ausgedehnte Wälder
und zahlreiche Seen. Wie in Europa lebten die Menschen hier als Jäger und
Sammler. Vor etwa 7000 Jahren änderte
sich das Klima allmählich: Die Landschaft
verwandelte sich in eine Wüste. Deshalb
zogen die Menschen in das fruchtbare
Niltal und schufen sich als Bauern und
Viehzüchter eine neue Lebensgrundlage.
Durch Regenfälle und Schneeschmelzen
im angrenzenden Gebirge änderte sich der
*Nilpegel regelmäßig. Bei leichten Über-
schwemmungen konnten die Menschen
auf eine gute Ernte hoffen, da der ange-
schwemmte Schlamm sehr fruchtbar war.
War die Flut zu hoch, wurden Dörfer und
Siedlungen überschwemmt und zerstört;
war sie zu niedrig, blieben weite Gebiete
trocken und es drohte eine Hungersnot.

Der Kalender entsteht

Wichtig war die Frage, wann die nächste
Nilschwemme zu erwarten war. Die Ägypter erkannten, dass der Nil anstieg, wenn
der Stern Sirius zum ersten Mal frühmor-
gens am Horizont erschien. Damit begann für sie das neue Jahr. Bis zur nächsten Nilschwemme waren es 365 Tage.
Nach dieser Erkenntnis stellten die Ägypter einen Kalender auf. Er besaß 12 Monate zu je 30 Tagen und 5 Zusatztage. Sie
teilten das Jahr außerdem in drei Jahreszeiten ein: Überschwemmung, Aussaat
und Ernte. Das Leben und die Arbeiten
der Menschen wurden vom Pegelstand
des Nils bestimmt.

Not macht erfinderisch

Nach der Nilschwemme waren die Grenzen der Felder nicht mehr zu erkennen,
daher mussten sie jedes Jahr neu vermessen werden. Im Niltal wurde in guten
Jahren viel mehr geerntet, als man selber
verbrauchen konnte. Da es aber auch
schlechte Erntejahre gab, wurden die Ge-
treideüberschüsse eingesammelt und in
Vorratshäusern für Notzeiten gespeichert.
Von diesen Überschüssen konnten außerdem Menschen versorgt werden, die nicht
mehr in der Landwirtschaft arbeiteten,
sondern sich ganz ihrem Beruf widmeten
wie z. B. Handwerker, Arbeiter und Priester. So bildete sich allmählich eine *Arbeitsteilung heraus.

| 15. Juni – 15. Oktober | 15. Oktober – 15. Februar | 15. Februar – 15. Juni |

2 – Die ägyptischen Jahreszeiten bestimmen das Leben der Menschen.

Gemeinschaften entstehen

Um sich von den unterschiedlichen Nil-schwemmen unabhängig zu machen, entwickelten die Ägypter ein Bewässe-rungssystem, mit dem sie das Wasser auf ihre Äcker leiten konnten (siehe S. 190/191). Diese Arbeiten überforderten die Kräfte einzelner Siedlungen. Unter der Führung ehrgeiziger Oberhäupter schlos-sen sich daher zunächst einzelne Dörfer zu zwei größeren Gemeinschaften zu-sammen: Ober- und Unterägypten waren entstanden (siehe Karte S. 50).

Am Nil entsteht eine Hochkultur

Um 3000 v. Chr. beginnt mit dem Zusam-menschluss Ober- und Unterägyptens unter einem König die Geschichte des ägyptischen Staates – eine der frühesten Hochkulturen in der Geschichte:
– Es entstanden neue Wissenschaften wie die *Geometrie und Sternenkunde.
– Kalender, Schrift und Zahlen erleich-tern den Alltag.
– Ein König stand an der Spitze des Staa-tes, der mithilfe von Beamten regierte.
– Religion und Kunst spielten eine wich-tige Rolle.
– Großbauten entstanden (Tempel, Pyramiden).
– Mithilfe der Nilfluten wurden Felder bewirtschaftet und Vorräte angelegt.

Q1 Aus der Zeit um 1500 v. Chr. stammt folgender Text:

... Sei gegrüßt Nil, der aus der Erde her-auskommt, um Ägypten am Leben zu er-halten! Der die Wüste tränkt, in der es kein Wasser gibt.
Der Gerste macht und Weizen erschafft.
Der die Speicher füllt und die Scheunen vollmacht. ...
Wenn er faul ist, dann kann man nicht mehr leben und Millionen Menschen ge-hen zugrunde. ...
Wenn er steigt, dann ist das Land im Ju-bel und jeder voller Freude.
Auf Nil, komm nach Ägypten!

* Geometrie
Dies ist ein Teilgebiet der Mathematik, das sich mit Punkten, Geraden, Ebenen, Abständen usw. befasst. Die Wissenschaft der Geo-metrie entwickelte sich aus der Landvermessung am Nil. Benötigt wurden die Kenntnisse auch in der An-tike, z. B. beim Bau von Tempeln oder Pyramiden.

❶ ▪ Beschreibe mithilfe von Bild 1 und der Karte auf S. 50, warum die Menschen nur im Niltal überleben konnten.
❷ ▪ Trage mithilfe des Texts dein Wissen über Kennzeichen einer Hochkultur in einer Mindmap zusammen.
▶ *Nimm die Methode „Eine Mindmap erstellen" von S. 26/27 zu Hilfe.*
❸ ▪ Begründe mit Q1 folgende Behauptung: Der Nil war die Lebens-ader Ägyptens, konnte aber auch Verderben über das Land bringen.
❹ ▪ Erkläre mithilfe des Textes und Bild 2 den ägyptischen Kalender.
❺ ▪ Der griechische Geschichtsschreiber Herodot schrieb um 450 v. Chr., dass die Ägypter „recht mühelos ernten". Formulie-re die mögliche Antwort eines ägyptischen Bauern.
▶ *Lieber Herodot. Natürlich verdanken wir dem Nil sehr viel, aber von der ägyptischen Landwirtschaft wissen Sie herzlich wenig ...*

Leben in der Niloase

Schauplatz Geschichte

Der Nil ist der längste Fluss der Erde. Die letzten 1000 Kilometer fließt er durch Ägypten. Ohne den Nil wäre Ägypten eine riesige Wüste. Wie die Ägypter mithilfe des Flusses lebten, könnt ihr anhand der Aufgaben in Erfahrung bringen.

Bildet Gruppen und bearbeitet eine der Aufgaben 1–3. Stellt eure Ergebnisse den anderen Gruppen anschließend vor.

❶ ▪ Ein junger Ägypter fährt zum ersten Mal auf dem Nil. Als er wieder nach Hause kommt, berichtet er, was er alles gesehen hat.
▶ *Als ich gestern mit unserem kleinen Boot den Nil herauf fuhr, sah ich entlang des Ufers viele Felder, die mithilfe von … bewässert wurden …*
Führe die Erzählung weiter.

❷ ▪ Verfasst mithilfe des Bildes und eurer Erkenntnisse von S. 52/53 eine Beschreibung des Landlebens im alten Ägypten aus der Sicht eines ägyptischen Bauern.
▶ *Verwende folgende Begriffe: fruchtbarer Schlamm, Aussaat, Bewässerungsmethoden, Ernte, Vorratshaltung.*

❸ ▪ Informiert euch über die Lösung technischer Probleme, die durch das Leben in fruchtbaren Stromtälern entstehen, auf S. 190/191. Einige dieser Neuerungen findet man auch auf diesem Bild. Beschreibt, wie sie das Leben der Bauern erleichterten.

Der König und seine Beamten

Wie wurde Ägypten regiert?

1 – Ausschnitt des *Sarkophags des Pharaos Tutanchamun. Er wurde mit neun Jahren Herrscher (ca. 1336 v. Chr.) und starb 1327 v. Chr.

Pharao

* Sarkophag
Das ist ein prachtvoll ausgestalteter Sarg.

Der Pharao herrscht über das Land

Heute sprechen wir von Pharaonen, wenn wir die altägyptischen Könige meinen. Diese lebten in einem großen Palast, den die Ägypter „großes Haus" nannten, übersetzt Pharao. Sie selbst haben sich zunächst nicht so genannt. Ihre wichtigsten Titel lauteten: „König von Ober- und Unterägypten" und „Herr der beiden Länder" (siehe Karte S. 50). Grundsätzlich war das Amt eines Pharaos nur Männern vorbehalten. In der ägyptischen Geschichte sind aber vereinzelt auch Pharaoninnen bekannt (siehe Pharaonin Hatschepsut S. 204/205). Sie gelangten auf den Thron, weil entweder keine männlichen Nachfolger vorhanden waren oder diese noch zu jung waren, ihr Amt auszuführen. Teilweise übernahmen sie dann die Herrschaft komplett.

Alle Macht in einer Person

Alle Macht lag in den Händen des Pharaos. Nur der König erließ die Gesetze, und nur er setzte die höheren Beamten und Priester ein. Der König entschied auch über Krieg und Frieden. Er schickte das Heer aus und manchmal zog er an der Spitze seiner Truppen in den Kampf. In bestimmten Fällen ließ sich der Pharao von einigen Vertrauten beraten, aber er konnte sich in jedem Fall über die Meinung seiner Ratgeber hinwegsetzen.

Pharao – Gott in menschlicher Gestalt

Nach Meinung der alten Ägypter war der König nur deswegen so mächtig, weil ihn die Götter in sein Amt eingesetzt hatten. Als Sohn des Sonnengottes Re galt ein Pharao als Gott in menschlicher Gestalt. Seine Aufgabe war es, den göttlichen Willen auf der Erde durchzusetzen, das heißt, er sollte für Ordnung und Gerechtigkeit sowie für das Wohlergehen der Bevölkerung sorgen. Achtete der König auf die Wünsche der Götter – so glaubten die Ägypter –, ging es den Ägyptern gut. Verstieß er jedoch dagegen, dann drohten dem Land Dürre, Überschwemmungen, Hungersnot, Krankheiten oder feindliche Überfälle.

Der Pharao besaß aber auch uneingeschränkte Macht, da ihm alles Land gehörte. So konnte er auch anordnen, die Vorratshäuser zu füllen, die Steuern festsetzen und Handwerker dazu zwingen, an Bauarbeiten mitzuwirken und ihre Erzeugnisse abzuliefern. Vor allem diese Abgaben waren oft zum Leidwesen der Bevölkerung.

Da Pharaonen als Könige ihr Land lebenslang allein regierten, nennt man ihre Herrschaft auch Monarchie.

2 – Aufbau der ägyptischen Gesellschaft.

Beamte verwalten das Reich

Ein so großes Reich zu verwalten war nur mithilfe einer gut ausgebildeten und zahlreichen Beamtenschaft möglich. Den obersten Beamten nannte man Wesir. Als Stellvertreter des Königs überwachte er die jährliche Feldvermessung ebenso wie die Steuerabgaben. Alle Verwaltungen in den Dörfern und Städten unterstanden ihm. Er war oberster Polizeichef, Richter und Heerführer. Täglich musste er dem König alle wichtigen Ereignisse und Entscheidungen vortragen. Die Befehle des Königs übermittelte er den hohen Beamten – sie sind mit unseren heutigen Ministern vergleichbar. Die hohen Beamten wiederum gaben die Befehle bis hin zu den einfachen Beamten, den Schreibern, weiter.

M1 Ein Pharao trug als Zeichen seiner Macht verschiedene Herrschaftszeichen, sogenannte Insignien, bei sich:
- Krummstab: steht für Macht und Würde
- Geißel: symbolisiert seine richterliche Gewalt
- Kobra (am Stirnband): Wappentier Unterägyptens, stand für die Macht Gottes,
- Geier (am Stirnband): Wappentier Oberägyptens
- Künstlicher geflochtener Bart: Symbol für die Manneskraft
- Kopftuch: Zeichen der Königswürde, bedeckte Stirn und Ohren

❶■ Nenne mithilfe des Textes in einer Tabelle die Rechte und Pflichten eines Pharaos.

❷■ Suche und benenne die in M1 dargestellten Herrschaftszeichen eines Pharaos auf dem Sarkophag Tutanchamuns (Bild 1).

❸■ Überlege mit deinem Banknachbarn, ob und welche Kennzeichen heutige Könige tragen.

❹■ Erkläre anhand des Schaubildes 2 und des Textes den Aufbau der ägyptischen Gesellschaft.

▶ *An der Spitze der Gesellschaft steht der … . Er befiehlt über … und gewährt …*

❺■ Bewerte aus deiner Sicht, dass sich die ägyptischen Pharaonen nicht nur als Staatsoberhäupter, sondern auch als Götter verstanden.

Welche Bedeutung hatte die Schrift im alten Ägypten

① Papyrusrohr

② Abschälen der Rinde

③ Schneiden der Streifen
aus dem Mark des Papyrusrohrs

Decktuch

flacher Stein

Polierstein

Schlägel

④ Bearbeiten des Papyrus

⑤ Fertige Papyrusrolle

1 – Papyrusherstellung. Die Papyrusstreifen werden kreuzweise aufeinander gelegt. Durch sanfte Schläge mit dem Schlägel kleben die beiden Schichten zusammen.

2 – Schreiberstatue eines Beamten. Kalkstein, um 2450 v. Chr.

✳ **Hieroglyphen**
(altgr. Heilige Einkerbungen) Dies sind Bilder und Symbole, die bestimmte Laute ausdrücken.

✳ **Binsen**
Binsen sind Gräser mit starren, rundlichen Blättern, die hohl sind und dadurch Tinte gut aufnehmen können.

Das Wort „Orkan"
(Ohr und Kahn).

Die Schrift – heilige Zeichen?

Seit Beginn der ägyptischen Hochkultur um 3000 v. Chr. gab es Schreiber und Beamte; genauso alt ist die Schrift. Später nannten die Griechen diese Zeichen, die sie vor allem an den Tempeln sahen, ✳Hieroglyphen.

Wie die altägyptische Schrift genau entstanden ist, weiß man bis heute nicht genau. Man vermutet aber, dass sie am Anfang aus Bildern, z. B. Wellen für Wasser (Bild 3) bestand. Wörter wie z. B. „Ruhe", „ehrlich" oder „denken" konnte man damit aber nicht wiedergeben. Deshalb verwendete man die Bilder auch als Lautzeichen. Mit dieser Methode konnte man auch zusammengesetzte Wörter schreiben wie z. B. im Deutschen das Wort „Orkan".

Das Schreiben erlernte man in einer mehrjährigen Ausbildung und zählte dann zu den wenigen Gebildeten im alten Ägypten, die in der Verwaltung tätig sein durften.

Wie schrieben die Ägypter?

Ein Schreiber im alten Ägypten benötigte für seine Aufzeichnungen nur ein Schreibgerät, Tinte und Papyrus. Meist dienten ✳Binsen, die oben angespitzt wurden, als Schreibgerät. Die Farbe wurde aus Ruß (schwarz) oder Mineralien (z. B. Ocker) hergestellt, indem diese zu Pulver vermahlen und dann mit Wasser und Harz angerührt wurden.

Geschrieben wurde auf Scherben zerbrochener Tongefäße, auf Schreibtafeln aus Holz und vor allem auf Papyrus (Bild 1). Das Wort Papyrus bedeutet in der altägyptischen Sprache „zur Verwaltung gehörig". Von den Ägyptern übernahmen die Griechen diesen Ausdruck, von den Griechen wiederum die Römer. Seit dem 14. Jahrhundert ist er in der deutschen Sprache als „Papier" gebräuchlich.

Bildung garantiert Erfolg

Schreiben zu können war die wichtigste Voraussetzung für eine Beamtenlaufbahn, weswegen die Söhne von Beamten

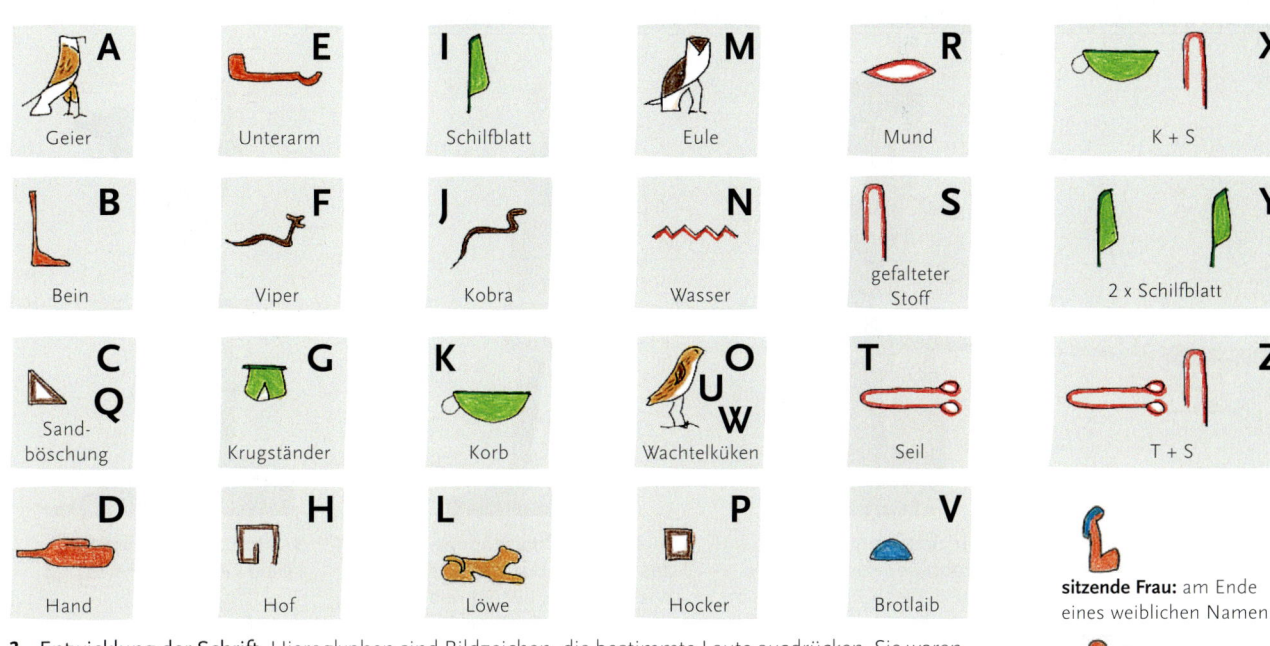

3 – Entwicklung der Schrift. Hieroglyphen sind Bildzeichen, die bestimmte Laute ausdrücken. Sie waren aber keine Buchstaben wie in unserer Schrift. Hier findet ihr zum Schreiben eurer Namen Hieroglyphen, die den Lauten unseres Alphabets ungefähr entsprechen.

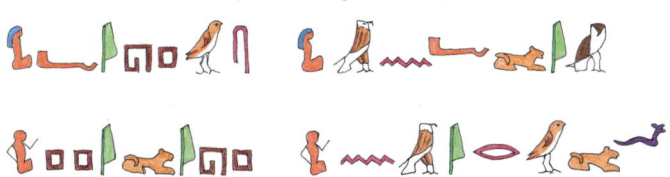

4 – Jungen- und Mädchennamen von rechts nach links zu lesen. Es sind insgesamt vier Namen.

oft den Beruf des Vaters wählten. Anfangs übernahm dieser oft das Unterrichten. Als der Staat aber immer mehr Schreiber benötigte, wurde die Ausbildung erfahrenen Beamten übertragen.

Die Weiterbildung dauerte bis zu zehn Jahren. In dieser Zeit lernten die Schüler mehrere hundert Schriftzeichen, ägyptische Landeskunde, Mathematik, Geometrie und Sternenkunde. Danach wurden sie in der Verwaltung angestellt und kontrollierten die Arbeiter und Handwerker, überwachten die Viehzählungen, die Getreidelieferungen und die Anfertigung von Werkzeugen und Waffen.

Q1 Folgender Text aus der Zeit um 1200 v. Chr. musste von den Schülern oft abgeschrieben werden:

... Sei fleißig! ... Werde Schreiber! Der ist vom Arbeiten befreit und ... er ist gelöst vom Hacken mit der Hacke, er braucht keinen Korb zu tragen. Der Beruf des Schreibers trennt dich vom Arbeiten mit dem Ruder und du bist von der Mühsal gelöst. Du hast nicht viele Herren und hast nicht eine Menge von Vorgesetzten. ... Allein der Schreiber, der leitet jedes Werk, das in diesem Land geschieht. ...

❶ ▪ Beschreibe mithilfe von Bild 1 die Herstellung von Papyrusbögen.

❷ ▪ Erkläre mithilfe des Textes und Q1, warum der Beruf des Schreibers so erstrebenswert war, und überlege, warum dieser in vielen Bereichen gebildet sein musste.

❸ ▪ Ermittle mithilfe von Bild 3 die Namen in Bild 4.

❹ ▪ Schreibe deinem Nachbarn eine Mitteilung, die nur aus Bildzeichen besteht. Welche Schwierigkeiten ergeben sich für ihn beim Lesen?

❺ ▪ Beurteile, welche Bedeutung die Schrift für die Entwicklung der ägyptischen Hochkultur hatte.

Die Reise in die Ewigkeit

Woran glaubten die Ägypter?

1 – Ptah, Schöpfergott und Schutzgott der Handwerker. In seinen Händen hält er einen Stab als Symbol für Macht und Kraft.

2 – Thot, der *ibisköpfige Gott des Mondes, der Magie, der Wissenschaft, der Schreiber, der Weisheit und des Kalenders.

3 – Horus, der Königsgott, in seiner Gestalt als Falke.

* **Ibis**
Das ist ein Vogel mit langem, gebogenem Schnabel.

* **Opferhandlung**
So nennt man in der Religion die rituelle Darbringung von Opfergaben an eine höhere Macht.

Die ägyptische Götterwelt

Die Ägypter verehrten sehr viele Gottheiten; ihr Glaube wird deshalb als Polytheismus bezeichnet. All diese Göttinnen und Götter erschienen entweder in der Gestalt eines Menschen, eines Tieres oder in Menschengestalt mit Tierkopf. Für jeden Lebensbereich war eine Gottheit zuständig, die in speziell für sie errichteten Tempeln verehrt wurden. Stellvertretend für alle Ägypter führten hier Priester täglich *Opferhandlungen vor den Götterabbildungen durch, um diese gnädig zu stimmen. Einige Gottheiten waren in ganz Ägypten besonders hoch angesehen. So glaubte man, dass Osiris im Totenreich herrschte. Ptah war der Schutzgott der Handwerker (Bild 1) und die Mondgottheit Thot wurde als Gott des Schreibens und der Weisheit verehrt (Bild 2). Auch die Pharaonen hatten einen Schutzgott. Der Königsgott Horus (= der Ferne) besaß im regierenden Pharao seine menschliche Gestalt (Bild 3). Gleichzeitig galt jeder Pharao als Sohn des Sonnengottes Re, der nach der Vorstellung der Ägypter die Welt erschaffen hatte. So nahm der Pharao selbst den Rang eines Gottes ein.

Der Totenkult der Ägypter

Das Leben auf der Erde war für die alten Ägypter nur eine rasch vorübergehende Zeit als Vorbereitung auf das ewig währende Leben nach dem Tod. Deshalb erbauten sie sich ein „schönes Haus für die Ewigkeit". Mit diesem Begriff bezeichneten die Ägypter die Grabanlage, die sich der Grabinhaber zu Lebzeiten für sein „zu wiederholendes Leben im Jenseits" bauen ließ.

Die letzte Reise

Das Weiterleben im Jenseits war aber nur möglich, wenn der Körper des Verstorbenen erhalten wurde.
Die Ägypter glaubten, dass sich die Menschen nach ihrem Tod vor einem Totengericht der Götter für ihre Lebensführung verantworten müssen. Hatte sich der Mensch im Leben nicht aufrichtig verhalten, so musste er einen „zweiten" Tod sterben, der ihn endgültig auslöschte. Durfte man im Jenseits weiterleben, so legte der Gott Anubis persönlich letzte Hand an, damit die Mumie wieder zum Leben erwachte.

4 – Totengericht. Papyrus, aus dem Grab des Schreibers Hunefer, um 1300 v. Chr.

Das Totengericht

Das altägyptische Totengericht entschied darüber, welche Seelen in die Unterwelt übertreten durften. Das Ziel war die Umwandlung des Toten in einen *Ahnengeist.

Nach seiner Rechtfertigung vor den Göttern wurde der Verstorbene Hunefer ① von Anubis ②, dem Gott der Einbalsamierer mit dem Gesicht eines *Schakals, zur Waage der Gerechtigkeit ③ geführt. Auf den Schalen lagen sein Herz ③ und eine Feder ④; sie war das Zeichen für Wahrheit und Gerechtigkeit. War das Herz schwerer als die Feder, bedeutete dies, dass der Verstorbene kein gutes Leben geführt hatte. Dann würde ihn der Totenfresser ⑤ mit dem Kopf eines Krokodils verschlingen. Wenn der Verstorbene die Prüfung jedoch bestand, hielt der Schreibergott Thot ⑥ das Ergebnis fest. Nun führte Horus ⑦ den Verstorbenen vor den Thron des Osiris ⑧. Dargestellt wird er mit den Herrschaftszeichen eines Pharao: Krone, Bart, Krummstab und Geißel. Hinter ihm stehen die Göttinnen *Nephtys und Isis ⑨. Osiris nimmt Hunefer in sein Reich auf.

Religion und Hochkultur

Religion ist keine „Erfindung" der frühen Hochkulturen, da die Menschen bereits in der Steinzeit Götter verehrten und ihnen Opfer darbrachten. Jedoch wurden Religion und Götterverehrung in dieser Zeit immer bedeutsamer und bestimmten das Leben und Sterben der Menschen wesentlich mit. Sie banden ihren Glauben in die Gestaltung des Alltags ein und widmeten den Göttern Tempelbauten. Indem die Herrscher den Glauben ihrer Bevölkerung stützten, konnten sie diese stärker an sich binden und dadurch ihre Herrschaft festigen. Zudem ermöglichte ihnen dies, dass die Bevölkerung ihre gottähnliche Position anerkannte.

* **Ahnengeist (Ach)**
  Dieser war im altägyptischen Glauben der Teil des Körpers, der in den Himmel aufstieg.

* **Nephtys und Isis**
  Diese beiden Göttinnen unterstützten und beschützten Osiris und dienten somit als Schutzgöttinnen für die Verstorbenen.

* **Schakal**
  Ein Schakal ist ein Wildhund in wolfsähnlicher Gestalt.

❶ ▶ Beschreibe anhand der Bilder 1–3, welche verschiedenen Arten der Götterdarstellung es im alten Ägypten gab.

❷ ▶ Suche in Bild 4 alle im Text genannten Götter und ermittle ihre Funktion.

❸ ▶ Ein ägyptischer Priester erzählt einem griechischen Händler vom Glauben der Ägypter und ihrem Totenkult. Führe diese Erzählung weiter, indem du Bild 4 und den Text dieser Seite zu Hilfe nimmst.

▶ *Wir verehren sehr viele Götter. Nach dem Tod müssen wir vor ihnen über unser Leben Rechenschaft ablegen. Bevor wir aber ins Jenseits gelangen, müssen wir ... Mumifizierung ... Grab ... Totengericht*

❹ ▶ Erarbeite mit deinem Banknachbarn, in welchen Bereichen sich die altägyptische Religion von unserer heutigen Glaubensausübung unterscheidet. Wenn sich in deiner Klasse auch Schülerinnen und Schüler nichtchristlichen Glaubens befinden, können diese ein Paar bilden und die Aufgabe aus ihrer Sicht bearbeiten.

▶ *Beachte dabei besonders die Aspekte Glaubensausübung, Bedeutung der Religion im Alltag, Totenkult und Jenseitsvorstellung.*

Die Mumifizierung eines Pharaos

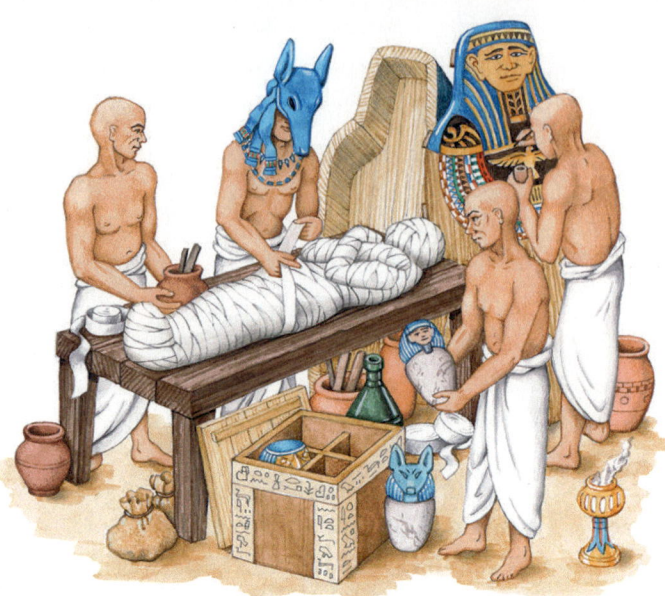

1 – In der Werkstatt eines Mumifizierers. Der Chefbalsamierer umwickelt den Körper mit Leinenbinden und legt mehrere Amulette bei.

Vorbereitungen für das Begräbnis

Die Ägypter glaubten an ein Weiterleben nach dem Tod. Nach ihrer Vorstellung kehrte die Seele beim Begräbnis in den Körper zurück und dieser durfte dazu nicht verwesen.

Ärmere Menschen wurden von ihren Familien in Schilfmatten gewickelt und im Wüstensand begraben. Die Hitze und Trockenheit der Wüste trocknete den Leichnam aus.

Menschen mit reicherer Herkunft gingen irgendwann dazu über, ihre Toten in Holzsärgen zu bestatten. Dies machte es jedoch nötig, die Körper zu trocknen, da sie sonst in den Särgen verfault wären.

2 – Kanopen. Diese Gefäße dienten zur Aufbewahrung der Eingeweide. Einzig das Herz blieb getrocknet und mit Harz konserviert im Körper.

Q1 Der griechische Historiker Herodot (um 484–425 v. Chr.) schrieb über die teuerste Art der Mumifizierung, die nur Pharaonen, deren Angehörigen und manchmal ihren Lieblings-haustieren vorbehalten war:

Es gibt besondere Leute, die dies berufsmäßig ausüben. Zu ihnen wird die Leiche gebracht. ... Zunächst wird mittels eines eisernen Hakens das Gehirn durch die Nasenlöcher herausgeleitet, teils auch mittels eingegossener Flüssigkeiten. Dann macht man mit einem scharfen ... Stein einen Schnitt in die Leiche und nimmt die ganzen Eingeweide heraus. Sie werden gereinigt, mit Palmwein und dann mit geriebenen Gewürzen durchspült. Dann wird der Magen mit reiner geriebener [1]Myrrhe, mit Zimt und mit anderem Räucherwerk ... gefüllt und der Bauch zugenäht. Nun legen sie die Leiche ganz in [2]Natronlauge, siebzig Tage lang. ... Sind sie vorüber, so wird die Leiche gewaschen, der ganze Körper mit Binden von Leinwand umwickelt und mit Gummi bestrichen, was die Ägypter anstelle von Leim zu verwenden pflegen. Nun holen die Angehörigen die Leiche ab, machen einen hölzernen Sarg in Menschengestalt und legen die Leiche hinein.

[1]Myrrhe: Harz
[2]Natronlauge: Entzieht Wasser. Der Körper trocknet aus, ohne zu verwesen.

ent**tdecken**

3 – Mumienmaske des Pharaos Tutanchamun (1334–1327 v. Chr.).

Der Pharao wird zum Gott

Den Mumien der Pharaonen wurden sogenannte Totenmasken aufgelegt die das jugendliche Gesicht des Pharaos zeigten. Gold war die Farbe der Sonne und der ägyptischen Götter. Der Pharao wurde somit von einem Sterblichen zu einem gottähnlich ewig Lebenden. So war es selbstverständlich, dass auch die Särge reich mit Gold verziert waren.

4 – Amulette. Sie sollten seinen Besitzer oder seine Besitzerin vor schlechten Einflüssen schützen und ihm Glück bringen. Die Amulette wurden daher nach dem Tod mit in den Sarkophag gelegt. Jede Darstellung hat eine bestimmte Bedeutung. Der Skarabäus (Mistkäfer, links) und das Ankh-Zeichen (rechts) sind Symbole des nach dem Tode fortbestehenden Lebens.

5 – Mumie einer ägyptischen Priesterin im Sarkophag. Um 1000 v. Chr.

Bildet Gruppen und bearbeitet die Aufgaben für Gruppe A, B oder C. Stellt eure Ergebnisse den anderen Gruppen anschließend vor.

Gruppe A:

❶ ▶ Ihr wollt den Beruf des Mumifizierers erlernen. Erstellt anhand von Q1 und Bild 1 eine Liste aller für die Mumifizierung notwendigen Gegenstände, die ihr vorher besorgen müsst.

❷ ▶ Entwickelt mithilfe eurer Liste aus Aufgabe 1, Q1 und Bild 1 eine Bedienungsanleitung für die Mumifizierung.

Gruppe B:

❸ ▶ Teilt folgende Aufgaben unter euch auf: Zeichnet folgende Teile eines Sarkophags mithilfe der Bilder 1–5 und der Texte so originalgetreu wie möglich in Farbe auf ein A4-Blatt: Totenmaske – Kanopen – Amulette – Sarkophag.
Tragt diese Bilder dann als Collage zusammen. Verfasst anschließend eine Bildlegende, in der ihr kurz die Funktion der einzelnen Teile darstellt.

Gruppe C:

❹ ▶ Recherchiert, ob und inwiefern folgende moderne Stichworte mit den ägyptischen Bräuchen vergleichbar sind: Glücksbringer (z. B. vierblättriges Kleeblatt) – Grabstein mit Foto des Verstorbenen … Gestaltet dazu ein Lernplakat (siehe S. 227).

▶ *Ihr könnt in Sachbüchern ermitteln, im Internet recherchieren oder jemanden befragen.*

Methode

Bilder untersuchen

Bilder sind Quellen

Vor allem aus der frühgeschichtlichen Zeit stehen als Quellen oft nur bildliche Darstellungen zur Verfügung. Diese kann man als Felszeichnungen (z. B. in Höhlen), Wandmalereien (z. B. in Grabstätten), Abbildungen (z. B. auf Vasen) oder Papyrusmalerei im alten Ägypten finden. Sie liefern wichtige Informationen darüber, wie die Menschen lebten und den Alltag gestalteten, was sie gedacht haben und was sie sich wünschten. Diese Informationen können dabei helfen, geschichtliche Zusammenhänge zu erklären und historische Ereignisse bewusster zu beurteilen. Bilder zeigen Menschen, Dinge oder die Natur aber nicht immer so, wie sie in Wirklichkeit waren.

Bei Bildern aus dem alten Ägypten beispielsweise muss man beachten, dass Menschen immer nach einem bestimmten Schema dargestellt wurden. So wurde der Kopf immer in der Seitenansicht gemalt, wobei ein Auge den Betrachter direkt ansieht. Der untere Teil des Körpers ist ebenfalls von der Seite gemalt, während der Oberkörper von vorne zu sehen ist. Frauen wurden mit einem langen weißen Gewand dargestellt, Männer mit einem weißen Rock oder Lendenschurz. Beamte trugen darüber ein langes, durchsichtiges Gewand.

Folgende Hinweise helfen dir bei der Erklärung von Bildern:

Schritt 1 **Beschreibung der Einzelheiten eines Bildes**	■ Aus welcher Zeit stammt das Bild (Bildlegende beachten)? ■ Welche Personen/Gegenstände sind dargestellt? ■ Wie sind sie dargestellt? Beachte dabei Hautfarbe, Kleidung, Kopfbedeckungen usw. ■ Gibt es Unterschiede bei der Darstellung der verschiedenen Personen (Größe/Hautfarbe/Ausschmückung)? ■ Welche weiteren Gegenstände sind auf dem Bild zu entdecken? Welche Funktion haben diese?
Schritt 2 **Zusammenhänge erklären**	■ Welche Tätigkeiten üben die Personen aus? ■ Wie ist das Verhältnis der Personen zueinander? ■ Gibt es Merkmale, die eine besondere Bedeutung haben könnten? ■ Was erfahren wir aus dem Bild über das Leben der Menschen zur damaligen Zeit (Lebensumstände, Familiensituation, Arbeitsleben usw.)?
Schritt 3 **Zusätzliche Informationen beschaffen**	■ Wer war der Auftraggeber der Bilder? ■ Was kann man über die dargestellten Personen aus anderen Quellen erfahren? ■ Gibt es noch andere Bilder zu diesem Thema? ■ Was verstehe ich nicht und wo finde ich dann noch weitere Informationen?

❶ ▶ Lies die Lösung zu Bild 1 durch und vollziehe die Schritte 1–3 am Beispiel nach.

❷ ▶ Beschreibe und erkläre mithilfe der Schritte 1–3 die Bilder 2 und 3.

1 – Grabbild des Amenemhet. Kalkstein mit Bemalung. Höhe 30 cm, Breite 50 cm, aus Theben in Oberägypten. Um 2000 v. Chr.

2 – Arbeit auf dem Feld. Wandbild aus dem Grab des Sennedjem, 1280 v. Chr.

3 – Mädchen spielen Instrumente. Wandbild aus dem Grab des Wesirs Rekhmire, um 1300 v. Chr.

Lösungsbeispiel zum Bild 1:

Zum Schritt 1: Es handelt sich um eine Bildquelle aus dem alten Ägypten, ein Grabbild. Es ist etwa 4000 Jahre alt. Dargestellt sind vier Personen, zwei Männer und zwei Frauen, zwischen denen sich ein Tisch befindet.
Die Männer tragen runde Perücken, Halskragen und Armreife; bekleidet sind sie mit einem kurzen Lendenschurz. Ein Mann hat einen Bart. Die Frauen haben ein langes Kleid an. Sie tragen lange Perücken, Halsschmuck, Arm- und Fußreife. Die Frauen haben eine hellere Hautfarbe (ockergelb) als die Männer (rotbraun). Rechts im Bild ist ein Tisch mit Speisen.

Zum Schritt 2: Drei Personen, zwei Männer und eine Frau, sitzen eng beieinander und umarmen sich. Die zweite Frau steht mit einigem Abstand zu den anderen auf der anderen Seite des reich gefüllten Tisches. Es handelt sich vermutlich um ein Familienbild. Der Vater (mit Bart) und seine Ehefrau umarmen ihren Sohn. Hieran kann man erkennen, dass sie offenbar ein gutes Verhältnis zueinander haben. Bei der abseits stehenden Person handelt es sich entweder um eine Dienerin oder die Schwiegertochter.
Der reich gedeckte Tisch gibt einen Hinweis auf den Wohlstand der Familie.

Zum Schritt 3: Zusätzliche Informationen kann man im Internet oder in Sachbüchern (siehe S. 221) finden.

Warum bauten die Ägypter Pyramiden?

1 – Pyramidenbaustelle. Illustration.

Stufenpyramide des
Pharao Sakkara
(ca. 2650 v. Chr.).

✻ **Altes Reich**
Das Alte Reich dauerte
ungefähr von 2707 bis
2170 v. Chr. und ist der
älteste der drei Abschnitte
der Geschichte des alten
Ägyptens.

Bauwerke für die Ewigkeit

Das Wahrzeichen Ägyptens sind die Pyramiden, auf einer viereckigen Grundlage spitz nach oben zulaufende Bauten, die seit 2700 v. Chr. als Pharaonengräber üblich waren. Die bekanntesten und größten Pyramiden stehen in Gizeh, am Rand von Kairo, der heutigen Hauptstadt Ägyptens. Doch gibt es noch zahlreiche weitere dieser charakteristischen Bauwerke, besonders am Westufer des Nils. Form, Auftraggeber zum Bau, Nutzung und Aufbau der Pyramiden haben sich im Laufe der Zeit nur wenig verändert, allerdings war anfangs eine kantigere Bauweise üblich. Einige dieser kleinen Stufenpyramiden (siehe Randspalte) des frühen ✻Alten Reiches dienten nicht als Gräber, sondern waren Zeichen königlicher Macht. Die erste Pyramide mit glatten Seitenflächen stammt von König Snofru (Herrschaftszeit ca. 2670–2620 v. Chr.) und gehörte zur Grabanlage des Königs.

Herrscher über den Tod hinaus

Der ägyptische König bestimmte das Leben seiner Untertanen auch nach seinem Tod. Starb er, so stieg er – nach dem Glauben der Ägypter – zu den Sternen auf und wurde selbst ein Gott. Seit ungefähr 2650 v. Chr. ließen sich die Könige in Pyramiden bestatten, den „Wohnungen für die Ewigkeit". Von 1480 bis 1100 v. Chr. fanden die Könige ihre letzte Ruhestätte im „Tal der Könige" (siehe Karte S. 50).

Wer baute die Pyramiden?

Den Befehl zum Bau der Pyramide erteilte der König meist gleich zu Beginn seiner Herrschaft, denn bis zur endgültigen Fertigstellung vergingen viele Jahre. Die oberste Bauleitung hatte der Wesir. Er sorgte für den Transport der Steinblöcke zum Bauplatz, die Beschaffung von Werkzeug, die Anwerbung der Arbeiter unter der Landbevölkerung und ihre Unterbringung und Versorgung. Heutige Berechnungen gehen davon aus, dass etwa 4000 Mann das ganze Jahr über an der Baustelle tätig waren. Sie wohnten in eigens angelegten Arbeitersiedlungen. Etwa 10 000 weitere Männer wurden für die Arbeit in den Steinbrüchen und für den Transport des Baumaterials benötigt.

2 – Cheops-Pyramide (ca. 2620–2500 v. Chr.) in Gizeh.

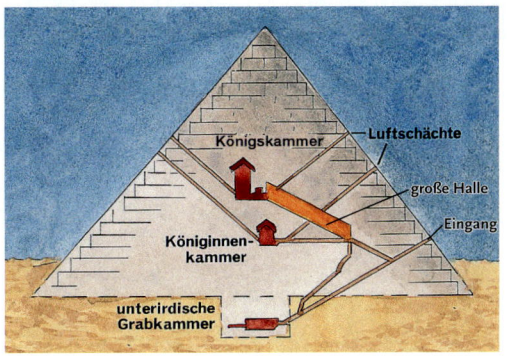

Königskammer — Luftschächte
große Halle
Eingang
Königinnen-kammer
unterirdische Grabkammer

3 – Querschnitt durch die Cheops-Pyramide mit Kammern, Gängen und Luftschächten.

Den Ägyptern, die beim Bau der Pyramiden mitarbeiteten, wurde ein ewiges Leben im Jenseits an der Seite ihres Königs versprochen, auch wenn sie sich selbst kein Grab und keine Mumifizierung leisten konnten.

Die Cheops-Pyramide

Die Pyramide des Königs Cheops, der um 2620–2580 v. Chr. regierte, ist der gewaltigste Steinbau der Welt (Bild 2 und S. 48/49). Für den Bau wurden etwa 20 bis 25 Jahre benötigt. Ursprünglich war sie 146 m hoch; ihre Seitenlänge beträgt 230 m. Schätzungsweise 2 300 000 Steine wurden in ihr verbaut. Im Durchschnitt wiegt jeder Stein mehr als 2000 kg, also zwei Tonnen. Zum Vergleich: Ein Mittelklassewagen wiegt etwa eine Tonne. Es gibt im Inneren der Pyramide aber auch Granitblöcke mit einem Gewicht von fast 50 000 kg, also 50 Tonnen.

Herausforderungen beim Bau

Da Maschinen fehlten, waren zum Bau Tausende von Menschen nötig, die nicht nur ihre Arbeitskraft einsetzten, sondern auch genaue Berechnungen anstellten (siehe Lernaufgabe S. 217). Die Frage, wie die Ägypter die schweren Steinblöcke auf die immer höher werdende Pyramide brachten, ist jedoch bis heute ungeklärt. Es gibt dazu viele Überlegungen, aber keiner fand bisher eine Lösung. Es ist ebenfalls ein Rätsel, wie es gelungen ist, den riesigen Steinsarg des Cheops in die Grabkammer zu befördern.

Der Eingang der meisten Pyramiden war nach Norden gerichtet. Hinein führte ein Schacht vom Eingang zur großen Halle und von dort weiter zur Königskammer, in der der Pharao mit all seinen Grabbeigaben bestattet war. Große Granitblöcke vor der Grabkammer, dem Eingang und in die Irre führende Gänge sollten Grabräuber von den reichen Schätzen abhalten. Aber schon 1000 v. Chr. waren alle Pyramiden ausgeraubt.

❶ ▶ Eine Pyramide soll gebaut werden. Der Wesir erklärt den Arbeitern, welche Aufgaben erledigt werden müssen. Ermittle mithilfe von Bild 1 die Reihenfolge der Arbeitsschritte.
▶ *1. Beschaffung und Transport der Steine auf ... 2. ...*

❷ ▶ Untersuche die abgebildeten Pyramiden anhand der in Text und Bild genannten wesentlichen Elemente (Kriterien).
▶ *Übertrage die Tabelle in dein Heft und fülle die Lücken.*

	Sakkara-Pyramide	Cheops-Pyramide
Form	...	...
Auftraggeber	...	...
Nutzung	...	...
Aufbau/„Inneneinrichtung"	...	...

❸ ▶ Untersuche anhand der Bilder 2 und 3 sowie des Texts, wie die Baumeister der Cheops-Pyramide diese vor Grabräubern schützen wollten.

❹ ▶ Die Pyramiden von Gizeh galten schon in der Antike als „Weltwunder". Begründe diese Einschätzung mithilfe deiner Ergebnisse aus den Aufgaben 1–3 und stelle dar, was Pyramiden über die Kultur der Ägypter aussagen.

Weitere Hochkulturen

War Mesopotamien eine Hochkultur?

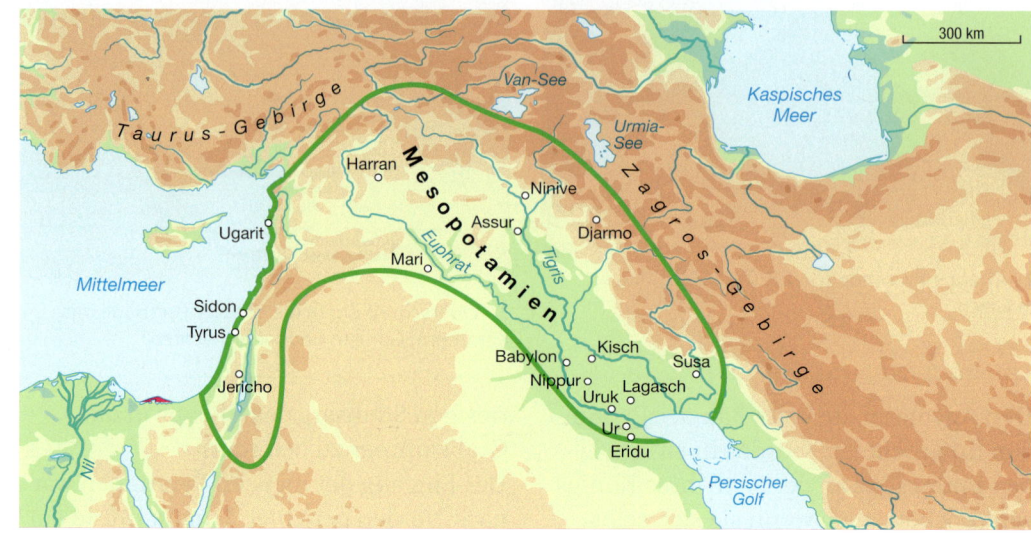

1 – Der Vordere Orient um 3000 v. Chr.

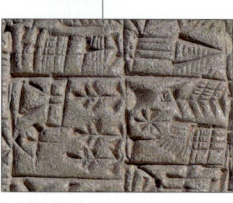

Keilschrift aus Mesopotamien. Auf der Tontafel wird über den Verkauf eines Hauses und eines Feldes berichtet. Unten ist das Bild in der Vergrößerung zu sehen. Ca. 2600 v. Chr.

Das Land zwischen den Flüssen

Etwa zur gleichen Zeit wie in Ägypten entstand auch in Mesopotamien eine Hochkultur. Mesopotamien heißt wörtlich übersetzt „zwischen den Flüssen", gemeint sind Euphrat und Tigris. Dieses Gebiet gehört heute zu den Ländern Irak, Iran und Syrien. Seit dem 5. Jahrtausend v. Chr. siedelten hier die Sumerer, ein Bauernvolk aus den Gebirgen im Osten und Nordosten des Landes.

In jedem Frühjahr gefährdeten Fluten die Felder an den Flussufern. Um sich dagegen zu schützen, bauten die Bewohner Dämme. So konnten sie immer mehr fruchtbares Land zum Anbau von Getreide, Obst und Gemüse nutzen. In den Trockenzeiten mussten die Felder allerdings regelmäßig bewässert werden. Deshalb bauten die Menschen ein riesiges Bewässerungssystem aus Kanälen und Wassergräben.

Städte entstehen

Wegen seiner Fruchtbarkeit zogen immer mehr Menschen in dieses Gebiet. Seit etwa 3000 v. Chr. gab es auch hier große Städte mit mehreren tausend Einwohnern, riesigen Tempelanlagen, neuartigen Torbögen, Gewölben und Kanalisation. Babylon, Susa und Ur waren die größten Städte. Jede Stadt wurde von einem König regiert. Es gab auch hier Priester und Beamte, die im Auftrag des Königs tätig waren und die Steuern eintrieben.

Die Keilschrift entsteht

Priester, Verwaltungsbeamte und viele Kaufleute waren darauf angewiesen, die religiösen Vorschriften, die gezahlten Steuern und ihre Geschäfte schriftlich festzuhalten. Anfangs entwickelten die Sumerer Bildzeichen und Zeichen für Zahlen. Da das Einritzen dieser Bildzeichen in Ton aber sehr aufwändig war, vereinfachten sie diese und ritzten von nun an keilförmige Linien in feuchten Ton – die sogenannte Keilschrift war entstanden (Bild Randspalte).

Erfindungen erleichtern das Leben

Den Sumerern verdanken wir aber auch zahlreiche andere Erfindungen. Sie erfanden das Rad, den Metallpflug, Münzgeld und ein malzhaltiges Getränk, das heutigem Bier ähnelte. Bronze konnten sie so-

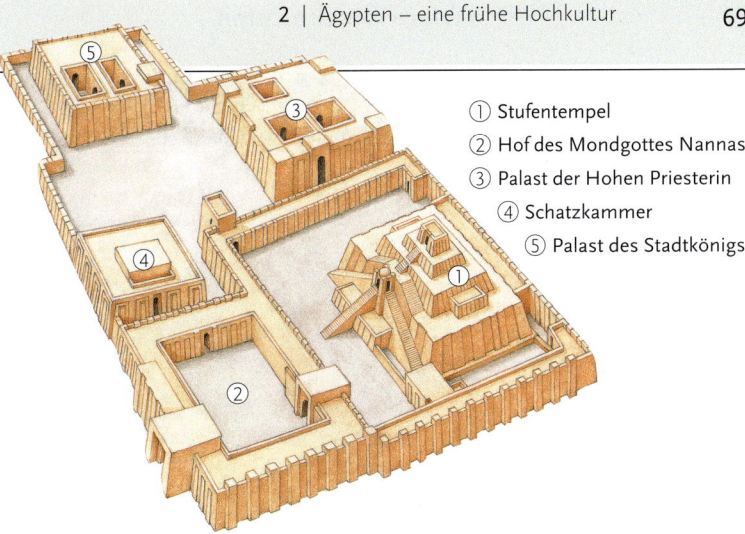

① Stufentempel
② Hof des Mondgottes Nannas
③ Palast der Hohen Priesterin
④ Schatzkammer
⑤ Palast des Stadtkönigs

2 – Hammurabis Gesetzessäule. Diese Abbildung auf dem oberen Teil der Säule zeigt Hammurabi (links), der in ehrfürchtiger Haltung die Gesetze aus der Hand des Sonnengottes entgegennimmt. Basaltstein, um 1700 v. Chr., Höhe 2,23 m.

3 – Heiliger Bezirk in der Stadt Ur, der am Fluss Euphrat lag. Rekonstruktionszeichnung.

gar bereits 1000 Jahre vor der Erfindung der Bronze in Europa herstellen. Maße und Gewichte hatten sie einheitlich festgelegt und ihr Rechensystem blieb bis heute in der Zeiteinteilung erhalten.

Die Gesetze des Königs Hammurabi
Zwischen den Städten in Mesopotamien kam es immer wieder zu Kämpfen. Schließlich gelang es Hammurabi, dem Herrscher von Babylon (um 1728–1686 v. Chr.), ein Reich zu gründen, das alle Gebiete zwischen Euphrat und Tigris vereinte. Um Streit zu vermeiden, sollten sich alle Untertanen an feste Regeln und Gesetze halten. Diese 282 Gesetze ließ er auf eine Steinsäule einmeißeln – das erste schriftliche Gesetz war entstanden.

Q1 In der von Hammurabi aufgestellten Gesetzessammlung heißt es unter anderem:
1. Wenn ein Bürger einen (anderen) Bürger bezichtigt und ihn mit Mordverdacht belastet, es ihm aber nicht beweist, so wird derjenige, der ihn bezichtigt hat, getötet. ...
53. Wenn ein Bürger ... den Deich nicht befestigt hat, ... so ersetzt der Bürger, in dessen Deich die Öffnung entstanden ist, das Getreide, das er vernichtet hat. ...

148. Wenn ein Bürger eine Frau zur Ehe genommen hat und sie krank wird, er eine andere zu nehmen sich vornimmt, so kann er sie nehmen. Von seiner Ehefrau, die die Krankheit ergriffen hat, kann er sich nicht scheiden. In einem Haus, das er gebaut hat, wohnt sie, und solange sie am Leben ist, unterhält er sie. ...
196. Wenn ein Bürger das Auge eines Bürgersohnes zerstört, so zerstört man sein Auge. ...
200. Schlägt ein Bürger den Zahn eines ihm ebenbürtigen Bürgers aus, so schlägt man seinen Zahn aus.

❶ ▪ Suche die im Text genannten Städte auf Karte 1.
❷ ▪ Erkläre die Darstellung des Königs in Bild 2.
▶ *Nimm die Bildunterschrift zu Hilfe.*
❸ ▪ Ermittle aus Bild 3 Merkmale der Stadt Ur, die auf eine Hochkultur schließen lassen. Begründe.
❹ ▪ Beschreibe anhand von Q1, wie das Zusammenleben der Bürger mithilfe dieser Gesetze geregelt wird.
❺ ▪ Vergleiche die Gesetze in Mesopotamien mit heutigen Gesetzen und Regelungen.
❻ ▪ Beantworte mithilfe der Materialien dieser Doppelseite die Frage „War Mesopotamien eine Hochkultur?". Begründe ausführlich.
❼ ▪ Bewerte aus deiner Sicht die Gesetze in Mesopotamien.

Wo gab es weitere Hochkulturen?

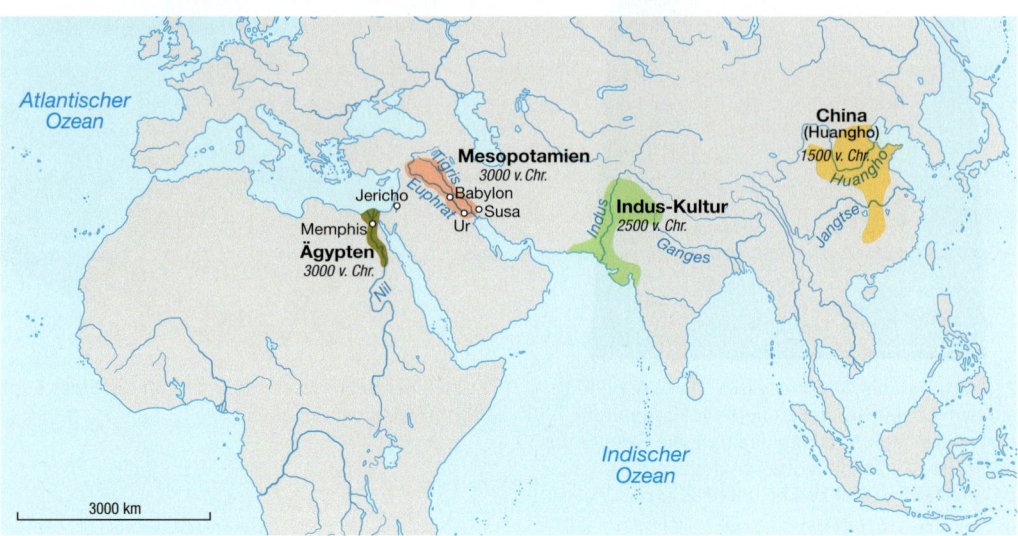

1 – Frühe Hochkulturen.

Hochkulturen entstehen an Flüssen

Wie in Ägypten und Mesopotamien sind auch an anderen großen Strömen eigenständige Staaten entstanden. Die idealen geographischen Bedingungen begünstigten deren Entstehung. In Indien bildete sich an den Ufern des Ganges ein Staat heraus. Etwas später entwickelte sich die chinesische Hochkultur entlang des Huangho. Deren bekanntestes Bauwerk ist die Chinesische Mauer, die über 4000 km lang ist und von der auch heute noch große Teile gut erhalten sind. Wie in Ägypten hatten die Menschen auch in diesen Hochkulturen gelernt, sich die Flüsse zu Nutze zu machen. Diese Kontrolle über die Natur sicherte aber auch die Herrschaft über die Menschen. Die Bevölkerung wurde von Königen und deren Beamten und Priestern beherrscht. Sie entwickelten die Schrift und erstellten großartige Bau- und Kunstwerke.

Europa um 3000 v. Chr.

Während die Menschen in Ägypten, Mesopotamien, China und Indien Hochkulturen entwickelten, lebten die Menschen in Europa und anderen Teilen des Vorderen Orients noch in relativ einfachen Verhältnissen. Statt großer Bauwerke wie den Pyramiden errichteten sie Hügelgräber. Sie bauten Langhäuser und legten Vorräte an, die sie durch Ackerbau und Viehzucht erwirtschaftet hatten. Auch hier entstand eine Arbeitsteilung durch Spezialisierung und neue Berufe.

❶ Suche in deinem Atlas die Gebiete der Hochkulturen, die auf der Karte 1 eingezeichnet sind, und notiere, welche Länder sich heute in diesen Gebieten befinden.

❷ Erkläre mithilfe deines Wissens aus diesem Kapitel, warum gerade an großen Flüssen Hochkulturen entstanden.

❸ Überlege, wie Flüsse auch heute noch das Leben der Menschen beeinflussen.

❹ Vergleiche die Lebensweise der Menschen in der Jungsteinzeit in Mitteleuropa mit der der Menschen in Ägypten. Warum gilt Ägypten als Hochkultur, Europa aber nicht?

▶ *Ziehe dafür folgende Bereiche heran: Alltag – Herrschaft – Großbauten ... Die Seiten 28 bis 35 helfen dir dabei.*

Zusammenfassung

Ägypten – eine frühe Hochkultur

Besiedlung des Niltales

Vor über 7000 Jahren lebten die Menschen in Nordafrika als Jäger und Sammler. Weite Gebiete waren von Gras bedeckt, an feuchteren Stellen gab es auch Wälder. Die Menschen ernährten sich von Jagd, Fischfang, Pflanzen und Früchten. Dann begann ihr Lebensraum durch klimatische Veränderungen auszutrocknen. Dies zwang sie, dem lebensnotwendigen Wasser zu folgen. So gelangten sie dauerhaft ins Niltal und siedelten sich dort an.

Entstehung einer Hochkultur

Seit 3500 v. Chr. lernten die Menschen, die Überschwemmungen des Nils zu nutzen. Sie legten in Gemeinschaftsarbeit Dämme und Kanäle an, sodass Wasser und fruchtbarer Schlamm auf ihre Felder gelangte. Durch Beobachtung der Sterne entwickelten sie einen Kalender, um die Nilschwemme vorherzusagen. Mit der Wissenschaft der Geometrie vermaßen sie ihre Felder. Ihre Ergebnisse hielten sie mit ihrer Schrift, den Hieroglyphen, fest. Großbauten wie Pyramiden und Tempel entstanden.
Um 3000 v. Chr. wurden die Reiche von Ober- und Unterägypten zu einem Staat vereinigt.
Es gab neben Ägypten noch weitere Hochkulturen wie z. B. in Mesopotamien. König Hammurabi (um 1728–1686 v. Chr.) wurde dort vor allem durch seine Gesetzessammlung berühmt.

Der ägyptische Staat

In Ägypten entwickelte sich die Herrschaftsform der Monarchie. Ein Pharao stand an der Spitze des Staates. Als Stellvertreter Gottes sollte er für Ordnung und Gerechtigkeit sorgen. Sein göttliches Amt verlieh ihm unbegrenzte Macht. Eine starke Verwaltung mit zahlreichen Beamten setzte seine Befehle um. Wesire waren die Stellvertreter des Pharaos, Schreiber sorgten als Verwaltungsbeamte für Recht und Ordnung in den Dörfern. Der größte Teil der Bevölkerung lebte auf dem Land und erwirtschaftete die notwendigen Überschüsse, die den Staat finanzierten. Daneben gab es in Staats- und Tempeldiensten hochspezialisierte Handwerker.

Totenkult

Im religiösen Bereich galt die Hauptsorge dem ewigen Leben im Jenseits, das man sich teilweise als Fortsetzung des diesseitigen Lebens vorstellte. Grabbau, Grabausstattung und Mumifizierung spielten dabei nach dem Glauben der Ägypter eine große Rolle. Das ewige Leben konnte man aber nur erlangen, wenn man im Totengericht nachwies, dass man im diesseitigen Leben nichts Unrechtes getan hatte.

5000 v. Chr.

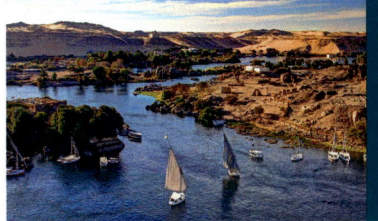

Die ersten Menschen lassen sich im Niltal nieder und gründen Siedlungen.

3200 v. Chr.

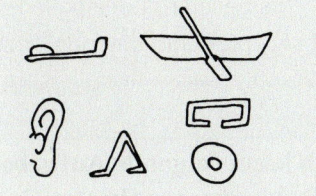

In Ägypten entsteht eine Hochkultur mit Königtum, Verwaltung, Schrift, Großbauten, Religion, Kunst und Kultur.

2650 v. Chr.

Die Pyramiden sind die ersten ganz aus Stein errichteten Großbauten der Welt.

Um 2000 v. Chr.

Totengericht.

Das kann ich …

Ägypten – eine frühe Hochkultur

Ich kann wichtige Daten und Begriffe im Zusammenhang erklären (Sachkompetenz):

um 3000 v. Chr.: Hochkultur in Ägypten
Pharao
Pyramide

❶ Erkläre, warum sich ein Pharao eine Pyramide als Grab bauen ließ.

❷ Erstelle mithilfe der Karte auf S. 70 einen Zeitstrahl und trage darin ein, wann die verschiedenen Hochkulturen entstanden sind.

❸ Übertrage die Tabelle M1 in dein Heft und fülle die Zeilen mit Beispielen zu den Hochkulturen in Ägypten und Mesopotamien.

Ich kann folgende Aufgaben zum Thema lösen (Sachkompetenz):

❹ Nenne die Arbeiten, die der Nil den Bewohnern Ägyptens jedes Jahr aufgab.

❺ Übertrage Bild 2 in dein Heft und fülle die Lücken mit den richtigen Begriffen.

❻ Erläutere den Zusammenhang zwischen dem Nil und der Entstehung des ägyptischen Staates und seiner Gesellschaft.

❼ Erkläre mithilfe der folgenden Begriffe die Herrschaft im alten Ägypten: Monarchie, Pharao, Göttlichkeit des Pharao.

Ich kann Geschichte verständlich darstellen (narrative Kompetenz):

❽ Du willst einen Bericht über den Bau der Cheops-Pyramide schreiben und führst deshalb ein Interview mit dem zuständigen Beamten. Entwickle mit deinem Banknachbarn einen Dialog und trage diesen im Anschluss vor der Klasse vor.

▶ *Du: Wie viele Menschen sind auf dieser Baustelle beschäftigt?*
Beamter: Alleine hier sind ungefähr …
Du: Woher bekommen sie die vielen Steinblöcke?
Beamter: …

Ich kann die Methode „Bilder untersuchen" anwenden (Methodenkompetenz):

❾ Zeige auf der Zeitleiste auf S. 50/51, wann Bild 1 entstanden ist, und berechne, vor wie vielen Jahren es etwa gemalt wurde.

❿ Beschreibe Bild 1. Beachte die W-Fragen: Was ist dargestellt? Wer ist wie dargestellt? Warum?

⓫ Erkläre mithilfe deiner Ergebnisse aus den Aufgaben 9 und 10, was du über die Gesellschaft in Ägypten erfahren hast.

Ich verstehe, warum das Thema für uns heute noch wichtig ist (Orientierungskompetenz):

⓬ Überlege mit deinem Banknachbarn oder deiner Banknachbarin, welche Vor- und Nachteile es hat, wenn in einem Staat ein einziger Mensch alle Macht hat.

▶ *Nimm dein Wissen von S. 56/57 zu Hilfe.*

Ich kann mir ein Urteil bilden und es begründen (Urteilskompetenz):

⓭ Beurteile aus deiner Sicht mithilfe deiner Ergebnisse aus Aufgabe 12 die Macht eines Pharaos.

Verstehen

1 – Malerei aus dem Grab des Beamten Nacht. Dieser ist selbst auf dem Bild dargestellt (rechts). Beamte trugen ein langes, durchsichtiges Gewand und einen Stab. Um 1400 v. Chr.

befiehlt

berichtet

Beamte und

| Händler | Arbeiter | Soldaten | Handwerker | |

2 – Aufbau der Gesellschaft im Ägypten der Pharaonenzeit.

M1 Überblick über Hochkulturen

Merkmale einer Hochkultur	Ägypten	Mesopotamien
Herrscher	Pharao	…
Verwaltung	…	…
Beherrschung des Wassers	…	….
Errichtung von Großbauten	…	…
Schrift, Zahlen	…	…
Religion	…	…

3 Die griechische Antike

Die Ägäis hatte schon immer eine besondere Bedeutung, gilt dieses Meer doch als Wiege des antiken Griechenlands. Aus dieser Zeit stammen auch die Säulen des Poseidontempels am Kap Sounion, der im 5. Jahrhundert v. Chr. erbaut wurde. Händler und Seeleute konnten dort Opfergaben darbringen und für ihre Reise die Gunst des Meeresgottes erbitten oder ihm für eine glückliche Überfahrt danken.

Doch wer waren diese Griechen, deren Zeugnisse und Geschichten noch heute die Menschen zu beeindrucken imstande sind?

3 Die griechische Antike

ab 776 v. Chr.

Erste Olympische Spiele

1 – Das antike Griechenland und Griechenlands Lage in Europa heute (kleine Karte).

Das antike Griechenland kann mit Recht als Wiege der europäischen Kultur betrachtet werden. Athen war die bedeutendste Stadt im alten Griechenland. Hier regierten – anders als in Ägypten – nicht Könige, sondern hier entstand ab dem 5. Jahrhundert v. Chr. zum ersten Mal in der Geschichte eine Demokratie (= Volksherrschaft). Dies ist einer der Gründe, warum die Beschäftigung mit der griechischen Geschichte nicht nur in Bezug auf Politik, sondern auch Baukunst, Literatur, Wissenschaft und Religion von besonderer Bedeutung ist.

Am Ende des Kapitels kannst du folgende Fragen beantworten:

- Warum gab es kein großes griechisches Reich, sondern viele kleine Stadtstaaten?
- Woran erkenne ich griechische Kunstwerke?

- Welche Bedeutung hatten die Olympischen Spiele?
- In welchem Ausmaß konnten die Bürger Athens am politischen Geschehen mitwirken?
- Welche Rolle spielten die Perserkriege für die Entwicklung der griechischen Demokratie?
- Welchen Einfluss hat die griechische Kultur bis heute?
- Wie untersuche ich Quellen?
- Wie bilde ich mir ein Urteil?

❶ ▶ Beschreibe die griechische Landschaft und die Lage Griechenlands in Europa mithilfe der Karte 1. Die Legende hilft dir dabei.
▶ *Zu Griechenland gehören viele Inseln. Das Festland ist …*
❷ ▶ Trage mithilfe der Bilder 2–5 zusammen, was du schon über das antike Griechenland weißt.

ab 750 v. Chr.	ab Ende 7. Jh. v. Chr.	ab 5. Jh. v. Chr.	500–479 v. Chr.	um 490–429 v. Chr.
Beginn der großen Kolonisation	Reformen des Solon und Kleisthenes	Beginn der Entwicklung der Demokratie in Athen und Blütezeit Athens	Perserkriege	Perikles

2 – Moderne Aufführung der rituellen Flammenentzündung durch eine hohe Priesterin in Olympia. Foto, 2012.

4 – Das Nationaltheater München. Foto, 2015.

3 – Die Akropolis in Athen, ursprünglich als Wehranlage gedacht, bot später den Heiligtümern einen Platz. Foto, 2014.

5 – Marmorstatue Venus Kallipygos, Göttin der Liebe. Nachbildung eines griechischen Originals. Foto, 2013.

Viele Stadtstaaten – aber doch ein Land

Wie prägte eine Landschaft die Menschen?

1 – Landschaft in Griechenland heute.

5. Jhd. v. Chr.:
Blütezeit Athens

Polis

❶ ▶ Wiederhole, was du anhand der Karte 1 auf S. 76 über die griechische Landschaft erfahren hast.

❷ ▶ Überlege dir mögliche Auswirkungen auf das Zusammenleben der Menschen.

Viele Staaten – ein Volk der Hellenen

Im Verlauf des 2. Jahrtausends v. Chr. drangen von Norden her kriegerische Stämme in das heutige Griechenland ein. Von einer kleinen Gruppe übernahmen sie den Namen: „Hellenen".

Die Stämme kamen in ein Land, das wenig Siedlungsraum bot. Das Mittelmeer gliedert das Land in zahllose Inseln und Halbinseln. Hohe Gebirgszüge umschließen kleine, nur begrenzt fruchtbare Ebenen. Jedes Tal bildete damals eine abgeschlossene Welt für sich. Eine Reise zum nächsten Ort jenseits der Berge war wegen der schmalen Wege beschwerlich. Die eingewanderten Stämme zersplitterten so in viele kleine, voneinander getrennte Gemeinschaften.

Wo es möglich war, errichtete man auf einer Anhöhe eine Burg. Von hier aus herrschten Könige über die Bevölkerung des Tals oder der Insel. Unterhalb der Burg entstanden städtische Siedlungen, in denen Menschen mit großem Landbesitz, Händler und Handwerker wohnten. Die Bauern lebten auf dem Land auf großen Bauernhöfen (Oikos). So entstand kein großes Reich mit einer Hauptstadt. Vielmehr bildete jede Stadt einen eigenen Staat für sich. Die Griechen nannten eine solche Siedlung „Polis".

Die Polis – Stadt und Staat zugleich

In einer Polis (= Stadtstaat) lebten selten mehr als ein paar tausend Menschen. Für die Bürger war die Polis das eigentliche Heimatland, für dessen Freiheit und Unabhängigkeit kämpften sie. Wenn damals ein Bewohner Griechenlands gefragt wurde, woher er komme, dann antwortete er nicht: „Ich bin ein Hellene.", sondern: „Ich bin ein Athener." Ein anderer hätte gesagt: „Ich bin ein Spartaner." Die Bezeichnung „Griechen" oder „Griechenland" taucht erst viel später auf.

Die Polis Athen

So wie auf dieser Zeichnung oben könnte die griechische Stadt Athen um 400 v. Chr. ausgesehen haben. Athen galt in seiner

2 – Rekonstruktion des antiken Athen um die Mitte des 4. Jh. v. Chr. Aquarell von Peter Connolly von 1998.

Blütezeit im 5. Jh. v. Chr. als eine der schönsten und wichtigsten Städte des Mittelmeerraums. In dieser Zeit begann auch die Entwicklung der Volksherrschaft (*Demokratie). Etwa 100 000 Menschen lebten in Athen auf engstem Raum, in einfachen Häusern, ohne fließendes Wasser und Kanalisation. Mehr Menschen wohnten in der fruchtbaren Landschaft Attikas vor den Mauern der Stadt. Athen und Attika bildeten die Polis Athen.

Akropolis und Agora

Die Akropolis, der befestigte Hügel, und die Agora, der Marktplatz unterhalb der Akropolis, waren die zentralen Orte der Polis Athen. Sie beherbergten Tempel, und Säulenhallen. Auf der Akropolis befanden sich die wichtigsten Heiligtümer der Polis. Die Agora war Versammlungs- und Gerichtsort sowie ein Handelsplatz. In den Tempeln wurden religiöse Feiern abgehalten. In späteren Zeiten wurde die Pnyx, ein halbrunder Platz, Ort der Volksversammlung. Ab dem Jahr 330 v. Chr. übernahm das Dionysos-Theater am Südhang der Akropolis diese Funktion.

Diese Orte waren so wichtig, da in Athen die Bürger über die politischen Angelegenheiten entschieden (siehe Lernaufgabe, S. 218). Eine besondere Rolle spielten die Gerichtsversammlungen, da diese ein zentrales Merkmal der Demokratie darstellten. Das Fehlen einer Agora in einer Polis kann als Anzeichen für eine nicht voll entwickelte Demokratie gesehen werden.

* Demokratie
griech. demos = Volk,
kratein = herrschen

❸ 🔖 Beschreibe anhand von Text und Bild 1, welche Auswirkungen die geographischen Besonderheiten Griechenlands für die Bildung von griechischen Staaten hatten.

▶ *In Griechenland gab es keinen großen Staat wie in Ägypten, sondern viele kleine Staaten. Das liegt daran, dass …*

❹ 🔖 Ordne mithilfe des Textes die Gebäude Akropolis, Agora, Pnyx und das Dionysos-Theater den Nummern in Bild 2 zu.

❺ 🔖 Begründe die Aussage, dass Akropolis und Agora die zentralen Orte der Polis Athen waren.

❻ 🔖 Erkläre deiner Banknachbarin oder deinem -nachbarn die Begriffe „Antike" und „Blütezeit Athens".

❼ 🔖 Stelle Vermutungen an, die den Wechsel des Versammlungsortes erklären können.

Warum verließen die Griechen ihre Heimat?

1 – Die wichtigsten griechischen Kolonien im Mittelmeerraum mit ihren Mutterstädten, ca. 750–550 v. Chr.

Mutterstädte:
- 🟧 Chalkis, Megara
- 🟦 Sparta (nur Tarent), Korinth
- 🟥 Phokaia
- ⬛ Milet
- 🟩 Inseln Thera und Rhodos
- 🟠🔵🔴🟢 Kolonien

Italiker einheimische Bevölkerung

Migration

✳ Orakel
Mithilfe eines Rituals wird durch eine Priesterin eine Weissagung für die Zukunft getätigt.

Die Priesterin Pythia sagt einem König die Zukunft voraus. Vasenmalerei, 5. Jh. v. Chr.

In der Heimat wird es zu eng

Viele Stadtstaaten litten schnell unter Überbevölkerung und Hungersnöten. Durch die stark angestiegene Bevölkerungszahl konnte die Landwirtschaft – z. B. bei Missernten – nicht genügend Erträge erwirtschaften. Auch Streitigkeiten zwischen den Mitgliedern der Führungsschicht oder Kriege waren für viele Menschen eine enorme Belastung. Aus diesen Gründen wanderten zwischen 750 und 550 v. Chr. zahlreiche Griechen aus. Sie siedelten sich rund um das Mittelmeer und das Schwarze Meer an. Diese Siedlungen außerhalb der Heimat nennt man auch Kolonien.

Es war aber nicht nur die Not, die die Griechen in die Fremde trieb: Viele Händler siedelten sich freiwillig an fernen Orten an, da sie sich größere Gewinne und Reichtum erhofften, andere packte lediglich die Abenteuerlust.

Bevor das Schiff in See stach, um eine passende Stelle für eine Tochterstadt zu suchen, fragten die Griechen das ✳Orakel von Delphi um Rat. Die Weissagung spielte eine große Rolle, da die Griechen glaubten, dass die Götter für ihr Glück und Unglück verantwortlich waren. Die Priesterin Pythia versetzte sich mithilfe berauschender Dämpfe in Trance und prophezeite wichtige politische und private Ereignisse gegen Bezahlung. Konnte den oft rätselhaften Weissagungen ein Funke Hoffnung entnommen werden, begann die Unternehmung.

Die Auswanderer taten sich in Gruppen zusammen, stachen gemeinsam in See und hielten Ausschau nach einem günstigen Siedlungsplatz, der leicht zu verteidigen war, einen Hafen und fruchtbares Umland besaß. Auf diesem Weg kam es zur Gründung neuer Stadtstaaten. Diese Tochterstädte hielten Kontakt mit ihren alten Mutterstädten, waren aber ebenso selbstständig wie jede andere griechische Polis. Viele Kolonien wuchsen schnell heran und übertrafen schon bald nach ihrer Gründung die Mutterstädte an Reichtum und Macht. Das Gefühl der Zusammengehörigkeit mit der Mutterstadt blieb aber bei allen Auswanderern bestehen: Man sprach die gleiche Sprache, verehrte die gleichen Götter und nahm an den Olympischen Spielen und anderen Wettkämpfen in Griechenland teil.

Heutige Wanderungsbewegungen

Wanderungsbewegungen (Migration) gab es nicht nur zur Zeit der griechischen Kolonisation – es gibt auch heute viele Gründe, die Menschen dazu bewegen, ihre Heimat zu verlassen, zum Beispiel:
- Angst
- Armut
- Krieg
- Verfolgung
- Klima
- berufliche Gründe

Die grausame Seite der Medaille ist dennoch, dass ein Großteil der Menschen nicht freiwillig sein Land verlässt, sondern auf irgendeine Weise dazu gezwungen wird.

M1 Im Flüchtlingslager in Äthiopien berichtet das Mädchen Nyaruot über die Situation in ihrer Heimat:

... Nyaruot ist 13 Jahre alt. Sie erinnert sich, dass sie zu Hause in Südsudan immer genug zu essen hatten. Jetzt muss sie ihre einjährige Schwester Susanna jeden Tag in das Ernährungszentrum bringen. ... Jedes zehnte Kind unter 5 Jahren ist unterernährt. Oft waren sie Tage oder Wochen ohne Essen unterwegs, um vor der Gewalt zu fliehen.

Während die beiden Mädchen im Ernährungszentrum sind, sucht die Mutter nach Zwiebeln oder anderem, um das tägliche Essen nahrhafter zu machen. ...

„Es war so schwierig, hierher zu kommen. Vater war nicht da und wir hatten kein Essen, wir tranken Wasser aus Pfützen. Die Farbe war schrecklich. Wir gossen es durch unsere Röcke, um ein bisschen von dem Dreck wegzukriegen. Es schmeckte eklig, aber es gab nichts anderes und meine Mutter weinte, wenn sie uns das trinken sah. ...

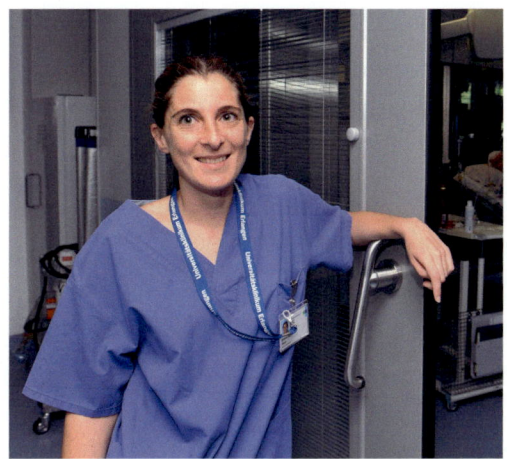

2 – Arbeit in Deutschland. Die spanische Krankenschwester arbeitet in einem Krankenhaus in Erlangen, weil sie in ihrer Heimat keine Arbeit gefunden hat. Foto, 2012.

❶ Nenne mithilfe des Textes Gründe für die Auswanderung der Griechen aus ihrer Heimat und für heutige Wanderungsbewegungen.

❷ Beschreibe mithilfe des Texts den Vorgang der Kolonisation.

❸ Ermittle mithilfe der Karte 1 und eines Atlas, wo Kolonien gegründet wurden. Lege eine Tabelle an:

Mutterstadt	Anzahl der Kolonien	Siedlungsraum	Beispiel Tochterstadt
Milet	7	Schwarzes Meer	Sinope
Chalkis/Megara	...	...	...

❹ „Die gemeinsame Sprache verbindet Menschen miteinander." Erkläre diese Aussage für die griechische Kolonisation und nenne Beispiele, wo du dies schon selbst erfahren hast (Schule, Urlaub usw.).

❺ Prüfe, welche Gründe für Migration in M1 und Bild 2 dargestellt werden.

❻ Sicherlich hast du in deiner Klasse Mitschülerinnen und Mitschüler, die mit ihren Familien nach Deutschland gekommen sind. Befrage sie: Was waren die Ursachen für den Entschluss, ihr Heimatland zu verlassen? Welche Folgen hatte die Entscheidung, in Deutschland zu leben?

❼ Vergleiche die Ergebnisse aus Aufgabe 6 mit den Gründen für Migration in der Antike und benenne Gemeinsamkeiten und Unterschiede.

Methode

Ein eigenes Urteil bilden

Bevor Historikerinnen und Historiker sich über einen geschichtlichen Sachverhalt ein Urteil bilden, informieren sie sich zunächst so umfassend wie möglich. Sie befragen schriftliche Berichte ebenso wie z. B. Bildquellen. Erst wenn sie möglichst viele Fakten gesammelt haben, veröffentlichen sie ihr Ergebnis. Man spricht hier von einem Sachurteil, das von jedem überprüft werden kann.

Vom Sachurteil unterscheidet man das Werturteil. Darin wird gesagt, was wir persönlich heute über eine Sache denken. Das heißt, hierbei spielen auch unsere eigenen Wertvorstellungen eine Rolle. Wir sagen dann z. B., ob wir das Handeln von Menschen für richtig oder falsch halten. Ein Urteil muss nicht immer eindeutig sein. Ihr könnt auch abwägen: einerseits – andererseits. Respektiert andere Meinungen.

Folgende Schritte helfen dir, zu einem begründeten Urteil zu gelangen:

Schritt 1 **Art der Urteils festlegen**	■ Willst du wissen, was genau passiert ist, und ein Urteil aus der Sicht der damaligen Zeit heraus treffen (Sachurteil) oder möchtest du das Geschehen aus deiner Sicht heute bewerten (Werturteil)? ■ Sammle hierzu verschiedene Texte, Berichte von Zeitzeugen oder bildliche Darstellungen zu diesem Thema.
Schritt 2 **Die Glaubwürdigkeit des Materials prüfen**	■ Finde heraus, ob die Verfasser einen bestimmten Zweck erreichen wollten oder ob sie einen Auftraggeber, der bestimmte Absichten verfolgte, hatten.
Schritt 3 **Aus heutiger Sicht ein begründetes Werturteil formulieren**	■ Überlege, ob wir heute genauso oder ähnlich handeln wie die Menschen damals. Was spricht dafür, was spricht dagegen? Was hat sich verändert? ■ Diskutiere, warum wir heute die Dinge mit anderen Augen sehen.
Schritt 4 **Urteile abwägen und vergleichen**	■ Welche Darstellung oder Stellungnahme erscheint einleuchtend? ■ Sammle Argumente, die für oder gegen eine bestimmte Beurteilung sprechen.

❶ Stelle zu Q1 Fragen, die zu einem Sachurteil führen, und Fragen, die ein Werturteil zum Ziel haben.

❷ Verfasse mithilfe von Q1 einen kurzen Sachtext – also ohne ein Werturteil abzugeben – über die Ereignisse auf der Insel Thera.

❸ Verfasse nun zur Werturteilsfrage, die du in Aufgabe 1 gefunden hast, ein Werturteil.
Lässt sich ein abschließendes Urteil finden, das alle überzeugt? Begründe.

1 – Die Bewohner der Insel Thera (des heutigen Santorin) verjagen ihre Landsleute, die in ihre Heimat zurückkehren wollen. Jugendbuchillustration.

Q1 **Der griechische Historiker Herodot (484–425 v. Chr.) berichtete um 450 v. Chr. von einem Ereignis, das sich im 7. Jahrhundert v. Chr. auf der Insel Thera abgespielt haben soll:**
... Als durch mehrere Missernten infolge jahrelanger Trockenheit auf der Insel Thera eine Hungersnot drohte, fragte der König das Orakel von Delphi um Rat. Die weissagende Priesterin gab zur Antwort: „Der Gott Apollo sendet euch nach Libyen. Dieses Land ist reich an Schafen. Dort sollt ihr eine Kolonie gründen." Die Bewohner Theras waren über diesen Spruch wenig erfreut. Dennoch berief der König die Versammlung aller Bürger zusammen, und diese fassten folgenden Beschluss: Wenn eine Familie zwei Söhne hat, dann soll das Los entscheiden, wer von den beiden auswandern muss. ... Sollte das Unternehmen scheitern, dürfen die Auswanderer nach Thera zurückkehren, doch frühestens nach fünf Jahren.
So fuhren etwa 200 Auswanderer auf zwei Schiffen mit je 50 Ruderern ab. Nach langer Fahrt landeten sie auf einer kargen Insel vor der Kyrenaika. Da sie aber keinen geeigneten Siedlungsplatz fanden, kehrten sie nach Thera zurück. Die Theräer aber ließen sie nicht an Land, sondern befahlen ihnen, wieder umzukehren.

Beispiellösung zu Q1:

Zum Schritt 1:
Herodot berichtet davon, dass die Bewohner der Insel Thera einen Beschluss zur Aussiedlung fassten und diesen Entschluss mit aller Gewalt durchsetzten.

Zum Schritt 2:
Herodot lebte etwa 200 Jahre nach diesem Ereignis. Er war also kein Zeitzeuge. Es ist schwer zu entscheiden, ob sich dieses Ereignis wirklich so abgespielt hat. Dennoch kann ich mir eine Meinung dazu bilden (Werturteil).

Zum Schritt 3:
Hätte es auch andere Möglichkeiten gegeben, um diese Notlage zu lindern? Stellt euch vor, ihr hättet entscheiden müssen, ob euer Bruder/Sohn die Insel verlassen müsste. Wie hättet ihr entschieden? Begründet eure Entscheidung.

Zum Schritt 4:
Beim Vergleich der unterschiedlichen Antworten zur Aufgabe 3 hat mich am meisten überzeugt ..., weil ...
Nicht überzeugend fand ich hingegen ..., da ...

Welche Bedeutung hatten die griechischen Götter?

Griechische Götter

Vom Leben und Handeln der Götter berichten griechische *Sagen.

M1 In einer Nacherzählung einer Sage heißt es:

Zeus wollte wieder einmal seine Kinder und Geschwister beim Göttermahl vereint sehen. Daher ließ er Hermes, den Götterboten, zu sich kommen und befahl ihm: „Ziehe deine Flügelschuhe an und rufe mir deine Brüder und Schwestern herbei! Ich will mit Hera, meiner Frau, ein Mahl geben."
Hermes flog zuerst zu Hephaistos, dem Gott des Feuers. Der schmiedete großartige Waffen. Seine Frau war die schöne Aphrodite. Sie warf noch einen Blick in ihren Spiegel und machte sich dann auf den Weg zum Olymp, dem Sitz der Götter. Athene, die Lieblingstochter des Zeus, traf Hermes in der Stadt an, deren Einwohner sie zur Schutzgöttin erwählt hatten. Sie nahm ihre Lanze und eilte zu ihrem Vater.

Artemis jagte gerade auf der Peloponnes. Nicht weit davon entfernt traf der Götterbote ihren Bruder Apollo. Auf den Befehl des Hermes hin ergriff er sein Musikinstrument, eine Leier, und machte sich auf den Weg. Dionysos, der Gott des Weines, schloss sich ihnen an.
Zuletzt fand Hermes den Gott des Krieges, Ares. Wie er ihn antraf – mit Schild und Lanze –, so brachte ihn Hermes zu seinen Geschwistern auf den Olymp.
Auch die Brüder des Zeus waren gekommen: Poseidon mit seinem Dreizack, der Gott des Meeres, und Hades, der Gott der Unterwelt, der seinen Richterstuhl verlassen hatte, um der Einladung zu folgen. Kerberos, den mehrköpfigen Hund, ließ er als Wächter der Unterwelt zurück.
Bei Nektar und Ambrosia (Trank und Speise der Götter, die ihnen Unsterblichkeit verleihen sollen) unterhielten sich die Götter und teilten Zeus ihre Sorgen mit.

1 – Götter der griechischen Sage.

2 – Der Rat der Götter. Deckengemälde von Raffael, 1510–1517.

Götter und Tempel

Gemeinsam war den Griechen nicht nur die Sprache, gemeinsam war ihnen allen auch der Glaube an die gleichen Göttinnen und Götter. Im Unterschied zu den Ägyptern stellten sich die Griechen vor, dass die Götter im Aussehen wie im Charakter den Menschen glichen. Sie waren wütend, eifersüchtig, verliebt, fröhlich oder traurig. Anders als die Menschen blieben sie ewig jung und unsterblich. Die Griechen glaubten, dass die Götter Macht über die Erde hatten und jederzeit das Leben der Menschen positiv oder negativ beeinflussen konnten.

Die Götter lebten – so glaubte man – wie eine große Familie zusammen auf dem Gipfel des Olymp (Bild 1 und Karte S. 76), wo auch der Göttervater Zeus herrschte. Überall in Griechenland und in den Kolonien errichteten die Griechen prächtige Tempel. Hier verehrte man die Götter und Göttinnen und brachte ihnen Opfergaben dar.

Heilige Spiele

Bei allen großen religiösen Festen fanden auch sportliche Wettkämpfe statt, so z. B. auch in Olympia (siehe Karte S. 76) alle vier Jahre zu Ehren des Göttervaters Zeus.

Q1 Der athenische Gelehrte Isokrates schrieb um 380 v. Chr.:

… Wir versammeln uns alle an einem Ort, nachdem wir alle Feindseligkeiten eingestellt haben. Während des Festes bringen wir gemeinsam unsere Opfer dar, verrichten gemeinsam Gebete und werden uns dabei unseres gemeinsamen Ursprungs bewusst. Alte Freundschaften werden erneuert, neue Freundschaften werden geschlossen. So lernen wir uns gegenseitig besser zu verstehen. …

* Sagen
Sagen beschäftigen sich mit überlieferten Erzählungen aus der Frühgeschichte eines Volkes.

❶▶ Lies M1 und ordne anschließend den Zahlen die richtigen Götter und Göttinnen zu. Nenne die Funktion der einzelnen Götter.

❷▶ Erkläre mithilfe des Textes und Q1, welchem Zweck die religiösen Feste dienten.

❸▶ „Die griechischen Götter handelten und fühlten ähnlich wie Menschen.“ Überprüfe diese Behauptung mithilfe der Sage (M1) und des Textes.

❹▶ Finde heraus, ob es heute noch andere sportliche Veranstaltungen oder Feiern gibt, die – wie die Olympischen Spiele – der Verständigung und dem Frieden dienen.

Olympia – ist dabei sein alles?

1 – Wagenrennen. Die Wagenlenker gehören zu den wenigen Sportlern, die bekleidet sind. Vasenmalerei.

2 – Langstreckenlauf. Vasenmalerei, 5. Jh. v. Chr.

3 – Zwei Ringkämpfer. Vasenmalerei, 367 v. Chr.

Olympische Wettkämpfe

M1 In einer heutigen Darstellung heißt es:

… Im Frühling eines olympischen Jahres machten sich drei heilige Boten auf den Weg und suchten jeden Winkel von Griechenland auf, um die bevorstehenden Spiele anzukündigen. Man forderte die Teilnehmer auf, mindestens einen Monat vorher zu erscheinen, um unter der Aufsicht der Kampfrichter zu trainieren. Andere kamen zu Zehntausenden, wann und wo es ihnen beliebte – Zuschauer, Lebensmittel- und Getränkehändler, Abgesandte vieler griechischer Städte, Bettler, Blumenhändler und die Sänger, Tänzer und Redner, die das „Rahmenprogramm" bestritten – kurz, der ganze bunte Haufen, der sich überall bei großen Rennen und auf Jahrmärkten einfindet. …

Zuschauer und Händler übernachteten in Zelten, für die Ehrengäste stand ein schön eingerichtetes Gästehaus zur Verfügung.

Da die Spiele zu Ehren der Götter durchgeführt wurden, begannen sie stets mit Gebet und Opfer. Zusammen mit den Sportlern zogen die etwa 40 000 Zuschauer am ersten Wettkampftag zur Statue des Göttervaters Zeus. Die Athleten und ihre Trainer schworen, dass sie sich mindestens zehn Monate lang mit einem intensiven Training auf diese Spiele vorbereitet hatten und die Wettkampfregeln streng beachten würden. Ein Verstoß galt als Gotteslästerung und wurde hart bestraft. Teilnehmen an den Wettkämpfen durften nur griechische Männer. Für Frauen gab es seit dem 5. Jahrhundert v. Chr. eigene Wettkämpfe. Sie fanden alle vier Jahre zu Ehren von Hera, der Gemahlin des Göttervaters Zeus, statt. Einziger Wettbewerb war ein Lauf über 160 m.

Die Olympischen Spiele sollten eine Zeit des Friedens sein. Während der Spiele durften in ganz Griechenland keine Kriege geführt werden. Dieser Gottesfriede dauerte so lange, wie Athleten und Zuschauer für die Hinreise, die Durchführung der Spiele und die Rückreise benötigten.

4 – Die deutschen Ruderer des Doppel-Vierers bei den Olympischen Sommerspielen 2016 in Rio de Janeiro.

5 – Judo-Kampf bei den Olympischen Sommerspielen 2016 in Rio de Janeiro.

Berühmte Sieger der Olympischen Spiele:

Weitsprung:
Chionis aus Sparta (664)

Wagenrennen:
Kimon aus Athen (532, 528, 524)
Theron, Alleinherrscher von Akragas (476)

Fünfkampf:
Hieronymus von Andros (492)

Pferderennen:
Hieron, Alleinherrscher von Syrakus (476)

Pankration (Mischung aus Faust- und Ringkampf):
Euthymos aus Lokroi (460)

Faustkampf der Knaben:
Antipatros aus Milet

Wettlauf:
Ergoteles aus Himera (470)

Langlauf:
Sotades aus Kreta (384)

Stadion- und Doppellauf:
Astylos aus Kroton

Auszeichnungen und Ehrungen

Die Athleten wollten bei den Wettkämpfen keine Rekorde aufstellen. Sie wollten Erste sein, besser sein als alle anderen. Zweite oder dritte Plätze gab es nicht. Es gab nur einen Sieger und die Verlierer. Von den Siegern wurden Standbilder angefertigt, die man in Olympia aufstellte. Auch in ihrer Heimatstadt wurden die Sieger geehrt und mit Geldzahlungen belohnt. In Athen zum Beispiel erhielten Olympiasieger aus der Stadtkasse 500 Drachmen. Für die damalige Zeit war dies ein Vermögen. Ein Schaf kostete zum Beispiel nur ungefähr 10 Drachmen. Ehrungen und „Preisgelder" führten dazu, dass seit dem 4. Jahrhundert v. Chr. immer mehr Berufssportler an den Olympischen Spielen teilnahmen. Vereinzelt kam es auch zu Bestechungsversuchen, um den Sieg zu erkaufen.

6 – 400 m-Lauf der Frauen während der Olympischen Sommerspiele 2016 in Rio de Janeiro.

❸ ▣ Erstelle eine Tabelle: „Olympische Spiele früher und heute". Arbeite dazu mithilfe der Bilder 1–6, M1, des Textes und von Informationen aus dem Internet Unterschiede und Gemeinsamkeiten heraus.
▶ *Berücksichtige dabei z. B. die Teilnehmer, Vorbereitungen, Eröffnungsfeier, Ehrungen.*

❹ ▣ Bewerte in Partnerarbeit folgende Aussagen: „Die Olympischen Spiele dienen der Völkerverständigung." und „Die Behauptung, der Sport verbinde die Völker, ist eine Irreführung."
▶ *Nimm die Methodenseite „Ein eigenes Urteil bilden" von S. 82/83 zu Hilfe.*

❺ ▣ Die drei Boten (M1) kommen nach Athen. Entwirf eine Rede, in der sie dafür werben, an diesen Spielen teilzunehmen.
▶ *Als die drei Boten auf dem Marktplatz von Athen ankamen, hatten sich schon viele Bürger versammelt. „Hört, ihr Leute", begann einer der drei Boten. „Wir waren schon in vielen Städten Griechenlands, um den Olympischen Frieden zu verkünden. Ihr wisst ja ..."*

❶ ▣ Benenne mithilfe der Bilder 1–3 olympische Sportarten der Antike.

❷ ▣ „Olympia war wichtig für das Zusammengehörigkeitsgefühl der Griechen." Überprüfe diese Behauptung anhand der Siegerliste in der Randspalte und der Karte auf S. 80.

Die Anlage von Olympia

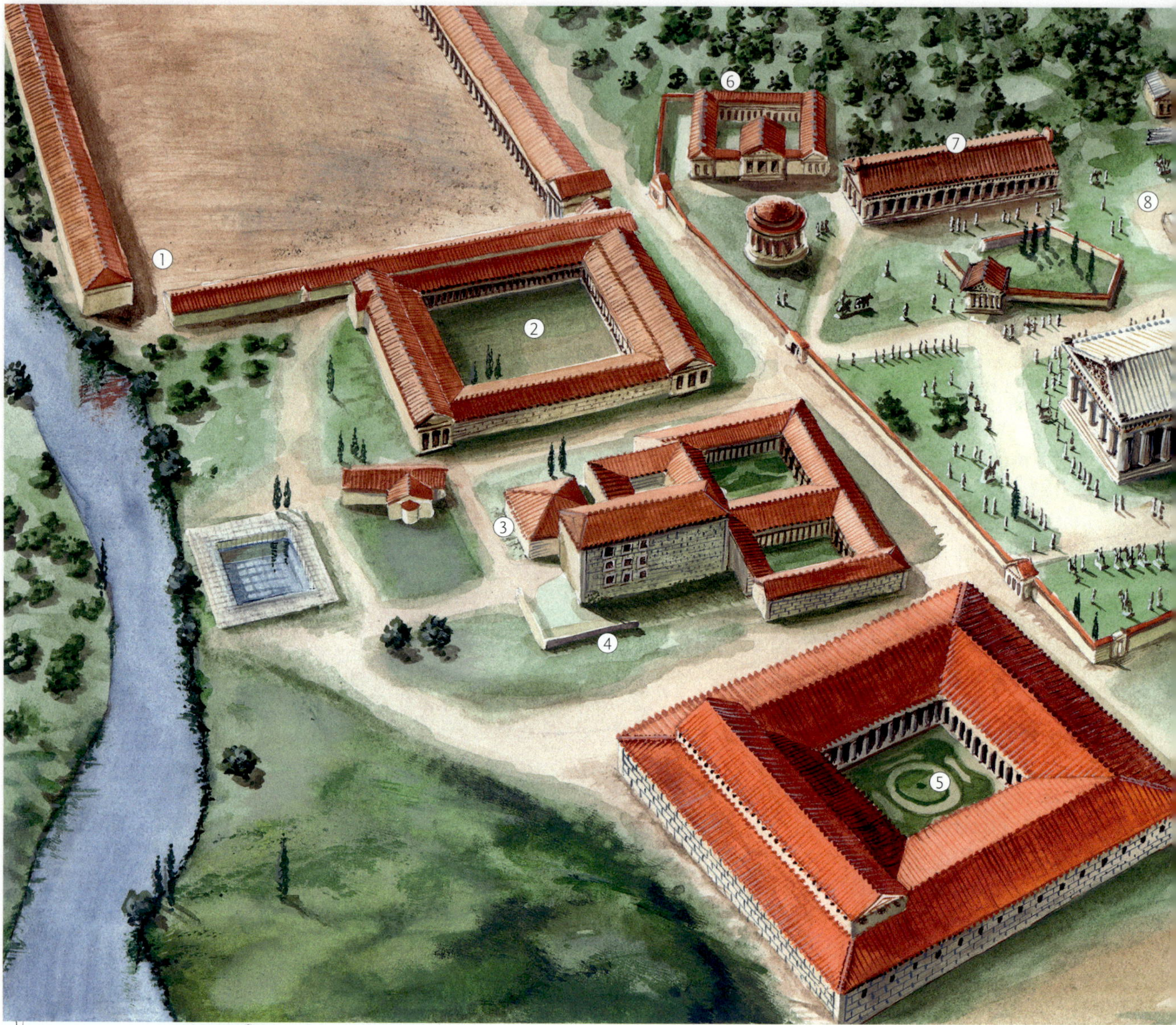
1
2
3
4
5
6
7
8

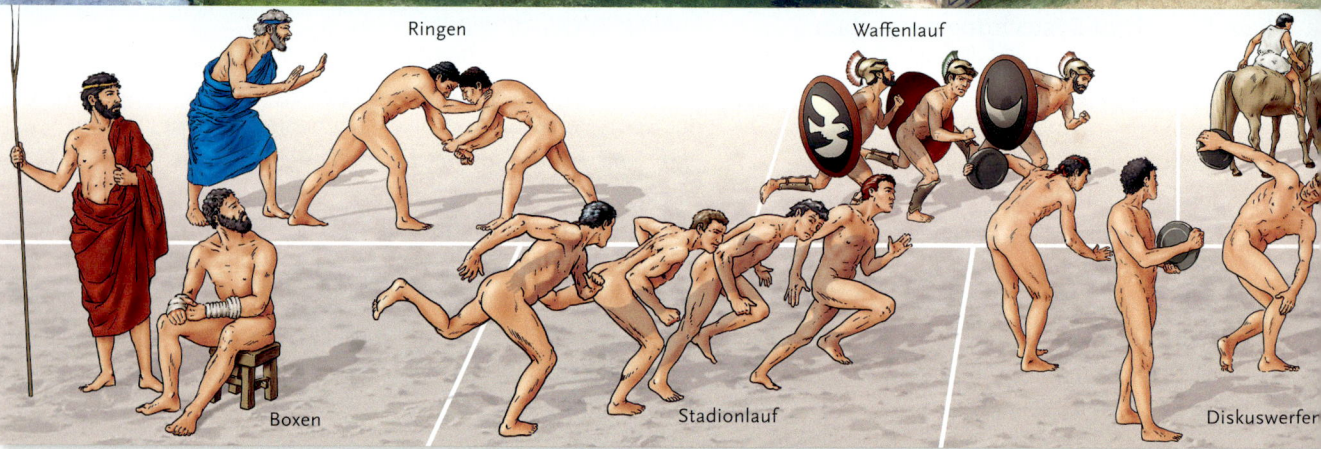

Ringen
Waffenlauf
Boxen
Stadionlauf
Diskuswerfer

Schauplatz tZ Geschichte

In Olympia trafen sich alle vier Jahre Sportler aus ganz Griechenland. Sie reisten 30 Tage vorher an, um zu trainieren. Bei den sich anschließenden Wettkämpfen achteten Kampfrichter auf die Einhaltung der Regeln. Die meisten Sportarten fanden im Stadion statt.

Bildet Gruppen und bearbeitet die Aufgabe 1 oder 2. Stellt eure Ergebnisse den anderen Gruppen anschließend vor.

❶ ◘ Macht einen gedanklichen Rundgang durch das Olympia-Gelände und beschreibt die gesamte Anlage.
▶ *„Im Zentrum der Anlage steht ein Tempel. Er ist dem Göttervater Zeus geweiht. Nicht weit entfernt davon sieht man den Tempel der …"*
❷ ◘ Nur noch wenige Stunden bis zum Beginn der Olympischen Spiele. Beschreibt die Sportarten, die unten genannt sind, und die Orte, an denen sie stattfinden.

1 Gymnasion: Übungsplatz für die Sportler
2 Ringerschule
3 Amtssitz der olympischen Priester
4 Werkstatt des Bildhauers Phidias (um 500–432 v. Chr.), der die 12 m hohe Zeusstatue schuf
5 Gästehaus
6 Amtssitz hoher Verwaltungsbeamter
7 Tempel der Hera (Ehefrau des Göttervaters Zeus)
8 Zeusaltar
9 Zeustempel
10 Buleuterion (hier wurde der olympische Eid abgelegt)
11 Säulengang
12 Stadion
13 Bäder
14 Pferderennbahn

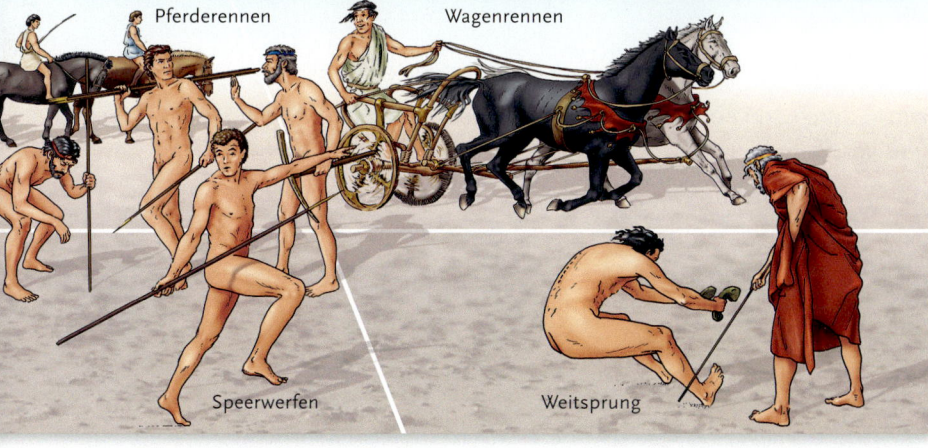

Pferderennen   Wagenrennen

Speerwerfen   Weitsprung

Methode

Textquellen untersuchen

Neben den Texten der Autorinnen und Autoren gibt es in diesem Schulbuch auch Textquellen, die von früher lebenden Menschen stammen. Das können Berichte, Briefe, Gesetze oder auch Inschriften sein. Diese Texte liefern wichtige Informationen. Aber manchmal sind sie auch schwer zu verstehen, weil ihre Verfasser z. B. einseitig berichten oder etwas verschweigen. Man darf diese Texte also nicht einfach für die einzig mögliche „Wahrheit" halten, sondern muss sie gezielt befragen.

Die folgenden Arbeitsschritte und Leitfragen sollen dir die Arbeit mit Textquellen erleichtern:

Schritt 1 **Fragen zum Verfasser**	■ Wer ist der **Verfasser**? ■ Hat der Verfasser die Ereignisse, über die er berichtet, selbst erlebt? ■ Versucht der Verfasser **neutral** zu sein oder ergreift er deutlich Partei für bestimmte Personen?
Schritt 2 **Fragen zum Text**	■ Um welche **Art von Text** handelt es sich: Bericht, Erzählung, Inschrift usw.? ■ Welche Begriffe sind unbekannt? – Wo kann man eine Erklärung finden? ■ Wovon handelt der Text? ■ Welcher Gesichtspunkt steht im Mittelpunkt? ■ Lässt sich der Text in **einzelne Abschnitte** gliedern? Welche Überschriften könnten sie erhalten? ■ Wie lassen sich die Informationen des Textes kurz zusammenfassen?
Schritt 3 **Textabsicht erklären** **und Quelle beurteilen**	■ Welche Sätze enthalten **Sachinformationen**, welche Sätze geben die **Meinung** des Verfassers oder sein Urteil wieder? ■ Wie kann man diese Unterschiede erkennen? ■ Lässt sich mit der Herkunft des Verfassers erklären, warum er einseitig berichtet?

❶▶ Lies Q1 genau durch und notiere, was Xenophanes vor allem kritisiert.

❷▶ Formuliere zur Meinung des Xenophanes die mögliche Erwiderung eines Olympiasiegers.

❸▶ Werte nach dem Muster von Q1 (rechte Spalte S. 91) Q2 aus.

1 – Xenophanes, griechischer Gelehrter, 560–478 v. Chr.

Q1 Xenophanes (ca. 560–478 v. Chr., Bild 1), ein griechischer Gelehrter aus Kleinasien (Westen der heutigen Türkei), über die Verehrung der Olympiasieger:

… Wenn einer in Olympia einen Sieg erringt, wird er einen Ehrensitz bei den Veranstaltungen erhalten, und er erhält Speisung aus öffentlichem Vermögen und ein kostbares Geschenk. … Dieser Brauch aber ist willkürlich. Denn besser als die rohe Kraft von Männern und Rennpferden ist meine Weisheit. … Und wenn einer auch als tüchtiger Faustkämpfer oder als Ringer sich auszeichnete oder durch die Schnelligkeit seiner Füße …, so würde es doch dadurch der Stadt nicht besser gehen.

2 – Zwei Faustkämpfer. Vasenmalerei, 336 v. Chr.

Q2 Der Schriftsteller Chrysostomus (40–112 n. Chr.) berichtet von der Kritik des Diogenes (ca. 400–323 v. Chr.), eines Gelehrten, der viele Jahre in Athen lebte:

… Diogenes sah später jemanden aus dem Stadion kommen, von der Menge auf den Schultern getragen. Die einen folgten ihm jubelnd, während andere Freudensprünge machten und die Hände zum Himmel hoben und wieder andere ihn mit Kränzen und Bändern überschütteten.

Diogenes fragte ihn, was denn den Trubel um ihn herum bedeute. Der junge Mann antwortete: „Ich habe den Stadionlauf gewonnen." „Na und?", erwiderte Diogenes. „Du bist dadurch, dass du deine Konkurrenten besiegt hast, doch kein bisschen klüger geworden. Du bist auch nicht ausgeglichener als früher und weniger feige oder in Zukunft weniger schmerzempfindlich und du wirst deswegen auch nicht weniger Sorgen haben." „Das stimmt", sagte der junge Mann, „aber ich bin der Schnellste von allen Griechen."

Beispiellösung zu Q1:

Zum Schritt 1:

– Der Verfasser des Textes ist ein Gelehrter, der in Kleinasien geboren wurde.

– Ob er je in Olympia war, ist nicht bekannt.

– Xenophanes nimmt eindeutig Stellung zu der seiner Meinung nach offensichtlich übertriebenen Verehrung der Olympiasieger.

Zum Schritt 2:

– Es handelt sich um eine Stellungnahme des Verfassers zu einer damals aktuellen Frage.

– Es geht um die Ehrung von Olympiasiegern, von denen die Stadt aber keinen Vorteil hat.

– Wichtig für eine Stadt sind – so betont Xenophanes – weise Männer, Gelehrte.

– Man könnte den Text in zwei Abschnitte gliedern:

   – Die Ehrung von Olympiasiegern in Griechenland.

   – Kritik eines griechischen Gelehrten.

– Gelehrte üben Kritik an den übertriebenen Ehrungen für Olympiasieger.

Zum Schritt 3:

– Der erste Satz enthält eine Information. Xenophanes teilt mit, wie Olympiasieger in Griechenland damals geehrt wurden. In den weiteren Sätzen teilt er nur seine Meinung darüber mit.

– Den Unterschied zwischen einer Information und einer Meinung kann man hier daran erkennen, dass er im ersten Satz einen Sachverhalt wiedergibt, dann aber diesen Sachverhalt umgehend beurteilt.

– Die Meinung von Xenophanes ist dadurch erklärbar, dass er ein Gelehrter und kein Sportler ist.

Die athenische Demokratie

Wie wurde der Stadtstaat Athen regiert?

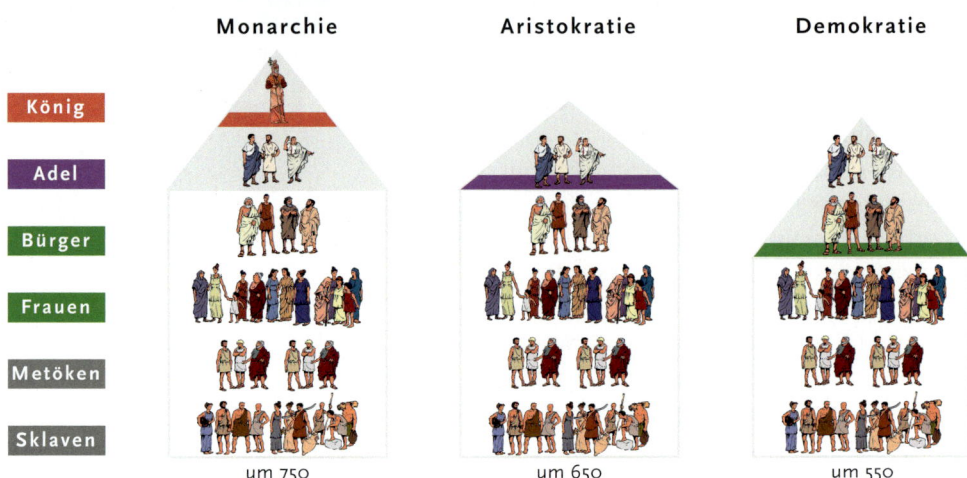

1 – Herrschaft in Athen. Die Herrschaftsverhältnisse Athens veränderten sich im Laufe der Geschichte mehrmals. Die farbig hinterlegten Personengruppen sind jeweils an der Regierung beteiligt.

Monarchie
Aristokratie
Demokratie

*Schuldknechtschaft
Auch durch Missernten und Kriege gerieten die Bauern in wirtschaftliche Not und mussten sich von den Adligen Geld leihen. Wenn sie dieses nicht zurückzahlen konnten, verloren sie ihre Äcker und gerieten in Abhängigkeit.

*Tyrannis
So bezeichnet man eine Gewaltherrschaft.

Von der Monarchie zur Demokratie

Seit der Gründung Athens um 1000 v. Chr. herrschte ein König über die Polis. Doch im 7. Jahrhundert v. Chr. trat eine Gruppe auf, die die Monarchie – also das Königtum – ablöste und die Herrschaft übernahm. Ihre Mitglieder nannten sich die „Besten" (= griech.: aristoi), darum nannte man diese Herrschaft „Aristokratie". Diese Schicht wird als Adel bezeichnet. Aus ihren Reihen kamen führende Männer der Politik, des Rechtswesens und der Kriegsführung. Da die kleine Gruppe der Adligen nur darauf achtete, dass es ihnen selber gut ging, unterdrückten sie die Bauern und beuteten sie aus. Viele Bauern gerieten in die Abhängigkeit (*Schuldknechtschaft) und mussten als Sklaven dienen. Auch die wohlhabenden Handwerker und Kaufleute hatten keine politische Entscheidungsgewalt und waren deshalb mit der Situation unzufrieden.

Zeitweise gelang es einzelnen Adligen, die Macht an sich zu reißen und eine *Tyrannis zu errichten. Der Adlige Solon (um 640–560 v. Chr.) suchte einen Weg aus der Krise. Er verbot die Schuldknechtschaft, kaufte die versklavten Bauern frei und gab ihnen ihr Land zurück. Die Vorrechte des Adels wurden beseitigt. Die politischen Rechte und Pflichten der Bürger machte er vom Besitz abhängig. Zwar konnten die Bürger der unteren Einkommensklassen keine politischen Ämter übernehmen, aber sie durften mit den anderen Bürgern über Gesetze abstimmen sowie über Krieg und Frieden entscheiden. Solon ließ die neuen Grundsätze der Staatsordnung (Verfassung) niederschreiben, sodass sich jeder darauf berufen konnte. Diese Herrschaftsform nannten die Athener Demokratie (= Herrschaft des Volkes, Schaubild 1, S. 94).

2 – Volksversammlung auf der Pnyx. Illustration.

Der Rat der 500

Wie Solon, so versuchte auch der Politiker Kleisthenes (570–507 v. Chr.) nach der Zeit der Tyrannis weiteren Machtmissbrauch zu verhindern und somit die Demokratie zu schützen: Er teilte um 507 v. Chr. die Halbinsel Attika in zehn große Bezirke ein. Jede dieser *Phylen entsandte 50 gewählte Mitglieder in den Rat der 500, welcher entschied, was auf der Volksversammlung besprochen werden soll. Jeder Athener konnte und sollte einmal in seinem Leben Mitglied gewesen sein. Die 50 Vertreter einer Phyle übernahmen jeweils für 36 Tage die laufende Geschäftsführung. Der Vorsitzende und damit Vertreter Athens wurde jeden Tag neu bestimmt.

Die Volksversammlung

Die wichtigsten Entscheidungen wurden in der Volksversammlung getroffen. Etwa 40-mal im Jahr wurden alle freien Bürger Athens auf der Agora zur Volksversammlung geladen. Die Mehrheit der Bewohner durfte nicht daran teilnehmen. Um Beschlüsse fassen zu können, mussten mindestens 6000 Bürger auf der Volksversammlung sein. Die Abstimmung erfolgte durch Erheben der Hand. Jeder Bürger hatte das Recht, Anträge zu stellen. Von der Volksversammlung wurden die Gesetze beschlossen, über Krieg und Frieden abgestimmt und die Staatsbeamten, Richter und Feldherren gewählt oder ausgelost. Der Vorsitzende in der Regierung wechselte täglich. Auf diese Weise sollte verhindert werden, dass ein Einzelner zu viel Macht erlangte.

* **Phyle**
So nennt man einen regionalen Verwaltungsbezirk.

❶ ▪ Beschreibe mithilfe des Schaubilds 1, welche Veränderungen es in den Herrschaftsverhältnissen im antiken Athen gab. Nenne die Fachbegriffe.

❷ ▪ Arbeite Ursachen für diese Veränderungen mithilfe des Textes heraus.

❸ ▪ Erläutere in Partnerarbeit mithilfe des Texts und Bild 2 Einrichtungen und Verfahren zum Schutz der Demokratie.

❹ ▪ Zwei athenische Bauern unterhalten sich zur Zeit der Frühjahraussaat darüber, ob sie zur Volksversammlung gehen sollen, die über den Bau eines neuen Tempels entscheidet. Versetze dich in die Rollen, beurteile Vor- und Nachteile und spiele die Szene.

Wie funktionierte die Demokratie in Athen?

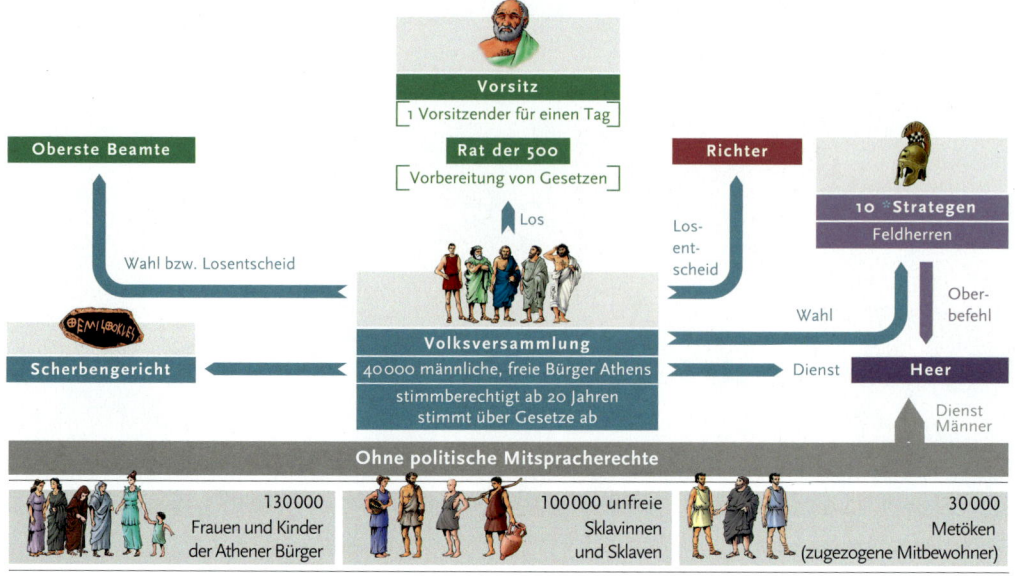

1 – Die politische Ordnung der Polis Athen im 5. Jahrhundert v. Chr. Die Zeiten aller Ämter waren auf ein Jahr beschränkt.

Perikles.

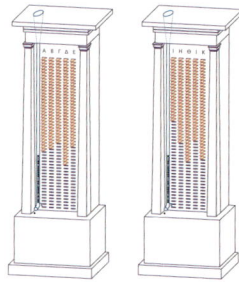

Die Losmaschine.

Perikles

Der berühmteste Staatsmann Athens war Perikles (490–429 v. Chr., siehe Randspalte). Seiner Ansicht nach sollten alle Bürger die gleichen politischen Rechte besitzen. Aus diesem Grund veränderte Perikles die politische Ordnung. Ein Beispiel dafür ist, dass alle, die sich politisch betätigten, ein Tagegeld, das dem Tagesverdienst eines Handwerkers entsprach, erhielten. Diese Regelung ermöglichte es auch ärmeren Bürgern, ein politisches Amt zu übernehmen. Aufgrund seiner rednerischen und taktischen Fähigkeiten konnte Perikles für einen langen Zeitraum Führungsverantwortung übernehmen. Unter seiner Führung erlebte Athen eine Blütezeit in Bezug auf Macht, Kunst und Wissenschaft.

Eine Abstimmung mit Scherben

Jedes Jahr wurde im Zeitraum Februar bis März in der Volksversammlung darüber entschieden, ob ein Scherbengericht durchgeführt werden soll. Im Falle eines positiven Ausgangs fand zeitnah das Scherbentragen statt. Bei dieser Abstimmung schrieben die Bürger auf eine Tonscherbe den Namen des Mannes, der ihrer Meinung nach für die Stadt und die Demokratie eine Gefahr bedeutete. Eine Kandidatenliste gab es nicht. Derjenige, dessen Namen von wenigstens 6000 Athenern aufgeschrieben wurde, musste die Stadt für zehn Jahre verlassen.

Entscheidung durch das Los

Fast alle wichtigen Ämter wurden per Losverfahren verteilt, da das Los allgemein als gerecht angesehen wurde. Zum Beispiel wurden die Richter für jeden Prozesstag neu ausgelost. So wussten sie vorher nicht, welcher Prozess sie erwartet, und waren dadurch unvoreingenommen. Ebenso konnten sie auch nicht von den klagenden Parteien beeinflusst werden. Die Auslosung nahm die dafür konstruierte Losmaschine vor (Bild Randspalte).

Demokratie heute

Auch wir kennen heute noch die Demokratie und demokratische Verfahren:

2 – Tonscherben mit dem Namen des Themistokles, der 470 v. Chr. durch das Scherbengericht aus Athen verbannt wurde. Foto, 2009.

3 – Der Deutsche Bundestag in Berlin. Foto, 2010.

Die Staatsordnung der Bundesrepublik Deutschland ist zum Beispiel demokratisch. Gewählte Vertreter des Volkes beraten und beschließen im Parlament, dem Bundestag (Bild 4) die Gesetze. Wählen dürfen alle Bürgerinnen und Bürger ab 18 Jahren. Zur Wahl stellen können sich ebenfalls alle Bürgerinnen und Bürger ab 18 Jahren. Die gewählten Politiker sind für vier Jahre gewählt und erhalten, um unabhängig zu sein, für ihre Tätigkeit Geld.

Q1 Im Jahre 431 v. Chr. soll Perikles folgende Rede gehalten haben:

… Wir leben in einer Staatsform, die ein Vorbild für andere Staaten ist. Ihr Name ist Demokratie, denn bei uns entscheidet nicht eine kleine Minderheit, sondern die Mehrheit. Alle Bürger genießen vor den Gesetzen gleiches Recht. … Das ganze Volk trifft in der Volksversammlung die Entscheidungen und sucht hier ein rechtes Urteil … zu gewinnen. … Unsere Stadt ist für jedermann offen. Ausweisungen von Fremden gibt es bei uns nicht. … Armut ist keine Schande, aber sich nicht zu bemühen, … gilt als Schande.

Q2 Über die Stellung von Perikles berichtete der Geschichtsschreiber Thukydides:

… Perikles war mächtig durch sein Ansehen. Er wurde daher nicht durch die Volksversammlung gelenkt, sondern er selbst lenkte sie aufgrund seines Einflusses. So bestand in Athen dem Namen nach eine Demokratie, in Wirklichkeit jedoch die Herrschaft eines … Mannes … .

1 Benenne anhand des Texts, Bild 2 und dem Bild in der Randspalte weitere demokratische Verfahren.

2 Erkläre die politische Ordnung mithilfe des Schaubilds 1.
▶ *Folgende Fragen helfen dir: Welche Einrichtungen gibt es? Wer hat welche Befugnisse? Wie ist die Macht verteilt?*

3 Erarbeite mithilfe von Q1, wie Perikles über die Staatsform Demokratie denkt.

4 Erkläre, wo dir in deinem Alltag Demokratie begegnet.

5 Bewerte mithilfe von Q2 und deiner Ergebnisse aus den Aufgaben 2 und 3, ob die Stellung des Perikles mit einer Volksherrschaft vereinbar ist.

6 Überlege, ob beim Scherbengericht manchmal ungerechte Urteile zustande kommen konnten.

7 Vergleiche mithilfe der Materialien von S. 92–95 die athenische Demokratie mit unserer in der Bundesrepublik Deutschland und benenne Gemeinsamkeiten und Unterschiede.
▶ *Ziehe folgende Vergleichspunkte heran: Mitbestimmung, Wahl, Losverfahren, Politiker, Bürger*

Wie kam es zu den Perserkriegen?

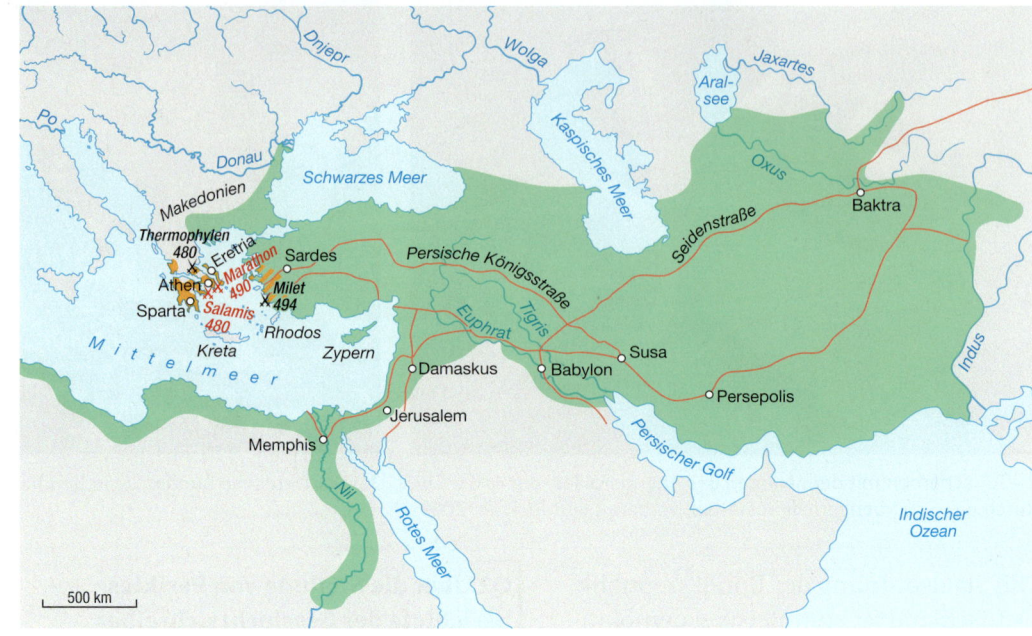

Perserreich

gegen Perser verbündete griechische Staaten

Gebiet des ionischen Aufstandes

Orte der Schlachten mit Jahreszahl:
✗ *480* persische Siege
✗ *480* griechische Siege

—— Wichtige Handelswege

1 – Das Perserreich und die Perserkriege.

✱ Statthalter
Ein Statthalter ist ein Stellvertreter des Großkönigs in einer Provinz, die er für diesen regierte und verwaltete.

✱ Provinz
So wird ein Verwaltungsbereich bezeichnet.

Das persische Weltreich

Zu Beginn des 5. Jahrhunderts v. Chr. hatte Persien den Höhepunkt seiner Macht erreicht. Die Großkönige Kyros, Kambyses und Dareios I. (521–485 v. Chr.) hatten nacheinander große Gebiete erobert. Diese bildeten zur Zeit der Herrschaft Dareios' ein Reich, das sich von Indien bis zum Mittelmeer erstreckte (Karte 1). An der Spitze stand der Großkönig als Alleinherrscher, der von seinen Palästen in Susa und Babylon aus regierte. Er sah sich als „König der Könige" und dazu berufen, alle Länder und Völker der Erde unter seiner Herrschaft zu vereinen. Um seine große Machtfülle zu schützen, schickte der Großkönig Gesandte als eine Art Geheimpolizei durch sein Land, die als „Augen und Ohren des Königs" die Beamten kontrollierten. Unterstützt in der Verwaltung seines riesigen Reiches wurde er von ✱Statthaltern, welche jeweils ihre eigene Streitmacht befehligten. Zusammen mit dem Heer des Königs konnte so jeder Aufstand niedergeschlagen werden.

Damit der König aus den entfernten ✱Provinzen wichtige Nachrichten möglichst schnell erhalten konnte, ließ er ein dichtes Straßennetz anlegen. Einheitliches Geld und innerer Friede ermöglichten regen Handel und Reichtum.

Der Ionische Aufstand

Seit 543 v. Chr. standen die griechischen Kolonien in Ionien (Kleinasien) unter persischer Herrschaft. Von Milet ausgehend kam es 499 v. Chr. zu einem Aufstand dieser griechischen Städte. Nur Athen und Eretria (Karte 1) waren bereit, die aufständischen Landsleute zu unterstützen. So gelang es Dareios, nach fünfjährigen wechselvollen Kämpfen den Aufstand niederzuwerfen. Milet wurde erobert und zerstört, seine Bewohner verschleppt. Da die Athener die Aufständischen mit Schiffen unterstützt hatten, beschloss Dareios ganz Griechenland anzugreifen. Er hoffte auf wenig Widerstand zu stoßen, da das Land in viele Stadtstaaten zersplittert war und zerstritten schien.

Der Sieg von Marathon

491 v. Chr. erschienen Gesandte des Dareios und forderten von den griechischen Stadtstaaten Erde und Wasser als Zeichen der Unterwerfung. Berichten zufolge sollen die Athener die Gesandten von einem Felsen gestürzt und sie in einen Brunnen geworfen haben mit der Bemerkung, dort könnten sie Erde und Wasser finden.

Ein Jahr später landete ein gut ausgerüstetes persisches Heer mit 20 000 Kriegern bei Marathon. 10 000 athenische *Hopliten unter Führung des Strategen Miltiades zogen ihnen entgegen. Ihre Stärke war der Nahkampf, für den sie mit Helm und Brustpanzer besser gerüstet waren. Die Perser dagegen verfügten über glänzende Bogenschützen. Um ihren Pfeilhagel zu unterlaufen, griffen die Athener als *Phalanx im Laufschritt an. Mit geringen Verlusten gelang es ihnen, im Nahkampf die Perser zu besiegen.

Zehn Jahre später plante Großkönig Xerxes I. – Nachfolger des verstorbenen Dareios – einen neuen Feldzug gegen Griechenland. Mit einem Heer von mehr als 50 000 Soldaten und 1000 Schiffen brach er auf. Um den Angriff abzuwehren, schlossen Athen und Sparta ein Bündnis.

Q1 Die von den Persern unterworfenen Griechen Kleinasiens rufen um Hilfe:

... Unsere Lage ist furchtbar. Dass die Söhne Ioniens Sklaven, nicht freie Männer sind, ist für uns die tiefste Schmach und der grimmigste Schmerz. ... Darum beschwören wir euch bei den Göttern der Hellenen: Errettet die blutsverwandten Ionier aus der Knechtschaft! ...

Q2 Der persische Großkönig Xerxes erläutert seine Pläne vor dem Kriegsrat:

... Als ich nun den Thron bestiegen hatte, sann ich nach, ... wie wir Ruhm und ein großes Land gewinnen können, ... und wie wir damit zugleich Rache für eine

2 – Persische Bogenschützen auf einem Bild des Palastes von Dareios I. in Susa, ca. 500 v. Chr.

3 – Griechische gepanzerte Hopliten. Malerei auf einer Vase aus dem 6. Jh. v. Chr., gefunden in Chigi (Italien).

Beschimpfung nehmen können. Ich will ... die Athener ... bestrafen für alles, was sie den Persern und meinem Vater angetan haben. Darum will ich nicht ruhen, bis ich für ihn und ganz Persien Rache geübt und Athen erobert und niedergebrannt habe, das den Streit mit mir und meinem Vater angefangen hat. ...

* **Hoplit**
Ein Hoplit ist ein schwer bewaffneter und gepanzerter Fußsoldat der griechischen Heere.

* **Phalanx**
So wird ein lange, geschlossene Schlachtformation in mehreren Gliedern aus Hopliten bezeichnet.

❶ Suche auf der Karte 1 nach den in den Texten erwähnten Orten und Schlachten zwischen Persern und Griechen.

❷ Nenne den Grund, weshalb die Griechen in Q1 klagen. Aufgrund welcher Gemeinsamkeiten erhoffen sie sich Hilfe?

❸ Werte Q2 aus. Welche Motive von Xerxes werden angeführt?

▶ *Nimm die Methode „Arbeit mit Textquellen" von S. 90/91 zu Hilfe.*

❹ Vergleiche die Ausrüstung der persischen und griechischen Krieger in den Bildern 2 und 3. Erkläre jeweilige Vor- und Nachteile. Nimm auch den Text zu Hilfe.

❺ Arbeite mithilfe des Texts sowie Q1 und Q2 die Motive für die Auseinandersetzungen zwischen Griechen und Persern heraus.

▶ *Beachte die jeweilige Regierungsform.*

❻ Recherchiere in Sachbüchern oder im Internet, was der Sieg von Marathon mit dem Marathonlauf zu tun hat.

Erfolg gegen die Perser – Sieg der Demokratie?

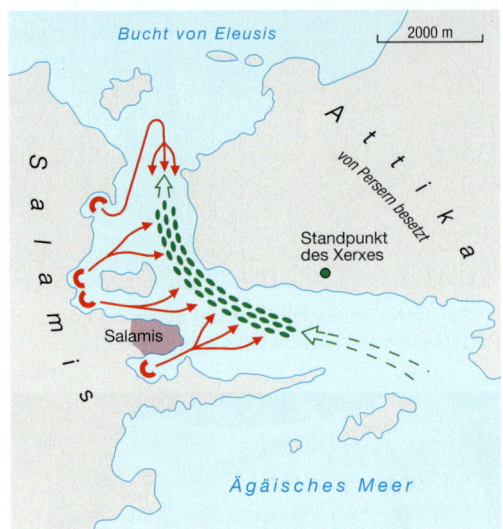

1 – Die Meerenge von Salamis mit der Schlachtordnung der griechischen und persischen Flotte.

Flotte der Perser
Bereitstellung der Griechen
Angriffsrichtung der Griechen

2 – Ruderer (*Theten) an Bord ihrer *Triere während der Seeschlacht von Salamis 480 v.Chr. Rekonstruktionszeichnung.

* Theten
So nennt man Tagelöhner, die kein festes Arbeitsverhältnis hatten, sondern immer nur tageweise beschäftigt wurden.

* Triere
Eine Triere ist ein griechisches Kriegsschiff mit drei Ruderbänken übereinander und einem Rammsporn, um die feindlichen Schiffe zu versenken.
Besatzung: 170 Ruderer, 20–50 Fußkämpfer. Die Triere wird auch Dreiruderer genannt.

Die Niederlage bei den Thermophylen

Am Übergang der Thermophylen, einer Gebirgskette in Mittelgriechenland, stellte sich der spartanische König Leonidas im Jahr 480 v. Chr. mit über 7000 Kriegern den Persern entgegen, um deren Vormarsch aufzuhalten und sie zurückzuschlagen. Doch ein Grieche verriet dem persischen Großkönig Xerxes einen geheimen Gebirgspfad, auf dem er den Engpass umgehen konnte. Als nun die Perser in seinem Rücken auftauchten, gab Leonidas dem Hauptheer den Befehl, sich nach Süden abzusetzen, um dort eine neue Verteidigung aufzubauen. Er selbst hielt mit einer Gruppe Soldaten dem Gegner lange Zeit stand, wurde aber doch umzingelt und schließlich im Kampf getötet.

Der Sieg von Salamis 480 v. Chr.

Nach dieser Niederlage der Spartaner war für das persische Heer der Weg nach Athen frei. Der athenische Stratege Themistokles gab deshalb den Befehl, die Stadt zu räumen und Frauen und Kinder auf die Insel Salamis in Sicherheit zu bringen. Kampflos zogen die Perser in die Stadt ein und plünderten sie. In der Meerenge von Salamis hatte Themistokles seine Flotte zusammengezogen und erwartete den persischen Angriff. Nur in der schmalen Durchfahrt zwischen der Insel und dem Festland waren die kleinen, aber schnellen und wendigen Trieren* der Athener den großen, schwerfälligen Schiffen der Perser überlegen. In einem günstigen Augenblick griffen die athenischen Dreiruderer an, die den genauen Küstenverlauf, die Untiefen und die Windverhältnisse bestens kannten, brachen die Ruder der persischen Schiffe und versenkten sie. Nach einer zwölfstündigen Schlacht war der Sieg errungen. Xerxes floh nach Persien, ließ sein Landheer in Griechenland im Stich, das ein Jahr später von den vereinigten Griechen geschlagen werden konnte. Damit war die Gefahr, unter persische Herrschaft zu geraten, für Griechenland endgültig vorüber.

Der Attische Seebund

477 v. Chr. schlossen sich viele griechische Städte und Inseln unter Führung Athens zum Attischen Seebund zusammen, um die Perser von weiteren Angriffen abzuhalten. Athen vergrößerte dadurch seine Kriegsflotte und wurde zur führenden Handels- und Seemacht sowie zum bedeutendsten Stadtstaat in Griechenland.

Weiterentwicklung der Demokratie

Ohne den Sieg über die Perser wäre die Blütezeit Athens unter Perikles so nicht möglich gewesen. Die Menschen erkannten die nun überragende Bedeutung der Flotte für Athen. Die Theten, die sich keine Rüstung leisten konnten und im Hoplitenheer keine Rolle gespielt hatten, fanden als Ruderer eine kriegswichtige Funktion. Sie waren sich ihrer neuen Rolle bewusst und forderten politische Gleichberechtigung. Diese Erfahrung war wichtig für die Weiterentwicklung der athenischen Demokratie: Fortan sollten alle athenischen *Vollbürger ohne Unterschied die gleichen politischen Rechte besitzen. Für eben diese Herrschaftsform setzte sich der Begriff „Demokratie" durch. Es hatte sich gezeigt, dass ein demokratisch geführter Staat auch militärisch bestehen konnte. Die persische Vorstellung von Herrschaft wurde zurückgewiesen: Allmacht des Herrschers, zentrale Regierungsgewalt, Rechtlosigkeit der Untertanen. Stattdessen hatte sich das griechische Modell bewährt: Einschränkung und Kontrolle von Macht und Herrschaft, Beteiligung der Bürger an den Entscheidungen für das öffentliche Leben, Selbstbestimmung der mündigen Menschen über ihre Angelegenheiten. Für diese Lebensauffassung und für diese Freiheiten waren die Griechen bereit zu kämpfen; ihr Mut und ihre Entschlossenheit führten zum Sieg.

3 – Trieren im Seegefecht. Rekonstruktionszeichnung.

Q1 Der Historiker Herodot (484–425 v. Chr.) schrieb über den griechischen Sieg über die Perser:

... Daher ist es nur die reine Wahrheit, wenn man die Athener die Retter von Hellas nennt. Der Lauf der Dinge hing allein davon ab, wie die Athener entschieden. Dadurch, dass ihre Wahl auf die Erhaltung der hellenischen Freiheit fiel, weckten sie ganz Hellas zum Widerstand ..., und ihnen ist nächst den Göttern die Zurückweisung des persischen Angriffs zu verdanken. ...

*Vollbürger
Um Vollbürger zu werden, mussten beide Eltern Athener sein

❶ ▪ Beschreibe mit der Karte den Ablauf der Schlacht von Salamis.

❷ ▪ Nenne mithilfe von Bild 3 und des Texts Gründe für den Sieg der Athener gegen die sich in der Überzahl befindlichen Perser in der Schlacht von Salamis.

❸ ▪ Versetze dich in die Lage des Ruderers auf Bild 2 und beschreibe deine Gedanken und Gefühle kurz vor dem Beginn der Seeschlacht.

❹ ▪ Werte Q1 aus. Welchen Hauptgrund für den Sieg der Griechen führt Herodot an? Erläutere mithilfe des Texts, welche Aspekte mit diesem Grund zusammenhängen.

▶ *Nimm die Methode „Arbeit mit Textquellen" von S. 90/91 zu Hilfe.*

❺ ▪ Erläutere mithilfe deines Wissens der Seiten 92–95, was Herodot in Q1 mit „hellenischer Freiheit" meint.

Wie lebten Fremde und Sklaven in Athen?

1 – Werkstatt eines Töpfers. Vasenmalerei, 430–425 v. Chr.

3 – Ein Schmied bei der Arbeit. Vasenmalerei, Ende des 6. Jh. v. Chr.

2 – Schuhmacherwerkstatt. Vasenmalerei, um 5. Jh. v. Chr.

Mitbewohner – keine Bürger

Zur Zeit des Perikles lebten im Stadtstaat Athen etwa 300 000 Menschen. Darunter befanden sich etwa 30 000 zugezogene Griechen, von den Athenern „Metöken" (d. h. Mitbewohner) genannt. Sie waren nach Athen gekommen, um hier im Handel und vor allem als Handwerker ihren Lebensunterhalt zu verdienen. Die Metöken mussten Militärdienst leisten und Steuern zahlen, blieben aber von den Volksversammlungen und von allen politischen Ämtern ausgeschlossen. Sie genossen zwar den Schutz der athenischen Gesetze, mussten sich aber z. B. vor Gericht von einem Athener vertreten lassen. Eine Aufnahme von Metöken in die Bürgerschaft war dennoch möglich, wenn 6000 Bürger in einer Volksversammlung zustimmten.

Sklaverei in Athen

Sklaven waren Kriegsgefangene oder eine Handelsware, die man auf dem Sklavenmarkt kaufen konnte. Sie wurden auf dem monatlichen Sklavenmarkt in Piräus (siehe Karte S. 76) von Sklavenhändlern wie Vieh angepriesen und verkauft. Zur Zeit des Perikles lebten etwa 100 000 Sklavinnen und Sklaven in Athen. Glück hatten noch jene, die in einem Haushalt als Erzieher, Diener oder Koch tätig waren. Viele Sklaven arbeiteten auch als Handwerker in dem Betrieb eines Metöken. Bis zu 30 000 Sklaven arbeiteten in den Silberbergwerken von Laurion (siehe Karte S. 76), die der Stadt hohe Einnahmen brachten. Die Arbeit in den Stollen, die oft nur 90 cm hoch waren, dauerte von Sonnenauf- bis Sonnenuntergang. Ruhe- oder Feiertage gab es nicht.

4 – **Sklave, der Amphoren (Vasen) trägt.** Kopie nach dem Innenbild einer griechischen Trinkschale, 6. Jh. v. Chr.

5 – **Abbau von Tonerde.** Tontäfelchen aus Korinth, 6. Jh. v. Chr. Der Ton für die zahlreichen Vasen, Amphoren, Krüge oder Teller wurde von Sklaven in Tongruben abgebaut.

Q1 Über das Ansehen der Handwerker in Athen schrieb der athenische Bürger Xenophon (um 426–355 v. Chr.):

... Denn die sogenannten handwerklichen Beschäftigungen sind verschrien und werden mit Recht verachtet. Sie schwächen nämlich den Körper. ... Wenn aber der Körper verweichlicht wird, leidet auch die Seele. Auch halten diese sogenannten handwerklichen Beschäftigungen am meisten davon ab, sich um die Freunde und den Staat zu kümmern. Daher sind solche Leute ungeeignet für ... die Verteidigung des Vaterlandes. Deshalb ist es in einigen Städten, am meisten aber in denen, die den Krieg lieben, keinem Bürger erlaubt, sich einer handwerklichen Beschäftigung zu widmen. ...

Q2 Agatharchides, ein Grieche aus Kleinasien, schrieb um 120 v. Chr. über das Leben von Sklaven im Bergbau:

... Die jüngeren Männer arbeiten sich kriechend und mit einer Lampe an der Stirn vor, indem sie den Metalladern folgen. Das geschlagene Gestein wird von Kindern herausgeschleppt, und ältere Männer zertrümmern es mit dem Hammer. Das Kleingeschlagene wird dann zu Staub gemahlen mit Steinmühlen, die nicht von Ochsen, sondern von Frauen gedreht werden. Die Sklaven werden von bewaffneten Aufsehern bewacht und häufig geschlagen. Ohne Pause und ohne Rücksicht auf ihren körperlichen Zustand müssen sie arbeiten. Alle begrüßen den Tod, wenn er naht. ...

❶▪ Benenne und beschreibe die in den Bildern 1–3 dargestellten Handwerke.
▶ *Nimm die Methode „Bilder untersuchen" von S. 64/65 zu Hilfe.*
❷▪ Nenne anhand des Textes und der Bilder 4 und 5 die Bereiche, in denen Sklaven eingesetzt wurden.
❸▪ Obwohl die Handwerker für das Alltagsleben in Athen sehr wichtig waren, genossen sie kein großes Ansehen. Wie begründet dies der Athener Xenophon (Q1)?
❹▪ Das Schicksal der Sklaven hing sehr von ihrer Arbeit ab. Beschreibe mithilfe des Textes und Q2 die unterschiedlichen Lebensschicksale der Sklaven.
❺▪ Erarbeite mithilfe der Materialien dieser Doppelseite und der Seite 93 mit deinem Banknachbarn Unterschiede zwischen Metöken und Sklaven.
❻▪ Formuliere zur Sklaverei ein Werturteil.
▶ *Nimm die Methode „Ein eigenes Urteil bilden" von S. 82/83 zu Hilfe.*

Familienleben in Athen

Die Familie im alten Griechenland

M1 Der Historiker P. Miquel schrieb 1982:

... Zu den Pflichten der griechischen Männer gehört es, zu heiraten und Kinder zu haben, vor allem Knaben, die die Nachfolge sichern.

Wenn ein junger Mann zwanzig Jahre alt ist, wählt sein Vater ihm eine Frau aus. Die Familie des Mädchens, das meist beträchtlich jünger ist als der Bräutigam, sorgt für die Mitgift.

Die Verlobung findet in Form eines einfachen Versprechens in Gegenwart von Zeugen statt. ... Nach dem Hochzeitsmahl, das bei den Eltern der Braut ... eingenommen wird, bildet man einen Geleitzug, der das Paar in einem geschmückten Wagen zum Haus des Bräutigams fährt.

2 – Ein Hochzeitszug. Der Bräutigam, rechts, nimmt die Braut bei der Hand. Er umgreift ihr Handgelenk und nimmt dadurch die Frau in seinen Besitz. Vasenbild, um 460 v. Chr.

1 – Lesende Athenerin. Vasenbild aus Athen, 5. Jh. v. Chr.

Frauen und Männer haben unterschiedliche Aufgaben

Q1 Der athenische Historiker Xenophon (um 426–355 v. Chr.) stellte fest:

... Da beide Arten von Arbeiten nötig sind, die draußen und drinnen, schuf Gott die Natur der Frau für die Arbeiten im Haus, die des Mannes für die Arbeiten außerhalb des Hauses. Denn der Mann ist mehr dazu geschaffen, Kälte und Wärme, Märsche und Feldzüge zu ertragen. Daher trug der Gott ihm die Arbeiten außerhalb des Hauses auf. Der Körper der Frau ist weniger widerstandsfähig, deshalb ist sie besser für die Arbeiten im Haus geeignet. Da sie aber mehr dazu befähigt ist, die kleinen Kinder aufzuziehen, gaben ihr die Götter die größere Liebe. ... Dass die Natur der Frau furchtsamer ist als die des Mannes, darin sahen die Götter keinen Mangel. Dem Manne aber gaben sie mehr Kühnheit, da es zuweilen nötig sein könnte, sein Hab und Gut gegen zugefügtes Unrecht zu verteidigen. ...

enttdecken

Bildet Gruppen und bearbeitet die Aufgaben für die Gruppe A, B oder C. Stellt eure Ergebnisse den anderen Gruppen anschließend vor.

Gruppe A:

❶ ▪ Nennt die Begründungen Xenophons (Q1) für die Aufgabenverteilung zwischen Männern und Frauen.

❷ ▪ Verfasst einen Brief, in dem ihr eure Meinung dazu sagt.

Gruppe B:

❸ ▪ Versetzt euch in die Lage einer Athenerin und beschreibt euren Tagesablauf anhand von Q1, Bild 2 und dem ersten Textabschnitt auf dieser Seite. Formuliert dabei auch, womit ihr vielleicht nicht einverstanden bist.

▶ *Seit einem Jahr bin ich nun verheiratet. Meinen Mann sehe ich oft lange Zeit nicht, weil er wieder im Krieg ist. Meine Aufgabe ist es …*

Gruppe C:

❹ ▪ Vergleicht mithilfe von Bild 3 und des Textes die griechische mit eurer Erziehung und erläutert Gemeinsamkeiten und Unterschiede.

3 – Schulunterricht. Links wird ein Schüler von seinem Lehrer, der ihm gegenübersitzt, im Spiel der Lyra unterrichtet. Ganz rechts sitzt der Schulleiter, der den Unterricht aufmerksam beobachtet. Links vor ihm steht ein Schüler, der einen Text auswendig aufsagen muss; sein Lehrer überprüft die Richtigkeit mithilfe einer Papyrusrolle. Vasenbild, um 480 v. Chr.

Die Erziehung der Kinder

Mit etwa sieben Jahren begann die Ausbildung. Die Mädchen blieben meist unter der Obhut der Mutter, bis sie heirateten. Ihnen wurden praktische Fertigkeiten wie Spinnen, Weben oder Haushaltsführung vermittelt. Manche Töchter lernten auch Schreiben und Lesen, Tanzen und ein Musikinstrument zu spielen.

Die Jungen gingen zur Schule. Der Unterricht sollte sie auf die Rolle als Bürger vorbereiten. Ein Sklave, der Pädagoge (wörtlich: „Knabenführer"), übernahm die Erziehung. In der Schule lernten die Jungen Lesen, Schreiben, Rechnen und Musik. Aufgeschriebene Erzählungen griechischer Dichter mussten sie auswendig lernen.

Den Griechen war es wichtig, auch den Körper zu trainieren. Deshalb besuchten die Jungen das Gymnasium. So hieß in Athen die Sporthalle. Mit 18 Jahren galt der Junge als erwachsen. Zwei Jahre lang musste er nun militärische Dienste für die Stadt ausüben.

1 – Der Parthenon-Tempel zu Ehren der Göttin Athene in der Oberstadt von Athen (Akropolis). Das Gebäude entstand zwischen 464 und 406 v. Chr.

2 – Dorischer Stil, vor allem in Süditalien und am griechischen Festland vorkommend

3 – Ionischer Stil, vor allem im östlichen Griechenland und auf den Inseln vorkommend

4 – Korinthischer Stil, vor allem an römischen Tempeln und in Kleinasien vorkommend

Die Baukunst

Athen war nicht nur zum politischen und wirtschaftlichen Mittelpunkt Griechenlands geworden, sondern auch zum Vorbild auf allen Gebieten der Kunst. Unter Perikles wurden riesige Geldsummen ausgegeben, um die Akropolis, die 480 v. Chr. von den Persern vollkommen zerstört worden war, in einen der schönsten Tempelbezirke zu verwandeln. Sie sollte zu einer der prunkvollsten Stätten der Göttin Athene werden, um die Macht und den Glanz Athens für alle sichtbar werden zu lassen. Die künstlerische Leitung beim Bau des Parthenon, dem bedeutendsten Bauwerk der Akropolis, hatte Phidias, der wichtigste Bildhauer des 5. Jahrhunderts v. Chr.

Die verschiedenen Richtungen (Stile) der griechischen Baukunst können wir an den Formen der Säulen, vor allem am Säulenoberteil, dem Kapitell, unterscheiden (siehe oben). Der Aufbau der Tempel gliederte sich immer in drei Zonen: den meist dreigliedrigen Stufenbau, die Säulen und das Gebälk, das im Giebeldreieck oftmals viele figürliche Darstellungen enthielt. Die Bauwerke der Griechen gelten bis in unsere Zeit als vorbildlich wegen ihrer Schönheit und ihrer harmonischen Form aufgrund von Ordnung, Maß, Gleichgewicht und Proportion. Noch im 19. und 20. Jahrhundert wurden zahlreiche Gebäude, deren Würde und Erhabenheit besonders betont werden sollten, in diesem Baustil errichtet.

5 – **Die Glyptothek in München.** Sie beherbergt ein Museum für griechische und römische Skulpturen und wurde zwischen 1816 und 1830 erbaut.

7 – **Die Walhalla bei Regensburg** ist zu Ehren wichtiger Persönlichkeiten der deutschen Geschichte von 1830–1842 errichtet worden.

6 – **Griechischer Krieger.** Bronzestatue, 5. Jh. v. Chr.

gen zeigten sie nicht das naturgemäße, sondern das besonders wohlproportionierte und perfekte Abbild des Menschen. Aus diesem Grund finden sich selbst bei Statuen von Sportlern keine angespannten Gesichtszüge, die auf körperliche oder geistige Anstrengung schließen ließen.

❶ Nenne mithilfe des Texts typische Elemente (Kriterien), an denen man griechische Bauwerke erkennen kann.

❷ Untersuche das Foto des Parthenon (Bild 1) auf Kriterien klassischer griechischer Baukunst und benenne die verschiedenen Bestandteile.

❸ Vergleiche die Glyptothek und die Walhalla (Bilder 5,7) mit dem Parthenon (Bild 1). Welche Gemeinsamkeiten kannst du entdecken?

❹ Beschreibe den Gesichtsausdruck sowie die Haltung des Kriegers (Bild 6). Beachte auch die Haltung der Arme und Beine. Ermittle eine Begründung für die Art der Darstellung.

❺ Erarbeite anhand von Informationen und Bildern aus dem Internet eine Wandzeitung für euer Klassenzimmer mit weiteren Beispielen für derartige Baukunst in Bayern.

▶ *Überlege zuerst passende Suchstichworte. Triff dann eine Auswahl der gefundenen Gebäude, drucke sie aus und verfasse zu ihnen einen Steckbrief. Klebe dann deine Ergebnisse auf ein Poster.*

Die Bildhauerei

Doch nicht nur bei der Baukunst achteten die Griechen auf Harmonie und Vollkommenheit, auch die Bildhauer der vielen Statuen formten ideale Gestalten aus Marmor oder Bronze, indem sie den menschlichen Körper sehr genau beobachteten und vermaßen. In den oft makellosen Statuen waren für die Griechen die unsterblichen Götter verkörpert. Deswe-

Kunst und Kultur der Griechen

Athen – Wiege der Kultur und Wissenschaft?

1 – Das Theater von Athen. Rekonstruktionszeichnung.

2 – Bronzestatue des Zeus, der einen Blitz schleudert. 5. Jahrhundert v.Chr.

* Akustik
Das ist die Ausbreitung des Schalls.

* Wissenschaftliches Denken
Als beispielhaft können die Erkenntnisse von Pythagoras (582–496 v. Chr.) und Eratosthenes (276 oder 273–194 v. Chr.) gelten: Bereits Pythagoras erkannte die Kugelgestalt der Erde und des Mondes; Eratosthenes gelang es später, den Umfang der Erde zu bestimmen.

Das Theater

Neben den Tempeln zählten die Theater zu den bedeutendsten Bauten der Athener. Das älteste Theater Athens war das am Südabhang der Akropolis gelegene Dionysos-Theater, das etwa 15 000 Zuschauern Platz bot. Die griechischen Theater bestanden aus drei Teilen: Die Orchestra war der kreisrunde Tanzplatz, auf dem auch die Musiker und Sänger des Chores saßen. Das Theatron war der bogenförmige und ansteigende Zuschauerraum und die Skene stellte die Bühnenbauten dar. Beispielhaft war auch die *Akustik, denn die Schauspieler waren auch in den letzten Reihen noch gut zu hören. In den Theatern der ganzen Welt werden heute noch die griechischen Schauspiele (Dramen) aufgeführt, da sie Grundfragen menschlichen Lebens wie z. B. Krieg und Frieden oder Liebe und Hass behandeln. Die Stücke mit einem ernsten Thema nennt man Tragödien (oder Trauerspiele) und die mit heiterem Inhalt Komödien (Lustspiele).

Die Wissenschaft

Nicht nur in der Baukunst, auch in zahlreichen Wissenschaften gelten die Griechen als Lehrmeister. So hieß es im griechischen Volksglauben lange Zeit: Wenn Zeus seinen gewaltigen Schild im Zorn schüttelt, bewegen sich die Wolken, bildet sich Gewitter, löst er den Donner aus; als furchtbare Waffe schleudert er den Blitz. Ab dem 6. Jahrhundert aber gaben sich die griechischen Gelehrten mit derartigen Erklärungen nicht mehr zufrieden. Sie begannen planmäßig zu forschen. Weil sich diese Forscher vor allem für die Natur und deren Gesetze interessierten, bezeichnet man sie als Naturphilosophen. Warum, so fragten die Menschen damals, wird es Tag und Nacht? Warum sieht man von einem Schiff, das am Horizont auftaucht, zuerst den Mast? Warum gibt es Sonnen- und Mondfinsternisse? Für jede Naturerscheinung suchte man eine natürliche Erklärung. Die Griechen haben so die Grundlagen für das moderne *wissenschaftliche Denken gelegt.

Die Philosophie

Mit Sokrates (469–399 v. Chr.), der selbst keine einzige Zeile geschrieben hat, begann eine neue Epoche der griechischen und damit der europäischen Philosophie. Wir können über ihn bei seinem Schüler Platon (427–347 v. Chr.) nachlesen. Sokrates wurde in Athen als Sohn eines Bildhauers und einer Hebamme geboren. Er verbrachte sein Leben vor allem auf Marktplätzen und in den Straßen, wo er mit den unterschiedlichsten Menschen redete. Er wollte sie nicht belehren, sondern von seinen Gesprächspartnern lernen. Er fragte sie: „Was ist gut? Was ist böse? ... Was ist Tapferkeit? Was ist Feigheit? ... Was ist schön? Was ist hässlich?" Von sich selbst behauptete er: „Ich weiß, dass ich nichts weiß." Sokrates verglich seine Tätigkeit mit der Hebammenkunst: So wie diese bei der Geburt hilft, wollte auch er den Menschen bei der „Geburt" der Einsicht helfen. Als Philosoph* im wahrsten Sinne des Wortes ließ er sich für seine Lehrtätigkeit nicht bezahlen.

399 v. Chr. wurde er angeklagt, die Jugend zu verderben und die Götter nicht anzuerkennen. Mit knapper Mehrheit wurde er für schuldig befunden. Er bat nicht um Gnade, sondern trank im Kreis seiner engsten Freunde einen Becher mit Gift. Sokrates hielt sein Gewissen für wichtiger als sein Leben.

Forschung in der Medizin

Der Arzt Hippokrates (460–370 v. Chr.) übertrug das wissenschaftliche Denken auf die Medizin. Im Altertum wurden Krankheiten auf den Einfluss von Gottheiten zurückgeführt. Deshalb versuchte man sie mit Opfern an die Götter zu heilen. Hippokrates dagegen beobachtete seine Kranken sehr genau und schrieb sorgfältig alles auf, was ihm wichtig erschien. So wurde es Hippokrates im Lauf der Zeit möglich, die Zeichen einer Krankheit genau zu deuten und Methoden und Mittel zur Heilung herauszufinden. Hippokrates formulierte als Erster moralische Grundsätze der Medizin, auf die Ärzte lange Zeit einen Schwur leisteten.

Q1 Auszug aus dem hippokratischen Schwur:

... Ich werde die Grundsätze der Lebensweise nach bestem Wissen und Können zum Heil der Kranken anwenden, dagegen nie zu ihrem Verderben und Schaden. Ich werde auch niemanden eine Arznei geben, die den Tod herbeiführt, auch nicht, wenn ich darum gebeten werde, auch nie einen Rat in dieser Richtung erteilen. Ich werde auch keiner Frau ein Mittel zur Vernichtung keimenden Lebens geben. ...Was ich in meiner Praxis sehe oder höre oder außerhalb dieser im Verkehr mit Menschen erfahre, darüber werde ich schweigen. ...

Die Geschichtsschreibung

Im 5. Jahrhundert v. Chr. entwickelte sich die griechische Geschichtsschreibung, als deren „Vater" Herodot (484–425) gilt. Er verfasste unter anderem eine Geschichte der Perserkriege.

* Philosoph
(griech. Philos = der Freund, sophia = die Weisheit) Der Philosoph fragt nach den Ursprüngen des Denkens und Seins, nach dem Wesen der Welt und der Stellung des Menschen im Universum.

Der griechische Philosoph Sokrates (469–399 v. Chr.)

Der griechische Arzt Hippokrates (460–370 v. Chr.)

---

❶ ▶ Ermittle die Bedeutung der folgenden Begriffe, die aus dem Griechischen stammen, im Lexikon oder im Internet: Physik, Mathematik, Geographie, Architektur, Historie, Theorie, Logik. Notiere die Ergebnisse.

❷ ▣ Erläutere mithilfe des Texts und Bild 1, welche Eigenschaften des Theaters heute aus dem antiken Griechenland stammen.

❸ ▣ Überprüfe anhand des Verfassertexts, warum sich viele Menschen Naturerscheinungen mit dem Wirken der Götter erklärten und warum sich Einzelne damit nicht zufrieden gaben.

❹ ▣ Ein Bauer, der Gewitter für die Taten Zeus hält, unterhält sich mit einem Naturphilosophen. Was könnten beide gesagt haben?

❺ ▣ Werte Q1 aus.
  ▶ Nimm die Methode „Arbeit mit Textquellen" von S. 90/91 zu Hilfe.

❻ ▣ Beurteile mithilfe von Q1, ob sich aktive Sterbehilfe durch einen Arzt mit seinem Eid vereinbaren lässt.

❼ ▣ Beantworte mithilfe der Seiten 104–107 die Frage der Seite: Athen – Wiege der Kultur und Wissenschaft?

Das Erbe der Griechen

Lebt die Kultur der Griechen weiter?

Großbuchstabe	Kleinbuchstabe	Name	Bedeutung
A	α	Alpha	a
B	β	Beta	b
Γ	γ	Gamma	g
Δ	δ	Delta	d
E	ε	Epsilon	e
Z	ζ	Zeta	z
H	η	Eta	e
Θ	θ	Theta	th
I	ι	Iota	i
K	κ	Kappa	k
Λ	λ	Lambda	l
M	μ	My	m
N	ν	Ny	n
Ξ	ξ	Xi	x
O	o	Omikron	o
Π	π	Pi	p
P	ρ	Rho	r
Σ	σ	Sigma	s
T	τ	Tau	t
Υ	υ	Ypsilon	y
Φ	φ	Phi	ph
X	χ	Chi	ch
Ψ	ψ	Psi	ps
Ω	ω	Omega	o

1 – Griechisches Alphabet.

2 – Eine bayerische Wählerin gibt ihre Stimme zur Bundestagswahl ab. Foto, 24. 09. 2017.

Das Erbe des antiken Griechenland

In der Antike entstand mit der politischen Ordnung Athens die erste Demokratie – die Herrschaft des Volkes. Frauen waren allerdings davon ebenso ausgeschlossen wie Metöken und Sklaven. Die Idee, dass alle Bürger eines Staates ein Mitbestimmungsrecht haben, hat seit dieser Zeit die Menschen immer wieder ermuntert, für dieses Recht zu kämpfen. Die Verfassung der USA (1776) wurde von dieser Idee ebenso geprägt wie das Grundgesetz der Bundesrepublik Deutschland (1949).

Die Olympischen Spiele und der Marathonlauf sind wiederkehrende Ereignisse unserer Zeit, die zum ersten Mal im antiken Griechenland stattfanden.

Weit wichtiger ist der Einfluss des antiken Griechenlands auf die Entwicklung der Wissenschaften. Man gab sich damals nicht mehr damit zufrieden, dass z. B. ein Unwetter mit Blitz und Donner mit dem Zorn der Götter erklärt wurde. Stattdessen beobachtete man die Natur und begann gezielt zu forschen. So entwickelte sich das wissenschaftliche Denken, das auch unsere heutigen Erfindungen erst ermöglichte.

Die griechische Schrift hatte als erste Schrift für jeden Laut einen eigenen Buchstaben (siehe Bild 1). Das gleiche Prinzip wandten dann die Römer an, deren Schrift wir bis heute benutzen.

In der Wissenschaft, so zum Beispiel in der Mathematik, werden häufig noch immer griechische Buchstaben verwendet. Auch heute noch werden viele Gebäude in zahlreichen Ländern der Erde nach griechischem Vorbild errichtet.

In Griechenland entstanden auch die ersten Theater. Die Stücke der griechischen Dichter, zum einen Tragödien (z. B. Prometheus, Antigone, König Ödipus), aber auch Komödien (z. B. Die Vögel), werden bis heute aufgeführt.

---

❶ ▸ Fasse mithilfe des Textes und der Bilder Gegebenheiten unserer Zeit zusammen, deren Wurzeln im antiken Griechenland liegen.

❷ ▸ Folgende Begriffe stammen aus dem Griechischen: Physik – Astronomie – Geographie – Historie – Biologie – Thermometer – Apotheke – Theater – Musik – Stadion – Demokratie – Politik – Anatomie – Mathematik – Architektur – Philosophie.
Wähle fünf Begriffe aus, schreibe sie in dein Geschichtsheft und erkläre sie in jeweils einem Satz.

▸ *Ein Lexikon oder Infos aus dem Internet helfen dir.*

❸ ▸ Überlege, auf welche Weise wir heute noch von der Kultur der alten Griechen profitieren.

Zusammenfassung

Die griechische Antike

Stadtstaaten in Griechenland

Aufgrund seiner geographischen Gegebenheiten (viele kleine Inseln, Gebirge, abgeschlossene Täler) entwickelte sich im antiken Griechenland kein großes Reich mit einer einzigen Hauptstadt, sondern viele kleine, selbstständige Stadtstaaten. In zahlreichen dieser sogenannten Poleis reichte das Land nicht aus, um die Bevölkerung zu ernähren.

Eine Lösung sahen viele Stadtstaaten in der Auswanderung und Gründung neuer Siedlungen rund um das Schwarze Meer und das Mittelmeer. Diese Besiedlung dauerte von etwa 750–550 v. Chr. und wird die Große Kolonisation genannt.

750–550 v. Chr.

Gründung griechischer Kolonien am Mittelmeer und am Schwarzen Meer.

Viele Stadtstaaten – ein Griechenland

Obwohl sie räumlich so weit getrennt voneinander lebten, blieb das Zusammengehörigkeitsgefühl aller Griechen untereinander bestehen: Man sprach die gleiche Sprache, verehrte die gleichen Göttinnen und Götter und traf sich bei Wettkämpfen, die zu Ehren der Götter veranstaltet wurden. Die berühmtesten Wettkämpfe fanden seit 776 v. Chr. alle vier Jahre in Olympia statt. Sie dienten dazu, sich des gemeinsamen Ursprungs bewusst zu werden.

776 v. Chr.

Die ersten Olympischen Spiele in Griechenland.

Blütezeit Athens

An der Spitze Athens stand zunächst ein König (Monarchie). Danach wurde die Polis aristokratisch von Adligen geführt. Im 5. Jahrhundert entstand unter den Staatsmännern Solon, Kleisthenes und Perikles schließlich eine Volksherrschaft – die Demokratie: Alle männlichen Bürger Athens hatten das Recht, an den Volksversammlungen teilzunehmen. Hier konnten sie Gesetze beschließen, Beamte wählen und über Krieg und Frieden entscheiden. Frauen, Metöken und Sklaven hatten keinerlei politische Rechte und durften daher an den Volksversammlungen nicht teilnehmen.

Im Kampf und Sieg gegen die Perser verteidigten griechische Stadtstaaten ihre Volksherrschaft gegen die Allmacht eines Einzelnen.

Berühmt wurde Athen aber auch durch seine Bauten, die Perikles im 5. Jh. v. Chr. errichten ließ. Mittelpunkt der Stadt war die Akropolis.

5. Jh. v. Chr.

Blütezeit Athens: Entstehung der Demokratie und Bauten.

Das Erbe Griechenlands

Eine der wichtigsten Ideen, die im antiken Griechenland zum ersten Mal ausgesprochen wurde, ist die Forderung nach einer „Volksherrschaft", der Demokratie. Vorbild waren die Griechen aber auch als Wissenschaftler, die alles genau hinterfragen wollten. Griechische Wörter in vielen Wissenschaften lassen den Einfluss des antiken Griechenlands auch hier erkennen. Gebäude, deren Bedeutung und Schönheit man besonders betonen wollte, wurden in vielen Ländern der Erde nach griechischem Vorbild errichtet.

bis heute

Griechisches Erbe bei uns – die Glyptothek in München.

Das kann ich …

Die griechische Antike

Ich kann wichtige Daten und Begriffe im Zusammenhang erklären (Sachkompetenz):

5. Jh. v. Chr.: Blütezeit Athens

Antike

Migration

Polis

Verfassung

Monarchie

Aristokratie

Demokratie

❶ Ordne die Staatsordnungen Demokratie, Aristokratie und Monarchie den folgenden Zeiten zu: 5. Jh. v. Chr. – 1000 v. Chr. – 7. Jh. v. Chr.

❷ Erläutere die Begriffe „Antike" und „Blütezeit Athens".

Ich kann folgende Aufgaben zum Thema lösen (Sachkompetenz):

❸ Erkläre, warum man die Städte im antiken Griechenland als „Stadtstaaten" bezeichnet. Stellt einen Zusammenhang zur Geographie her.

❹ Untersuche den Tempel auf Bild 1 und begründe, warum es sich um ein Gebäude klassischer griechischer Baukunst handelt.

❺ Erläutere, wie sich die Demokratie in Athen entwickelte und wie sie funktionierte. Verwende die Begriffe aus dem Wortspeicher M1.

Ich kann die Methode „Textquellen auswerten" anwenden (Methodenkompetenz):

❻ Lies Q1. Konnte der Verfasser von Q1 die Situation, über die er berichtet, aus eigener Anschauung kennen?

❼ Suche eine passende Überschrift für den Text.

❽ Erläutere, was der Perser an der Demokratie in Athen kritisierte.

Ich kann Geschichte verständlich darstellen (narrative Kompetenz):

❾ Gestalte aus der Sicht Perikles' eine Gegenrede zur Meinung des Persers in Q1.

▶ *Überlege dir zuerst Gründe, die für die Herrschaft des Volkes sprechen. Denkt dabei auch daran, welche Zustände in Athen vor der Demokratie herrschten (siehe S. 92).*

Ich kann mir ein Urteil bilden und es begründen (Urteilskompetenz):

❿ „Die Verfassung Athens ist für mich keine wirkliche Demokratie." – Nimm begründet Stellung zu dieser Aussage.

Ich verstehe, warum das Thema für uns heute noch wichtig ist (Orientierungskompetenz):

⓫ Nenne Bereiche, in denen uns heute Spuren des antiken Griechenlands begegnen.

▶ *Berücksichtige die Bilder und Q2.*

⓬ In Athen durften nur die männlichen Bürger wählen. Auch heute beschäftigt uns die Frage, wer an Wahlen teilnehmen darf.

– Sollen Menschen mit ausländischen Staatsbürgerschaften, die in Deutschland schon viele Jahre leben und arbeiten, wählen können?

– Sollen Jugendliche ab 16 Jahren wählen dürfen?

– Sollen über wichtige Angelegenheiten nur die Abgeordneten (Bild 3) entscheiden oder sollte es auch Volksabstimmungen geben?

Entscheide dich für eines dieser drei Themen, äußere deine Meinung dazu und begründe stichhaltig deine Gedanken.

Verstehen

1 – Tempel in Agrigent auf Sizilien, entstanden im 5. Jahrhundert v. Chr. Foto, 2012.

Q1 Ein Perser schrieb um 450 v. Chr. zur Staatsordnung der Demokratie:
Es ist nicht gut, dem Volk die Herrschaft zu übertragen; denn es gibt nichts Unverständigeres als den blinden Haufen. Oder will man die Willkür eines Tyrannen mit der Willkür des Volkes tauschen? Ein Gewaltherrscher handelt wenigstens noch aus Einsicht. Wo aber will das Volk Einsicht und Vernunft hernehmen? Es weiß doch nichts und hat nichts gelernt.

Q2 Aus dem Grundgesetz der Bundesrepublik Deutschland Artikel 3:
(1) Alle Menschen sind vor dem Gesetz gleich.
(2) Männer und Frauen sind gleichberechtigt. …
(3) Niemand darf wegen seines Geschlechts, seiner Abstammung, seiner Rasse, seiner Sprache, seiner Heimat und Herkunft, seines Glaubens, seiner religiösen oder politischen Anschauungen benachteiligt oder bevorzugt werden. …

2 – Monopteros-Tempel im Englischen Garten, München. Das Gebäude wurde 1832–1836 erbaut.

3 – Der Deutsche Bundestag. Foto, 2010.

M 1 Wortspeicher Demokratie in Athen

Solon   Aristokratie   Perikles   Monarchie   keine Mitspracherecht   politische Beteiligung

Demokratie   Volksversammlung   Kleisthenes   Los   Scherbengericht

Britannien

Atlantik

Aquädukt von Segovia

Amphitheater
in Nîmes

Rom

Pompeji

Ruinen
von Karthago

Mittelmeer

4 Das Imperium Romanum

Das Bild zeigt das Römische Reich zur Zeit seiner größten Ausdehnung. Es umfasste das Gebiet zahlreicher heutiger Staaten. Die römischen Soldaten eroberten es in unzähligen Kriegen.

Bis heute bildet die römische Kultur eine der wichtigsten Säulen für unser gegenwärtiges Europa. Dies zeigt sich zum Beispiel in prächtigen Bauten oder dem Lateinischen als Grundlage für viele europäische Sprachen. Welche weiteren Spuren haben die Römer in unserer Zeit hinterlassen?

4 Das Imperium Romanum

753 v. Chr.

Gründung Roms (Sage)

1 – Größte Ausdehnung des Römischen Reiches um 117 n. Chr. und die Gebiete heute (siehe kleine Karte oben).

„Alle Wege führen nach Rom", so lautet ein Sprichwort. Rom – das war über viele Jahrhunderte Hauptstadt und Zentrum eines riesigen Reiches, das alle Länder rund um das Mittelmeer und weite Teile Europas umfasste. In diesem Gebiet ist das Erbe der Römer bis heute sichtbar.

Am Ende des Kapitels kannst du folgende Fragen beantworten:

- Wie wurde aus dem Dorf Rom eine Großmacht?
- Wie wurde dieses Reich regiert?
- Wie haben die Römer das Leben der Menschen in den eroberten Gebieten beeinflusst?
- Was ist eine „familia"?
- Wie entwickelten sich das Juden- und Christentum im Römischen Reich?
- Wie lebte man in der Großstadt Rom?

- Welche Spuren hinterließen die Römer bis heute und wie werden wir auch heute noch von der römischen Kultur geprägt?
- Was können uns Karten über die Entwicklung des Römischen Reiches erzählen?
- Wie verfasst man mithilfe von Quellen eine historische Erzählung?

❶ Stelle mithilfe von Karte 1 und eines Atlas fest, welche heutigen Länder zum Römischen Reich gehörten.

❷ Erzähle, was du vom Römischen Reich bereits weißt. Wer schon einmal im Urlaub römische Bauten gesehen hat, kann Bilder mitbringen und erklären, wann und zu welchem Zweck sie gebaut wurden.

❸ Sammle Fragen, denen du bei der Arbeit an diesem Kapitel nachgehen willst. Die Bilder helfen dir.

510 v. Chr.

Rom wird
Republik

1. Jh. v. Chr.

Übergang von
der Republik
zur Kaiserzeit

**um Christi
Geburt**

Zeitalter des
Augustus

313 n. Chr.

Das Christentum wird
gleichberechtigte Religion
im Römischen Reich

2 – Die römische Wölfin. Mittelalterliches Bronzedenkmal.

4 – Sklavenmarkt. Illustration.

3 – Römischer Soldat. Illustration.

5 – Römer und Germanen an der Grenzbefestigung Limes. Rekonstruktionsmodell.

Vom Stadtstaat zur Supermacht

Wie entstand Rom?

1 – So sah die Gegend aus, in der Rom entstand. Nach heutigen Funden siedelten auf den beiden Hügeln die ersten Bewohner. Rekonstruktionszeichnung, 2014.

**753 v. Chr.:
sagenhafte Gründung
der Stadt Rom**

* **Palatin**
Einer der sieben Hügel,
über die sich die Stadt Rom
heute noch ausdehnt, ist
der Palatin.

Wappen des Fußball-
vereins AS Rom.

„7 – 5 – 3: Rom kroch aus dem Ei"?

Viele Menschen benutzen heute diesen Reim als Eselsbrücke, um sich das angebliche Gründungsdatum Roms am 21. April 753 v. Chr. leichter merken zu können. Die Römer der Antike allerdings verbanden dieses Datum mit zwei zunächst unabhängig voneinander existierenden Sagen vom trojanischen Helden Äneas bzw. von Romulus und Remus (M1).

Sage und Wirklichkeit

Archäologische Forschungen beweisen, dass der *Palatin schon im 10. Jahrhundert v. Chr. besiedelt war. Dort lebten Hirten und Bauern in einfachen Hütten. In der Nähe verlief ein alter Handelsweg. Auf ihm brachten Händler das kostbare Salz von der Mündung des Tibers ins Hinterland. Die Siedlung entwickelte sich zu einem bevorzugten Handelsplatz, der durch Wall und Graben geschützt war. Die Etrusker, die über das Gebiet nördlich des Tibers herrschten, überfielen im 7. Jahrhundert v. Chr. diesen Handelsplatz und bauten ihn zu einer Stadt aus. Nach dem etruskischen Geschlecht der Ruma erhielt diese den Namen „Rom".

Machtvergrößerung auf die italische Halbinsel

Um 500 v. Chr. war Rom noch ein kleiner Bauernstaat. Die Beziehungen zu den Nachbarstaaten gestalteten sich anfangs freundschaftlich. Dies änderte sich jedoch, als die Römer ihren Machtbereich immer weiter ausdehnten und bis 272 v. Chr. die ganze italische Halbinsel erobert hatten. Ob sie dabei planmäßig vorgingen oder in die Kriege hineingezogen wurden, wissen wir heute nicht genau: Fest steht allerdings, dass die Römer den Unterworfenen in vielen Fällen ein Stück Selbstständigkeit beließen und so nach dem Prinzip „Teile und herrsche" handelten. Dadurch wurden aus ehemaligen Feinden oftmals Verbündete. Manche Nachbarstaaten erkannten die militärische Vormachtstellung der Römer sogar freiwillig an und schlossen Bündnisse mit ihnen.

M1 In einer Nacherzählung der Gründungssage heißt es:

Äneas war einer der großen Helden im *Trojanischen Krieg. Als Troja dem Untergang nahe war, befahl ihm seine Mutter, die Göttin Venus, mit dem altersschwachen Vater aus der brennenden Stadt zu fliehen. Also machten sich Äneas und sein Vater auf den Weg und gelangten nach Latium, der Region um den Fluss Tiber. Äneas heiratete die Tochter des latinischen Königs. Ihr Sohn gründete in der Nähe des späteren Rom die Stadt Alba Longa, in der seine Nachkommen noch lange herrschten. Eines Tages gerieten jedoch zwei Königssöhne in Streit um den Thron. Der unrechtmäßige Erbe Amulius vertrieb dabei den rechtmäßigen Nachfolger Numitor und bestimmte, dass dessen Tochter Rea Silvia kinderlos bleiben sollte. Da schritt Kriegsgott Mars ein und zeugte mit Rea Zwillinge: Romulus und Remus. Amulius ließ die Kinder in einem Holztrog auf dem Fluss Tiber aussetzen, den Mars in eine Felsenhöhle lenkte. Dann schickte er eine Wölfin – das Tier, das ihm heilig war. Sie säugte die Kleinen.

Nach einigen Tagen fand ein Hirte die Knaben und nahm sie mit nach Hause. Als sie herangewachsen waren, beschlossen Romulus und Remus, an ihrer Fundstelle eine Stadt zu gründen.

Nachdem sich Romulus und Remus nicht einigen konnten, wer der Stadt den Namen geben sollte, ließen sie den Willen der Götter entscheiden. Diesen Willen wollten sie im Flug der Vögel erkennen. Jeder setzte sich auf einen Hügel, und als die Sonne aufging, rauschten sechs Geier an Remus und kurz darauf zwölf Geier an Romulus vorbei. Sie waren ihm zwar später erschienen, aber es war die doppelte Zahl. So zog Romulus mit einem Pflug eine Furche, die den Verlauf der künftigen Stadtmauern kennzeichnen sollte. „Das soll eine Mauer sein?", rief Remus

2 – Die bronzene Darstellung der Wölfin stammt aus dem Mittelalter. Die Wölfin ist das Wahrzeichen der Stadt Rom.

höhnisch und sprang über die Furche. Da wurde Romulus zornig. Er stieß seinem Bruder die Lanze in die Brust und rief aus: „So soll es jedem ergehen, der diese Mauern zu übersteigen wagt." Romulus gab der Stadt seinen Namen und wurde ihr erster König.

✳ **Trojanischer Krieg**
Das ist der Krieg zwischen der griechischen Stadt Sparta und der Stadt Troja im 12. oder 13. Jahrhundert v. Chr. Auslöser war die Entführung der spartanischen Königin Helena.

❶ ◾ Finde heraus, welche Personen und Figuren bei der Gründungssage eine wichtige Rolle spielten.
▶ *Teile sie mithilfe einer Tabelle in zusammengehörende Gruppen ein.*

Menschen	Tiere	Götter
Äneas	Wölfin	Venus
…	…	…

❷ ◾ Welche dieser Personen und Figuren aus Aufgabe 1 waren deiner Meinung nach am bedeutendsten? Erstelle eine Rangfolge von sehr bedeutend = 1, bedeutend = 2, weniger bedeutend = 3.
Begründe deine Meinung.

❸ ◾ Beschreibe das Wappen des Fußballvereins AS Rom (Bild Randspalte links). Erkläre, warum dieses Wappen ausgewählt wurde.

❹ ◾ Bauern und Hirten siedelten sich gerne in Rom an. Suche hierfür eine Erklärung mithilfe des Textes und Bild 1.

❺ ◾ Vergleiche die Gründungssage mit den Ergebnissen der Wissenschaftler. Gestalte ein Lernplakat, auf dem du Gemeinsamkeiten und Unterschiede gegenüberstellst.
▶ *Nimm die Methode „Ein Lernplakat erstellen" auf S. 227 zu Hilfe.*

Wie errichteten die Römer das Imperium Romanum?

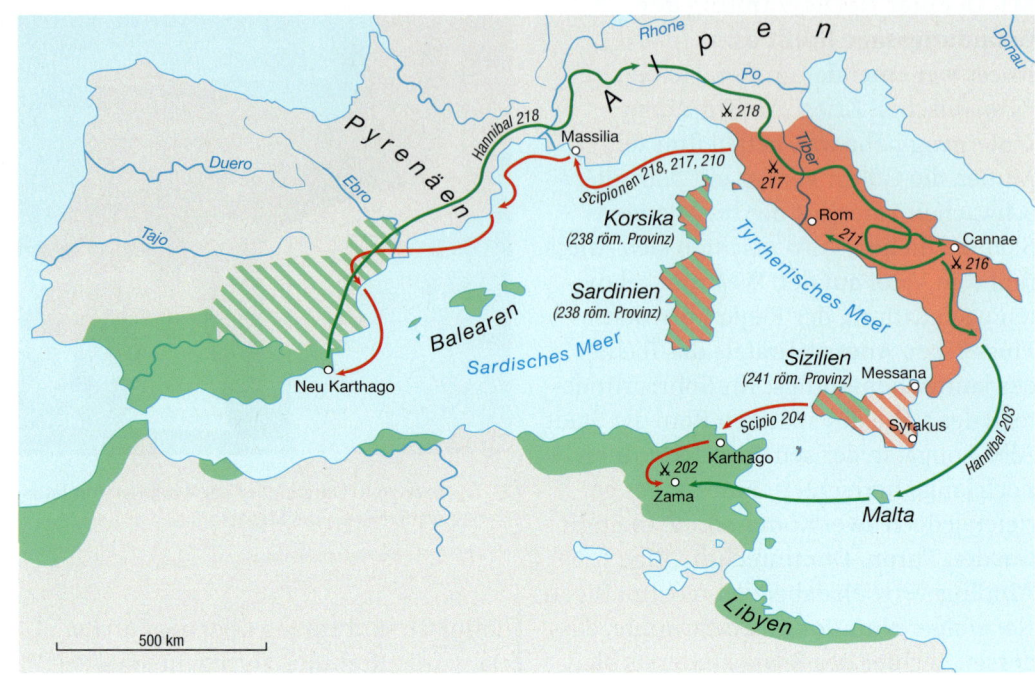

1 – Die Machtbereiche Roms und Karthagos um 218 v. Chr.

Legende:

- römischer Machtbereich vor Beginn der Kriege
- römische Eroberungen bis 218 v. Chr.
- römische Feldzüge
- Machtbereich Karthagos vor Beginn der Kriege
- Neuerwerbungen Karthagos bis 218 v. Chr.
- Feldzüge Karthagos

500 km

✳ "Hannibal ad portas"
„Hannibal bei den Toren"
Gemeint ist, dass Hannibal auf Rom zumarschiert und das Zentrum des Reiches gefährdet ist.

Machtvergrößerung auf das Mittelmeer

Nachdem die Römer ihren Machtbereich auf die gesamte italische Halbinsel ausgeweitet hatten, waren sie zur stärksten Landmacht im westlichen Mittelmeerraum geworden. Es dauerte nicht lange, bis es zum Konflikt mit der mächtigen nordafrikanischen See- und Handelsmacht Karthago kam. Die Karthager besaßen eine große Kriegsflotte, mit der sie den Handel im westlichen Mittelmeer kontrollierten. Im ersten Krieg, der über 20 Jahre andauerte (264–241 v. Chr.), wurden die Karthager vernichtend geschlagen. Selbstbewusst nannten die Römer jetzt das Tyrrhenische Meer „unser Meer". Zum Ausgleich für die an Rom verlorenen Gebiete wollte Karthago seine Herrschaft in Spanien ausbauen. Erneut erklärten die Römer Karthago den Krieg. Hannibal, der berühmteste Feldherr der Karthager, zog darauf mit 90 000 Soldaten und 38 Elefanten über Frankreich nach Italien. Beim Zug über die Alpen soll fast die Hälfte der Soldaten umgekommen sein. Dieses Mal dauerte der Krieg 17 Jahre (218–201 v. Chr.). Zwar siegten wiederum die Römer unter Führung des Feldherrn Scipio Africanus, doch gerieten sie in diesem diesem Krieg auch in große Bedrängnis: In der Schlacht bei Cannae (heutiges Italien, siehe Karte 1) besiegte Hannibal die zahlenmäßig überlegenen Römer 216 v. Chr. vernichtend, sodass es in Rom hieß: „✳Hannibal ad portas". Dabei zeigte sich, wie wichtig ihre Bündnisse mit den italischen Nachbarn waren: Diese hielten Rom – trotz zahlreicher militärischer Niederlagen – die Treue und waren nicht, wie von Hannibal erhofft, zu den Karthagern übergelaufen.

In den folgenden Jahrzehnten eroberten die römischen Truppen unter anderem Griechenland, Kleinasien, Ägypten, Gallien, einen Teil von Germanien und Britannien. Aus den eroberten Ländern brachten die römischen Soldaten Sklaven und große Reichtümer nach Rom.

2 – „Römische Soldaten". Nachgestellte Szene.

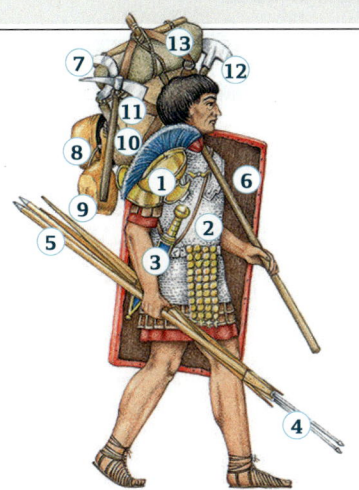

3 – Legionär mit der vom Staat bezahlten Ausrüstung, die insgesamt 30 kg wog. Rekonstruktionszeichnung.

1   Helm
2   Kettenpanzer
3   Kurzschwert
4   zwei Wurfspeere
5   „Mauerspeere"
    (zwei Holzpfähle)
    für den Lagerwall
6   Schild
7   Getreidesichel
8   Bronzekessel
9   Bronzepfanne
10 Verpflegungsbeutel
    (Proviant für drei
    Tage)
11 Spitzhacke
12 Rasenstecher
13 Decke

Die römischen Soldaten

Bis zum Jahr 117 n. Chr. dehnten die Römer ihr Imperium um das gesamte Mittelmeer herum aus (siehe S. 121, Karte 5). Die Hauptlast der Kriege hatten vor allem die Bauern zu tragen, aus denen das römische Heer überwiegend bestand. Ihre Ausrüstung mussten sie selber bezahlen. Während sie für Rom kämpften, verfielen ihre Höfe und mussten von den Bauern aufgegeben werden. Diese zogen mit ihren Familien nach Rom. Doch auch hier fanden sie kaum Arbeit, denn sowohl im Handel als auch im Handwerk wurden Sklaven beschäftigt. Völlig verarmt gehörten die Bauern jetzt zur Masse der *Proletarier, die keinen Heeresdienst leisten konnten. Daher wurde es immer schwieriger, genügend Soldaten anzuwerben. Im Jahr 115 v. Chr. kam es zu einer Heeresreform: Die Ausrüstung bezahlte nun der Staat. Außerdem wurde jedem Soldaten nach einer 20-jährigen Dienstzeit als „Altersversorgung" ein Stück Land versprochen.

Q1 Der Geschichtsschreiber Livius (59 v. Chr.–17 n. Chr.) schrieb über Hannibals Meinung zu den Römern:
… Dieses höchst unmenschliche und sehr hochmütige Volk will überall besitzen, überall entscheiden. Immer maßt es sich die Entscheidung an, mit wem wir Krieg führen, mit wem wir Frieden haben sollen. Es engt und schließt uns in Grenzen von Bergen und Flüssen ein, die wir nicht verlassen dürfen; und selbst achtet es die Grenzen nicht, die es setzte. …

Q2 Livius über die Motive der Römer:
Gibt es sonst ein Volk auf der Erde (außer den Römern), das Kriege führt zur Verteidigung der Freiheit anderer, damit auf Erden keine unrechtmäßige Macht bestehe, sondern überall Recht, Sitte und Gesetz ungebrochen herrschen?

*Proletarier
(lat.: proles = Nachkommenschaft) Das ist die Bezeichnung der Römer für die Besitzlosen, die nichts außer ihrer Nachkommenschaft besaßen.

❶ Ordne mithilfe von Bild 3 die Ausrüstung der römischen Soldaten den folgenden Bereichen zu:

Kampf	Essen	Lager
…	…	…
…	…	…

❷ Mehrere Proletarier unterhalten sich darüber, ob sie in das Heer eintreten sollen. Schreibe Gründe auf, die dafür und dagegen sprechen.

❸ Stelle mithilfe des Maßstabs von Karte 1 fest, wie viele Kilometer Hannibal mit Soldaten und Elefanten von Spanien bis Italien zurücklegen musste. Was sagt dies über die Belastung für sein Heer, aber auch für römische Heere aus? Nimm auch die Bilder 2 und 3 zu Hilfe.

❹ Beschreibe mithilfe der Karte 1 und eines Atlas, welche heutigen Länder die Machtbereiche Roms und Karthagos umfassen.

❺ Werte Q1 und Q2 aus. Ermittle, ob der Verfasser neutral ist oder ob er Partei ergreift.

▶ *Nimm die Methode „Textquellen untersuchen" auf S. 90/91 zu Hilfe.*

Methode

Geschichtskarten auswerten

Den Umgang mit Karten kennst du bereits aus dem Geographieunterricht. Im Geschichtsunterricht benutzen wir Geschichtskarten. Diese behandeln ein bestimmtes historisches Thema wie z. B. die Ausdehnung (Expansion) des Römischen Reiches auf dieser Doppelseite. Die Karten 1–4 zeigen die Situation zu verschiedenen Zeitpunkten. Karte 5 hingegen zeigt eine Entwicklung auf. Wenn du die Karte genau betrachtest, stellst du fest, dass sie aus insgesamt vier unterschiedlichen Karten zusammengesetzt ist. Um diese richtig lesen zu können, muss man sich vor allem die Erklärungen und die Bildunterschrift ansehen.

Folgende Schritte helfen dir, eine Geschichtskarte auszuwerten:

Schritt 1 **Thema der Karte finden**	■ Welches **Gebiet** ist dargestellt? ■ Welcher **Zeitraum** wird behandelt? ■ Um welches **Thema** geht es?
Schritt 2 **Darstellung des Themas** **herausarbeiten**	■ Welche Informationen kann man der **Legende** der Karte entnehmen? ■ Welche Bedeutung haben die **Flächenfarben**? ■ Welche **Symbole** enthält die Karte und was bedeuten sie? ■ Wie groß sind Entfernungen und Ausdehnung eines Gebietes (**Maßstab**)?
Schritt 3 **Informationen der Karte** **auswerten**	■ Welche Aussagen kannst du zu einzelnen **Informationen** der Karte machen? ■ Welche **Gesamtaussage** der Karte kannst du formulieren? ■ Welche Fragen interessieren dich zusätzlich zu den Informationen, die du aus der Karte erhältst?

❶ 🔲 Lies die Lösung zu Karte 5 und vervollständige sie.
▶ *Nutze die Erläuterungen in den Schritten 1–3.*

❷ 🔲 Lege anhand der Karte 5 eine Tabelle an: In die linke Spalte trägst du die Namen der römischen Provinzen ein und in die rechte Spalte die Namen der heutigen Länder. Ein Atlas hilft dir dabei.

Römische Provinz	Name heute
Britannia	Großbritannien
Gallia	...
...	...

❸ 🔲 Das Mittelmeer nannten die Römer „unser Meer". Erkläre diese Bezeichnung mithilfe eines Vergleichs der Karten 1–4.

❹ 🔲 Du bist Autor eines Schulbuches und schreibst über die Ausdehnung des Römischen Reiches. Verfasse eine kurze Zusammenfassung und nutze deine Ergebnisse aus den Aufgaben 1–3.
▶ *Die Hinweise in Schritt 3 helfen dir dabei.*

1 – Das Römische Reich ca. 500 v. Chr.

2 – Das Römische Reich 270 v. Chr.

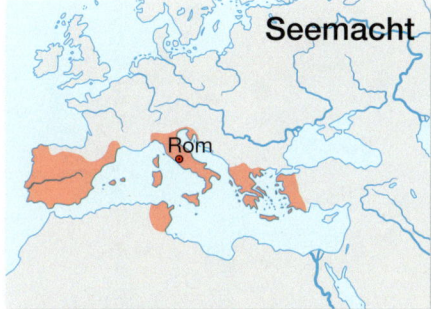

3 – Das Römische Reich 150 v. Chr.

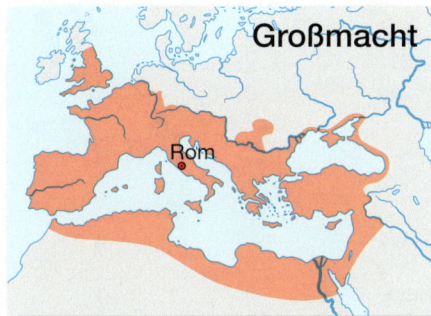

4 – Das Römische Reich 150 n. Chr.

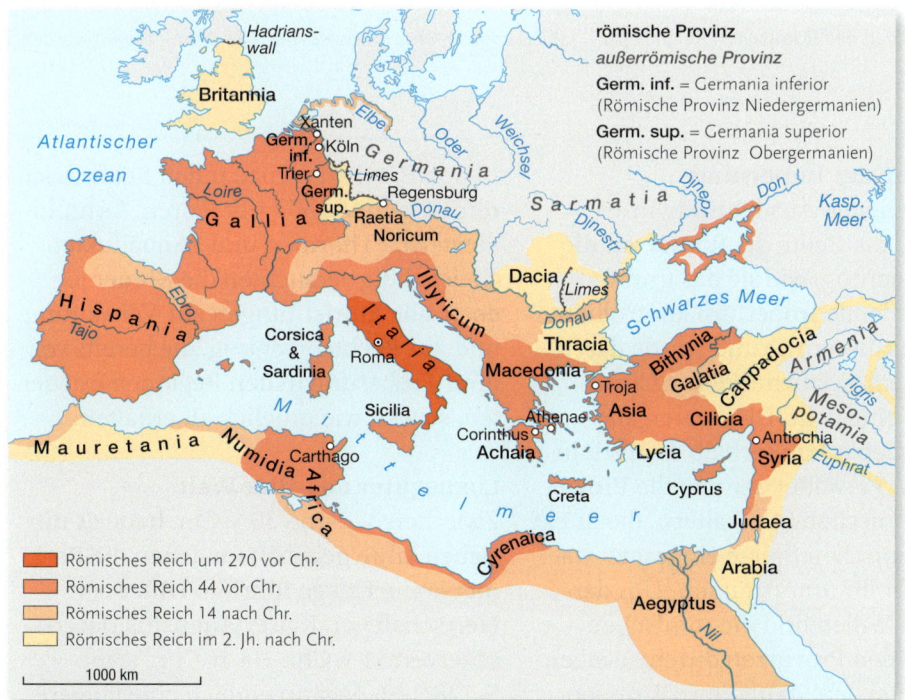

5 – Die Entwicklung des Römischen Reiches von 270 v. Chr. bis zum 2. Jahrhundert n. Chr.

Musterlösung zu Karte 5:

Zum Schritt 1:

– Gezeigt wird der Mittelmeer-
raum mit großen Teilen Euro-
pas, von Nordafrika sowie von
Gebieten des Vorderen Ori-
ents. Zu sehen sind die Flüsse
Rhein, Donau, …
Außerdem sieht man die
Städte Xanten, …
Aufgeführt werden die Provin-
zen Britannia, …

– Die Legende nennt Zeitpunkte
von 270 v. Chr. bis …

– Die Unterschrift unter der
Karte nennt das Thema …

Zum Schritt 2:

– Die Legende zeigt zu den vier
verschiedenen Zeitpunkten
verschiedene Rot- und Gelb-
töne als Flächenfarben.

– Die Karte enthält keine
besonderen Symbole.

– Die West-Ost-Ausdehnung
des in der Karte dargestellten
Gebiets beträgt fast 5000 Kilometer.

Zum Schritt 3:

– Um 270 v. Chr. umfasste das
Römische Reich etwa das
Gebiet des heutigen Italien,
um 44 v. Chr. …

– Das Römische Reich war viel
größer als alle heutigen Staaten in diesem Gebiet. Es ist
über Jahrhunderte gewachsen.

– Zum Beispiel: Wie kam es zu
dem Wachstum des Römi-
schen Reiches? Gab es in der
Umgebung andere Reiche?
Warum ist das Römische
Reich nicht weiter gewachsen?

Welche Vorteile brachte der Frieden?

Rohstoffvorkommen

⬡ Gold
⬡ Silber
⬡ Kupfer
⬡ Eisen
Ⓜ Marmor
Ⓢ Salz
🔥 Bernstein

Gewerbliche Produkte

▦ Textilien (z. B. Stoffe, Teppiche)
🏺 Keramik

Landwirtschaftliche Produkte

🌾 Getreide
🍇 Wein
🫒 Olivenöl
🐒 Vieh
🐎 Pferde
🐟 Fisch
🟢 Wolle
🪵 Holz

Sonstige Handelsgüter

🧍 Sklaven (Herkunftsgebiete)
🦣 Elfenbein

Karte Beschriftungen: Atlantischer Ozean, Londinium, Colonia Agrippinensium, Lutetia, Augusta Treverorum, Burdigala, Lugdunum, Mediolanum, Olisipo, Massilia, Tarraco, Roma, Ostia, Neapolis, Tingis, Carthago, Syracus, Thessalonice, Ephesus, Athen, Antiochia, Byzantium, Tyrus, Damaskus, Alexandria, Petra, Memphis, Elbe, Oder, Weichsel, Dnepr, Dinestr, Don, Donau, Schwarzes Meer, Mittelmeer, Tajo, Loire, Ebro, Nil

🟨 Römisches Reich
⣿ Limes
— Handelsstraßen
— Seehandelswege
● Handelsstädte

1000 km

1 – Die Wirtschaft des Römischen Reiches im 1. Jahrhundert n. Chr.: Produkte, die nach Rom geliefert wurden.

✱ Forum
(Mehrzahl: Foren)
So nennt man den Versammlungsplatz.

✱ Amphitheater
Das ist eine große ovale Arena, in der unter anderem Gladiatorenkämpfe stattfanden.

✱ Thermen
(griech.: thermos = warm)
Dies sind öffentliche Badehäuser.

✱ Aquädukte
Dabei handelt es sich um Wasserleitungen.

Verwaltung des Imperiums

Die zunehmende Ausdehnung ihres Machtbereichs stellte die Römer vor die Herausforderung, wie sie das immer größer werdende Imperium kontrollieren sollten. Aus diesem Grund wurde das Reich ab dem 3. Jahrhundert v. Chr. in Provinzen eingeteilt. Dies waren alle eroberten Gebiete außerhalb der Halbinsel Italiens. Verwaltet wurden die Provinzen von römischen Statthaltern, die direkt von der römischen Spitze eingesetzt waren und nur ihr unterstanden. Um den römischen Willen und die römischen Gesetze in den Provinzen durchzusetzen, unterstanden den Statthaltern Truppen. Beamte des Statthalters kontrollierten z. B. die Entrichtung von Steuern.

In den Provinzen entstanden Städte nach römischem Vorbild mit *Foren, *Amphitheatern, *Thermen und *Aquädukten. Gleichzeitig versuchten die Römer jedoch, alle Einrichtungen zur Verwaltung und zur Rechtsprechung, die bereits vor ihrer Eroberung in den Regionen existierten, so weit wie möglich zu erhalten.

Luxusgüter aus aller Welt

Zwischen 327 und 30 v. Chr. hatte es nur sieben Jahre gegeben, in denen die Römer keine Kriege führten. Unter der Herrschaft von Kaiser Augustus (Herrscherzeit 31 v. Chr.–14 n. Chr., siehe S. 128/129) begann endlich eine längere Zeit des Friedens für das Römische Reich. Die Grenzen waren gesichert, viele Völker

2 – Verkehrswege in der Römerzeit. Illustration.

besiegt und unterworfen. So konnte sich der Handelsverkehr auf den Straßen des riesigen Reiches ungestört entwickeln. Auch die Handelsschiffe wurden nicht mehr – wie in der Zeit zuvor – von Seeräubern bedroht. Dadurch kamen jetzt Waren aus aller Welt nach Rom. Umgekehrt wiederum stieg durch die Ausfuhr von hochwertigen Produkten in die Provinzen der Wohlstand in ganz Italien: Der Handel trug somit wesentlich zum Reichtum Roms bei.

Straßen für den Handel
Grundlage für einen blühenden Handel bildeten gut ausgebaute Verkehrswege. Um diese zu errichten, wurden in Zeiten des Friedens verstärkt Soldaten eingesetzt. Für Reisende gab es in regelmäßigen Abständen Rasthäuser mit Schlafzimmern, Bädern und Ställen für Pferde und Wagen.
Die Straßen dienten auch der Sicherung des Reiches: Auf ihnen ritten Boten nach Rom, berichteten dort von der militäri-

schen Lage an den Grenzen und kehrten mit neuen Befehlen zu den Truppen zurück. Kam es zu Zwischenfällen an einer Grenze, konnten Soldaten aus anderen Teilen des Reiches schnell hierhin verlegt werden. Waffen, Handwerkserzeugnisse und Nahrungsmittel gelangten in kurzer Zeit bis zu den entferntesten Grenzbefestigungen.

❶ ▪ Beschreibe mithilfe des Texts, wie die Römer ihr Reich kontrollierten. Verwende dabei die Begriffe „Provinz" und „Statthalter".

❷ ▪ Ein römischer Händler möchte Olivenöl, Teppiche und Salz aus dem Reich kaufen. Wo kann er diese Produkte erhalten? Nenne mithilfe von Karte 1 jeweils mindestens zwei Beispiele.

❸ ▪ Erkläre mithilfe der Karte 1 den Ausspruch „Alle Wege führen nach Rom".

❹ ▪ Beantworte die Frage „Welche Vorteile brachte der Frieden?" mithilfe der Doppelseite. Finde so viele Punkte wie möglich.

❺ ▪ Ein römischer Bürger möchte wissen, warum im Römischen Reich so viele Straßen gebaut werden. Schreibe ihm die Antwort in Form eines kurzen Briefes.

▶ *Nimm den Text und Bild 2 zu Hilfe.*

Wie wurden die Grenzen gesichert?

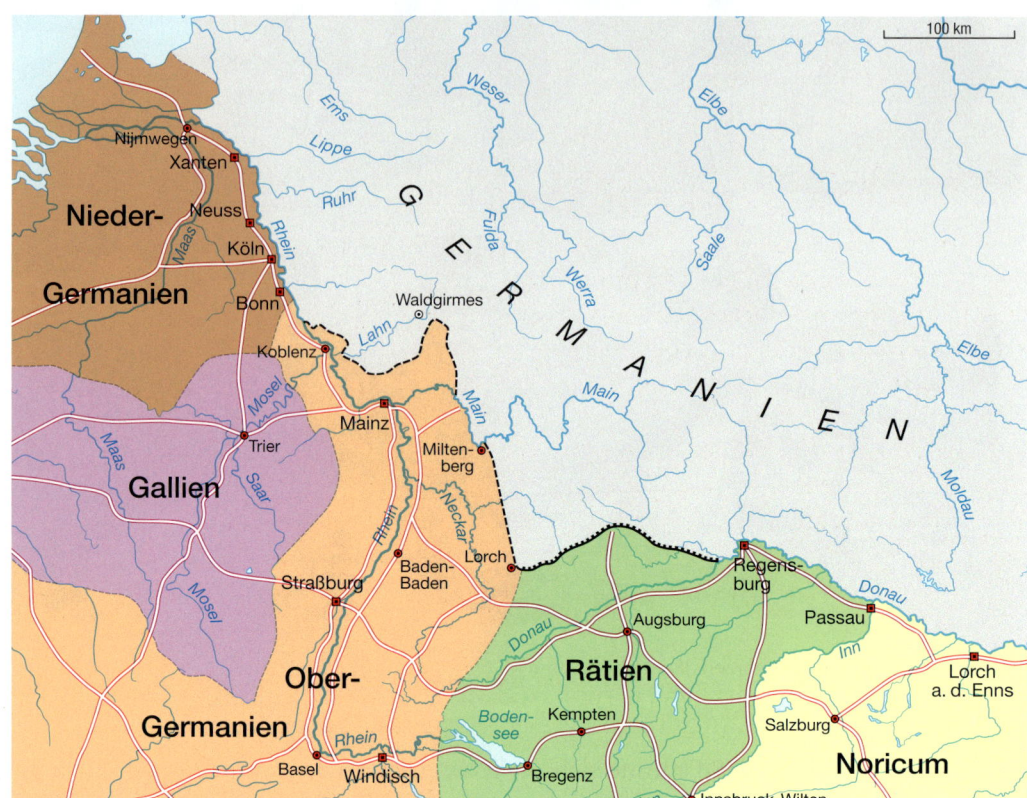

Legende:
- ■ römische Legionslager
- ● römische Städte
- ◎ kurzzeitig bewohnte römische Stadt
- ---- Obergermanischer Limes (Erdwall)
- ▪▪▪▪ Rätischer Limes (Mauer)
- ══ wichtige Straßen

1 – Römische Provinzen und *Germanien im 2. Jahrhundert n. Chr.

Limes

*Germanen
Germanen waren mehrheitliche freie Bauern. Es gab aber auch Adlige und Unfreie. Sie lebten mit allen Familienangehörigen in Sippen zusammen. Gemeinsam zog man in den Kampf und half sich gegenseitig. Mehrere Sippen schlossen sich zu Stämmen zusammen. Bedeutende Germanenstämme waren die Franken, Ost- und Westgoten, Burgunder, Alemannen, Langobarden und Vandalen.

*Palisadenzaun
Das ist ein Zaun aus Holzpflöcken.

*Meilen
Römische Meilen waren jeweils 1470 Meter lang.

Grenzsicherung

Die Römer wollten, dass das ganze Römische Reich durch natürliche Grenzen wie Gebirge und Flüsse gesichert sein sollte. Dieses Ziel erreichten sie zwar, aber sie scheiterten mit dem Plan, die germanischen Gebiete rechts des Rheins bis zur Elbe (Karte 1) zu erobern. Rhein und Donau blieben daher die Reichsgrenzen. In der Kaiserzeit beschränkten sich die Römer meistens darauf, die Grenzen zu halten und noch sicherer zu machen. Überall dort, wo keine Berge oder Flüsse eine natürliche Grenze bildeten, wurden Erdwälle aufgeschüttet, Türme, Zäune oder Mauern errichtet. Diese Grenzbefestigung wurde Limes genannt.

Bis zum 2. Jahrhundert n. Chr. erstreckte sich der Limes vom Rhein bis zur Donau. Er war 548 km lang und wurde von den römischen Soldaten in über 60 Kastellen und von 900 Wachtürmen aus bewacht. Kastelle nannte man die großen befestigten Truppenlager der Wachsoldaten, die entlang der Grenze verliefen. In Bayern kann man einige rekonstruierte Kastelle besichtigen, z. B. das Kastell Vetoniana in Pfünz bei Eichstätt (Bild 2).

In Obergermanien bestand der Limes aus einem *Palisadenzaun, hinter dem sich Wall und Graben befanden. In der Provinz Rätien baute man anstelle der Palisaden eine bis zu drei Meter hohe Mauer. Die Wachtürme aus Stein waren weiß verputzt mit rot eingefärbten Quaderlinien.

Bewachte römische Reichsgrenze

Der Limes bildete weithin sichtbar die römische Reichsgrenze. Er war aber keine Grenze im modernen Sinn, an der zum

Beispiel Passkontrollen durchgeführt wurden. Der auf weite Strecken kaum befestigte Limes machte vielmehr den Beginn des römischen Herrschaftsbereiches sichtbar. Nur an bestimmten Übergangsstellen konnten Kaufleute und Reisende die Grenze überqueren.

Reichtum und Wohlstand in den römischen Siedlungen hinter dem Limes verlockten Germanen immer wieder zu kleineren Raub- und Plünderungszügen. Entdeckte der römische Posten auf einem Wachturm Germanen, die sich heimlich der Grenze näherten, gab er sofort ein Signal an die benachbarten Wachtürme weiter. Nachts geschah dies z. B. mit einer Fackel, tagsüber mit einer roten Flagge oder – vor allem bei schlechtem Wetter – mit dem Horn. Von Turm zu Turm wurde das Alarmsignal weitergegeben bis zum nächsten Kastell hinter dem Limes. Dort waren Truppen zur Verteidigung der Grenze stationiert.

2 – Nordtor mit Mauer im Römerkastell Vetoniana (Pfünz bei Eichstätt). Rekonstruktion.

3 – Obergermanischer Limes mit Palisade, Graben und Wall. Rekonstruktionszeichnung.

Q1 Der römische Schriftsteller Frontinus schrieb im 1. Jahrhundert n. Chr.:
… Weil die Germanen treu ihrer Gewohnheit aus ihren Wäldern und dunklen Verstecken heraus die Unsrigen überraschend anzugreifen pflegten und nach jedem Angriff eine sichere Rückzugsmöglichkeit in die Tiefe der Wälder besaßen, ließ der Kaiser Domitian (81 bis 96 n. Chr.) einen Limes über 120 *Meilen errichten. …

❶ Nenne mindestens drei Funktionen, die der Limes erfüllte.

❷ Ermittle mithilfe der Klappenkarte hinten im Buch, welche Limes-Kastelle es in Bayern noch gibt.

❸ Beschreibe Bild 2 und ordne das Kastell dem obergermanischen oder rätischem Limes zu. Begründe.

❹ Finde mithilfe der Karte 1 und des Atlas heraus,
  – ob der Limes durch den heutigen bayerischen Regierungsbezirk lief, in dem sich deine Realschule befindet.
  – wie viele Kilometer deine Realschule von der Limesgrenze entfernt ist.

❺ Berechne mithilfe des Maßstabs der Karte 1 die Länge des obergermanischen und rätischen Limes.

❻ Stell dir vor, du bist Soldat im Kastell Pfünz und hast gerade einen Angriff der Germanen erfolgreich abgewehrt. In einem Brief an deine Freunde in Rom schilderst du dieses Erlebnis.

▶ *Berücksichtige, an welcher Stelle des Limes der Angriff genau ablief, wie die Germanen vorgingen und die Römer darauf reagierten. Nimm alle Materialien dieser Doppelseite zu Hilfe.*

Könige – Konsuln – Kaiser

Wie wurde Rom regiert?

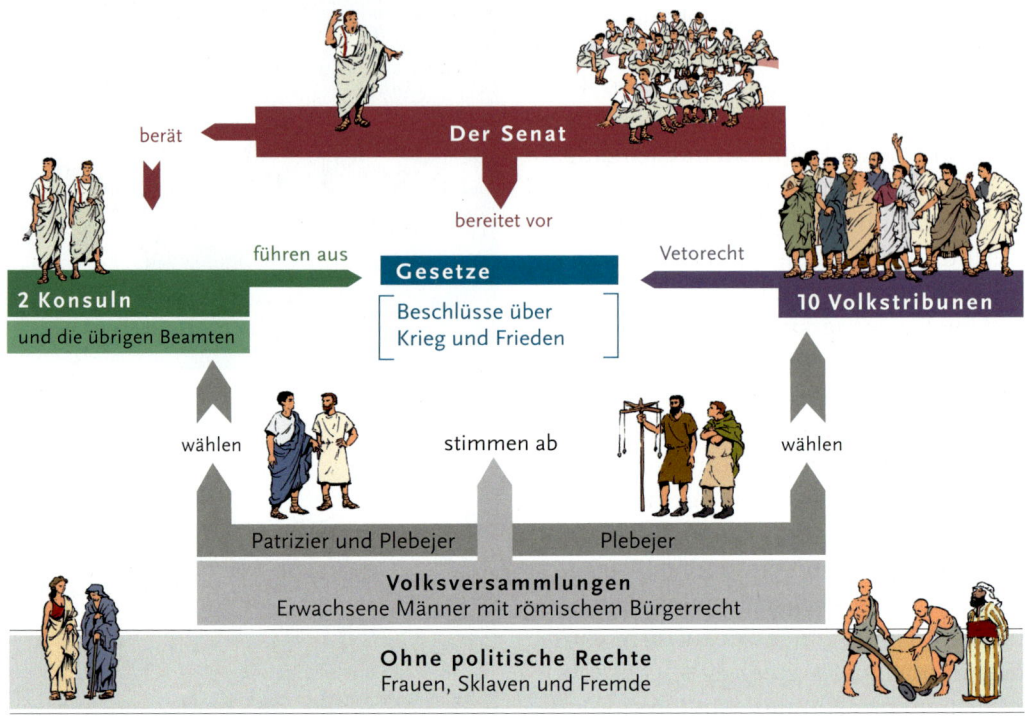

berät **Der Senat**

bereitet vor

führen aus **Gesetze** **Vetorecht**

2 Konsuln Beschlüsse über Krieg und Frieden **10 Volkstribunen**

und die übrigen Beamten

wählen **stimmen ab** **wählen**

Patrizier und Plebejer Plebejer

Volksversammlungen
Erwachsene Männer mit römischem Bürgerrecht

Ohne politische Rechte
Frauen, Sklaven und Fremde

1 – Die römische Verfassung nach dem Ende der *Ständekämpfe zwischen Patriziern und Plebejern.

Republik
Senat

* **Ständekämpfe**
Ständekämpfe sind Auseinandersetzungen zwischen Patriziern und Plebejern um Mitsprache bei der Regierung.

* **res publica**
Sache des Volkes

Von der Monarchie zur Republik

Nach Romulus sollen sechs weitere Könige über Rom geherrscht haben. Rom war also eine Monarchie. Manche Könige waren jedoch nur darauf bedacht, ihren eigenen Reichtum zu vergrößern. Um 500 v. Chr. wurde deshalb der letzte von ihnen von der Bevölkerung verjagt. Künftig sollte die Politik eine Angelegenheit aller Bürger sein. Man schuf eine politische Ordnung, die dies erfüllen sollte und nannte sie Republik (= *res publica). In Wirklichkeit hatten jedoch allein die Adligen alle Macht in den Händen. Sie entstammten alten angesehenen Familien und verfügten über großen Grundbesitz, Reichtum und Einfluss. Die Adligen oder Patrizier, wie sie sich selbst nannten, stellten alle wichtigen Beamten: die Richter, die Heerführer, die hohen Priester und die beiden Konsuln. Diese waren die höchsten Beamten in der

Republik und besaßen auf den ersten Blick eine ähnliche Machtfülle wie früher die Könige. Allerdings kontrollierten sie sich gegenseitig und ihre Amtszeit war auf ein Jahr begrenzt. Darüber hinaus wurden die Konsuln vom Senat, dem Rat der Ältesten, beraten. Dort saßen allein die Oberhäupter der Adelsfamilien, die früher selbst wichtige Funktionen im Staat ausgeübt hatten. Kein Beamter konnte es wagen, gegen den Rat des Senats zu entscheiden. So bestimmten eigentlich die Senatoren die Politik Roms.

Patrizier und Plebejer

Die Patrizier grenzten sich zumeist von der übrigen Bevölkerung, den Plebejern, ab. Zu den Plebejern gehörten Handwerker, Händler, Kaufleute und freie Bauern. Durch ihre Arbeit trugen sie wesentlich zum Wohlstand der römischen Gesellschaft bei. Zudem mussten sie als einfache Soldaten die Hauptlast in zahlreichen Kriegen auf sich nehmen. Viele Bauern verarmten, weil sie in den Krieg ziehen mussten und ihre Höfe nicht mehr bewirtschaften konnten. Sie waren dann gezwungen, sich Saatgut oder Lebensmittel bei den Patriziern zu borgen. Konnten sie ihre Schulden nicht zurückbezahlen, verloren sie ihren Besitz und wurden in die Sklaverei verkauft.

Mit der Drohung, keinen Kriegsdienst mehr zu leisten, rangen die Plebejer den Patriziern nach und nach immer mehr Zugeständnisse ab. In verschiedenen Volksversammlungen konnten sie an politischen Entscheidungen mitwirken und an den Wahlen der hohen Beamten – z. B. der Konsuln – teilnehmen. Zudem erreichten die Plebejer, dass sie eigene Beamte wählen durften, die Volkstribunen. Diese hatten das Recht, gegen neue Gesetze Einspruch zu erheben (= Vetorecht). Damit erhielten die Plebejer großen Einfluss auf die Gesetzgebung. Auf Betreiben der Volkstribunen wurden um 450 v. Chr. die Gesetze aufgeschrieben, die jetzt für alle Bürger in gleicher Weise galten.

Q1 Der römische Geschichtsschreiber Livius (59 v. Chr.–15 n. Chr.) beschrieb ein Ereignis aus dem Jahr 490 v. Chr.:
... Zwischen Patriziern und Plebejern herrschte erbitterter Hass. ... Ihr Groll entzündete sich durch das auffallende Elend eines einzigen Mannes. Seine Kleidung war schmutzig, sein Körper blass, abgezehrt und verfallen. Der lange Bart und die Haare ließen ihn verwildert aussehen. Trotz dieses unschönen Aussehens erkannten ihn die Leute und sagten, er sei lange Hauptmann gewesen. Man fragte ihn, warum er denn so heruntergekommen sei, und er antwortete: „Als ich Kriegsdienst leistete, wurden meine Felder verwüstet, man nahm mir alles, auch das Vieh. Ich konnte nichts ernten. Mein Hof brannte. Die Schulden wuchsen.

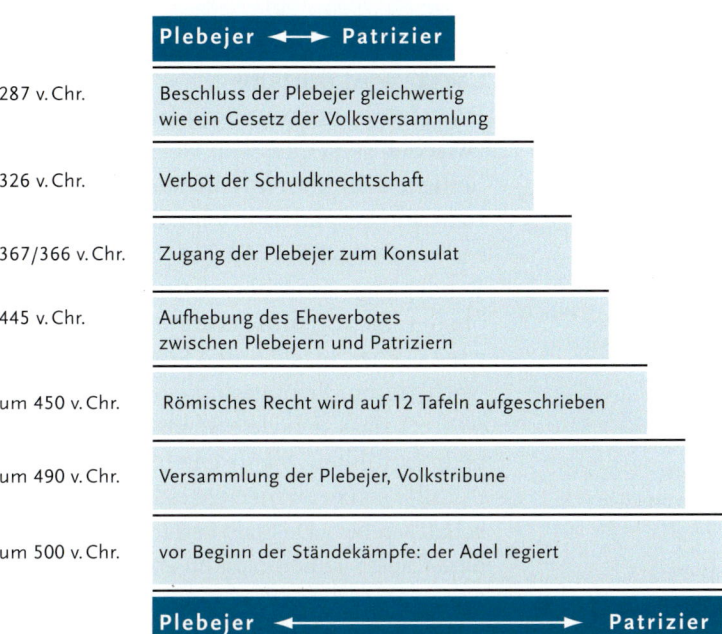

Plebejer ◄──► Patrizier	
287 v. Chr.	Beschluss der Plebejer gleichwertig wie ein Gesetz der Volksversammlung
326 v. Chr.	Verbot der Schuldknechtschaft
367/366 v. Chr.	Zugang der Plebejer zum Konsulat
445 v. Chr.	Aufhebung des Eheverbotes zwischen Plebejern und Patriziern
um 450 v. Chr.	Römisches Recht wird auf 12 Tafeln aufgeschrieben
um 490 v. Chr.	Versammlung der Plebejer, Volkstribune
um 500 v. Chr.	vor Beginn der Ständekämpfe: der Adel regiert
Plebejer ◄────────► Patrizier	

2 – Die Stufen auf dem Weg zur Verständigung zwischen Patriziern und Plebejern.

Mein väterliches Erbe musste ich verkaufen. Ich selbst wurde meinen *Gläubigern übergeben für das Gefängnis und zur Folterung." Darauf zeigte er seinen Rücken, der schlimm aussah mit den noch frischen Striemen der Prügel. ...

* Gläubiger
Ein Gläubiger ist derjenige, dem man etwas schuldet.

❶ ▪ Beschreibe mithilfe des Texts auf S. 126, wie sich die politische Ordnung nach der Königsherrschaft verändert hatte.

❷ ▪ Stell dir vor, du bist Plebejer und willst deinen Unmut öffentlich machen. Erstelle Texte für Schilder, auf denen deine Beschwerden und Forderungen zu lesen sind.

❸ ▪ Erläutere mithilfe der Materialien auf S. 127, warum und zu welchen Veränderungen es durch die Ständekämpfe kam.

▶ *Folgende Stichpunkte helfen dir dabei: politische Mitbestimmung, rechtliche Grundlagen, Zusammenleben.*

❹ ▪ Nenne mithilfe des Schemas 1 und des Texts auf S. 127 alle an der Macht beteiligten Gruppen und erstelle eine Reihenfolge:

▶ *Wer hatte am meisten Macht, wer weniger, wer keine?*

❺ ▪ „Die Politik in Rom war eine Angelegenheit aller Bürger." Stimmst du zu oder nicht? Nimm dazu Stellung und verwende die Begriffe „Republik" und „Senat".

❻ ▪ Verfasse aus der Perspektive des Hauptmanns in Q1 einen Tagebucheintrag, der beschreibt, was er nicht hätte erleben wollen bzw. wie er sich sein Leben gewünscht hätte.

Wie wurde Augustus Alleinherrscher?

1 Jh. v. Chr.:
Übergang von der
Republik zur Kaiser-
zeit
um Christi Geburt:
Zeitalter des Augustus
Caesar
Diktator

✱ Bürgerkrieg
In einem Bürgerkrieg
kämpft nicht ein Staat
gegen einen anderen,
sondern die Bürger eines
Landes gegeneinander.

Caesar wird Diktator

Im 1. Jahrhundert v. Chr. war es in Rom
zwischen verschiedenen Heerführern zu
heftigen Kämpfen um die Macht gekommen. Ein besonders erfolgreicher Heerführer war Gaius Julius Caesar (100–44. v. Chr.,
Randspalte). Zwischen 58 und 52 v. Chr. eroberten die von ihm geführten Truppen
ganz Gallien (das heutige Frankreich).
Nach diesem Erfolg war die Macht Caesars
so groß, dass sich viele Senatoren von ihm
bedroht fühlten. Sie fürchteten, er könne
mithilfe seiner Armee nach der Alleinherrschaft streben. Deshalb verlangte der Senat,
dass Caesar seine Soldaten entlassen sollte.
Caesar löste daraufhin einen ✱Bürgerkrieg
aus und marschierte mit seinem Heer
nach Rom. Es besetzte in kurzer Zeit die
italische Halbinsel und besiegte die vom
Senat aufgestellten Truppen. Viele Senatoren flohen aus Rom, die übrigen ernannten
ihn zum Diktator (= Alleinherrscher), zunächst auf ein Jahr, später auf Lebenszeit.
Die Ernennung eines Diktators war in
Krisenzeiten für sechs Monate möglich.
Dieser erhielt umfangreiche Vollmachten.
Es gab zwar weiterhin die Beamten, diese
waren jedoch dem Diktator untergeordnet.
Fortan trug Caesar als Zeichen seiner un-
umschränkten Macht bei allen staatlichen
Handlungen einen Lorbeerkranz und saß
auf einem goldenen Stuhl.
Unter den Senatoren machte er sich damit
jedoch zahlreiche Feinde. Sie fürchteten,
Caesar strebe nach der von den Römern
verhassten Königsherrschaft und wolle da-
mit den Untergang der Republik besiegeln.
Deshalb wurde er am 15. März 44 v. Chr.
von einigen Verschwörern während einer
Senatssitzung erstochen.

Von Caesar zu Augustus

Die Ermordung Caesars hatte allen deutlich gemacht, dass die Römer ihren Staat
nach wie vor als eine Sache der Allgemein-
heit betrachteten. Besonders Caesars Groß-

1 – Marmorstandbild des Augustus. Auf dem Brustpanzer sieht man einen besiegten Gegner, der den
Römern erbeutete Truppenabzeichen zurückgibt.
Dass Augustus keine Schuhe trägt, soll ihn in die
Nähe der Götter rücken. Die Statue entstand
20 v. Chr. Hier handelt es sich um eine Kopie aus dem
1. Jh. n. Chr. mit einer Rekonstruktion der ursprüngli-
chen Farbgebung. Die Statue ist 2,05 m hoch.

neffen Octavian, der von ihm adoptiert und
zu seinem Nachfolger bestimmt worden
war, wurde dies klar. Deshalb trat Octavian
nach jahrelangen Bürgerkriegen um die
Nachfolge Caesars im Jahre 27 v. Chr. vor
den Senat und erklärte, dass er die Republik wiederherstellen wollte. Entscheidungen sollten – so sagte er – im Senat fallen.
Er selber wolle nur noch der „princeps",
d. h. der „erste Bürger" sein. Man nennt
deshalb seine Herrschaft auch das Prinzipat.
Die besondere Stellung dieses Kaisers zeigte sich in dem Ehrentitel, der ihm verliehen
wurde: Der Senat ernannte ihn zum „Augustus", d. h. der „Erhabene". Seine Befehle hatten Gesetzeskraft. Er regierte auf Lebenszeit bis zu seinem Tod im Jahre
14 n. Chr.

Gaius Julius Caesar.
Büste.

Von seinem Adoptivvater hatte Augustus den Namen „Caesar" übernommen. Diesen Namen trugen auch alle seine Nachfolger. Von „Caesar" leitet sich das Wort Kaiser ab. Mit ihm begann also die römische Kaiserzeit. Das Reich wurde von Rom aus verwaltet. Aber weder Augustus noch seine Nachfolger konnten dieses große Reich direkt selber kontrollieren. Die zahlreichen Städte durften sich daher weitgehend selbst verwalten, solange sie die Steuern zahlten und die Herrschaft des Kaisers anerkannten. Alle römischen Untertanen mussten dem Kaiser einen Treueid leisten.

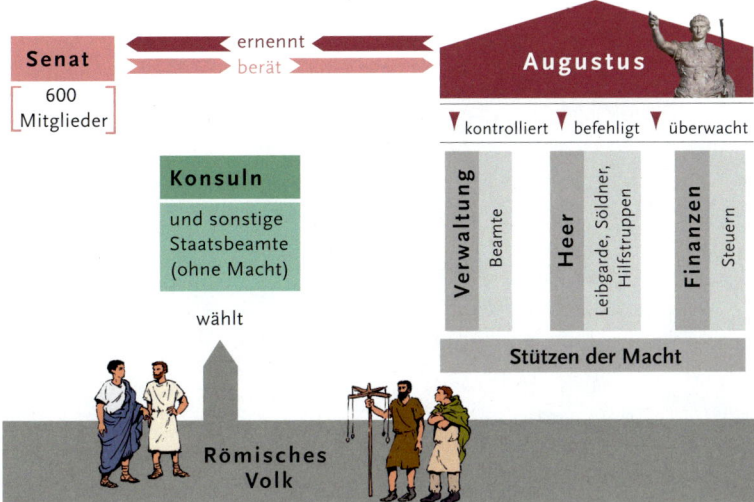

2 – Die Verfassung des Römischen Reiches unter Augustus.

Q1 Der römische Geschichtsschreiber und Senator Tacitus (55 – 120 n. Chr.) schrieb:

... Die Soldaten gewann er durch Geschenke, das Volk durch (kostenloses) Getreide, alle durch den Frieden. Er übernahm die Rechte des Senats, der Beamten und machte die Gesetze. Gegner fand er nicht. Die Tapfersten (Senatoren) waren gefallen ...und die Übrigen erhielten je mehr Geld und Ämter, desto bereitwilliger sie sich unterordneten. ...

Q2 Der griechische Geschichtsschreiber Cassius Dio (155–235 n. Chr.) schrieb über diese Situation:

... Viele Senatoren bestürmten ihn mit Bitten, die Herrschaft zu behalten, bis er sich endlich gezwungen sah, Alleinherrscher zu bleiben.
Die Provinzen, die friedlich ... waren, überließ er dem Senat, die Provinzen, die unzuverlässig und gefährlich erschienen, behielt er selbst. ... Auf diese Weise sollten die Senatoren von Waffen und Krieg entfernt bleiben. Er selbst wollte allein Waffen führen und Truppen unterhalten. In Wirklichkeit kam es dahin, dass Augustus selbst in allem über alles als Alleinherrscher bestimmte, da er die Finanzen kontrollierte. Außerdem war er Herr über das Heer. ...

❶ ▶ Erstelle ein „Wanted Poster" in Form eines Steckbriefs zu Gaius Julius Caesar. Überlege, wie die Verschwörer dies gestaltet haben könnten.

❷ ▶ Erläutere, warum das Römische Reich unter Caesar nicht mehr als Republik bezeichnet werden konnte.

❸ ▶ Ein Senator, der die Verschwörer unterstützt hat, und ein römischer Soldat, der für Caesar in Gallien gekämpft hat, streiten sich über die Leistungen Caesars für Rom. Überlege, welche unterschiedlichen Meinungen die beiden austauschen könnten.

❹ ▶ Die Statue von sich (Bild 1) hat Augustus beauftragt. Erarbeite mithilfe des Bildes und der Bildunterschrift, wie Augustus gerne gesehen werden wollte und sich selbst sah.

▶ *Sammle zunächst Adjektive, wie Bild 1 auf dich wirkt.*

❺ ▶ Werte Schaubild 2 im Hinblick auf die Machtverteilung an der römischen Spitze aus.

❻ ▶ Nimm mithilfe deiner Ergebnisse aus Aufgabe 5, des Textes und Q1 Stellung zur Aussage Kaiser Augustus', er sei nur der „erste Bürger" Roms. Begründe deine Stellungnahme.

❼ ▶ Beantworte mithilfe der Ergebnisse der Aufgaben 3–5 in einem kurzen Text die Frage der Doppelseite „Wie wurde Augustus Alleinherrscher?".

▶ *Verwende die Begriffe „Caesar", „Diktator", „Prinzipat".*

Alltag in der Kaiserzeit

Wie sah das Leben in der Großstadt aus?

① Circus Maximus ② Forum Romanum ③ Wasserleitung ④ Kolosseum ⑤ Therme

1 – Rom zur Kaiserzeit.

Großstadt Rom

Mit dem Beginn der Kaiserzeit stieg die Stadt Rom selbst zu einer echten Großstadt auf: In ihr lebte damals schon mindestens eine Million Einwohner, von denen zwischen 10 und 20 Prozent Sklaven waren. Wohl um das Jahr 300 n. Chr. erreichte Rom mit geschätzten 1,2 Millionen Einwohnern seine größte Bevölkerungszahl.

Die Stadt verfügte über ein funktionierendes Frisch- und Abwassersystem und ein Netz an gepflasterten Straßen. Schutzeinheiten aus der Bevölkerung sorgten als Feuerwehr und Polizei für Sicherheit. Ab der 2. Hälfte des 1. Jahrhunderts n. Chr. ließen die römischen Kaiser jedoch zahlreiche öffentliche Gebäude in der Stadt errichten. Zu diesen neuen Bauwerken gehörten beispielsweise das Kolosseum und große Thermenanlagen, die sogar Bibliotheken enthielten. Auch Handel und Handwerk blühten in Rom auf: Zu Beginn der Kaiserzeit gab es dort etwa 200 verschiedene Berufe, die ihre Waren vor allem an die Stadtbevölkerung verkauften. Darüber hinaus wurden manche Produkte – wie z. B. Getreide aus Afrika und Ägypten – und Luxusartikel aus den Provinzen eingeführt (siehe S. 122/123).

Q1 Der römische Dichter Juvenal (60 – 130 n. Chr.) notierte über die Stadt Rom:

… Bin ich in Eile, komme ich wegen der vielen Menschen kaum voran. Hinter mir drückt das Volk in Scharen nach. Der eine stößt mir den Arm in die Seite, ein anderer ein hartes Brett. Bald trifft mich ein Balken am Schädel, bald ein Ölfass. Kot bespritzt meine Waden, von allen Seiten bekomme ich Tritte von mächtigen Sohlen und bald tritt mir ein grober Soldat mit den Nägeln seiner Stiefel auf die Zehen. In jedem Landstädtchen könnte ich mir ein Häuschen kaufen zum gleichen Preis, den ich hier jedes Jahr als Miete für ein finsteres Loch zahlen muss. …

Q2 Juvenal über das Leben im Mietshaus:

… Unser Hausverwalter ist wahrlich erfindungsreich. Wenn das Haus einzustürzen droht, übertüncht er die Risse, die sich langsam gebildet haben, weiß und sagt, jetzt könnten wir beruhigt schlafen. Unterdessen droht dir das Dach über dem Kopf zusammenzustürzen.

Leben müsste man dort, wo es keine Gefahr in der Nacht und keine Feuersbrünste gibt. Weil es an Schlaf fehlt, gehen in Rom viele Kranke zugrunde. Doch wen lässt die Mietwohnung schlafen? Allnächtlich rollen die Reisewagen durch die … Gassen, wo Herden sich stauen und Flüche der Treiber hallen. …

ent tdecken

3 – Kampf mit Leoparden. Mosaik, ca. 4. Jh. n. Chr.

2 – Kampf zweier Gladiatoren. Mosaik, ca. 3. Jh. n. Chr.

Q3 Der Philosoph Seneca (um 4 v. Chr.–65 n. Chr.) über die Spiele im römischen Kolosseum:

Durch Zufall bin ich in das Mittagsprogramm des Zirkus geraten, Scherze erwartend und Witze und etwas Entspannung ... . (D)as Gegenteil ist der Fall. Was vorher gekämpft worden ist, war Mitleid; nun lässt man die Mätzchen, und es ist der reine Mord: Die Kämpfer haben nichts, um sich zu schützen. Dem Hieb mit ganzem Körper ausgesetzt, schlagen sie niemals vergeblich zu. Das ziehen die Zuschauer den regulären Kampfpaaren .... vor. Warum sollten sie es nicht vorziehen? Nicht Helm, nicht Schild weist ab das Schwert. Wozu Deckung? Wozu Fechtkünste? All das ist Verzögerung des Todes. Morgens wirft man den Löwen und Bären Menschen vor, mittags ihren Zuschauern. Mörder werden auf deren Befehl künftigen Mördern vorgeworfen, und den Sieger heben sie für einen weiteren Mord auf. Am Schluss steht der Tod aller Kämpfenden.

Bildet Gruppen und bearbeitet eine der Aufgaben 1–3. Gestaltet mit euren Ergebnissen einen Beitrag für eine Wandzeitung und stellt diesen den anderen Gruppen anschließend vor.

❶ Erstellt mithilfe von M1 und Bild 1 einen Steckbrief über das antike Rom. Nennt darin Gebäude und recherchiert deren Funktion.
Beschreibt anschließend, wie die Stadt auf euch wirkt. Sucht dazu passende Adjektive.

▶ *Nehmt die Methode „Im Internet recherchieren" von S. 221 zu Hilfe. Verwendet als Suchstichworte die Namen der Gebäude.*

❷ Ermittelt, warum manche Römer die Stadt verlassen wollten. Verwendet dazu Q1 und Q2. Überlegt, welche Gründe es heute gibt, eine Stadt zu verlassen.

❸ Erklärt mithilfe der Bilder 2 und 3, welche Attraktionen und Freizeitbeschäftigungen zum Alltag der Römer gehörten. Findet anschließend heraus, was Seneca in Q3 an den Spielen kritisiert. Beurteilt die Spiele sowie Senecas Kritik aus der heutigen Sicht.

▶ *Überlegt, wie man heute die Freizeit verbringt.*

Aufgabe für alle:

❹ Entscheidet, ob ihr lieber im antiken Rom oder in einer heutigen Großstadt wohnen würdet. Begründet eure Meinung.

▶ *Folgende Tabelle hilft euch dabei.*

	Antikes Rom	Großstadt heute
Vorteile	...	...
Nachteile	...	...

Wie wohnte man im Mietshaus?

Schauplatz Geschichte

In Rom gab es zahlreiche luxuriös ausgestattete Villen, die von reichen Römern bewohnt wurden. Die übrige Bevölkerung lebte in Mietshäusern. Häufig waren diese Gebäude in einem schlechten Zustand und drohten einzustürzen.

Bildet Gruppen und bearbeitet eine der Aufgaben 1–3. Gestaltet mit euren Ergebnissen ein Poster und stellt es anschließend den anderen Gruppen vor.

▶ *Bezieht auch euer Wissen von S. 130/131 mit ein.*

❶ Beschreibt das Leben der Menschen, die in einem Mietshaus wohnten.

▶ *Berücksichtigt z. B. Anzahl der Mieter, Ausstattung, Zustand, wohlhabendere und arme Bewohner.*

❷ Erläutert die hygienischen Verhältnisse.

▶ *Berücksichtigt z. B. Toiletten, Kanalisation, Waschräume.*

❸ Beschreibt die Wasserversorgung und findet Näheres zur Umweltverschmutzung heraus (z. B. Trinkwasser, Kanalisation, Müllabfuhr, Gerüche).

▶ *Nehmt die Methode „Im Internet recherchieren" von S. 221 zu Hilfe.*

  Aufgabe für alle:
❹ Vergleicht die Ergebnisse der Gruppenarbeit mit den Herausforderungen in der heutigen Großstadt.

Wer gehörte zur römischen familia?

1 – Hochzeit eines vornehmen Römers. In der Mitte sieht man die Göttin Vespa, die das Paar segnet. Ausschnitt aus einem Steinsarkophag, 2. Jh. n. Chr.

2 – Eine Frau mit einer Schreibtafel und -feder, ihr Mann mit einer Buchrolle. Wandbild aus Pompeji, um 70 n. Chr.

Die römische „familia": mehr als eine „Familie"

Das lateinische Wort „familia" bezeichnete im antiken Rom nicht nur die Eltern und deren Kinder, sondern darüber hinaus alle weiteren Mitglieder einer Hausgemeinschaft: also auch die Enkel, Urenkel und die Familien der verheirateten Söhne. An ihrer Spitze stand der Vater der „familia" („pater familias"). Er besaß auf Lebenszeit uneingeschränkte Macht über alle Personen und Dinge der Gemeinschaft. Er allein entschied über das Vermögen und nur er konnte Verträge schließen. Auch die Kinder unterstanden lebenslänglich der Hausgewalt des Vaters. So durfte er beispielsweise entscheiden, ob ein Neugeborenes aufgezogen oder ausgesetzt wurde. Über alle Mitglieder der „familia" konnte der „pater familias" Strafen, sogar die Todesstrafe verhängen. Nach seinem Tod wurde der älteste Sohn zum Oberhaupt der Hausgemeinschaft. Zur römischen „familia" zählten aber auch Sklaven und Klienten. Die meisten Sklaven waren Kriegsgefangene aus den römischen Eroberungszügen. Doch manchmal wurden auch Plebejer versklavt, weil sie ihre Schulden nicht mehr bezahlen konnten. Sklaven arbeiteten in Haushalten, in der Landwirtschaft oder im Bergwerk, aber auch als Handwerker und Lehrer. Ein „pater familias" konnte seine Sklaven schwer bestrafen, aber auch frei lassen.

Klienten waren vom Vater der „familia" abhängige Plebejer wie Bauern, Handwerker und andere Arbeiter. Sie lebten außerhalb des Hauses. Der „pater familias" sorgte bei Rechtsstreitigkeiten für sie und unterstützte sie mit Geschenken und Darlehen. Die Klienten vertraten dafür die Interessen ihres Herrn, zum Beispiel in den Volksversammlungen. Ein „pater familias" mit einer großen Anzahl an Klienten besaß daher bei Abstimmungen großen Einfluss.

Die Rolle der Frau in der „familia"

Eine Römerin heiratete im Alter zwischen 12 und 14 Jahren. Als Ehefrau sorgte sie für das Haus, beaufsichtigte die Sklavinnen und kümmerte sich um die Erziehung der Kinder. Mit dem Beginn der Kaiserzeit

3 – Szenen aus dem Leben eines römischen Kindes. Relief, um 150 n. Chr.

erhielten die Frauen größere Freiheit und Selbstständigkeit. So konnte beispielsweise kein Vater seine Tochter mehr zwingen, eine Ehe einzugehen. Über politische Rechte verfügten sie aber auch jetzt noch nicht. Sie konnten also weiterhin keine öffentlichen Ämter übernehmen. Dennoch nahmen sie stärker als früher am gesellschaftlichen Leben teil und besuchten religiöse Feste, öffentliche Spiele, Theater, Thermen und Zirkusspiele.

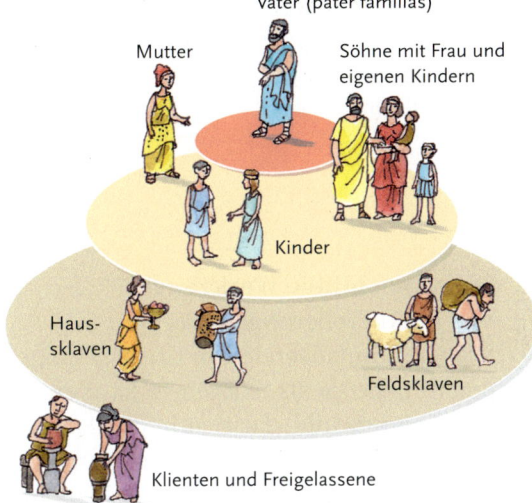

4 – Der Aufbau einer altrömischen familia.

M1 Ein Historiker schrieb 2004:
... Wie aufregend, die junge Herrin heiratet heute. Sie trägt eine weiße Tunika mit einem Gürtel und um den Kopf einen leuchtend orangefarbenen Schleier. Die Feierlichkeiten beginnen mit einem Opfer am Hausaltar. Es folgt die Einverständniserklärung der Eheleute; dabei legen sie ihre rechten Hände ineinander. Vor Zeugen wird der Ehevertrag mit dem Austausch von Schreibtafeln besiegelt. An dem anschließenden Hochzeitsmahl nehmen Familie und Freunde teil. Wenn es Abend wird, verlässt die Braut das Haus. Der Bräutigam bringt sie zu ihrem neuen Heim und trägt sie über die Schwelle des Hauses. Beim heimischen Herd spricht die Braut dann den Satz: „Wo du Gaius bist, werde ich Gaia sein."

❶▶ Betrachte Bild 4 und fasse zusammen, wer zu einer römischen „familia" gehörte.

❷▪ Stelle mithilfe des Texts die Rechte und Aufgaben von Vater und Mutter einer römischen „familia" zusammen.

❸▶ Betrachte Bild 3 und finde heraus, welche Stationen im Leben eines römischen Kindes zu sehen sind.

❹▪ Vergleiche deine Ergebnisse zu den Aufgaben 2 und 3 mit der Rolle von Mutter, Vater und Kindern in einer heutigen Familie.

❺▪ Gestalte ein Schaubild, das zeigt, wie heute eine Familie zusammengesetzt sein kann.

❻▪ Erarbeite mithilfe von M1 und Bild 1 Gemeinsamkeiten und Unterschiede zwischen einer damaligen und einer heutigen Hochzeit.

❼▪ Betrachte Bild 2 und nimm Stellung zu folgender Aussage: „Mann und Frau waren niemals gleichberechtigt."

▶ *Nimm die Methode „Ein eigenes Urteil bilden" von S. 82/83 zu Hilfe.*

Wie lebten die Sklaven?

1 – Halsbänder von Sklaven und ihre Besitzmarken. Auf den Marken steht: „Halte mich, damit ich nicht fliehe, und gib mich meinem Herrn zurück."

2 – Römischer Sklavenmarkt. Illustration.

Halsring eines Sklaven mit dem Namen seines Herrn.

Sklaven – billige Werkzeuge?

Von ihren Eroberungen brachten die Römer Zehntausende von Kriegsgefangenen mit, die sie als Sklaven verkauften. Auf einem Schild, das sie um den Hals trugen, waren Alter, Herkunftsort und besondere Fähigkeiten angegeben. Je mehr praktische Anlagen ein Sklave hatte, desto teurer war er auf dem Sklavenmarkt.

Das Schicksal der Sklavinnen und Sklaven hing von der Tätigkeit ab, die sie übernehmen mussten, besonders aber vom Wohlwollen ihres Besitzers. Das schwerste Los hatten die Bergwerkssklaven. Nicht viel besser erging es den Sklaven, die zu Gladiatoren ausgebildet wurden. Zur Unterhaltung der Zuschauer mussten sie in großen Arenen auf Leben und Tod gegeneinander oder gegen wilde Tiere kämpfen.

Viel besser ging es jenen Sklaven, die als Lehrer und Erzieher römischer Kinder eingesetzt wurden. Die meisten Sklaven wurden sicherlich im Haushalt oder in der Landwirtschaft eingesetzt. Sie waren häufig der Gefahr ausgesetzt, wegen einer Nachlässigkeit schwer bestraft oder sogar getötet zu werden.

Es gab im Altertum wenige Menschen, die sich für eine menschliche Behandlung der Sklaven aussprachen.

Der Aufstand des Spartakus

Immer wieder haben Sklaven versucht, ihrem Schicksal zu entfliehen. So flüchteten im Jahr 73 v. Chr. 200 Sklaven aus der Gladiatorenschule in Capua. 78 von ihnen gelang es, sich den Verfolgern zu entziehen. Weitere Sklaven schlossen sich ihnen an. Nach kurzer Zeit waren es bereits 60 000 Sklaven, die bereit waren, um ihre Freiheit zu kämpfen. Zu ihrem Anführer wählten sie Spartakus. Unter seiner Führung wurden die römischen Truppen, die zur Niederschlagung des Aufstandes ausgesandt worden waren, immer wieder vernichtend geschlagen. Erst zwei Jahre später gelang es den Römern mit einem Heer von über 40 000 Soldaten, die Sklaven zu besiegen. Wer in Gefangenschaft geriet, wurde von den Römern ans Kreuz geschlagen, zur Abschreckung und Warnung vor erneuten Sklavenaufständen.

3 – Sklaven unter Führung von Spartakus nach der verlorenen letzten Schlacht. Szene aus dem Film „Spartacus", 1960.

4 – Nach dem gescheiterten Aufstand unter Spartakus wurden 6000 Sklaven von römischen Legionären gekreuzigt. Szene aus dem Film „Spartacus", 1960.

Q1 Beachtung fand der Standpunkt des Philosophen Seneca (um 4 v. Chr.–65 n. Chr.). Er schrieb:

… Zu meiner Freude erfuhr ich von Leuten, die dich besucht haben, dass du freundlich mit deinen Sklaven umgehst. Das entspricht deiner Einsicht und deiner Bildung. … Bedenke, dass der Mensch, den du einen Sklaven nennst, den gleichen Ursprung hat wie du, dass sich über ihm derselbe Himmel wölbt, dass er die gleiche Luft atmet, dass ihm das gleiche Leben, der gleiche Tod beschieden ist. …

waren, auspeitschen. … Diejenigen, die ein todeswürdiges Verbrechen begangen zu haben schienen, ließ er dann, wenn sie von sämtlichen Sklaven in einem Gericht schuldig befunden worden waren, hinrichten. …

Q2 Der griechische Geschichtsschreiber Plutarch (um 46–120 n. Chr.) schrieb über den römischen Politiker Cato (234–149 v. Chr.):

… Er hielt eine große Menge Sklaven, die er aus den Kriegsgefangenen kaufte, am liebsten solche, die noch klein waren und sich wie junge Hunde oder Fohlen nach seiner Art bilden und ziehen ließen. … Wenn er seinen Freunden und Amtsgenossen ein Gastmahl gab, [ließ er] gleich nach Tisch die Sklaven, die beim Auftragen oder Zubereiten nachlässig gewesen

❶ Fasse zusammen, wie der Philosoph Seneca seinen Standpunkt begründet (Q1).

❷ Betrachte Bild 2, das die Vorstellung des Malers von einem römischen Sklavenmarkt darstellt: Ordne die abgebildeten Personen verschiedenen Gruppen zu.

▶ *Gesicht und Mimik der dargestellten Personen können dir bei der Zuordnung helfen.*

❸ Ordne mithilfe des Textes die möglichen Tätigkeiten der Sklaven im Römischen Reich auf einer Skala nach dem Grad der Anstrengung an.

❹ Römische Soldaten unterhalten sich nach dem Sieg über die Sklaven, wie man mit diesen verfahren soll. Gestalte dieses Gespräch.

▶ *Nimm die Bilder 3 und 4 zu Hilfe.*

❺ Stell dir vor, der Philosoph Seneca (Q1) würde sich mit dem in Q2 beschriebenen römischen Politiker Cato über die richtige Behandlung von Sklaven unterhalten. Überlege, wie dieses Gespräch verlaufen könnte.

Methode

Eine historische Darstellung verfassen

Menschen haben schon immer Geschichte(n) erzählt, um Wissen über die Vergangenheit weiterzugeben. So gibt es zum Beispiel die griechischen und römischen Sagen, die mündlich weitererzählt wurden. Bei diesen Geschichten weiß man heute nicht mehr so genau, was sich tatsächlich ereignet hat und was frei erfunden ist. Daneben hast du auch schon Darstellungen von Historikerinnen und Historikern über frühere Zeiten gelesen. Solche Geschichtsdarstellungen versuchen, die Ereignisse der Vergangenheit möglichst exakt wiederzugeben.

Du kannst auch selber eine historische Darstellung schreiben. Du musst dann darüber berichten, was sich früher einmal ereignet haben könnte. Das heißt, du darfst nicht irgendwelche Geschichten frei erfinden.

Du kannst also nur berichten, was du selbst erlebt oder was du aus glaubwürdigen Berichten von Zeitzeugen und aus Überresten (= Quellen) erfahren hast. Wenn du nicht sicher weißt, wie es wirklich war, dann musst du das angeben durch ein „vermutlich" oder „sicher wissen wir das nicht".

Diese Schritte helfen dir, eine historische Darstellung zu verfassen:

Schritt 1 **Thema der Darstellung festlegen**	■ Über welches **Thema** will ich etwas erzählen? ■ Was soll im Mittelpunkt der Darstellung stehen? ■ Über welchen **Zeitraum** will ich erzählen, wie kann ich ihn eingrenzen?
Schritt 2 **Informationen beschaffen**	■ Welche **Quellen** (z. B. Berichte von Zeitzeugen) gibt es? ■ Welche **Darstellungen** wurden zu meinem Thema bereits geschrieben? ■ Wo kann ich suchen? (Bibliothek, Archiv, Museum, Internet, Schulbuch) ■ Wie glaubwürdig sind die Informationen, die ich beschafft habe?
Schritt 3 **Eine historische Darstellung verfassen**	■ Für wen schreibe ich meine Darstellung? (für meine Mitschüler, für meinen Lehrer, für meine Eltern) ■ Wie **beginne** ich meine Darstellung? (weit ausholend, mit dem zentralen Ereignis, mit dem Denken oder Handeln einer wichtigen Person) ■ Wie verknüpfe ich einzelne Teile der Darstellung? ■ Wie mache ich deutlich, dass ein Teil der Darstellung nicht durch Quellen belegt ist? („vermutlich", „wahrscheinlich", „so könnte es gewesen sein") ■ Wie **beende** ich die Darstellung?

❶ Verfasse mithilfe von Q1–Q3 und den Schritten 1–3 eine eigene Darstellung zum Tode des Spartakus.
▶ *Benutze bei deiner Darstellung hilfreiche Wörter wie: zunächst, später, dann, ...*

❷ Vergleiche deine Darstellung mit der Musterlösung. Prüfe, welche Aussagen in beiden Darstellungen durch Quellen belegt sind.

❸ Verfasse mithilfe von Q1–Q3 auf S. 130/131 eine Darstellung zum „Alltag in Rom".

1 – Spartakus im Kampf. Spielfilmszene, 1960.

Aus Quellen entsteht eine Geschichtserzählung

Q1 Der griechische Geschichtsschreiber Plutarch (um 46–120 n. Chr.) schrieb über den Tod des Spartakus:

… Hierauf drängte Spartakus durch viele Waffen und Wunden gegen (den römischen Feldherrn) Crassus selber los, erreichte ihn zwar nicht, tötete aber zwei Zenturionen, die ihm entgegentraten, und als schließlich alle um ihn flohen, stand er allein noch und wurde von vielen umringt und, sich immer noch wehrend, niedergehauen. …

Q2 Der römische Geschichtsschreiber Florus (2. Jahrhundert n. Chr.) notierte:

… Und wie es sich unter der Führung eines Gladiators geziemte, kämpfte man ohne Gnade. Spartakus selbst focht mit dem größten Mut in vorderster Linie und fiel wie ein Feldherr.

Q3 Der griechische Geschichtsschreiber Appian (2. Jahrhundert n. Chr.) schrieb:

… Es wurde ein langes, schweres Ringen, … dabei wurde Spartakus von einer Lanze am Schenkel verwundet, er sank aufs Knie, hielt aber dann noch seinen Schild den Angreifern entgegen und setzte den Kampf fort, bis er selbst und eine große Schar um ihn eingekreist wurden und den Tod fanden. …

Lösungsbeispiel zu Q1–Q3:
Lies nochmals auf S. 136/137 zum Spartakusaufstand nach.

Zum Schritt 1: Das Thema der Erzählung heißt „Der Tod des Spartakus". Im Mittelpunkt sollen die letzten Minuten des Spartakus stehen. Allein das Jahr 71 v. Chr. wird behandelt. Ursachen und Verlauf des Aufstandes werden nicht behandelt.

Zum Schritt 2: Es gibt drei Berichte antiker Schriftsteller, die zum Teil erst 100 Jahre später verfasst wurden (Q1–Q3).

Zum Schritt 3: Die Erzählung kann mit Gedanken des Spartakus während des Kampfes beginnen und mit seinem Tod enden. Für nicht belegte Teile werden Redewendungen wie „vermutlich" oder „möglicherweise" verwendet.

So könnte es gewesen sein:
Als Spartakus stürzte, erfasste ihn eine unsägliche Wut. So leicht wollte er sich nicht geschlagen geben. Mit seinem Schild wehrte er die herandrängenden Römer ab. „Ich habe für eine gerechte Sache gekämpft und vielen anderen Sklaven gezeigt, dass es sich lohnt, für die Freiheit zu kämpfen", schoss es ihm durch den Kopf. Noch einmal raffte er sich auf und stach einen Römer nieder, der auf ihn einschlug. Als er starb, könnte er gedacht haben: „Von mir werden die Geschichtsbücher berichten, aber nützt mir das etwas?" …

Begegnung unterschiedlicher Kulturen

Wie lebten die Römer in den Provinzen?

1 – Römer und Germanen am Limes. Rekonstruktionsmodell im Limesmuseum Aalen.

Provinz
Romanisierung

✱ Romanisierung
Romanisierung ist die
Übertragung der römischen
Lebensweise und Kultur
auf die besiegten Völker.

Römische Lebensweise in den Provinzen

Die Soldaten am Limes lebten in Kastellen (siehe S. 124/125). In deren Nähe entstanden Lagerdörfer, in denen die Frauen und Kinder der Soldaten wohnten und Händler und Handwerker ihre Waren anboten. Zu ihrer Versorgung legten die Römer Gutshöfe an (siehe Bild 6, S. 143). Diese haben entscheidend dazu beigetragen, dass sich die römische Lebensweise in den Provinzen verbreitet hat. Ihre Bewohner vermittelten römische Bräuche, Feste, Landwirtschaft, neue Arbeitstechniken wie den Hausbau aus Stein, den Weinanbau und die dazugehörigen Werkzeuge.

Lateinische Sprache und römisches Recht

Die Einheimischen mussten nun lernen, mit der ständigen Anwesenheit der Römer in ihrer Heimat zurechtzukommen. Manche zogen in die Städte, die sich vielfach aus den Kastellen entwickelt hatten oder von den Römern planmäßig gegründet worden waren (siehe Lernaufgabe S. 219). Vieles, was sie dort sahen, war ihnen fremd, wie z. B. Steinhäuser, befestigte Straßen, Brennöfen für Ziegel und vieles andere mehr. Da sie in ihrer eigenen Sprache keine Bezeichnungen für diese Dinge hatten, übernahmen sie dafür die lateinischen Begriffe. Diese sind als „Lehnwörter" in unsere heutige Sprache eingegangen. Auch für einheimische Händler, die mit den Römern Geschäfte machen wollten, war es von Vorteil, wenn sie Lesen, Schreiben, Rechnen und die fremde lateinische Sprache erlernten. Die Bevölkerung passte sich so der römischen Lebensweise an. Die Besiegten fühlten sich überall als Angehörige des Römischen Reiches. Manche erhielten sogar das römische Bürgerrecht und lebten somit nach Recht und Gesetz ihrer Besatzer. Umgekehrt beeinflussten aber auch die unterschiedlichen Rechtsgewohnheiten der Besiegten die römische Gesetzgebung. Die Rechtsprechung der Römer wurde in allen Provinzen angewendet. Sie bildet bis heute die Grundlage für die Rechtsvorstellungen in vielen europäischen Staaten. Durch diese ✱Romanisierung ist es den Römern lange Zeit gelungen, ein friedliches Zusammenleben zu sichern.

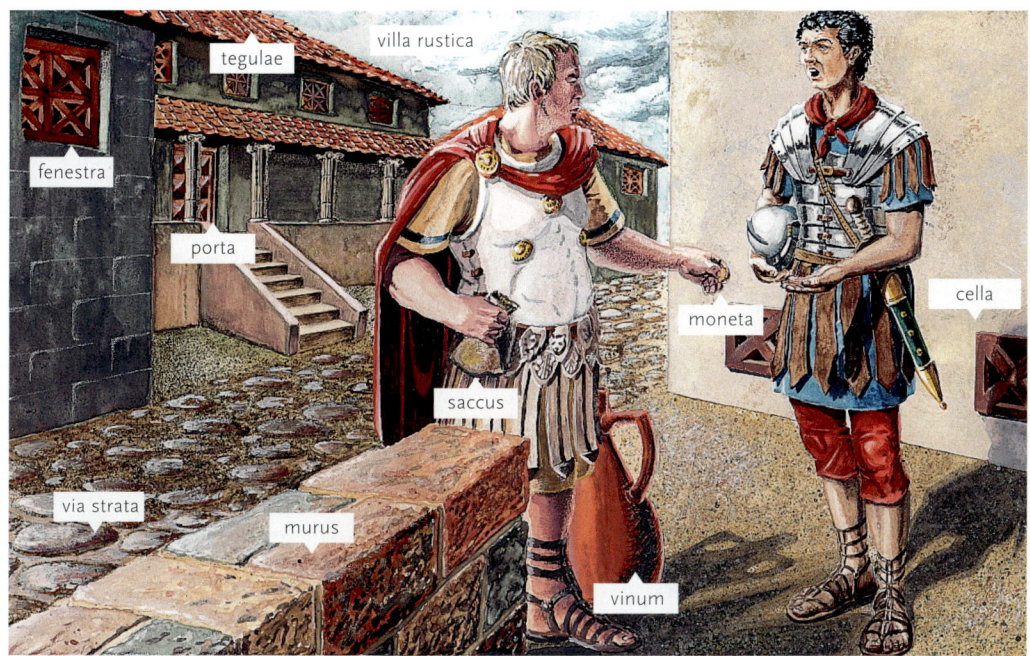

Im Bild: villa rustica, tegulae, fenestra, porta, saccus, moneta, cella, via strata, murus, vinum

2 – Lateinische Wörter in der deutschen Sprache. Schaubild.

Q1 Folgende Grundsätze stammen von römischen Rechtsgelehrten aus der Zeit um 450 v. Chr. :

1 Was unter Zwang zustande gekommen ist, wird für ungültig erklärt.
2 Keiner darf verurteilt werden, ohne vorher gehört zu werden.
3 In Zweifelsfällen muss der Richter für den Angeklagten entscheiden.
4 Die größere Würde liegt beim männlichen Geschlechte. ...

ist von der dem Angeklagten günstigsten Tatsachengestaltung auszugehen.
C *Bürgerliches Gesetzbuch, § 123:* Wer zur Abgabe einer Willenserklärung durch arglistige Täuschung oder widerrechtlich durch Drohung bestimmt worden ist, kann die Erklärung anfechten.
D *Grundgesetz Artikel 103 (1)* Vor Gericht hat jedermann Anspruch auf rechtliches Gehör.

Q2 Aus heutigen Gesetzestexten:

A *Grundgesetz Art. 3 (2):* Niemand darf wegen seines Geschlechtes, seiner Abstammung, seiner Rasse, seiner Sprache, seiner Heimat und Herkunft, seines Glaubens, seiner religiösen oder politischen Anschauungen benachteiligt oder bevorzugt werden.
B *Entscheidungssammlung des Bundesgerichtshofes in Strafsachen, Bd.19, S. 33:* Sind trotz Anhaltspunkten keine bestimmten Feststellungen möglich, so

❶ Beschreibe mithilfe des Texts, wodurch und wie sich die römische Lebensweise in den Provinzen ausbreitete.
❷ Überlege, warum die Menschen in Bild 1 den Limes überschreiten möchten und welche Voraussetzungen dafür notwendig sind.
❸ Erstelle mithilfe von Bild 2 eine zweispaltige Vokabelseite, auf der das lateinische Wort mit der deutschen Übersetzung steht.
❹ Ermittle, welche Grundsätze der römischen Rechtsgelehrten (Q1) in den Gesetzestexten der Gegenwart zu finden sind (Q2). Ordne richtig zu.
❺ Erläutere Unterschiede und bewerte sie aus heutiger Sicht.
▶ *Nimm die Methode „Ein eigenes Urteil bilden" von S. 82/83 zu Hilfe.*

Geschichte vor Ort

Welche Spuren hinterließen die Römer in Bayern?

1 – Das wiederaufgebaute Tor des Römerkastells in Weißenburg (Castrum Biricianis). Im Vordergrund sind Überreste von einer Bodenheizung (Hypokauste) zu sehen. Foto, 2003.

2 – Route der von den Römern angelegten Straße Via Claudia Augusta, die heute als Radweg ausgebaut ist.

3 oben – Nachbildung eines römischen Meilensteins bei Augsburg. Foto, 2009.
unten – Straßenschild Via Claudia Augusta in Nordendorf bei Augsburg. Foto, 2015.

4 – Rekonstruierter Tempelbezirk im Park Cambodunum in Kempten (Allgäu). Cambodunum war im 1. Jh. n. Chr. der Sitz des Statthalters in der Provinz Rätien. Foto, 2013.

5 – Modell des römischen Amphitheaters in Quintana (Künzing, Niederbayern). Rekonstruktion.

6 – Römischer Gutshof in Möckenlohe bei Eichstätt/Oberbayern. Foto, 2013.

Römer in Bayern

An vielen Orten in Bayern gibt es archäologische Spuren aus der Römerzeit. Auf der hinteren Klappenkarte findest du wichtige Museen und Fundorte. Mit ihrer Hilfe kannst du den Besuch eines Museums oder eines Fundorts planen.

❶ Finde dich mit Mitschülern und Mitschülerinnen zu einer Gruppe zusammen (insgesamt fünf Gruppen). Wähle einen Fundort aus, mit dem du dich in deiner Gruppe näher beschäftigst. Beschreibe die Bilder und erzähle anschließend, was sie über die Lebensweise der Römer in der Provinz Rätien aussagen.

❷ Suche mithilfe der Klappenkarte hinten im Buch nach Spuren der Römer in deiner Nähe. Finde heraus, ob es bei dir in der Nähe ein Museum oder einen Fundort von römischen Überresten gibt.

❸ Erkläre, welcher der abgebildeten römischen Überreste dich am meisten beeindruckt hat, und begründe deine Meinung.

Wie lebten die Juden im Römischen Reich?

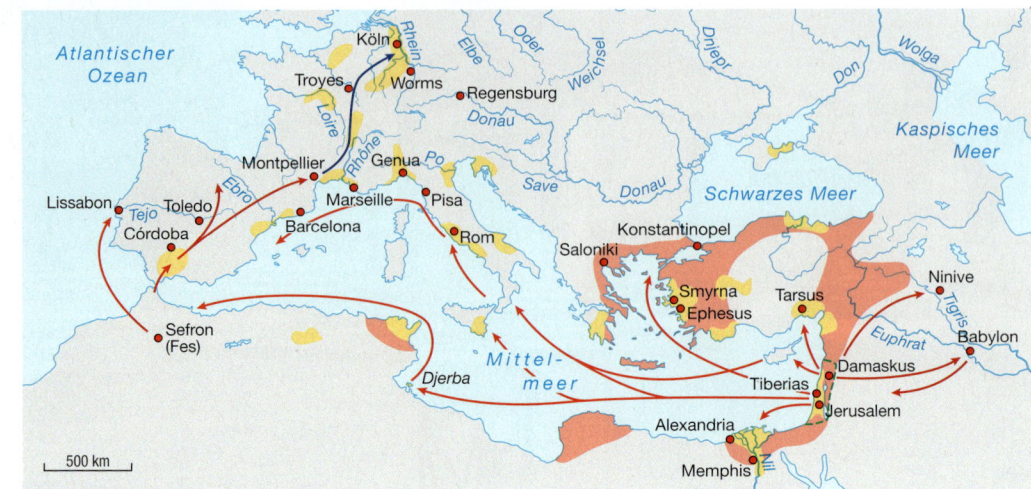

1 – Wichtige jüdische Gemeinden und Siedlungsgebiete, die ab dem 1. Jh. n. Chr. entstanden.

Legende:
- - - - Palästina um Christi Geburt
- Siedlungsgebiete im Römischen Reich im 1. Jh. n. Chr.
- Siedlungsgebiete um 300 n. Chr.
- • Städte mit großen jüdischen Gemeinden
- → Ausbreitung bis ca. 1000
- → Ausbreitung ab ca. 1000

Judentum

Wappen des Staates Israel. Der abgebildete siebenarmige Leuchter (Menorah) ist ein Ritualgegenstand aus dem Tempel von Jerusalem. Vor dessen Zerstörung durch die Römer im Jahr 70 n. Chr. leisteten die Juden angeblich den letzten Widerstand von der Stelle aus, wo der Leuchter stand. Foto, 2007.

Römischer und jüdischer Glaube

Da die Römer immer mehr Gebiete eroberten, blieben Konflikte mit den unterworfenen Kulturen nicht aus. Diese ergaben sich häufig aus der Unterschiedlichkeit der Religionen. So glaubten die Römer an viele Götter (Polytheismus), die vor wichtigen Entscheidungen mithilfe von Opfern gnädig gestimmt werden sollten. Auch der Kaiser selbst wurde als göttlich verehrt. Diese römischen Glaubensvorstellungen widersprachen jedoch den Grundsätzen des Judentums: Als älteste monotheistische Religion kennt sie nur einen einzigen Gott (Jahwe). Dieser habe mit dem Nomadenvolk der Israeliten, das um 1800 v. Chr. von den Stammesvätern Abraham, Isaak und Jakob aus Mesopotamien über Kanaan nach Ägypten geführt wurde, einen Bund geschlossen. Die jüdische Gemeinde hält ihre Gottesdienste in einem eigenen Gebets- und Versammlungshaus, der Synagoge, ab. Dabei wird aus der Thora (Weisung), den fünf Büchern Mose, vorgelesen. Die Gebote der Thora sollen die Israeliten während ihres Auszugs aus Ägypten um 1200 v. Chr. unter der Führung Moses am Berg Sinai erhalten haben. Nachdem sie wieder in Ka-

naan an der Ostküste des Mittelmeers angekommen waren, vereinigten sich die israelitischen Stämme unter ihrem ersten König Saul zum Königreich Israel. Unter seinem Nachfolger König David (1006–966 v. Chr.) wurde Jerusalem zur Hauptstadt und zum religiösen Zentrum der Juden. Sichtbares Zeichen dafür bildete der Tempel, der biblischen Angaben zufolge während der Herrschaft des Königs Salomo (966–926 v. Chr.) errichtet wurde.

Konflikte zwischen Römern und Juden

Nach dem Tod Salomos zerfiel das Königreich Israel und es stand in den folgenden Jahrhunderten immer wieder unter fremder Herrschaft. 63 v. Chr. übernahmen dann die Römer die Vorherrschaft. Israel wurde zur Provinz Judäa und von einem Statthalter Roms verwaltet. Die Römer waren gegenüber dem monotheistischen Judentum zunächst tolerant. Die jüdische Bevölkerung konnte weiterhin zum Tempel in Jerusalem pilgern und Synagogen zum gemeinsamen Gebet errichten. Doch bald kam es zu Konflikten. Die Bevölkerung verweigerte dem Kaiser den Gehorsam, weil sie nach ihrem Glauben nur ihrem Gott Jahwe Gehorsam schuldeten. Aus diesem Grund lehnten sie auch die göttliche Verehrung des Kaisers ab. Weitere Auseinandersetzungen entzündeten sich an der Festsetzung von Steuern. Zu einem Krieg kam es 66 n. Chr., als römische Soldaten in den Tempel in Jerusalem eindrangen, was Andersgläubigen streng verboten war. Dieser Krieg endete 70 n. Chr. mit der Einnahme Jerusalems und der Zerstörung des Tempels. Den Juden wurde der Zutritt zur Stadt bei Todesstrafe verboten, was zu ihrer weltweiten Zerstreuung (Diaspora) führte. Die römischen Truppen brachten nach ihrem Sieg Tempelschätze und jüdische Gefangene nach Rom (Bild 2).

Der jüdische Glaube in der Diaspora

In der Folgezeit entstanden überall im Römischen Reich jüdische Gemeinden, die weitgehende religiöse Freiheiten genossen. Die Juden mussten jedoch die Ausübung ihres Glaubens neu organisieren, um sich als Minderheit gegen die Anhänger anderer Religionen behaupten zu können. So entstand bis ca. 200 n. Chr. die Mischna, eine erste einheitliche Fassung von Gesetzen zur Auslegung der Thora. Diese waren zuvor weitgehend mündlich überliefert worden. Die schriftliche Erklärung der eigenen Glaubensgrundsätze sollte das Überleben des Judentums sichern, da die Gläubigen bis zur Gründung des modernen Staates Israel 1948 in der ganzen Welt verstreut waren. An die Stelle der Tempelpriester, deren Amt vererbt worden war, traten nun die Rabbiner als Schriftgelehrte. Dieses Amt wurde nach einer Ausbildung durch andere Rabbiner verliehen.

Q1 Aus der Unabhängigkeitserklärung des Staates Israel, verkündet am 14. Mai 1948:

Im Lande Israel entstand das jüdische Volk. Hier prägte sich sein geistiges, religiöses und politisches Wesen. Hier lebte

2 – Römische Soldaten tragen religiöse Gegenstände (z. B. siebenarmiger Leuchter) aus dem zerstörten Tempel Jerusalems. Relief auf dem Titusbogen in Rom, 1. Jh. n. Chr.

es frei und unabhängig. ...
Durch Gewalt vertrieben, blieb das jüdische Volk auch in der Verbannung seiner Heimat in Treue verbunden. Nie wich seine Hoffnung. Nie verstummte sein Gebet um Heimkehr und Freiheit. Beseelt von der Kraft der Geschichte und Überlieferung suchten Juden aller Generationen in ihrem alten Lande wieder Fuß zu fassen.

1 Finde mithilfe des Texts heraus, auf welchen Glaubensgrundsätzen das Judentum aufbaut.

2 „Die Juden waren in ihrer langen Geschichte meist ein Nomadenvolk." Stelle einander gegenüber, für welche Zeiträume diese Aussage zutrifft und für welche nicht.

▶ *Eine Tabelle kann dir dabei helfen.*

	Trifft zu im Zeitraum:
Juden als Nomadenvolk	
Juden als sesshaftes Volk	

3 Beschreibe mithilfe des Texts, des Bildes 1 und des Bildes in der Randspalte das Leben der Juden im Römischen Reich.

4 Ermittle mithilfe der Karte 1 und eines Atlas, in welchen heutigen Regionen der Welt sich die Juden im Laufe der Geschichte niedergelassen haben.

5 Begründe mithilfe von Q1 und des Darstellungstextes, warum die Gründung des Staates Israel 1948 für das jüdische Volk von großer Bedeutung war.

Warum bekehrten sich viele Römer zum Christentum

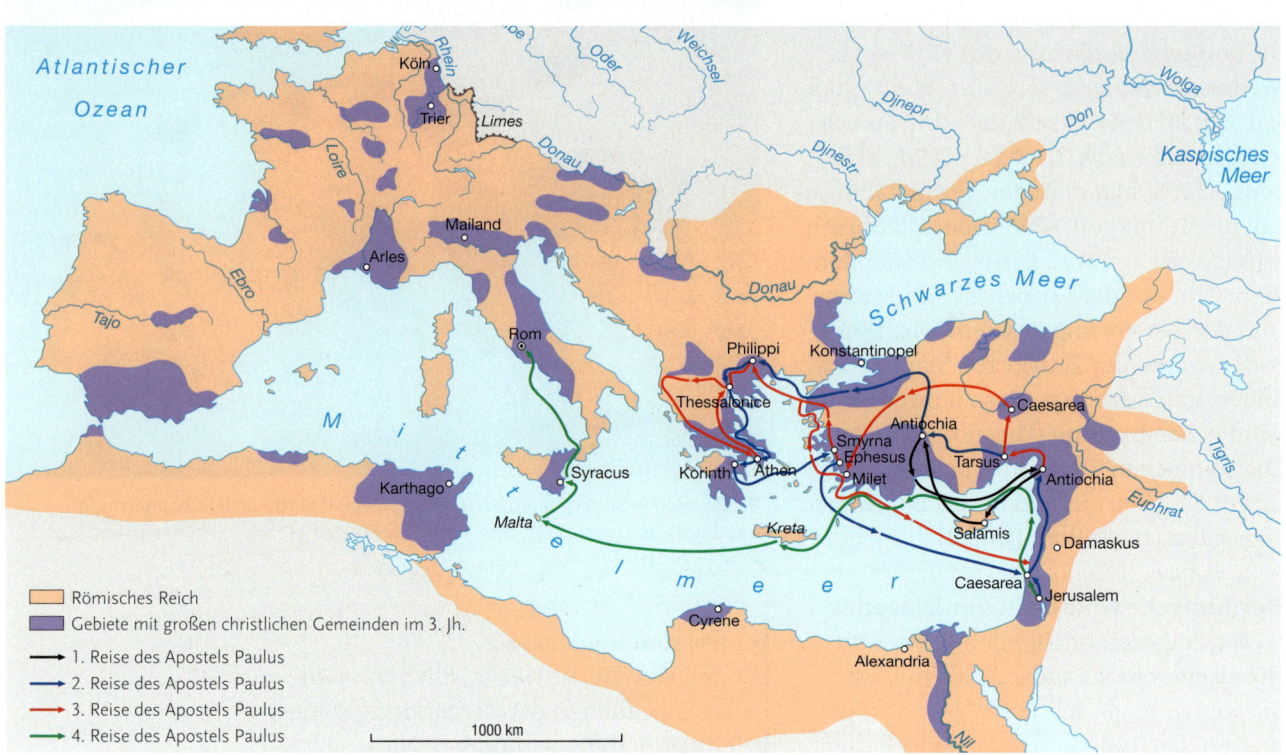

1 – Die Ausbreitung des Christentums im Römischen Reich.

Christentum

* **Christus**
Christus (griech. = Christos) bedeutet: der Gesalbte.

* **Messias**
Für Christen ist Jesus der Heilsbringer, der Messias, der im Alten Testament angekündigt worden ist.

* **Apostel**
Im Neuen Testament ist dies die Bezeichnung für die zwölf Jünger Jesu, die er aussandte, um seine Lehre zu verkünden.

* **Evangelium**
Das Evangelium ist die Botschaft Jesu vom Kommen des Gottesreiches. Diese Botschaft wurde zusammen mit Berichten über das Leben Jesu in den Werken der vier Evangelisten Matthäus, Markus Lukas und Johannes aufgeschrieben.

Die Anfänge des Christentums*

Während Augustus' Regierungszeit (27 v. Chr.–14 n. Chr.) wurde in der Provinz Judäa, im heutigen Israel, ein Jude namens Jesus geboren. Dieser zog als Wanderprediger durch Galiläa. Seine Anhänger sahen in ihm den von den Juden lang erwarteten *Messias. Da sie ihn *Christus nannten, bezeichneten die Römer die Mitglieder dieser neuen Glaubensgemeinschaft als Christen. Es war vor allem der *Apostel Paulus, der nach dem Tod Jesu dessen frohe Botschaft (= *Evangelium) von Nächstenliebe auf seinen Reisen verkündete. Das waren ungewohnte Worte für die römischen Machthaber. Kämpfen, erobern und herrschen – so hießen ihre Ziele. Jetzt sollten sie brüderlich miteinander umgehen. Besonders die ärmeren Schichten und die Sklaven fühlten sich von dem neuen, christlichen Glauben angezogen.

Die Christen werden verfolgt

Die Christen waren im Römischen Reich, in dem es verschiedene Religionen (z. B. Judentum und Christentum) und Kulte gab, zunächst nur eine Minderheit. Sie gingen ihren Berufen nach, zahlten pünktlich ihre Steuern und beteten auf ihren Zusammenkünften für das Wohl des Kaisers. Wie die Juden verehrten die Christen nur einen Gott (Monotheismus). Deshalb lehnten sie die Verehrung der Kaiser als Götter ab.

Dies führte bald zu allerlei Verdächtigungen: Wer die göttliche Verehrung der Kaiser ablehnt, ist sicherlich ein Gegner des Römischen Reiches. Warum treffen sich die Christen so oft? Wurden hier vielleicht heimlich Verbrechen vorbereitet? – Es dauerte nicht lange, da galten die Christen als Staatsfeinde, die man streng verfolgen musste.

IesOUS CHristos THeou Yious Soter
= Jesus Christus, Gottes Sohn, Retter

2 – Das Ichthys-Symbol: Erkennungszeichen der Christen. Das griechische Wort für Fisch lautet: ICHTHYS.

3 – Auch heute noch gibt es das Ichthys-Symbol im Alltag. Foto, 2008.

Die erste große Christenverfolgung fand unter Kaiser Nero im Jahr 64 n. Chr. statt. Ihr fielen zahlreiche unschuldige Menschen zum Opfer – wahrscheinlich auch die Apostel Petrus und Paulus. Auch in den folgenden Jahrhunderten kam es immer wieder zu Christenverfolgungen.

Q1 Eindrücklich ermahnte Paulus die Christen:

... Liebet einander in brüderlicher Liebe und habt Achtung voreinander. Seid gastfreundlich. Segnet eure Verfolger, segnet sie, verflucht sie nicht! ... Vergeltet niemand Böses mit Bösem. Soweit es euch möglich ist, haltet mit allen Menschen Frieden! ...

Q2 Der Philosoph Aristides (gestorben nach 125 n. Chr.) schrieb:

... Die Sklaven und Sklavinnen aber bereden sie aus Liebe zu ihnen, Christen zu werden. Und sind sie es geworden, so nennen sie dieselben ohne Unterschied Brüder. ... Wer hat, gibt neidlos dem, der nicht hat. Wenn sie einen Fremdling erblicken, führen sie ihn unter ihr Dach und freuen sich über ihn wie über einen wirklichen Bruder. ...

Q3 Tertullian (etwa 150–225 n. Chr.), ein christlicher Rechtsanwalt, schrieb:

... Täglich werden wir umlauert, täglich verraten, sehr häufig mitten in unseren Versammlungen und Zusammenkünften überfallen. ... Unsere Gegner schreien laut nach dem Blut Unschuldiger, wobei sie freilich ihren Hass mit dem sinnlosen Vorwand begründen, dass nach ihrer Überzeugung an jeder Katastrophe des Staates ... die Christen die Schuld trügen. Wenn der Tiber die Mauern überflutet, wenn der Nil die Felder nicht überflutet, wenn der Himmel sich nicht rührt, wenn die Erde sich bewegt, wenn eine Hungersnot, eine Seuche wütet, gleich schreit man: „Die Christen vor die Löwen!" ...

❶▶ Nenne mithilfe des Texts Orte und Personen, die bei der Entstehung des Christentums eine Rolle spielten.

❷▣ Beschreibe anhand des Texts, Q1 und Q2, wer sich warum vom neuen Glauben angezogen fühlte.

❸▣ Betrachte die Karte und finde mithilfe eines Atlas heraus, in welchen heutigen Ländern sich im 3. Jh. große christliche Gemeinden befanden und welche heutigen Länder Paulus bereiste.

❹▣ Erläutere mithilfe der Legende von Bild 2, warum die Christen als Erkennungszeichen den Fisch auswählten und bis heute verwenden (Bild 3).

❺▣ Erkläre und bewerte, wie sich das Christentum auf die römische Gesellschaft auswirkte. Erstelle dazu ein Miniposter, das folgende Punkte enthält.

| *Lebensweise der Christen* | *Vorwürfe an Christen* |  | *Auswirkungen und deine Meinung dazu* |

▶ *Der Text, Q3 und die Methode „Ein eigenes Urteil bilden" von S. 82/83 helfen dir dabei.*

Warum wurde das Christentum Staatsreligion?

1 – Die *Vision des Kaisers Konstantin. Am Himmel erscheint das Kreuz, gehalten von Engeln. Auf zwei Strahlen erscheint in griechischer Sprache der Satz: „In diesem Zeichen wirst du siegen." Gemälde von Raffael (1483–1520) im Konstantin-Saal im Vatikan.

*Vision
Damit wird eine Erscheinung bezeichnet.

*Basilika
So heißt bei den Römern die Markt- und Gerichtshalle. Später wurde diese Bauform auch für Kirchen verwendet. Die Basilika ist rechteckig und mehrschiffig; am Mittelschiff befindet sich eine Vorhalle (Apsis).

*Bischof (Plural: Bischöfe)
(griech.: episkopos = Aufseher): Nach katholischer Lehre sind Bischöfe die Nachfolger der Apostel und Gesandte Jesu Christi. In ihren Gemeindebereichen (Diözesen) sind sie für Gesetzgebung, Verwaltung und Rechtsprechung zuständig. Einen höhergestellten Bischof mit noch größerer Verwaltungsverantwortung nennt man auch Erzbischof.

*heidnischer Kult
Verehrung mehrerer Götter. Hier sind – neben denen der Römer – weitere nichtchristliche Religionen gemeint.

Der christliche Glaube wird anerkannt
Die römischen Herrscher mussten erkennen, dass sich das Christentum trotz der Verfolgungen immer weiter ausbreitete. Auch unter den Soldaten nahm die Zahl der Christen immer mehr zu. Sie brachten den Glauben in alle Provinzen des Römischen Reiches.

Allmählich änderte sich die Haltung der römischen Kaiser gegenüber dem Christentum. Die entscheidende Wende erfolgte unter Kaiser Konstantin (306–337 n. Chr., siehe Bild Randspalte). Im Kampf um die Herrschaft kam es im Jahre 312 zur Entscheidungsschlacht zwischen Konstantin und seinem Schwager Maxentius, der in Rom herrschte und über deutlich stärkere Truppen verfügte. In der Nacht vor der Schlacht soll Konstantin im Traum ein Kreuz in der Sonne gesehen haben und den Satz: „In diesem Zeichen wirst du siegen." Überraschenderweise siegte Konstantin. Noch im gleichen Jahr verfügte er, dass die Christen ihre Religion frei ausüben durften. Man nennt dies die „Konstantinische Wende".

Der Kaiser unterstützt die Christen
Kaiser Konstantin duldete das Christentum nicht nur, er förderte es auch und verhalf den Christen auf diese Weise zu großem Einfluss im Staat. Er ließ in Rom und in den Provinzen Kirchen im Stil einer römischen *Basilika bauen, setzte den Sonntag als staatlichen Feiertag fest und ernannte Christen zu hohen Beamten. Die Priester mussten keine Steuern zahlen. *Bischöfe durften auch Gericht abhalten und Recht sprechen.

Das Christentum wird zur Staatsreligion
Wie Kaiser Konstantin förderten auch fast alle seine Nachfolger das Christentum. Die Verehrung der alten römischen Götter und *heidnische Kulte wurden ständig zurückgedrängt. Kaiser Theodosius ließ

zum Beispiel im Jahre 393 n. Chr. die Olympischen Spiele verbieten, da sie dem heidnischen Gott Zeus geweiht waren. Das Christentum wurde alleinige Staatsreligion, andere Bekenntnisse waren bei Strafe verboten.

Ab 391 n. Chr. nahm die Zahl der christlichen Gemeinden schnell zu. An der Spitze mehrerer Gemeinden stand der Bischof. Eine besondere Stellung unter den Bischöfen nahm der Bischof von Rom ein. Er galt als Nachfolger des Apostels Petrus. Seit dem 5. Jahrhundert nannte man den Bischof von Rom *Papst. Rom wurde unter den Päpsten zum Mittelpunkt der christlichen Kirche im Westen des Römischen Reiches. Somit gab es neben dem Kaisertum als weltlicher Macht die Kirche mit einem geistlichen Oberhaupt.

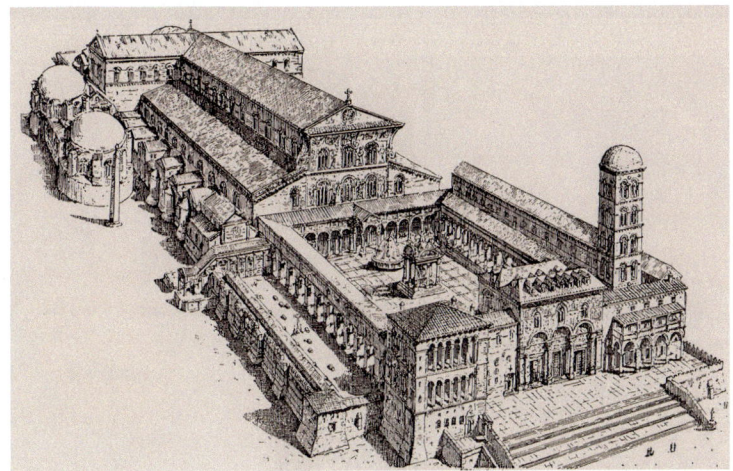

2 – Vorläufer des *St. Peter-Domes in Rom zur Zeit Kaiser Konstantins. Fünfschiffige Basilika mit großem Querhaus und vorgelagertem Vorhof mit Säulenumgang (Rekonstruktion).

Q1 Eusebios (um 260–339 n. Chr.), Bischof und Vertrauter des Kaisers Konstantin, überlieferte diesen Erlass:

... Wir haben beschlossen, den Christen und allen Menschen in unserem Reich das freie Recht zu geben, derjenigen Religion zu folgen, für die sie sich entschieden haben.

Es geschah dies in der Absicht, dass jede Gottheit und jede himmlische Macht, die es je gibt, uns und allen, die unter unserer Herrschaft leben, gnädig sein möge. Jedem Menschen ist es also erlaubt, die Religion der Christen zu bekennen, und zwar frei und ohne jede Belästigung. Wir haben dies angeordnet, damit es nicht den Anschein hat, als ob irgendein Kult oder irgendeine Religion durch uns benachteiligt würde. ...

Q2 Symmachus, ein angesehener Römer, bat 384 n. Chr. den Kaiser:

... Erhabener Kaiser, beachte mein Alter und lass mir die Zeremonien meiner Ahnen. ... Wir blicken zu denselben Sternen empor, ein Himmel steht über uns. ... Was wiegt es da, mit welchem Bemühen ein jeder die Wahrheit sucht. Nicht nur auf einem Wege kann man zum großen Geheimnis gelangen. ...

* Dom St. Peter
Das ist die Kirche des Papstes in Rom, die über dem Grab des Apostels Petrus errichtet wurde.

* Papst
(lat. papa = Vater) Er ist das Oberhaupt der katholischen Kirche.

❶ ▶ Nenne mithilfe des Texts Beispiele, wie Konstantin die Christen förderte.

❷ Beschreibe und erkläre die Konstantinische Wende und male eine selbstgewählte Szene der Ereignisse.

❸ Beschreibe die Situation auf Bild 1.
▶ *Nimm die Methode „Bilder untersuchen" auf S. 64/65 zu Hilfe.*

❹ Beschreibe und bewerte die Machtposition des Bischofs von Rom. Beziehe dazu auch Bild 2 ein.

❺ Überlege, wie die Christen auf den Erlass von Eusebios (Q1) reagiert haben könnten und wie der Kaiser auf die Bitte von Symmachus (Q2) reagiert haben könnte. Schreibe deine Ideen in Sprechblasen und vergleiche diese mit einem Partner.

❻ Bewerte mithilfe der Seiten 146–149 die Bedeutung des Christentums für das Römische Reich.
▶ *Überlege zuerst, was sich hierdurch im Römischen Reich alles verändert hat. Nimm die Methode „Ein eigenes Urteil bilden" von S. 82/83 zu Hilfe.*

Das Erbe der Römer

Was ist bis heute unser römisches Erbe?

1 – Der Petersdom in Rom. Foto, 2014.

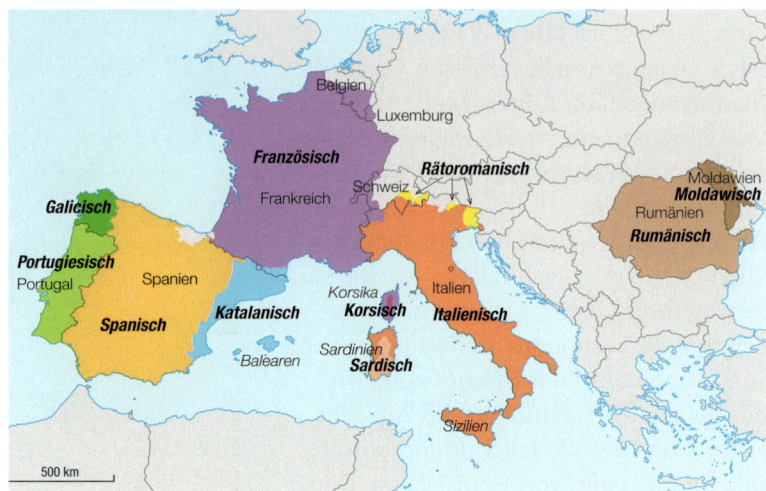

2 – Romanische Sprachen in Europa.

Sprache, Religion, Recht und Kalender

Das Römische Reich ging vor mehr als 1500 Jahren unter, aber auf unser Leben hat es seinen Einfluss bis heute behalten:

– Rom, dort wo die Apostel Petrus und Paulus hingerichtet wurden, wurde zum Hauptsitz der christlichen Kirche (siehe S. 149). Der Bischof von Rom, der Papst, ist das Oberhaupt der katholischen Kirche. Noch heute werden manche katholischen Gottesdienste in lateinischer Sprache gefeiert.

– Germanische Stämme, die sich auf römischem Boden ansiedelten, übernahmen oft die römische Sprache (siehe S. 140/141). So gibt es heute mehrere europäische Staaten, in denen eine romanische Sprache gesprochen wird (Karte 2).

– Unser Kalender geht auf Julius Caesar zurück. Ein Jahr dauert ungefähr 365 1/4 Tage; d. h., in dieser Zeit umkreist die Erde einmal die Sonne. Caesar legte daher fest, dass ein Jahr 365 Tage haben soll und alle vier Jahre ein weiterer Tag dazugeschaltet wird.

– Auch dieses Buch ist in lateinischen Buchstaben geschrieben.

– Viele unserer heute gültigen Gesetze gehen auf das römische Recht zurück (siehe S. 141).

– Das Gemeinschaftsgefühl der Bürger des Römischen Reiches gilt zudem vielen als Vorbild für die Menschen im heutigen Europa. Wie sich damals Völker und Stämme aller Provinzen auch als Mitglieder des Römischen Reiches sahen, so sollen sich auch heute unterschiedliche Nationen mit ihren ganz eigenen Traditionen und Vorstellungen als Teil eines gemeinsamen Europa fühlen können.

❶ Ermittle mithilfe der Karte 2, in welchen Ländern heute romanische Sprachen gesprochen werden.

❷ Erkläre, warum der Petersdom in Rom auf dieser Seite abgebildet ist. Der Text hilft dir.

❸ Erkläre, warum die römische Kultur noch heute unser Leben beeinflusst. Erstelle dazu mithilfe des Textes eine Mindmap. Der zentrale Begriff in der Mitte lautet „Erbe der Römer".

▶ *Nimm die Methode „Eine Mindmap erstellen" von S. 26/27 zu Hilfe.*

Zusammenfassung

Das römische Weltreich

Von der Gründung Roms zur Republik

Eine römische Sage berichtet von der Gründung Roms im Jahre 753 v. Chr. durch Romulus. Tatsächlich wurde Rom erst um 500 v. Chr. gegründet. Zu dieser Zeit vertrieben die Römer den letzten etruskischen König. Ihren Staat nannten sie jetzt „Republik". Diese Republik sollte eine Angelegenheit aller Bürger sein.

Vom Stadtstaat zur Supermacht

Um 500 v. Chr. war Rom noch ein kleiner Bauernstaat. Etwa 250 Jahre später beherrschte es fast ganz Italien. Durch weitere Eroberungen in den folgenden Jahrzehnten entstand das Imperium Romanum. Um die Herrschaft in diesem großen Reich kämpften im 1. Jahrhundert v. Chr. immer wieder ehrgeizige Heerführer. Besonders erfolgreich war hierbei der Feldherr Gaius Julius Caesar (100–44 v. Chr.), der die Alleinherrschaft anstrebte. Er wurde 44 v. Chr. in einer Senatssitzung ermordet.

Von der Republik zum Kaiserreich

Nach der Ermordung Caesars kam es zu jahrelangen Bürgerkriegen, aus denen Augustus (31 v. Chr.–14 n. Chr.) als Sieger hervorging. Augustus selber bezeichnete sich als „erster Bürger", kontrollierte aber in Wirklichkeit alle wichtigen Bereiche im Staat. Mit Augustus begann für die Römer eine Zeit des Friedens. Die Grenzen waren gesichert. Aus den unterworfenen Gebieten wurden Luxusgüter aller Art nach Rom gebracht. Der Reichtum Roms zeigte sich in den großzügigen öffentlichen Bauten ebenso wie in den Palästen und herrschaftlichen Häusern von Privatleuten. Wettrennen und Gladiatorenspiele lenkten die Massen von ihrer Armut ab.

Begegnung mit anderen Kulturen

Die Grenze zwischen dem Römischen Reich und den Stämmen Germaniens wurde zum großen Teil durch den Limes gesichert. Hier kam es für lange Zeit zu einem weitgehend friedlichen Zusammenleben von Römern und Germanen, die die römische Lebensweise und Begriffe aus der lateinischen Sprache übernahmen.
Konflikte entzündeten sich hingegen mit den Juden und Christen, die – im Unterschied zu den Römern – einen Gott verehrten. Die Forderung, den römischen Kaiser als Gott zu verehren, führte zum Aufstand der Juden gegen die Römer, in deren Folge sie vertrieben wurden. Die Juden siedelten sich in vielen Ländern Europas an und gründeten Gemeinden. Die Christen wurden durch ihre Weigerung der Kaiserverehrung zu Staatsfeinden, verfolgt und hingerichtet. Erst Kaiser Konstantin der Große (306–337) verkündete im Jahre 313 die Gleichberechtigung der christlichen Religion mit allen anderen. Unter Kaiser Theodosius (379–395) wurde das Christentum im Jahre 391 zur alleinigen Staatsreligion erklärt.

753 v. Chr.

Nach der Sage Gründung Roms durch Romulus und Remus.

um 200 v. Chr.

Rom ist stärkste Landmacht im Mittelmeerraum.

31 v. Chr. – 14 n. Chr.

Herrschaft des Kaisers Augustus, Beginn der römischen Kaiserzeit.

313

Kaiser Konstantin erklärt das Christentum zur gleichberechtigten Religion im Römischen Reich.

Das kann ich …

Das Imperium Romanum

Ich kann wichtige Daten und Begriffe im Zusammenhang erklären (Sachkompetenz):

753 v. Chr.: Gründung Roms nach der Sage
1. Jh. v. Chr.: Übergang von der Republik zur Kaiserzeit
um Christi Geburt: Zeitalter des Augustus
Senat
Republik
Diktator
Caesar
Kaiserzeit
Limes
Judentum
Christentum
Romanisierung
Provinz

❶ Erkläre den Begriff „Romanisierung" und nenne einige Beispiele.

❷ Erläutere, wie Rom zur Kaiserzeit regiert wurde.

❸ Wähle einen Begriff aus und erkläre ihn deinem Nachbarn, ohne den Begriff zu nennen.

Ich kann folgende Aufgaben zum Thema lösen (Sachkompetenz):

❹ Erkläre die Ausdehnung Roms mithilfe der folgenden Begriffe:

Stadtstaat – Landmacht – Seemacht – Großmacht

▶ Zuerst war Rom ein …, das bedeutet … Dann …

❺ Erläutere, inwiefern sich die römische familia von einer heutigen Familie unterscheidet.

❻ Übertrage das Verfassungsschema 1 in dein Heft und fülle die Lücken mit den richtigen Begriffen. Erkläre anschließend deinem Banknachbarn, wie die römische Republik funktionierte.

Ich kann Geschichte verständlich darstellen (narrative Kompetenz):

❼ Ein Römer, ein Christ und ein Jude unterhalten sich über die Möglichkeiten, ihren Glauben in der Kaiserzeit zu leben. Überlege, wie dieses Gespräch verlaufen könnte, und verfasse einen Text für die jeweilige Person.

❽ Schreibe eine Darstellung über das Leben in Rom. Verwende dabei folgende Begriffe: Forum – Thermen – Amphitheater – Aquädukte – Gladiator – Mietshaus – Sklaven.

▶ Nimm die Methode „Eine historische Darstellung verfassen" von S. 138/139 zu Hilfe.

Ich kann die Methode „Geschichtskarten auswerten" anwenden (Methodenkompetenz):

❾ Ermittle, welches geschichtliche Thema auf der Karte 2 (rechte Seite) dargestellt wird.

❿ Beschreibe, welche konkreten Informationen du mithilfe der Karte, z. B. durch Farbgebung, Symbole, Legende, Maßstab, erhältst.

⓫ Erkläre, was du mithilfe der Karte über das geschichtliche Thema erfahren hast.

Ich kann mir ein Urteil bilden und es begründen (Urteilskompetenz):

⓬ Erkläre, was Augustus mit der Aussage, der Staat sei „durch die Gewaltherrschaft einer Gruppe unterdrückt" (Q1) worden, meint. Beurteile anschließend, ob er diesem Staat tatsächlich die Freiheit wiedergegeben hat.

Ich verstehe, warum das Thema für uns heute noch wichtig ist (Orientierungskompetenz):

⓭ Finde heraus, wo dir noch heute im Alltag Einflüsse und Spuren aus dem antiken Rom begegnen (z. B. Bauwerke). Bewerte anschließend, welche Bedeutung die Römer für uns heute noch haben.

Verstehen

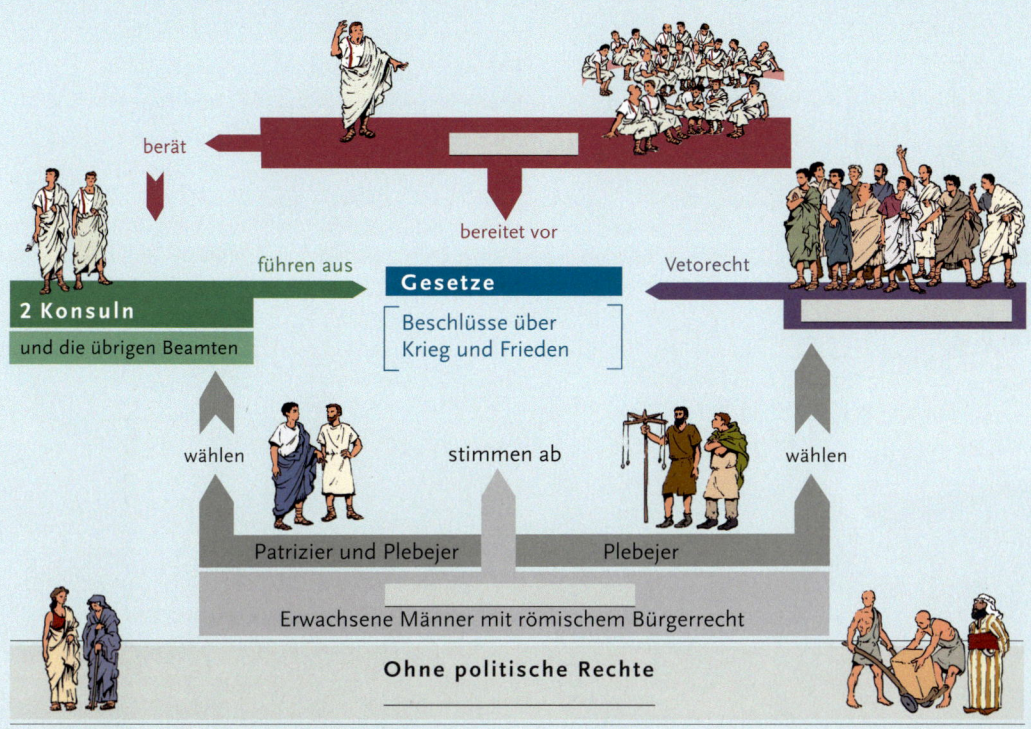

berät

bereitet vor

führen aus

Gesetze
[Beschlüsse über
  Krieg und Frieden]

Vetorecht

2 Konsuln
und die übrigen Beamten

wählen

stimmen ab

wählen

Patrizier und Plebejer

Plebejer

Erwachsene Männer mit römischem Bürgerrecht

Ohne politische Rechte

1 – Die Verfassung der römischen Republik.

2 – Die Feldzüge Caesars in Gallien.

Römisches Reich 58 v. Chr.
Eroberungen Caesars
Feldzüge Caesars (mit Jahreszahl)

Q1 Im Alter von 79 Jahren schrieb Augustus seinen „Tatenbericht", eine Darstellung seiner Leistungen und Entscheidungen:
... Mit 19 (= 44 v. Chr.) stellte ich als Privatmann ein Heer auf. Damit gab ich dem Staat, der durch die Gewaltherrschaft einer Gruppe unterdrückt wurde, die Freiheit wieder. ...

5 Von der Antike zum Frühmittelalter

Sommer 2014 in Aachen. Mehr als 500 rote und goldene Figuren von Karl dem Großen standen in der Stadt zwischen Dom und Rathaus. Das war ein Kunstprojekt zum Karlsjahr 2014. Die meisten dieser Figuren wurden versteigert und stehen heute in öffentlichen Gebäuden, Vorgärten und Schulen. Hintergrund dieser Kunstaktion war eine große Ausstellung in Aachen zum 1200. Todesjahr von Karl dem Großen. Aber wer war dieser Karl und warum wurde er schon von Zeitgenossen als „der Große" bezeichnet?

Darum geht es ...

5 Von der Antike zum Frühmittelalter

375

Beginn der Völkerwanderung

395

Teilung des Römischen Reich in Ostrom und Westrom

1 – Die Machtzentren der Mittelmeerwelt um 750 n. Chr. und die Gebiete heute (kleine Karte).

Das Römische Reich erlebte viele Veränderungen, bevor es unterging. Fremde Völker verließen ihre Heimat, durchbrachen die Grenzen des Römischen Reichs und bedrohten Rom. Nur das Oströmische Reich mit der Hauptstadt Konstantinopel konnte sich behaupten. Aus dem Weströmischen Reich gingen verschiedene germanische Reiche hervor. Antikes Wissen aus Kultur, Verwaltung und Religion wurden von den Nachfolgern allerdings übernommen. Das Christentum breitete sich im Frankenreich aus. Mit dem Franken Karl dem Großen wurde die Idee des weströmischen Kaiserreichs wiederbelebt. Es gab eine enge Verbindung mit dem Papst und der römischen Kirche. Von Arabien aus breitete sich der Islam bis nach Asien, Nordafrika und Westeuropa aus. Antikes und mittelalterliches Wissen bestimmen unsere Kultur bis heute.

Am Ende des Kapitels kannst du folgende Fragen beantworten:

- Was führte zum Untergang des Römischen Reiches?
- Wie lassen sich Ursachen, Ablauf und Folgen der Völkerwanderung darstellen?

- Wer waren die Franken und wie verwalteten sie ihr Reich?
- Welche Bedeutung hatten Kaiser und Papst im Frankenreich?
- Wie entstand und verbreitete sich der Islam?
- Was veränderte sich beim Übergang von der Antike zum Mittelalter und was blieb bestehen?
- Wie kann ich Textquellen miteinander vergleichen?

❶ Im Mittelalter bilden sich drei Reiche rund um das Mittelmeer heraus. Benenne sie.

❷ Erstelle anhand der Karte 1 eine Liste mit den Staaten, die heute auf dem Gebiet des Frankenreichs liegen. Nimm dazu einen Atlas zu Hilfe.

❸ Gestalte eine Übersicht zu den unterschiedlichen Quellen, die auf den Bildern abgebildet sind.

▶ *So kannst du beginnen:*

Quellenarten	Titel	Historische Bedeutung
Sachquelle	2000 ...	Heiligtum der Muslime
...	...	...
...	...	...

476	**um 500**	**632–715**	**800**
Absetzung des letzten west-römischen Kaisers	Entstehung des Franken-reichs und Ausbreitung des Christentums Beginn des Mittelalters	Ausbreitung des Islams	Kaiserkrönung Karls des Großen

2 – 2000-Rial-Geldschein aus dem Iran mit Kaaba im Innenhof der Al-Haram-Moschee. Die Kaaba ist das zentrale Heiligtum des Islams in Mekka.

4 – Karl der Große. Pferd und Weltkugel weisen auf antike Vorbilder hin. Bronzestatuette, um 870.

3 – Vandalen plündern Rom 455 n. Chr. Es handelt sich hierbei um die zweite Plünderung Roms in der Zeit der Völkerwanderung. Kolorierter Holzstich, 1865.

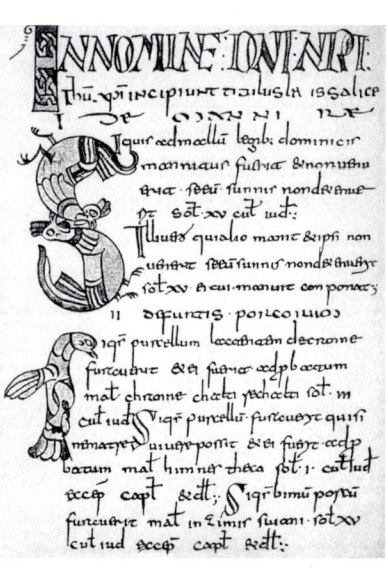

5 – Handschrift aus dem 5. Jahrhundert. Sie zeigt einen Ausschnitt aus einer der ältesten Gesetzessammlungen der Franken. Hierin wurde festgelegt, dass Frauen von der Erbfolge ausgeschlossen waren.

Das Römische Reich im Wandel

Wie kam es zur Völkerwanderung?

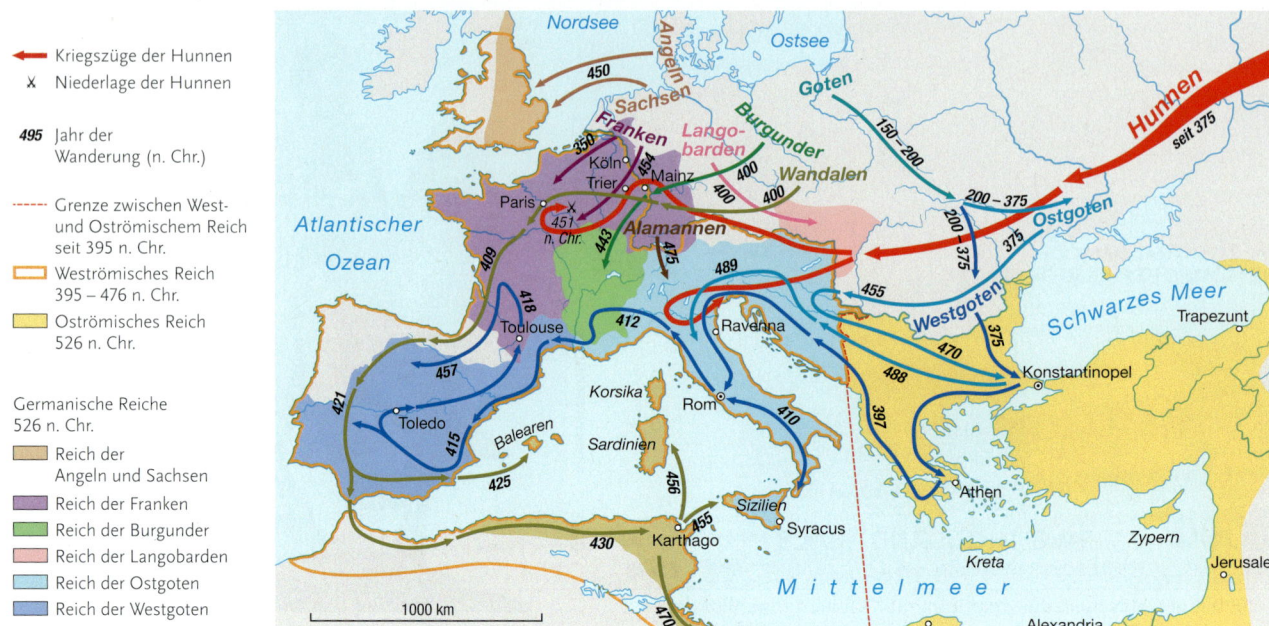

Kriegszüge der Hunnen
✗ Niederlage der Hunnen

495 Jahr der Wanderung (n. Chr.)

-------- Grenze zwischen West- und Oströmischem Reich seit 395 n. Chr.

▭ Weströmisches Reich 395 – 476 n. Chr.

▭ Oströmisches Reich 526 n. Chr.

Germanische Reiche 526 n. Chr.

▭ Reich der Angeln und Sachsen
▭ Reich der Franken
▭ Reich der Burgunder
▭ Reich der Langobarden
▭ Reich der Ostgoten
▭ Reich der Westgoten
▭ Reich der Wandalen

1 – Bevölkerungsbewegungen während der Völkerwanderung vom 4.–6. Jahrhundert.

Völkerwanderung

Das Römische Reich gerät unter Druck
Nördliche Nachbarn der Römer waren die Germanen. Ursprünglich lebten sie in Skandinavien. Ab dem 6. vorchristlichen Jahrhundert siedelten sie aber auch in dem Gebiet zwischen Weichsel, Donau und Rhein. Zu viele Menschen, zu wenig Nahrung, niedrige Temperaturen, Überschwemmungen, Unwetter, Missernten und kriegerische Auseinandersetzungen – das waren nur einige Ursachen, die zur germanischen Völkerwanderung von Nordeuropa nach Süden geführt hatten. Die Menschen suchten nach einer neuen Heimat und einem Leben in Sicherheit. Im 3. Jahrhundert n. Chr. nahm diese Wanderungsbewegung der Germanen stark zu. Dadurch gerieten die Grenzen des Römischen Reiches unter Druck. Es kam zu bewaffneten Überfällen und Plünderungen. Aus Angst vor diesen Auseinandersetzungen flohen Bauern aus den Provinzen. Somit sank die Lebensmittelproduktion und es stiegen die Preise. Die Bürger konnten die Steuern nicht mehr zahlen und dem Staat fehlten die Einnahmen. Die Soldaten verlangten mehr Sold und wählten den zum Kaiser, der ihnen mehr versprach. Die sogenannten Soldatenkaiser regierten oft nur für kurze Zeit. Machtkämpfe schwächten das Reich politisch und wirtschaftlich. Neben den Germanen drangen die Hunnen ab 375 n. Chr. nach Mitteleuropa vor. Sie suchten nach neuen Siedlungsplätzen und Beute. Die Hunnen waren ein gefürchtetes Reitervolk aus den Steppen der Mongolei. Angst und Schrecken verbreiteten sie durch ihre Wildheit und besondere Kampftechnik. Sie waren ausgezeichnete Reiter. Mit dem Reflexbogen beschossen sie ihre Gegner im Galopp. Die Pfeile besaßen eine hohe Durchschlagskraft. Germanische Stämme wie die Ost- und Westgoten flohen vor ihnen und versuchten endgültig ins Römische Reich einzudringen.

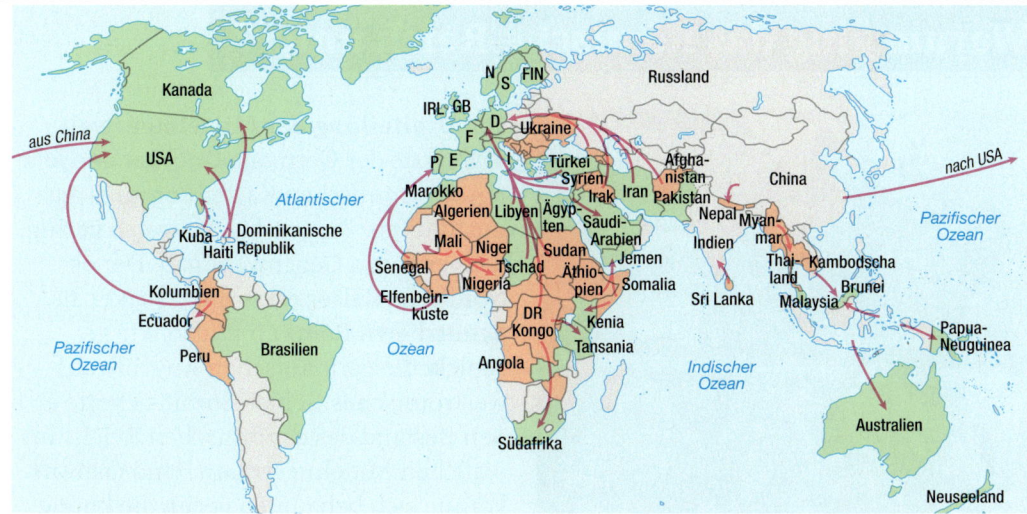

2 – Flüchtlingsströme weltweit. Karte, 2014.

Völkerwanderung heute?

Mehr als 65 Millionen Menschen waren laut einem UN-Bericht 2015 weltweit auf der Flucht. Fluchtgründe sind die Angst vor Verfolgung und Versklavung, Krieg und *Bürgerkrieg, Hunger und Armut, Missernten und Naturkatastrophen. Sie hoffen auf ein besseres Leben, Sicherheit und Menschenwürde. In Deutschland gibt es das Recht auf *Asyl. Es wird aber nur denen gewährt, die aus politischen oder anderen Gründen verfolgt werden.

M1 Ein Reporter berichtete 2015 in „Die Zeit. Das Magazin für Kinder" über einen geflüchteten Jungen und seine Familie:

Mohamad ist 13 Jahre alt und wohnt seit etwa einem Jahr in Hamburg. Die Familie kommt aus Syrien, wo die Menschen seit fast vier Jahren im Krieg leben. Die Kinder konnten nicht zur Schule gehen, wenn es auf der Straße Schießereien gab. Im September 2012 wurde ihr Großvater ermordet, ... weil er eine andere Meinung hatte als die Machthaber des Landes. Mohamads Eltern fühlten sich in Syrien nicht mehr sicher. ... Zunächst gingen sie nach Ägypten. Doch für die Kinder gab es keine gute Schule und der Vater fand keine Arbeit ... In Deutschland hatte die Familie Verwandte, deshalb gingen sie im vergangenen Jahr in Ägypten zur deutschen Botschaft und stellten einen Antrag auf Asyl. Das heißt, sie baten darum, in Deutschland leben zu dürfen, bis es in ihrem Land wieder friedlich ist. So kamen sie nach Hamburg. So wie Mohamad geht es vielen seiner Landsleute. Aber auch Menschen aus anderen Ländern und Erdteilen sind auf der Suche nach einer neuen Heimat.

* **Bürgerkrieg**
Dies heißt, dass verschiedene gesellschaftliche Gruppen eines Staates sich gegenseitig gewaltsam bekämpfen.

* **Asyl**
Asyl bedeutet Unterschlupf und Schutz vor Verfolgung.

❶ Nenne Ursachen der Völkerwanderung.

❷ Fasse mithilfe der Karte 1 zusammen, welche Wanderungen germanischer Völker die Hunnen in Europa ausgelöst haben.

❸ Erarbeite mithilfe des Texts, wie es zum Machtverlust Roms kommen konnte. Übertrage die Tabelle in dein Heft und ermittle die die Umwelt betreffenden, wirtschaftlichen und politischen Gründe.

Umweltgründe	wirtschaftliche Gründe	politische Gründe
...	...	...
...	...	...

❹ Ermittle mithilfe der Karte 2, woher heute Flüchtlinge kommen und in welche Länder sie fliehen.

❺ Vergleiche anhand des Texts dieser Doppelseite die Ursachen der Bevölkerungsbewegungen vom 4.–6. Jh. und heute. Nenne Unterschiede und Gemeinsamkeiten.

❻ Stell dir vor, du bist in einem Land, dessen Sprache du nicht verstehst, und müsstest dort plötzlich leben. Überlege mit deinem Nachbarn, welche Probleme es dabei geben und wie man Menschen in einer ähnlichen Situation helfen könnte.

Warum ging das Römische Reich unter?

1 – Vandalen plündern Rom 455 n. Chr. Kolorierter Holzstich, 1865.

Mittelalter

✱ Konstantinopel
Das Oströmische Reich
wurde auch Byzantinisches
Reich genannt. Um
660 v. Chr. gab es am
Bosporus eine griechische
Kolonie namens Byzantion,
und die Stadt, die hier lag,
hieß Byzanz. Unter Kaiser
Konstantin erlebte die
Stadt im 4. Jahrhundert
n. Chr. eine erste Blüte
und wurde ihm zu Ehren
Konstantinopel genannt.
Das blieb so bis 1930.
Heute heißt sie Istanbul, ist
eine Metropole zwischen
Europa und Asien und die
größte Stadt der Türkei.

Ein letztes Aufbäumen

Angesichts dieser Bedrohungen wurde das Römische Reich 395 n. Chr. in ein Oströmisches und ein Weströmisches Reich geteilt. Die Hauptstadt Westroms blieb zwar Rom, aber die Residenz der Kaiser wurde Ravenna. Diese Stadt war leichter als Rom zu verteidigen und bot zumindest größeren Schutz für den Kaiser. Aber es funktionierte nicht, denn die germanischen Eroberer trachteten danach, die Hauptstadt in ihre Gewalt zu bekommen. 410 eroberten die Westgoten unter Führung ihres Königs Alarich Rom. 455 folgten die Vandalen unter ihrem Anführer Geiserich. Die Römer mussten akzeptieren, dass germanische Reiche auf ihrem Gebiet entstanden. Sie nutzten die Germanen als Verbündete zur Grenzverteidigung. Aber immer wieder drangen neue Völker ins Reich ein. Wirtschaft und Städte verfielen. Die Kirche war die einzige Stütze für viele Römer und bot in Krisenzeiten den letzten Rückzugsort.

Die Dreiteilung der Mittelmeerwelt

476 setzte der Germane Odoaker den letzten weströmischen Kaiser Romulus Augustulus ab. Dessen Macht war so gering, dass es kaum Gegenwehr gab. Der oströmische Kaiser erkannte Odoaker als Schutzherrn Roms an und lenkte geschickt die germanischen Angriffe auf weströmisches Gebiet. Somit sicherte er den Bestand des oströmischen Reichs im östlichen Mittelmeerraum. Und Ostrom konnte sich behaupten gegen die kurzlebigen Germanenreiche. Die Hauptstadt Ostroms war ✱Konstantinopel, welches sich als zweites Rom betrachtete. Mehr als eine halbe Million Menschen lebte hier. Durch seine Lage am Bosporus und an den Handelswegen in den Orient wuchs die wirtschaftliche Bedeutung Konstantinopels und übertraf darin Rom. Unter dem oströmischen Kaiser Justinian (Herrscherzeit 527–565) erlebte die Stadt im 6. Jahrhundert eine Blüte. Paläste, Klöster, Kirchen, Prachtstraßen und Wehranlagen entstanden. Mit einem bis zu 30 Kilometer langen Befestigungsring und 7 Meter tiefen Wallanlagen galt Konstantinopel als uneinnehmbar. Die Hagia Sophia, die Kirche der heiligen Weisheit, ist bis heute eine der Hauptsehenswürdigkeiten der Stadt. Die Bauzeit betrug nur fünf Jahre und die Kuppel ist mit 32 Metern Durchmesser ein Meisterwerk der Baukunst.

Das Oströmische Reich konnte sich bis 1453 behaupten. Dann wurde Konstantinopel von den Osmanen eingenommen. Sie waren Muslime und verdeutlichten den Aufstieg einer neuen Religion – des Islams (siehe S. 174–179).

Mit der Ausdehnung des Islams ab 632 n. Chr. und der Gründung von islamischen Reichen entstand im Mittelmeerraum eine neue Großmacht. Die dritte Macht waren die Germanen. Der Stamm der Franken setzte sich ab dem 5. Jahrhundert durch und schuf ein Reich im Herzen Europas.

2 – Die Machtzentren des Mittelmeerraums im Frühmittelalter.

Dabei nutzten die Franken sowohl die alten Römerstädte als auch die Verwaltungsstrukturen und die Römerstraßen zum Aufbau eines eigenen Reiches.

Eine neue Epoche beginnt

Das Ende des Ost- und Weströmischen Reiches, die Dreiteilung des Mittelmeerraumes und die Umwälzung durch die Völkerwanderung ab 500 bezeichnet den Beginn einer neuen Epoche, die die Zeit der Antike ablöste: das Mittelalter. Damit ist die Zeit zwischen 500 und 1500 gemeint. Der Begriff „Mittelalter" ist erst im 19. Jahrhundert entstanden und soll die Zeit zwischen Antike und Neuzeit kennzeichnen.

Q1 Kaiser Justinian (482–565) ließ 528 eine Gesetzessammlung, den Codex Iustinianus, zusammenstellen. Darin steht unter anderem:
– Beweise muss erbringen, wer etwas behauptet, nicht wer etwas bestreitet. Im Zweifelsfall für den Angeklagten.
– Niemand soll ohne Anhörung verurteilt werden.
– Eine Strafe wird nur verhängt, wenn sie im Gesetz für ein Verbrechen vorgesehen ist.
– Auf bloßen Verdacht darf niemand verurteilt werden.
– Die Strafe wird verhängt, um den Menschen zu bessern.
– Bei Verbrechen kommt es auf die Absicht, nicht auf den Erfolg an.

❶ ▪ Fasse zusammen, wie man im Römischen Reich versuchte, sich in Zeiten der Völkerwanderung zu behaupten.

❷ ▪ Überlege mit deinem Nachbarn, warum die Bemühungen letztendlich erfolglos waren. Beziehe dich dabei auf den Text und Bild 1.

❸ ▪ Gestalte mithilfe des Texts und Karte 2 eine Übersicht zum Thema „Dreiteilung des Mittelmeerraums" in deinem Geschichtsheft.

▶ *Folgende Oberbegriffe helfen dir dabei: Name des Reichs, Entstehungszeit, Lage des Reichs*

❹ ▪ Erkläre mit eigenen Worten den Begriff „Mittelalter".

❺ ▪ Das römische Erbe ging nicht völlig verloren mit dem Beginn des Mittelalters. Finde im Text und in Q1 Beweise für diese Aussage.

❻ ▪ Gestalte ein Werbeposter für das „Zweite Rom". Begründe mithilfe des Textes, warum Konstantinopel eine Reise wert war.

Der Aufstieg der Franken

Warum wurden die Franken Christen?

1 – Illustration aus einer französischen Handschrift, 14. Jahrhundert.

ab 500
Reichsbildung der
Franken
Missionierung

* Abt (Plural: Äbte)
Ein Abt ist der Vorsteher
eines Klosters.

Die Franken werden Christen

Im 5. Jahrhundert entstanden auf dem Gebiet des Weströmischen Reiches verschiedene germanische Königreiche. Davon war eines das Frankenreich. Das älteste fränkische Königsgeschlecht waren die Merowinger. Von 482 bis 511 n. Chr. war der Merowinger Chlodwig der König der Franken. Wie alle germanischen Könige trug er Bart und lange Haare als Zeichen einer besonderen Macht, des „Königsheils". Dieses bedeutete, dass nur der König und seine Sippe gute Ernten, Kriegsglück und das Wohlergehen des Volkes garantieren konnten. Er vertrieb im Jahre 486 n. Chr. den letzten römischen Statthalter aus Gallien. Damit war die Herrschaft der Römer im Weströmischen Reich beendet. Die Reichsbildung der Franken hatte begonnen. Fast alle Bewohner Galliens waren Christen, die Franken aber verehrten Naturgottheiten.

Im Jahr 496 n. Chr. ließ sich Chlodwig zusammen mit 3000 seiner Krieger taufen

(Q1). Die Bekehrung der Franken zum Christentum brachte für Chlodwig Vorteile, denn nun hatten alle Bewohner Galliens die gleiche Religion.

Chlodwig setzte nun vor allem gallische Bischöfe und *Äbte in der Verwaltung seines großen Reiches ein. Sie hatten auch schon bei den Römern als Verwaltungsbeamte gedient. Franken und Römer benutzten jetzt bei offiziellen Anlässen und bei der Verfassung von Dokumenten die gleiche Sprache und die gleiche Schrift, das lateinische Alphabet. Das Zusammengehörigkeitsgefühl zwischen den Bevölkerungsgruppen wurde auch durch Heiraten gefördert.

Christliche Mission

Die Franken förderten die Verbreitung des Christentums. Seit dem 7. Jahrhundert verkündeten Mönche aus Irland und dem angelsächsischen Bereich die christliche Botschaft im Frankenreich. Diese Verkündigung der Botschaft nennt man Missionierung.

Der bedeutendste Mönch war Winfried, der später vom Papst den Namen „Bonifatius" erhielt.

Bonifatius

Der Name bedeutet „Der es gut macht". Bonifatius missionierte vor allem in Thüringen und Hessen (Q2). 734 n. Chr. wurde er vom Papst zum Erzbischof ernannt. Nach dem Vorbild des Römischen Reiches schuf er kirchliche Verwaltungseinheiten (Bistümer) und setzte an deren Spitzen Bischöfe ein. Auch in Bayern war er tätig. Er ordnete die kirchliche Verwaltung und teilte das Gebiet in vier Bistümer: Freising, Regensburg, Salzburg und Passau.

Mit 80 Jahren unternahm Bonifatius die letzte Missionsreise nach Friesland. Dort wurde er 754 von friesischen Kriegern erschlagen. Er liegt in Fulda begraben.

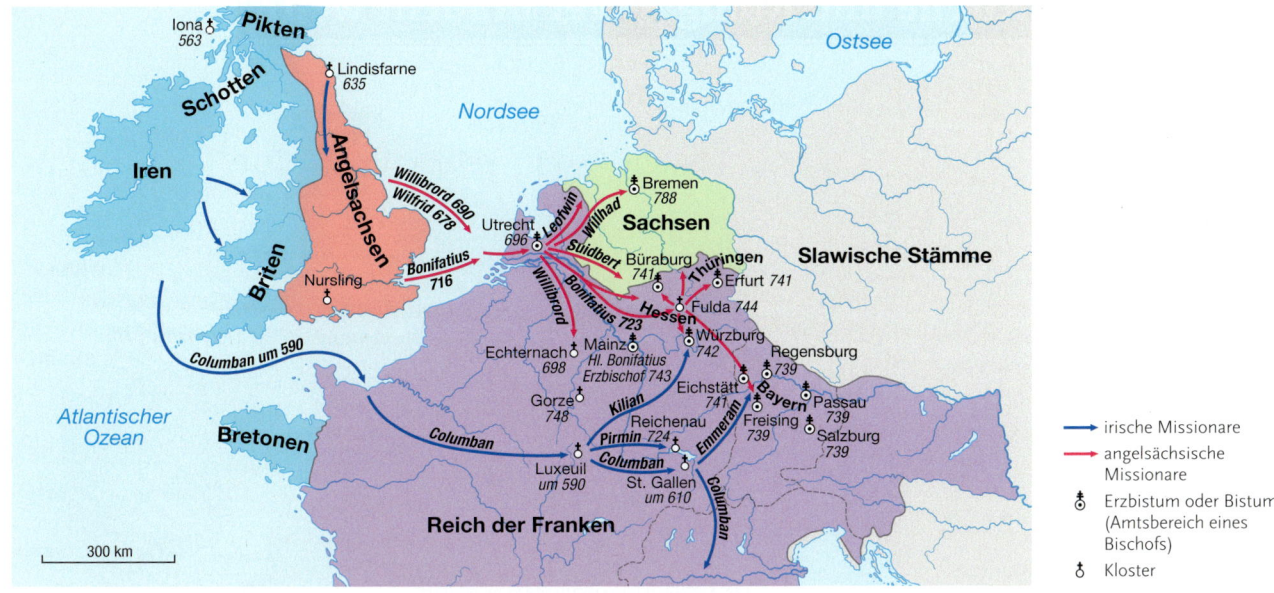

2 – Irische und angelsächsische Mönche verbreiten das Christentum in Europa.

Q1 Der Bischof und Geschichtsschreiber Gregor von Tours (540–594) schrieb um 575:

... Aber auf keine Weise konnte er (Chlodwig) zum christlichen Glauben bekehrt werden, bis er ... mit den Alemannen in einen Krieg geriet. (Es kam) ... zu einem ... Blutbad, und Chlodwigs Heer war nahe daran, ... vernichtet zu werden. Als er das sah, erhob er seine Augen zum Himmel ... und sprach: „Jesus Christus! Gewährst Du mir jetzt den Sieg über meine Feinde, so will ich an Dich glauben und mich taufen lassen. Denn ich habe meine Götter angerufen, doch sie helfen mir nicht; sie sind wohl machtlos. Nun rufe ich Dich an ... ." Als er dies gesagt hatte, begannen die Alemannen zu fliehen. ...

Q2 Aus einem Bericht des Mönchs Willibald aus dem Jahre 768:

... Viele ... erhielten damals die Taufe. Andere aber opferten noch immer heimlich oder offen, betrieben Weissagung, Zauberei und Beschwörung. Da beschloss Bonifatius, eine Eiche von seltener Größe, die den alten heidnischen Namen Donareiche führte, im Beisein seiner Mönche zu

fällen. Als diese Absicht bekannt wurde, versammelte sich eine große Menge *Heiden, die den Feind ihrer Götter heftig verfluchten. Kaum aber hatte Bonifatius den Baum ein paar Mal mit der Axt getroffen, da wurde die ungeheure Masse des Baumes durch göttliche Winde erschüttert. Die Enden der Äste brachen, und die Eiche stürzte krachend zu Boden. Die Heiden aber ... fingen an, den Herrn zu preisen und an ihn zu glauben.

* Heiden
Damit werden abwertend Nichtchristen bezeichnet.

❶ 🔲 Nenne das Ereignis, das in Bild 1 dargestellt wird.

❷ 🔲 Ermittle aus Karte 2, welche Missionare in Bayern gewirkt haben und welche Bistümer von ihnen geprägt wurden.

❸ 🔳 Erkläre mithilfe von Q1 und des Texts die Vorteile, die Chlodwig vom Übertritt zum Christentum hatte.

❹ 🔳 Untersuche Q2 und berichte über die Methoden der christlichen Mission.

▶ *Nimm die Methode „Arbeit mit Textquellen" von S. 90/91 zu Hilfe.*

❺ 🔳 Erstelle eine Tabelle, in der du auflistest, was die Franken übernommen haben und was sie als Neuerung einführten.

Das bleibt	Das ist neu
...	*Franken werden Christen*
...	...

❻ 🔶 Erläutere, was unter dem Begriff „Reichsbildung der Franken" zu verstehen ist.

Kirche und König – Wer braucht wen?

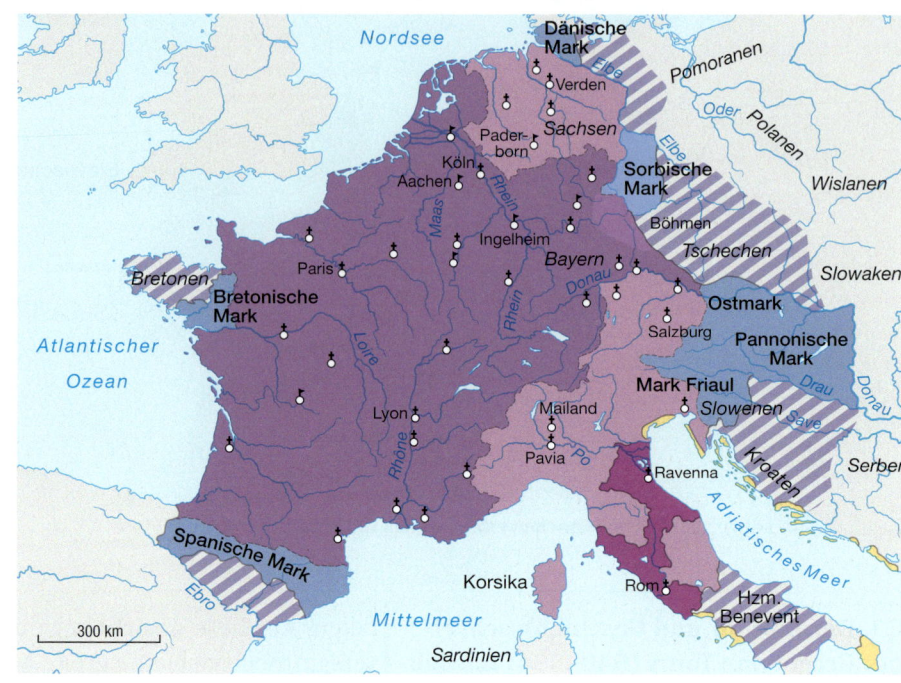

1 – Das Fränkische Reich unter Karl dem Großen.

Legend for map:
- Frankenreich 768
- Erwerbungen Karls des Großen
- Grenzmarken Karls des Großen (stark befestigt)
- Fränkisches Einflussgebiet um 814
- Kirchenstaat
- Oströmisches Reich
- ♗ Bischofssitz
- ♙ Königspfalz

300 km

König
Kaiser
Karl der Große
800 Kaiserkrönung
Karls des Großen

* Hausmeier
So wird ein Verwalter der
Königsgüter und Heer-
führer bezeichnet.

* Salbung
Nach dem Vorbild der
biblischen Könige ist die
Salbung mit heiligem Öl
ein wichtiger Teil der
Königserhebung. Damit
sollte sichtbar werden, dass
das Königtum eine heilige
Würde ist.

König und Papst brauchen einander

Im 7. Jahrhundert verloren die Merowinger durch Reichsteilungen an Einfluss.
Die mächtigsten Personen waren jetzt die
sogenannten *Hausmeier. Hausmeier
Pippin der Jüngere holte schließlich die
Zustimmung des Papstes ein, neuer König zu werden – und setzte die Merowinger ab. 751 ließ er sich von den wichtigsten Adligen des Frankenreiches zum
König erheben. Zur selben Zeit wurde
Papst Stephan II. in Rom durch das
lombardische Königreich bedroht. Er rief
Pippin zu Hilfe. Dieser zog nach Rom
und unterwarf die Papstgegner. In einem
Vertrag versprach Pippin dem Papst, dass
er ihn beschützen werde, und schenkte
ihm Land für den Kirchenstaat. Dafür
*salbte der Papst Pippin 754 in Rom zum
König. Das war der Beginn der engen
Verbindung zwischen dem Papst und den
neuen Machthabern. Die Nachfolger Pippins sollten daran anknüpfen.

Karl der Große unterwirft die Sachsen

Der bedeutendste Nachfolger Pippins war
Karl (Herrscherzeit 768–814). Seine Zeitgenossen nannten ihn schon „den Großen". Nach ihm wurde auch das Herrschergeschlecht der Karolinger benannt.
Das Frankenreich erreichte unter Karl die
größte Ausdehnung (Karte 1) – so entstand das karolingische Großreich.
Die Sachsen waren der letzte freie Stamm
der Germanen und noch nicht zum
Christentum übergetreten. Sie leisteten
den größten Widerstand. 30 Jahre kämpften sie unter Führung Herzog Widukinds
gegen die Franken. Nach einem erneuten
Aufstand 782 reagierte Karl hart: Er ließ
die Anführer bei Verden (im heutigen
Niedersachsen) hinrichten. Es sollen über
4000 Männer gewesen sein. Widukind
konnte fliehen. Um den Widerstand endgültig zu brechen, wurden die Sachsen
gezwungen, ihre Religion aufzugeben
und das Christentum anzunehmen.

2 – Karolingische Münze. Auf der Vorderseite (Bild links) steht: KAROLUS IMP(ERATOR) AUG(USTUS) = Karl, der erhabene Kaiser. Auf der Rückseite (Bild rechts) steht: CHRISTIANA RELIGIO = christliche Religion.

Karl der Große wird Kaiser

Am Ende des 8. Jahrhunderts war Karl der mächtigste Herrscher in Europa. Sein Reich umfasste weite Teile des ehemaligen Weströmischen Reiches. Am Hofe Karls des Großen war man der Meinung, dass der König auch *Kaiser werden solle, zumal der Herrscher des Oströmischen Reiches auch diesen Titel trug (siehe S. 160). Auch der Papst, der in Rom einen starken Schutzherrn brauchte, wollte die Stellung des Königs stärken.

In Rom war es im Jahr 799 n. Chr. zu einer Auseinandersetzung zwischen Papst Leo III. und römischen Adligen gekommen. Der Papst floh zu König Karl nach Paderborn. Dieser versprach dem Papst seine Unterstützung. Im folgenden Jahr kam der König selber nach Rom, um die Streitigkeiten beizulegen. Dort wurde er 800 n. Chr. vom Papst zum Kaiser gekrönt. Damit wurde er aus Sicht der Franken der Nachfolger der römischen Kaiser. Karl knüpfte in vielen Punkten an das Römische Reich an. Wie im alten Rom wurde auch bei ihm der Adler zum Symbol seiner kaiserlichen Würde.

Karl war es gelungen, nach der Unruhe der Völkerwanderung ein Reich zu schaffen, in dem unterschiedliche Völker und Stämme lebten. Gemeinsam war allen der christliche Glaube, der ihr tägliches Leben bestimmen sollte. Das Frankenreich wurde zum Fundament für die weitere Geschichte ganz West- und Mitteleuropas. So gilt Karl heute als „Vater Europas".

Q1 In der *Biografie Papst Leos III. (750–816), die in seinem Auftrag verfasst wurde, wird über die Krönung Karls berichtet:

Am Tage der Geburt unseres Herrn Jesu Christi waren alle in der schon genannten Basilika des heiligen Apostels Petrus versammelt. Und da krönte ihn (Karl) der ehrwürdige und Segen spendende Vorste- her (Papst Leo III.) eigenhändig mit der ... Krone. Darauf riefen alle gläubigen und getreuen Römer, die den Schutz und die Liebe sahen, die er (Karl) der römischen Kirche und ihrem Vertreter gewährte, einmütig mit lauter Stimme auf Gottes Geheiß und des heiligen Petrus, des Himmelreichs Schlüsselträger, Eingebung aus: „Karl, dem allerfrommsten von Gott gekrönten Augustus, dem großen und friedfertigen Kaiser, Heil und Sieg!" Unter Anrufung vieler Heiliger ist dies dreimal ausgerufen und von allen ist er als Kaiser der Römer eingesetzt worden.

*Biografie
Lebensbeschreibung einer historischen Persönlichkeit. Biografien von Herrschern wurden häufig auch von ihnen in Auftrag geben.

*Kaiser
(lat.: Caesar) Das Kaisertum war die höchste weltliche Herrscherwürde. Nur der Papst konnte den Kaiser krönen, der damit auch große weltliche Macht gewann. Die mittelalterlichen Kaiser beanspruchten die Herrschaft über Italien und eine Einflussnahme auf die Kirche.

❶ 🔲 Ermittle mithilfe eines Atlas, welche heutigen Länder um 800 zum Reich Karls gehört haben (Karte 1).

❷ 🔲 Beschreibe die beiden Seiten der karolingischen Münze (Bild 2).

❸ 🟥 Erkläre, warum Karl der Große die Sachsen zwingen wollte, das Christentum anzunehmen.

❹ 🟥 Beschreibe mit eigenen Worten, wie König und Papst aufeinander angewiesen sind (Q1 und Text).

▶ *Der Papst braucht den König, weil ...*
Der König braucht den Papst, damit ...

❺ 🟥 Beweise mithilfe des Textes und Bild 2, dass folgender Satz gilt: „Die Münze zeigt, dass Karl der Große Altes übernimmt und Neues einführt."

▶ *Nimm deine Ergebnisse aus Aufgabe 2 zu Hilfe.*

❻ 🟥 Verfasse mithilfe der Seiten 162–165 einen kurzen Lexikonartikel zum Aufstieg der Franken.

▶ *Verwende darin folgende Begriffe und Daten: um 500 Reichsbildung der Franken, König, Kaiser, Karl der Große, 800 Kaiserkrönung Karls des Großen.*

Methode

Textquellen vergleichen

Woher wissen wir eigentlich, was vor tausenden oder hunderten Jahren geschehen ist? Es war von uns doch niemand dabei! Aber wir haben viele verschiedene Quellen, in denen Zeitzeugen uns von der Vergangenheit berichten. Seit der Antike können wir auch auf Textquellen zurückgreifen. Dabei berichten die Texte häufig aus der Perspektive der Person, die uns als Zeitzeuge dient. Damals wie heute ist es so, dass die Menschen Ereignisse und Zusammenhänge unterschiedlich erleben und wahrnehmen. So kommt es, dass die Texte manchmal ganz unterschiedliche Botschaften enthalten. Mit verschiedenen Fragen könnt ihr euch den verschiedenen Darstellungen nähern und so einen besseren Blick auf das jeweilige Ereignis gewinnen. So könnt ihr vermeiden, voreilige Schlüsse zu ziehen. Nicht immer ist das, was wortwörtlich dasteht, das eigentlich Interessante oder die eigentliche Botschaft.

Folgende Fragen helfen euch, Textquellen zu vergleichen.

Schritt 1 **Jeden Text für sich untersuchen**	■ Worum geht es in dem Text? (Wer? Wo? Was? Wann?) ■ Welche **Textsorte** liegt vor? ■ Was weiß ich über den **Autor** des Textes? ■ Wie ist der Text **gegliedert**?
Schritt 2 **Vergleich der verschiedenen Texte**	■ Wo stimmen die Texte überein? Wo machen die Texte verschiedene Aussagen? ■ Welche Passagen sind sachlich, welche geben eine Meinung oder Wertung wieder? ■ Welche Ursache gibt es für die verschiedenen Darstellungsweisen? → Herkunft der Autoren? Absicht der Verfasser?
Schritt 3 **Texte bewerten**	■ Schenkt man einer Quelle mehr Vertrauen und wenn ja, warum? ■ Gibt es Gesichtspunkte, die in beiden Texten unerwähnt bleiben? ■ Was kann man zusammenfassend über das behandelte Thema feststellen?

✳ **Chronik**
Eine Chronik ist eine Aufzeichnung geschichtlicher Ereignisse in zeitlicher Reihenfolge.

❶ 🔲 Lies Q1 und Q2 und vergleiche anschließend die Quellen, indem du die Lösungshinweise in deinem Geschichtsheft vervollständigst.
▶ *Der Stern* ✳ *zeigt dir, wo Absätze sind.*
❷ 🔲 Vergleiche mithilfe der Methodenschritte beide Quellen mit Q1 auf S. 165.

❸ 🔲 Arbeite heraus, was an dieser Kaiserkrönung 800 in Rom auf Traditionen zurückgeht und was neu ist.
▶ *Nimm deine Ergebnisse aus Aufgabe 5, S. 165 zu Hilfe.*

Q1 Einhard (ca. 770–840) war ein Gelehrter an der Hofschule Karls des Großen und Autor einer Biografie über diesen Herrscher, den er persönlich kannte. Er schrieb über die Kaiserkrönung Karls am Weihnachtstag des Jahres 800:

… Seine (Karls des Großen) letzte Reise nach Rom hatte mehrere Gründe. Die Römer hatten Papst Leo schwer misshandelt, ihm die Augen ausgestochen und die Zunge ausgerissen, sodass er sich gezwungen sah, den König um Schutz zu bitten. Daher begab sich Karl nach Rom, um die verworrenen Zustände der Kirche zu ordnen. Das dauerte den ganzen Winter. * Bei dieser Gelegenheit erhielt er den Kaiser- und Augustus-Titel, der ihm anfangs so zuwider war, dass er erklärte, er würde die Kirche selbst an jenem hohen Feiertage nicht freiwillig betreten haben, wenn er die Absicht des Papstes geahnt hätte. * Die Eifersucht der oströmischen Kaiser, die ihm die Annahme der Titel schwer verübelten, ertrug er dann allerdings mit erstaunlicher Gelassenheit. Er überwand ihren Widerstand durch seine Großmut – denn in dieser Beziehung stand er weit über ihnen – und indem er ihnen zahlreiche Botschaften sandte und sie in den Briefen immer als Brüder anredete. …

Q2 Theophanes (ca. 760–818) war ein bedeutender oströmischer Geschichtsschreiber. In seiner *Chronik beschreibt er die Ereignisse der Jahre 284/85 bis 813 und stützt sich in seiner Darstellung auf zahlreiche Quellen.

… Im selben Jahr erhoben sich in Rom die Verwandten des seligen Papstes Hadrian, die das Volk auf ihre Seite gebracht hatten, gegen Papst Leo (III.). … * Er floh zum Frankenkönig Karl, der grausame Rache an den Feinden nahm und ihn wieder auf seinen Thron einsetzte. Seit jener Zeit steht Rom unter der Macht der Franken. * Als Belohnung dafür krönte der Papst ihn am 25. Dezember … zum römischen Kaiser in der Kirche des heiligen Apostels Petrus, nachdem er ihn vom Kopf bis zu den Füßen gesalbt und ihm das kaiserliche Gewand angelegt und die Krone aufgesetzt hatte. …

Lösungshinweise:

Schritt 1:
Zu Quelle 1:
Einhard, ein Gelehrter und Vertrauter Karls, beschreibt die Gründe des Romaufenthaltes Karls und seine Krönung durch den Papst im Jahr 800. Es handelt sich um eine Biografie. Einhard ist Zeitgenosse Karls und war vermutlich bei dem Ereignis anwesend. Der Text ist in drei Abschnitte gegliedert, in denen es um … geht.
Zu Quelle 2: …
Theophanes …

Schritt 2: Beide Texte beschreiben die Zusammenarbeit von Kaiser und Papst und gehen auf die Kaiserkrönung ein.
Im ersten Text erscheint Karl _ bescheiden und demütig.
Im zweiten Text werden die Probleme des Papstes genauer benannt. Außerdem erwähnt die oströmische Quelle, dass es auch um Macht geht, und behauptet, dass Karl der Große grausam aufgetreten sei.
Der erste Autor beschreibt die Szene aus karolingischer Sicht: Karl wird positiv dargestellt, der oströmische Kaiser negativ.
Dies kann man an den Worten … erkennen.
Die zweite Quelle vertritt die Position Ostroms: …

Zum Schritt 3: Jeder Autor schreibt aus seiner persönlichen Perspektive und im Sinn seines Auftraggebers:
Einhard soll …
Unberücksichtigt bleibt, wie das Volk die Szenen bewertet.

Wie wurde das Frankenreich regiert?

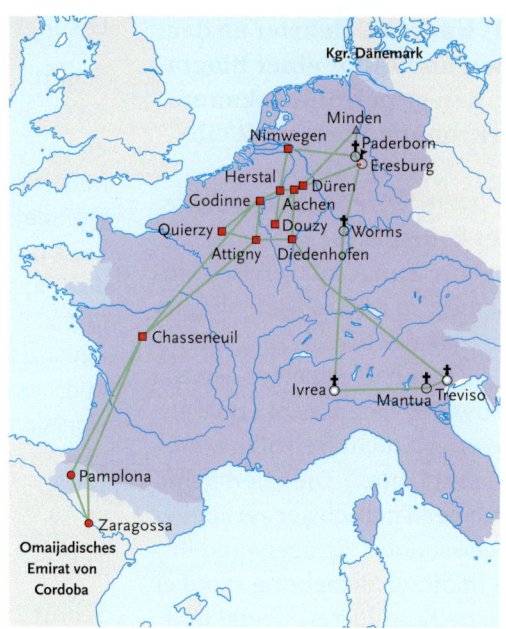

1 – Bevorzugte Aufenthaltsorte Karls des Großen.
Innerhalb von drei Jahren (775–778) soll Karl
6500 km zurückgelegt haben. Während seiner Regierungszeit bereiste Karl einige Orte mehrfach, z. B.
Worms: 16, Herstal 12: Diedenhofen: 7, Düren: 6,
Quierzy: 6, Aachen: 27 Mal.

2 – Bronzestatuette Karls des Großen, um 870. Fest
im Sattel sitzend – so verbrachte er einen Großteil
seiner Regierungszeit.

Legende Karte:
- ● Ort
- ⚲ Kloster
- ⚲ Burg
- ⚲ Bischofs- oder Erzbischofssitz
- ■ Königshof oder Pfalz
- ▲ Militärlager
- ── Weg Karls d. Gr.
- ▨ Frankenreich unter Karl dem Großen
- ▨ Grenzmarken

Orte auf der Karte: Kgr. Dänemark, Minden, Nimwegen, Paderborn, Eresburg, Herstal, Düren, Godinne, Aachen, Quierzy, Douzy, Worms, Attigny, Diedenhofen, Chasseneuil, Ivrea, Mantua, Treviso, Pamplona, Zaragossa, Omaijadisches Emirat von Cordoba

Ein Herrscher auf Reisen

Riesig war das Reich Karls des Großen: Es reichte vom Atlantik bis ans Mittelmeer, von den Pyrenäen bis an Elbe und Donau. Umso erstaunlicher ist es, dass es im Frankenreich keine Hauptstadt gab. Der König war ständig unterwegs. Er regierte aus dem Sattel, um nach dem Rechten zu schauen und um Recht zu sprechen. Er regierte, indem er von *Pfalz zu Pfalz zog. Pfalzen waren gut ausgestattete Königshöfe. Auch bei Bischöfen und Äbten machte der Hof auf den beschwerlichen Reisen Rast. Die gesamte Verwaltung reiste mit. Rechnet man alle Reisen Karls des Großen zusammen, so umrundete er mehrfach die Erde.

Ein enger Berater war der Kanzler. Er sorgte in der Kanzlei für das Aufschreiben und Verwahren der Erlasse und notierte für jedes Jahr die Aufenthaltsorte des Königs.

Zur Erleichterung der Verwaltung teilte Karl der Große das Reich in etwa 350 *Grafschaften auf. Jedem Graf oblag die Rechtsprechung und das Eintreiben von Abgaben und Zöllen. In Kriegszeiten mussten die Grafen ein Heer aufstellen und an der Seite ihres Königs kämpfen. Sie waren eine Art Stellvertreter des Königs. Regelmäßig sandte der König berittene Boten aus, die die Grafen kontrollierten. Die weltlichen Königsboten überbrachten wichtige Nachrichten des Königs und sollten verhindern, dass die Grafen ihre Macht missbrauchten. Neben den Grafen wurden auch Bischöfe und Äbte mit wichtigen Verwaltungsaufgaben betraut, denn sie konnten im Gegensatz zu vielen Adligen lesen und schreiben. Die geistlichen Königsboten informierten und kontrollierten sie im Auftrag des Königs. Die gefährdeten Grenzgebiete wurden durch die Gründung von *Mar-

Randspalte (Glossar):

Pfalz
(lat.: palatinum = Palast)

Grafschaft
So nennt sich das Herrschaftsgebiet eines Grafen.

Marken
(lat.: marka = Grenze)
Das sind Grenzgebiete des Reiches.

Lehen
Ein Lehen ist eine Sache, die der Lehnsherr an einen Lehnsmann verleiht. Dabei kann es sich um ein Stück Land oder ein Amt handeln. Als Gegenleistung erwartet der Lehnsherr Treue und Dienste vom Lehnsmann.

Marschall
Der Marschall war zuständig für den Stall. Er beaufsichtigte die Pferde und ihre Versorgung.

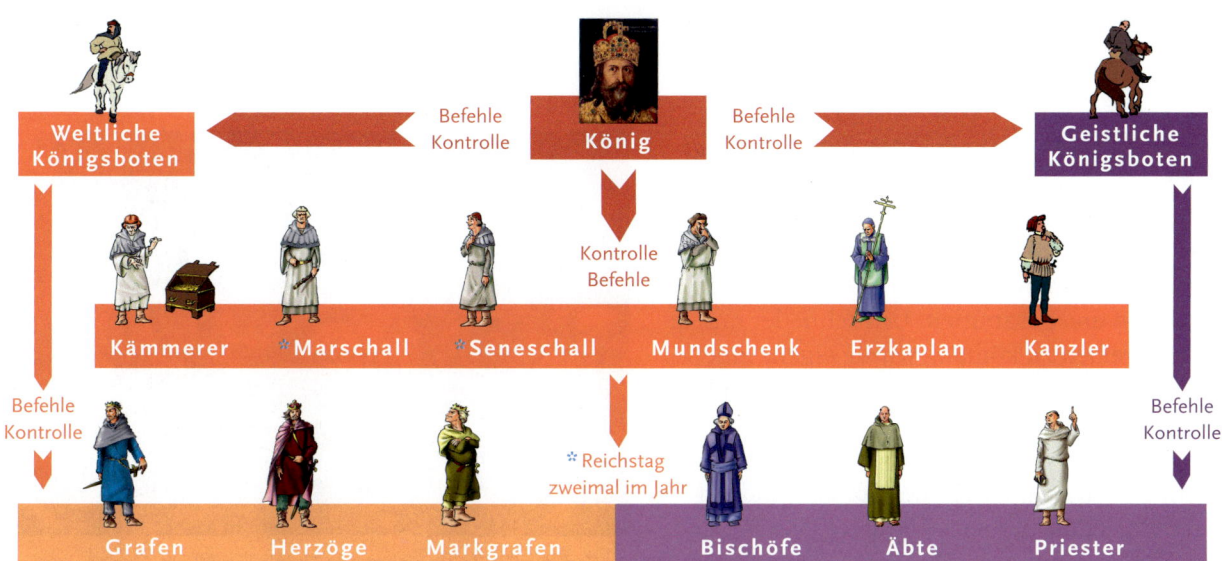

3 – Die Verwaltung des Reiches und königliche Hofämter.

ken mit den Markgrafen an der Spitze geschützt. Um sich die Unterstützung dieser Adligen zu sichern, vergab der König ein *Lehen auf Lebenszeit an Adlige. Besiegelt wurde die Lehnsvergabe mit einem Treueeid.

Der König besucht eine Pfalz
Kein Bischof, Graf oder Abt war begeistert, wenn der König mit einem Gefolge von 1000 bis 1500 Leuten die Pfalz besuchte. Versorgung und Unterbringung waren eine schwierige Aufgabe und erzeugten hohe Kosten. Die Bauern waren die Leidtragenden. Sie mussten alles Notwendige liefern. Da die Klagen über die Belastungen wuchsen, ließ Karl im Reich etwa 250 Königshöfe und Pfalzen errichten, in denen der gesamte Hof untergebracht werden konnte.

Q1 In einer Verordnung des Königs aus dem Jahre 812 heißt es:
... Auf jedem unserer Krongüter sollen die Verwalter einen möglichst großen Bestand an Kühen, Schweinen, Schafen, Ziegen und Böcken halten. ... (Es) ... ist darauf zu achten, dass alles ... mit der

größten Sorgfalt hergestellt wird wie: Speck, Rauchfleisch, ... Wein, Essig, Most, Senf, Käse, Butter, Bier, Honig, Wachs. ... Jedes Krongut soll vorrätig halten: Bettdecken, Matratzen, Federkissen, Tischtücher, Bankpolster, Gefäße aus Kupfer, Blei, Eisen und Holz, Ketten, Kettenhaken, Bohrer und Schnitzmesser. ... Unseren Frauenarbeitshäusern soll man liefern: Flachs, Wolle, Seife, Fett, Gefäße und die kleinen Dinge, die benötigt werden. Jeder Verwalter soll in einem Bezirk tüchtige Handwerker zur Seite haben. ...

* **Seneschall**
Er hatte die Oberaufsicht über das Hofpersonal, die Verpflegung des Hofes und die Verwaltung des Reichsgutes.

* **Reichstag**
Dies war die Versammlung aller Grafen, Markgrafen, Bischöfe und Äbte, die zwei Mal im Jahr in der vom König bestimmten Pfalz stattfand. Es wurden dort wichtige Fragen zur Politik des Reiches besprochen und meist ein neuer Feldzug beschlossen.

❶ ▣ Finde mithilfe der Karte 1 heraus, welche Orte Karl der Große besonders häufig besuchte.

❷ ▣ Erkläre, weshalb der Besuch des Königs mit Gefolge eine große Herausforderung war.

❸ ▣ Folgende Situation könnte sich zugetragen haben: Ein ausländischer Besucher kommt an den Königshof und alle wichtigen Hofämter sollen sich vorstellen. Schreibe für jedes Amt eine Rollenkarte. Die Szene kannst du mit deinen Klassenkameraden vor der Klasse aufführen.

▶ *So kannst du beginnen. „Ich bin der Kämmerer und meine Aufgaben sind ...“ Das Schaubild hilft dir dabei.*

❹ ▣ Ermittle, inwiefern die Verwaltung des Römischen Reiches sich von der des Fränkischen Reiches unter Karl unterschied.

▶ *Nimm die Seiten 122 und 128/129 zu Hilfe.*

Wie förderte Karl der Große Bildung und Künste?

Karl der Große (747 – 814) erkannte, dass Wissen gesammelt werden muss, um gegen das Vergessen anzukämpfen. Daher richtete er [1]Klöster und Schulen ein. Hier wurden Kinder unterrichtet, Priester ausgebildet und in den Schreibstuben antike Papyrustexte abgeschrieben und gesammelt. Um schneller und leserlicher schreiben zu können, wurde eigens eine Schrift mit Kleinbuchstaben entwickelt: die Karolingische Minuskel.

Berühmte Gelehrte aus ganz Europa sammelte Karl an seinem Hof in Aachen. An der Spitze stand der Leiter der Hofschule namens Alkuin (735–804). Er kam aus England und war [2]Theologe. Unser Wissen über Karl den Großen selbst und seine Zeit verdanken wir dem fränkischen Abt Einhard. Auch er lebte am Hof in Aachen und verfasste eine Lebensbeschreibung über ihn – die Vita Karoli Magni.

1 – Karl der Große empfängt den Theologen Alkuin. Der König brachte ein gewaltiges Werk auf den Weg – die verlässliche Fassung der Bibel. Gemälde von J.-V. Schnetz, 19. Jh.

Q1 Abt Einhard schrieb in der Vita Karoli Magni über Karl den Großen:

… Reich und sicher floss ihm die Rede vom Munde, und was er wollte, konnte er leicht und klar ausdrücken. Doch genügte ihm seine Muttersprache nicht, vielmehr verwandte er auch auf die Erlernung fremder Sprachen große Mühe. Das Lateinische beherrschte er so gut wie das Französische, das Griechische aber konnte er besser verstehen als selbst sprechen. Auch zu schreiben versuchte er und hatte dazu Tafel und Büchlein stets unter dem Kopfkissen, um in schlaflosen Stunden seine Hand an das Schreiben von Buchstaben zu gewöhnen. Da er aber zu spät damit begonnen hatte, brachte er es hierin nicht sehr weit. …

Q2 Abt Einhard schrieb weiter über Karl:

… Die edlen Wissenschaften pflegte er mit großer Liebe, die Meister in denselben schätzte er ungemein und erwies ihnen hohe Ehren. In der Grammatik nahm er Unterricht bei dem greisen Diakon (Geistlichen) Petrus von Pisa, in den übrigen Wissenschaften ließ er sich von … Alkuin … unterweisen, … der von sächsischem Geschlechte war und aus Britannien stammte. In dessen Gesellschaft wandte er viel Zeit und Mühe auf, um sich in der [3]Rhetorik, [4]Dialektik, vorzüglich aber in der [5]Astronomie zu unterrichten. … Der christlichen Religion … war er mit größter Ehrfurcht und Frömmigkeit zugetan. Darum erbaute er auch das herrliche Gotteshaus zu Aachen und stattete es aus mit Gold und Silber, mit Leuchtern und ehernen Gittern und Türen. Da er die Säulen und Marmorplatten für die Kirche anderswoher nicht bekommen konnte, ließ er sie aus Rom und Ravenna herbeischaffen. … Auf Verbesserung des Lesens und Singens in der Kirche wandte er große Sorgfalt. … Er ließ von allen Völkern unter seiner Herrschaft das noch nicht aufgeschriebene Recht zusammenstellen und schriftlich niederlegen. Ebenso ließ er die uralten deutschen Lieder, in denen die Taten und Kämpfe der alten Könige besungen wurden, aufschreiben und der Nachwelt überliefern. Auch eine Grammatik seiner Muttersprache ließ er in Angriff nehmen.

---

[1]Kloster: Dies ist ein Ort, wo Mönche und Nonnen in von der Außenwelt weitestgehend abgeschlossenen Gemeinschaften leben, arbeiten und beten. Klöster waren im Mittelalter Zentren der Kultur und des Wissens.

[2]Theologen: Theologen sind Gelehrte auf dem Gebiet der Religion.

[3]Rhetorik: So wird die Kunst der schönen Rede genannt.

[4]Dialektik: Die Dialektik ist eine Methode, die gegensätzliche Begriffe untersucht und dadurch zur Erkenntnis und zur Überwindung der Gegensätze gelangt.

[5]Astronomie: Dies ist die Wissenschaft vom Lauf der Gestirne im Weltraum.

enttdecken

2 – Papst Leo III. krönt König Karl am 25. 12. 800 in Rom zum Kaiser.
Buchmalerei, 14. Jahrhundert.

M1 **In einer heutigen Geschichtserzählung über zwei Sachsenkinder, die nach Karls Sieg über ihren Stamm an den Aachener Hof gebracht wurden, heißt es:**

Meinwerk hatte sich nicht von seiner Schwester Gerhild getrennt. Als sächsische Geiseln am Hof des großen Karl lebten sie in einiger Anspannung – höflich behandelt, aber immer beobachtet! Meinwerk war in den großen Audienzsaal gegangen. Karl (den man zu Hause im Lipperland heimlich den „Sachsenschlächter" nannte) saß entspannt in einem Ledersessel. ... Um ihn herum hatten die Großen seines Hofes auf Hockern und Schemeln Platz genommen. ... Alkuin fuhr fort: „Das ist es, was unseren Herrn Karl zum Vater der Völker macht: Er sammelt die Gelehrten um sich, die wissen, was die Philosophen der Griechen gedacht haben. Wissenschaftler und römische Rechtsgelehrte bringen Licht in die Dunkelheit. Das Kaiserreich der Römer lebt nun in Germanien fort und über allem leuchtet die Gnade Gottes. Die Völker zu Christus führen – das ist die vornehmste Aufgabe eines Herrschers! Das muss selbst der eifersüchtige Kaiser in Ostrom einräumen!" ...

Bildet Gruppen und bearbeitet eine der Aufgaben 1–3. Stellt eure Ergebnisse den anderen Gruppen anschließend vor.

❶ ▣ Vergleicht die Bilder. Findet Gemeinsamkeiten und Unterschiede. Achtet darauf, wie Karl dargestellt wurde und welche Botschaft damit übermittelt werden sollte. Benutzt dazu die Informationen in Q1 und Q2 sowie auf den Seiten 164/165.

❷ ▣ Erstellt einen Steckbrief über Karl den Großen. Folgende Punkte sollten im Steckbrief enthalten sein: Lebensdaten, Fähigkeiten, Leistungen, Probleme.

❸ ▣ In der Geschichtswissenschaft tut man sich schwer mit der Bewertung Karls des Großen. Einerseits setzte er sich für Bildung ein und übernahm viele Dinge von den Römern. Andererseits bekämpfte er die Sachsen brutal. Gestaltet einen Lexikoneintrag über Karl, der beide Seiten seiner Persönlichkeit berücksichtigt. Nehmt die Materialien dieser Doppelseite sowie die Seiten 164–169 zu Hilfe.

Die Pfalz Aachen

1 Königshalle: Empfang der ausländischen Gesandten, Ort der Beratung mit den Adligen des Reiches

2 Wohngebäude des Königs und seiner Familie

3 Denkmal des Germanenkönigs Theoderich (451–526), den Karl der Große sehr verehrte

4 Torhalle mit Gerichtssaal

Schauplatz Geschichte

5 Pfalzkapelle: nach byzantinischem Vorbild errichtet

6 Wandelhalle (Atrium): nach römischen Vorbildern angelegt

7 Wohnhäuser für das Gesinde (Mägde und Knechte)

8 Badehäuser und Schwimmbäder: nach römischen Vorbildern angelegt

In Aachen war Karl der Große lieber als in allen anderen Pfalzen. Hier fand er Ruhe, Entspannung und Linderung seiner Krankheit mithilfe der Quellen. Karl ließ Aachen von Abt Einhard planen und bauen, sodass es wie eine Hauptstadt seines Reiches war. Aachen wurde daher auch als zweites Rom bezeichnet. Allerdings konnte es mit der Größe Roms nie mithalten. Aber es war ein Zentrum der Macht, Kultur, Religion und auch Lieblingsort Karls d. Gr.

Bildet Gruppen und bearbeitet eine der Aufgaben 1–3. Stellt eure Ergebnisse den anderen Gruppen anschließend vor.

❶ Gestaltet mithilfe des Bildes, der Legende und den Seiten 168/169 eine kurze Führung durch die Pfalz Aachen. Erwähnt bei jedem Gebäude, wozu es diente.

❷ Ermittelt, inwieweit die Pfalz ein Zentrum der Macht, Kultur, Religion und Lieblingsort Karls war. Kennzeichnet die Orte in einer Farbkopie des Bildes und erläutert sie euren Mitschülerinnen und Mitschülern.

❸ Stellt euch vor, ihr wärt ein Gesandter des byzantinischen Kaisers und schreibt einen geheimen Bericht über Karls Residenz an den Kaiser in Konstantinopel. Stellt darin dar, warum Aachen als zweites Rom bezeichnet wurde und welche weiteren Kulturen den Bau der Pfalz beeinflusst haben.

Was bleibt vom römischen und germanischen Erbe? Was ist neu?

1 – Der alte Kornmarkt in Regensburg mit dem Herzogshof und dem sogenannten Römerturm. Im Hintergrund der Dom St. Peter.

Nichts währt ewig?

Das römische Weltreich hatte sich im Lauf der Jahrhunderte weit ausgedehnt. Dann geriet es in eine Krise und zerfiel schließlich in zwei Teile (siehe S. 160). Rom wurde zu einer unbedeutenden Stadt, während Arles, Trier oder Ravenna zu wichtigen Machtzentren aufstiegen. Das Oströmische Reich fand seine neue Mitte in Konstantinopel, dem sogenannten zweiten Rom. Man sprach dort griechisch und betete christlich. War damit alles verloren und vergessen, was die Römer aufgebaut hatten?

Gebäude und Straßen

Das war natürlich nicht so. Zwar waren die römischen Thermen nach und nach verfallen, die Aquädukte ebenso, doch nutzte man nach wie vor die Verwaltungsstruktur und auch das Straßennetz der alten Römer. Als um 1000 ein neuer Baustil entstand, nannte man ihn nicht zufällig „romanisch" – auch hier erinnerte man sich an die Ideen der römischen Architekten.

Das ehemalige Lager Castra Regina (Regensburg) wurde nach Abzug der römischen Legionäre eine der wichtigsten Städte in Bayern. Die Herzöge nutzten die noch erhaltenen römischen Mauern, Tore und Türme. Auch die karolingische Pfalz ging auf römische Vorgängerbauten zurück (siehe Lernaufgabe S. 222). Auch Karl der Große hielt sich immer wieder in der Stadt auf – einmal sogar zwei Jahre lang.

Politik

Nach der Völkerwanderung entstand unter den Franken wieder ein Großreich. Chlodwig hatte sich noch an die germanischen Traditionen gehalten und trug langes Haar als Zeichen seines Königsheils. Karl der Große nahm den Titel „Kaiser" an – damit erinnerte er an den lateinischen Herrschertitel „Caesar".

Unter Karl dem Großen gab es keine Hauptstadt. Wie auch seine Nachfolger, so regierte er „vom Sattel aus" und reiste von Pfalz zu Pfalz. Wer aber als Kaiser herrschen wollte, musste sich in Rom krönen lassen. Das Bedürfnis nach Machtsymbolen hat sich also über Jahrhunderte erhalten (siehe S. 165–167).

2 – In Regensburg wurde die Römermauer auch weiterhin als Stadtbefestigung genutzt. Foto, 2012.

Militär

Auch beim Militär gab es Neuerungen. Die Organisation des römischen Heeres begründete den Aufstieg Roms zur Weltmacht. Das stehende Heer bestand am Ende des Kaisertums aus freiwilligen Berufssoldaten. Das gab es im Mittelalter nicht mehr. Das Heeresaufgebot setzte sich aus freien Bauern, Städtern mit Bürgerrechten oder Adligen zusammen. Es wurden dann Heere aufgestellt, wenn Krieg bevorstand.

Kultur

Der Einfluss der Römer auf die europäische Kultur wird außerdem natürlich schon daran ersichtlich, dass Latein im Mittelalter die entscheidende Verwaltungssprache blieb. Gleichzeitig blieb es die Sprache der Kirche. Französisch, Italienisch, Spanisch, Portugiesisch und Rumänisch sind allesamt romanische Sprachen. Wie wichtig Karl dem Großen der Bezug zur römischen Kultur war, sieht man daran, dass er wie kein anderer Kaiser des Mittelalters Kunst und Kultur förderte und die Bücher der Antike in seinen Schreibstuben kunstvoll vervielfältigen ließ.

Religion

Wenn die Römer ihren Göttern huldigten, so taten sie dies zur Erhaltung ihres Staates. Die Kaiser ließen sich sogar wie Götter verehren.

Auch für alle mittelalterlichen Kaiser und Könige stellte die Religion eine wichtige Machtstütze dar. Allerdings hatte man sich vom Vielgötterglauben abgewandt. Die Kaiser betrachteten sich als von Gott eingesetzt. Zur Vereinheitlichung des Staates trugen die Missionare bei, die im ganzen Reich Bistümer gründeten, also Verwaltungseinheiten nach römischem Vorbild.

Zwar bekämpfte man heidnischen Glauben erbittert, wie die Fällung der Donareiche durch Bonifatius zeigte (siehe S. 162/163). Doch behielt man dennoch römische und germanische Bräuche bei. An dem Tag, an dem heute Weihnachten gefeiert wird, fand in heidnischer Zeit die Sonnwendfeier statt und in Städten, die auf die Römer zurückgehen, standen an den Orten heutiger romanischer Kirchen häufig vorher römische Tempel.

❶ ⚄ Zeige am Beispiel Regensburgs, dass mit dem Zusammenbruch des Römischen Reiches nicht „alles vorbei" war (Text, Bilder 1 und 2).

❷ ⚄ Ermittle anhand der Materialien dieser Doppelseite, was im Mittelalter von der Antike Bestand hatte und was sich änderte.

▶ *Lege eine Tabelle an.*

	besteht fort	neu
Straßen und Gebäude	...	...
Politik	...	...
Militär	...	...
Kultur	...	...

❸ ⚄ Überlege, wo sich Traditionen aus der Antike oder dem Mittelalter bis heute bewahrt haben.

Wie entstand der Islam?

1 – Die Kaaba in Mekka.

Islam

* **Meteorit**
  Meteoriten sind Steine aus dem All, die in die Erdumlaufbahn geraten sind und dort abstürzen.

* **Prophet**
  Propheten werden Männer genannt, von denen man glaubt, dass sie von ihrem Gott auserwählt wurden, allen Menschen sein Wort zu verkünden.

Arabien um 600

Während sich das Frankenreich langsam herausbildete, entstand in Arabien eine neue Religion, die politisch in Zukunft eine große Rolle spielen würde – der Islam. Um 600 lebten die Menschen auf der Arabischen Halbinsel in der Gemeinschaft ihres jeweiligen Stammes und ihrer Großfamilie. Sie waren Nomaden und glaubten an verschiedene Götter. Aus vielen Ländern kamen Kaufleute mit ihren Karawanen, um hier mit den Stämmen Handel zu treiben. Arabische Kaufleute zogen mit ihren Karawanen bis nach Jerusalem und Syrien.

Das gemeinsame, alle Stämme verbindende Heiligtum war die Kaaba in der Wüstenstadt Mekka. Die Kaaba ist ein großer, würfelförmiger Steinbau. In seinem Innern befindet sich ein *Meteorit, der als „heiliger Stein" verehrt wird, weil er vom Erzengel Gabriel stammen soll.

Der Prophet Mohammed

Im Jahre 610 erregte ein Prediger in Mekka Aufsehen. Die Menschen kannten den Mann – es war der bekannte Kaufmann und Fernhändler Mohammed.

Mohammed wurde 570 in Mekka geboren. Er war als Waisenkind bei seinem Onkel aufgewachsen, der ihn bei seinen Reisen als Kaufmann mitnahm. Auf diesen Reisen lernte Mohammed sowohl Juden wie Christen und deren Glauben näher kennen. Juden wie Christen glaubten nur an einen Gott. Das beeindruckte Mohammed sehr.

Eines Tages erschien ihm der Engel Gabriel. Er habe ihn zum *Propheten berufen. Und als solcher Prophet trat Mohammed von da an auch auf.

Gebet
Vor Sonnenaufgang, mittags, nachmittags, abends und vor Einbruch der Dunkelheit , also fünfmal, beten Muslime in Richtung Mekka.

Pflichtabgabe
Muslime geben einen bestimmten Anteil ihres Vermögens für Bedürftige.

Glaubensbekenntnis
Muslime bekennen sich zu Allah als einzigem Gott. Mohammed gilt als sein Prophet.

Fasten im Ramadan
Im Monat Ramadan verzichten Muslime vom Morgengrauen bis zur Abenddämmerung auf Nahrung und Getränke.

Pilgerfahrt nach Mekka
Möglichst zehn Wochen nach Ende des Fastenmonats Ramadan sollten Muslime wenigstens einmal im Leben nach Mekka pilgern.

2 – Die fünf Säulen des Islams. Sie bezeichnen die wichtigsten Pflichten von Muslimen in der Ausübung ihrer Religion.

Die Botschaft Mohammeds

Mohammed forderte die bedingungslose „Hingabe an Gott", so heißt die Übersetzung des Wortes „Islam". Anstelle der Vielgötterei verlangte er die strikte Anerkennung, dass es nur einen Gott, Allah, gebe. Er kritisierte die Zustände in Mekka, besonders die Anbetung von vielen Göttern. Allein Allah, der eine, allmächtige und barmherzige Gott, sei zu verehren.

Medina wird das Zentrum des Islams

Mohammeds neue Lehre stieß bei den Kaufleuten in Mekka auf Widerstand. Sie lehnten jede Veränderung ihrer Traditionen ab und fürchteten auch um ihre Einkünfte aus dem Pilgergeschäft. Nur eine kleine Gruppe unterstützte ihn, darunter besonders seine Frau Chadidscha. 622 folgte Mohammed der Einladung, mit seinen Getreuen nach Medina auszuwandern. Dort sollte er Streitigkeiten zwischen verschiedenen Stämmen schlichten. In Medina gewann er schnell viele Anhänger. Mit ihnen führte Mohammed zahlreiche Kriege, besonders immer wieder gegen Mekka.

In Medina wurde Mohammed allmählich zum Ratgeber, Schlichter und zum religiösen und politischen Führer. Die ganze Gesellschaft in Medina sollte nach Mohammeds Ansicht nach Gottes Weisungen leben. Nach dieser neuen Ordnung lebte Mohammed in Medina mit seinen Anhängern. Diese Urgemeinschaft, die Umma, wurde zum Vorbild für alle späteren islamischen Staaten. Mohammed sah sich selbst als der letzte Prophet in der Reihe von Abraham, Moses und Jesus. Seine Maßnahmen für das Zusammenleben in Medina und in den Stämmen traf er nur als Vermittler der Anordnungen Gottes, denn die neuen Gesetze kamen nach seiner Überzeugung von Gott. Mohammeds Aussagen zum religiösen Leben, seine Weisungen und Ratschläge wurden mündlich weitergegeben und von seinen Schülern notiert. Einer der Nachfolger Mohammeds, der *Kalif Uthman, ließ sie 653 in einem Buch, dem Koran, zusammenstellen. Der *Koran ist das heilige Buch der Muslime.

* **Kalif**
Ein Kalif ist der Nachfolger, Stellvertreter Mohammeds.

* **Koran**
Es sind verschiedene Auslegungen des Korans entstanden, die auch in abweichenden Übersetzungen ihren Ausdruck finden.

❶▪ Beschreibe mithilfe des Texts mit deinen Worten die Situation auf der Arabischen Halbinsel um 600.

❷▪ Erläutere, was Mohammed von den Einwohnern in Mekka forderte.

❸▪ Arbeite heraus, wie sich der neue Glaube in Medina entwickelte.

❹▪ Erläutere die Rolle Mohammeds bei der Entstehung des Islams.

❺▪ Werte Schaubild 2 aus und erkläre Inhalt und Zweck der fünf Säulen des Islams.

Wie konnte sich der Islam so schnell ausbreiten?

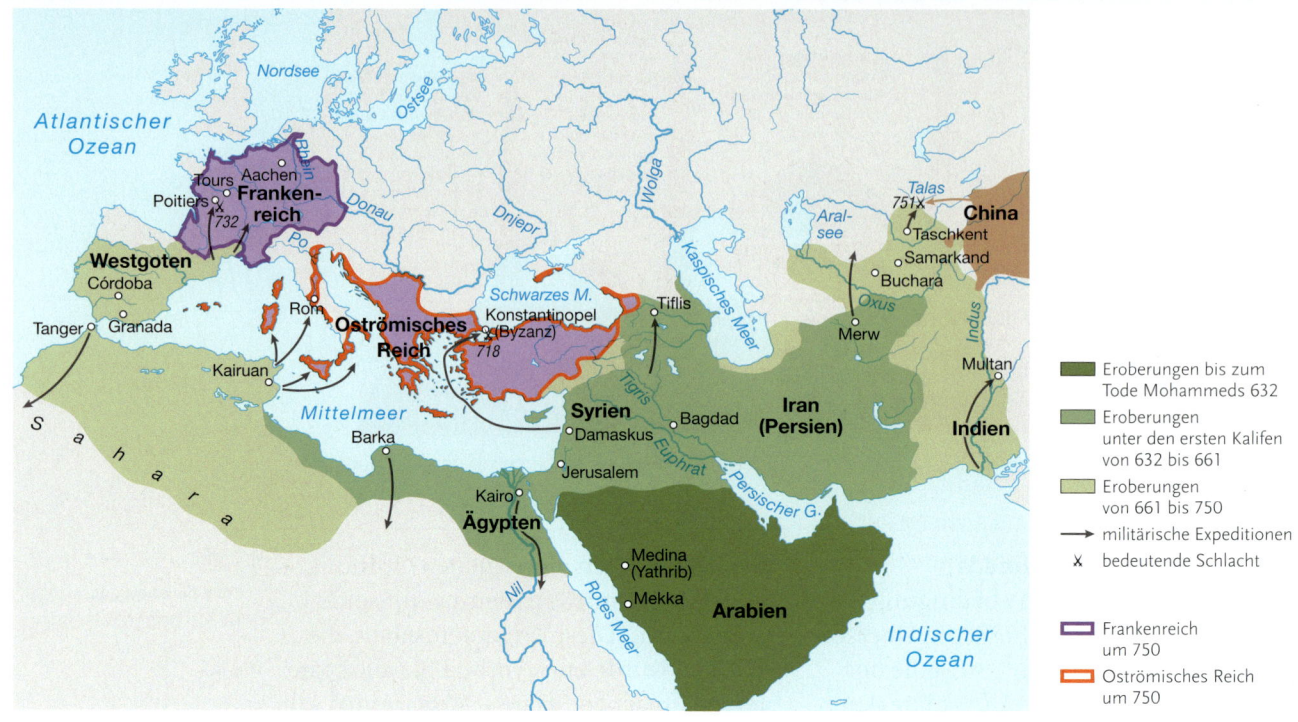

1 – Die Ausbreitung des Islams.

Der Islam breitet sich aus

Als Mohammed im Jahre 632 starb, hatte er die verschiedenen Stämme der Arabischen Halbinsel geeinigt. Damit war ein einheitliches islamisches Herrschaftsgebiet entstanden.

Doch die von Mohammed gestiftete Einheit der arabischen Stämme ging nach seinem Tod schnell verloren, denn er hatte zu Lebzeiten keinen Nachfolger bestimmt. Aus diesem Grund kam es nach Mohammeds Tod zu Kämpfen.

Nach dem Tode seines vierten Nachfolgers spalteten sich die Muslime in mehrere Gruppen, die es heute noch gibt. Die zwei größten Gruppen, ❋Schiiten und Sunniten, sind die bekanntesten.

Alle Nachfolger Mohammeds setzten die Kriegszüge fort. Dabei breitete sich der Islam sehr schnell aus. Dafür gibt es mehrere Gründe. Militärisch waren die muslimischen Heere den Persern überlegen, die schlecht ausgerüstet waren. Zudem waren das Oströmische Reich und das Perserreich von den zurückliegenden kriegerischen Auseinandersetzungen, die sie gegeneinander ausgetragen hatten, völlig erschöpft. Die gläubigen Muslime waren außerdem überzeugt davon, für die Sache Gottes zu kämpfen. So kam es, dass Jerusalem 636, Kairo und das Perserreich 639 erobert wurden. Im Jahre 711 setzten arabische Heere von Gibraltar nach Spanien über.

Damit war im europäisch-asiatischen Raum neben dem Oströmischen Reich und dem Frankenreich eine dritte Großmacht entstanden. Der Islam war nach dem Christentum die größte Glaubensgemeinschaft, die an einen einzigen Gott glaubte.

2 – Der Koran, das heilige Buch der Muslime.

Der Umgang mit den Unterworfenen

Die unterworfene Bevölkerung in Spanien akzeptierte die muslimischen Herrscher schon bald, da diese dem Land Wohlstand brachten und den Christen und Juden erlaubten, auch weiterhin ihren Glauben zu behalten – allerdings nur, wenn sie bereit waren, eine Sondersteuer zu bezahlen und Benachteiligungen in Kauf zu nehmen. In Spanien lebten Juden, Christen und Muslime weitgehend friedlich miteinander.
Mohammed hatte alle drei Religionen als ✱Buchreligionen anerkannt.

Q1 Im Koran heißt es in verschiedenen Suren (Abschnitten) über den Krieg:
Sure 4,74: ... Und wenn einer um Gottes Willen kämpft, und er wird getötet – oder er siegt –, werden wir ihm (im Jenseits) gewaltigen Lohn geben. ...

Sure 8,65: Prophet! Feure die Gläubigen zum Kampf an! ... Wenn nun unter euch hundert sind, die Geduld (und Ausdauer) zeigen, werden sie – mit Gottes Erlaubnis – über zweihundert, und wenn unter euch tausend sind, werden sie über zweitausend siegen. Gott ist mit denen, die geduldig sind. ...

Q2 Es heißt im Koran zu Christen und Juden:
Sure 29,46: ... Und streitet mit den Leuten der Schrift nie anders als auf eine möglichst gute Art. ... Und sagt: Wir glauben an das, was zu uns und an was zu euch herabgesandt worden ist. Unser und euer Gott ist einer. Ihm sind wir ergeben. ...

Q3 Im Jahre 713 schloss der arabische Feldherr Musa ibn Nusair mit dem besiegten westgotischen König folgenden Vertrag:
... Sie [der König und seine Leute] werden weder getötet noch versklavt, noch von ihren Frauen und Kindern getrennt, noch wegen ihrer Religion behelligt. Ihre Kirchen werden nicht verbrannt, religiöse Gegenstände nicht daraus geraubt. Das gilt, solange er sich an unsere Vereinbarungen hält. ...

✱ Buchreligionen
Das sind Religionen, die ein heiliges Buch haben. Bei den Juden ist es die Thora, bei den Christen die Bibel (Altes und Neues Testament). Für die Muslime ist der Koran die heilige Schrift.

❶ Nenne mithilfe des Texts Gründe für die Ausbreitung des Islams.

❷ Beschreibe die Ausbreitung des Islams anhand der Karte 1 und benenne die Machtzentren.

❸ Vergleiche Q1 und Q2 miteinander.
▶ *Nimm die Methode „Textquellen vergleichen" von S. 166/167 zu Hilfe.*

❹ Arbeite anhand von Q3 und dem Text heraus, wie die muslimischen Eroberer herrschten.

❺ Untersuche den Vertrag von Musa ibn Nusair (Q3) und bewerte ihn.

❻ Erstelle mithilfe der Seiten 176–179 einen Lexikonartikel zum Islam.
▶ *Berücksichtige die Worte: Anfänge, Ausbreitung, heilige Orte und Schriften.*

Wie begegneten sich Franken und Muslime?

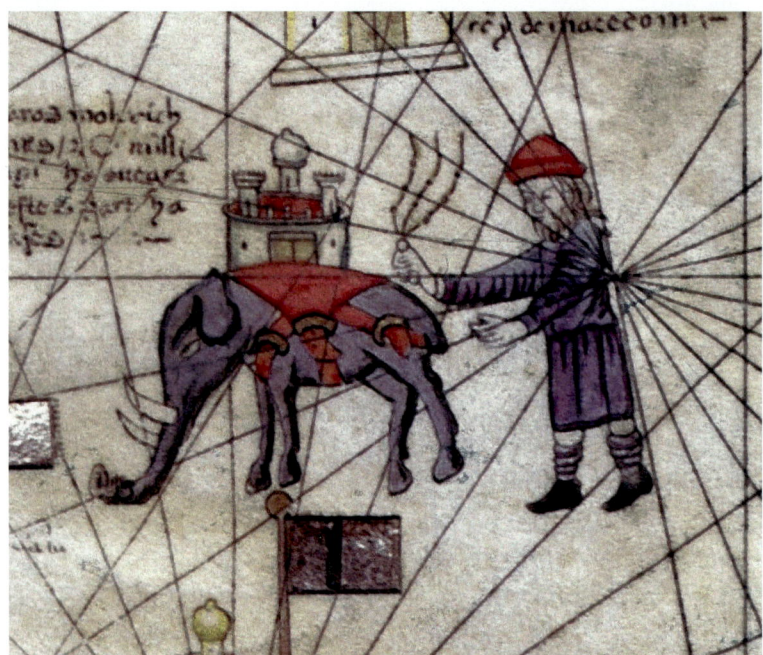

1 – Der Elefant Abul Abbas wurde als Zeichen der Macht von Karl dem Großen in seinem Tross mitgeführt. Ausschnitt aus einer Handschrift, 14. Jh.

Zwei Religionen treffen sich – Islam und Christentum

Wo nun kam es zu einem Kontakt zwischen Islam und dem christlichen Frankenreich? Da beide Reiche danach strebten, sich auszudehnen, kam es auch zu kriegerischen Auseinandersetzungen. Der Vater Karls des Großen war Karl Martell (Herrscherzeit 714–741). Sein Beiname bedeutet „der Hammer". Er hatte sich diesen Titel erworben, als er die muslimischen Heere 732 in der Schlacht bei Tours und Poitiers (Frankreich) besiegte und damit die Ausdehnung des muslimischen Araberreiches stoppte. Dass es bald zu einem friedlichen Nebeneinander kam, bezeugt das berühmte Geschenk des Kalifen Hārūn ar-Raschīd an Karl den Großen – er schenkte ihm nämlich den Elefanten Abul Abbas. Das Fränkische Reich stand mit den muslimischen Herrschern also immer wieder in diplomatischen Beziehungen. Ein Grund dafür war, dass man sich gegen gemeinsame Feinde wie z. B. das Oström ische Reich absichern wollte.

Doch es gab auch noch andere Gemeinsamkeiten.

Was haben Christentum und Islam gemeinsam?

Christen und Muslime glauben an einen Gott. Beide Religionen legen Regeln fest, an die sich die Gläubigen halten sollen – im Christentum sind dies die zehn Gebote, im Islam sind es die fünf Säulen. Ziel ist es in beiden Religionen, ein friedliches Miteinander der Gläubigen zu gewährleisten, Arme zu unterstützen und den Glauben mit Ritualen zum Ausdruck zu bringen. Beide Religionen hielten die Gläubigen aber auch dazu an, den eigenen Glauben gegen Feinde zu verteidigen und ihn zu verbreiten. Christen und Muslime glauben an ein Leben nach dem Tod, in dem man für seine Handlungen bewertet und belohnt oder bestraft wird. Politisch haben Franken und muslimische Kalifate eine Gemeinsamkeit: Staat und Kirche sind jeweils miteinander verbunden. Dies kommt vor allem daher, dass die Herrscher ihre Herrschaft durch Gott rechtfertigten.

❶ 🗨 Beschreibe mithilfe des Texts, wie sich das Verhältnis zwischen Frankenreich und Islam von Karl Martell zu Karl dem Großen veränderte. Erkläre, worin die Gründe dafür zu suchen sind.

❷ 🗨 Erstelle mithilfe des Textes eine Mindmap, in der ihr Gemeinsamkeiten beider Religionen sammelt. Markiere die Punkte, an denen es wegen der Gemeinsamkeiten zu Konflikten kommt, mit einem Pfeil.

▶ *Nimm die Methode „Eine Mindmap erstellen" von S. 26/27 zu Hilfe.*

Zusammenfassung

Von der Antike zum Frühmittelalter

Völkerwanderung und Zerfall des Römischen Reiches

Die nördlichen Nachbarn der Römer waren die Germanen. Verschiedene wirtschaftliche und politische Entwicklungen sowie Umweltgründe führten ab dem 3. Jahrhundert v. Chr. dazu, dass die Germanen in großer Zahl ihre ursprüngliche Heimat verließen und die Grenzen des Römischen Reiches immer wieder durchbrachen. Ab 375 n. Chr. sorgten die Hunnen für eine Völkerwanderung in Europa. Der Druck auf Rom nahm zu. 476 n. Chr. wurde der letzte weströmische Kaiser von dem Germanen Odoaker abgesetzt. Nur das Oströmische Reich mit seiner Hauptstadt Konstantinopel konnte sich behaupten.

Die Umwälzungen des 5. Jahrhunderts beendeten die Epoche der Antike und es begann ab 500 die Zeit des Mittelalters.

Der Aufstieg der Franken

Unter den germanischen Reichen auf dem Gebiet des Weströmischen Reiches war das der Franken die stärkste Macht. Dessen König Chlodwig (Herrscherzeit 482–511) aus dem Geschlecht der Merowinger unterwarf immer mehr Gebiete Galliens und Germaniens und vereinigte sie im Frankenreich. Die Annahme des Christentums brachte Chlodwig viele Vorteile, unter anderem die Unterstützung der gallisch-römischen Bischöfe, die schon den Römern bei der Verwaltung ihres Reiches geholfen hatten.

Chlodwig und seine Nachfolger förderten die Ausbreitung des Christentums. Missionare aus Irland und dem angelsächsischen Raum trugen die christliche Botschaft in das Frankenreich. Einer von ihnen war Bonifatius, der auf dem Gebiet des heutigen Thüringen, Hessen und Bayern missionierte, Bistümer und Klöster gründete.

Das Reich Karls des Großen

Unter Karl dem Großen erreichte das Frankenreich seine größte Ausdehnung. Er regierte sein großes Reich, indem er es in Grafschaften aufteilte und die Grafen durch Königsboten kontrollieren ließ. Karl ließ außerdem Königshöfe, sogenannte Pfalzen anlegen, die er regelmäßig besuchte und von wo aus er regierte.

Um 800 wurde er von Papst Leo III. in Rom zum Kaiser gekrönt. Er verstand sich als Nachfolger der römischen Kaiser und als Schutzherr der Päpste und des römischen Christentums.

Die Ausbreitung des Islams

Im 7. Jahrhundert entstand auf der Arabischen Halbinsel unter dem Religionsstifter Mohammed der Islam. Die neue Lehre breitete sich durch Kriegszüge Mohammeds und seiner Nachfolger rasch aus.

Mit dem Islam bildete sich neben dem Frankenreich und dem Oströmischen Reich ein drittes Machtzentrum um das Mittelmeer.

3.–5. Jahrhundert

Völkerwanderung.

482–511

Gründung des Frankenreichs unter Chlodwig, der 496 zum Christentum übertritt.

800

Karl der Große wird in Rom zum Kaiser gekrönt.

632–750

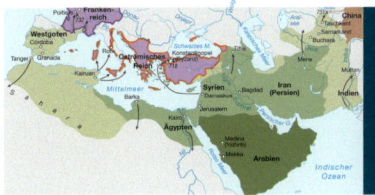

Ausbreitung des Islams.

Das kann ich ...

Von der Antike zum Frühmittelalter

Ich kann wichtige Daten und Begriffe im Zusammenhang erklären (Sachkompetenz):

500: Reichsbildung der Franken
800: Kaiserkrönung Karls des Großen
Islam
Mittelalter
König
Kaiser
Karl der Große

❶▪ Gestalte eine Mindmap zum Begriff Islam. Verwende folgende Wörter als Äste: Entstehung, Propheten, Gott, fünf Säulen, wichtige Städte und Heiligtümer.

❷▪ Erkläre deinem Nachbarn den Begriff Mittelalter.

Ich kann folgende Aufgaben zum Thema lösen (Sachkompetenz):

❸▪ Karl der Große schuf verschiedene Hofämter zur Verwaltung seines riesigen Reiches. Mithilfe des Silbenrätsels kannst du die verschiedenen Hofämter benennen.
▶ *Bo Käm Kanz Kö Ler Mar Me Mund Nigs Rer Schall Schenk Sene Ten Schall*

❹▪ Der letzte weströmische Kaiser wurde 476 abgesetzt. Erläutere die Ursachen. Verwende dazu folgende Begriffe: Germanen, Völkerwanderung, Krisen, Eroberung Roms.

❺▪ Benenne bedeutende Veränderungen und bleibende Elemente im Übergang von der Antike zum Mittelalter. Verwende dazu Wörter aus dem Wortspeicher M1. Vorsicht: Nicht alle Wörter passen zum Frankenreich.

❻▪ Erkläre mithilfe der Karte 1, inwieweit man im Mittelalter von einer Dreiteilung der Mittelmeerwelt sprechen kann.

Ich kann Geschichte verständlich darstellen (narrative Kompetenz):

❼▪ Stelle die Entstehung des Frankenreichs für einen Zeitungsartikel dar und verwende dazu die Daten und Begriffe: 500 Reichsbildung, 800 Kaiserkrönung, König, Kaiser, Karl der Große.

Ich kann die Methode „Textquellen vergleichen" anwenden (Methodenkompetenz):

❽▪ Untersuche Q1 und Q2.
▶ *Nimm die Fragen zu Schritt 1 der Methode „Textquellen vergleichen" auf S. 166/167 zu Hilfe.*

❾▪ Vergleiche mithilfe von Schritt 2 beide Texte miteinander.

Ich kann mir ein Urteil bilden und es begründen (Urteilskompetenz):

❿▪ Bewerte das, was du über Karls Auftreten in Q1 und Q2 erfahren hast, kritisch.
▶ *Nimm die Methode „Ein eigenes Urteil bilden" von S. 82/83 zu Hilfe.*

Ich verstehe, warum das Thema für uns heute noch wichtig ist (Orientierungskompetenz):

⓫▪ Karl der Große gilt als „Vater Europas". 2014 fand in Aachen eine große Ausstellung zum 1200. Todestag Karls statt. Erkläre, warum er diesen Beinamen erhielt und warum man noch heute an ihn erinnert.

⓬▪ Laut UN-Bericht waren 2015 65 Millionen Menschen weltweit auf der Flucht. Schildere, welche Beweggründe es heute für Menschen gibt, ihre Heimat zu verlassen. Vor welchen Problemen stehen sie dabei?

Verstehen

1 – Die Machtzentren des Mittelmeerraums im Frühmittelalter.

M1 Wortspeicher

Aquädukte – Christentum – Einteilung des Reiches in Bistümer – germanische Festtage und Bräuche – Heeresstruktur – Königsheil der Merowinger – Krönung des Kaisers in Rom – lateinische Sprache – Missionierung – stehendes Heer – Straßennetz – Titel „Kaiser" – Vielgottglaube.

Q1 Die Jahrbücher des Frankenreichs berichten über den Krieg gegen die Sachsen:

Im Osten Frankens wurden die Franken von den Sachsen umzingelt und fast alle erschlagen. ... Da zog Karl in aller Eile Truppen zusammen, rückte in Sachsen ein, befahl alle vornehmen Sachsen zu sich und gebot ihnen, ihm die Anstifter dieses Abfalls zu nennen. Einstimmig gaben sie an, Widukind habe dieses Verbrechen veranlasst, sie könnten ihn aber nicht ausliefern, weil er sich nach der Schlacht zu den Normannen begeben habe. Die Übrigen aber, die sich von ihm zu der Untat hatten verleiten lassen, wurden dem König übergeben. Es waren ihrer 4500, die der König alle zusammen an einem Tag zu Verden an der Aller hinrichten ließ. So nahm König Karl Rache, worauf er sich nach Diedenhofen begab und das Weihnachtsfest und Osterfest wie herkömmlich feierte.

Q2 Einhard (siehe S. 167) berichtet über den Krieg gegen die Sachsen:

Dieser Krieg war der langwierigste, grausamste und für das Frankenvolk anstrengendste, den es je geführt hat. Denn die Sachsen waren ... wild von Natur, dem Götzendienst ergeben und gegen unsere Religion feindselig. ... Die Grenze zwischen uns und den Sachsen verlief fast überall in der Ebene, mit Ausnahme weniger Stellen, wo größere Waldungen oder wo Bergrücken das beiderseitige Gebiet klar trennten. Hier nahmen ... Totschlag, Raub und Brandstiftung auf beiden Seiten kein Ende. Das erbitterte die Franken so, dass sie nicht mehr Gleiches mit Gleichem heimzahlen, sondern offen Krieg mit ihnen führen wollten. Der Krieg wurde also begonnen und von beiden Seiten mit großer Erbitterung ... 33 Jahre lang fortgeführt. ... Unter der Bedingung ... nahm der Krieg ... ein Ende, dass die Sachsen dem heidnischen Götzendienst und den heimischen Religionsgebräuchen entsagten, die Sakramente des christlichen Glaubens annahmen und sich mit den Franken zu einem Volk verbanden.

6 Längsschnitt
Technik verändert das Leben der Menschen

Eine riesige Baustelle befindet sich am römischen Kastell in Regensburg. Kräne hieven tonnenschwere Steinblöcke aus einem Boot zum Haupttor des Kastells. Natürlich sind diese Kräne längst verrottet und auch vom Rest des Militärlagers sind nur noch Teile vorhanden, aber Archäologen konnten dank alter römischer Aufzeichnungen Modelle von diesem Bauwerk herstellen. Diese Kräne und zahlreiche andere technische Erfindungen haben das Leben der Menschen in der Vergangenheit verändert und entlastet. Welche anderen Erfindungen, die uns bis heute das Leben erleichtern, kommen dir in den Sinn?

6 Längsschnitt
Technik verändert das Leben der Menschen

ca. 1 Mio. Jahre	ca. 3500 v. Chr.
Menschen nutzen das Feuer	**Erfindung des Rad**

1 – Rekonstruiertes Pfahlbaudorf in Unteruhldingen am Bodensee, das ursprünglich um 950 v. Chr. errichtet worden war.

Heute sprechen wir von Innovationen, wenn neueste Erfindungen und Verfahren präsentiert werden. Wie innovativ und fortschrittlich aber waren die antiken Kulturen? Welche technischen Erfindungen erleichterten das Leben der Menschen und welchen Einfluss nehmen sie auf den Verlauf der Geschichte? In diesem Kapitel beschäftigst du dich mit ausgewählten technischen Entwicklungen und damit, wie diese das Leben der Menschen veränderten.

Am Ende des Kapitels kannst du folgende Fragen beantworten:

- Wie konnten Menschen in den Alpen überleben?
- Wie kam es dazu, dass die Ägypter, je mehr sie mit den Nilfluten umgehen konnten, ihre Herrschaft immer weiter ausbauen konnten?
- Welche technischen Entwicklungen nutzten die Römer, um ihre Macht zu erhalten?
- Wie beeinflusst uns das Internet?

❶ Ermittle mithilfe der Zeitleiste auf S. 12/13, welcher Epoche der Frühgeschichte man die Pfahlbauten auf Bild 1 zuordnen kann.

❷ Überlege, warum die Häuser am Bodensee auf Pfählen errichtet worden waren, wenn zum damaligen Zeitpunkt an dieser Stelle der See nicht war.

❸ Überlege, welchen Nutzen die Erfindungen auf den Bildern 2 und 4 für die Ausübung der Macht in den Ländern, in denen sie erfunden wurden, haben.

❹ Sammle technische Erfindungen, die dein Leben erleichtern. Entscheide dich für eine und recherchiere dann im Internet, seit wann es diese Erfindung gibt, wer sie erfunden hat, und überlege, wie man Dinge gelöst hat, bevor es diese Erfindung gab.

ca. 1550 v. Chr.

Schaduf erleichtert
die Bewässerung in
Ägypten

ca. 600 v. Chr.

Erfindung
des Krans

ca. 250 v. Chr.

Archimedes
entwickelt eine
Schraube zur
Beförderung von
Wasser

1936 n. Chr.

Konrad Zuse
entwickelt den
ersten Rechner –
den Computer Z1

1984

Kommunikation
per E-Mails

2 – Nachbau einer römischen Speerschleuder.

4 – Zugang zum Internet (World Wide Web).

3 – Bau des neuen Assuan-Staudamms in Ägypten, der von 1960–
1971 gebaut wurde. Foto, 1967.

5 – Römische Straße in Pompeji (Italien) mit Trittsteinen zum
Überqueren.

Fortschritt durch Technik

Wie konnte Ötzi überleben?

1 – Der Schauspieler Jürgen Vogel als Ötzi im Kinofilm „Der Mann aus dem Eis".

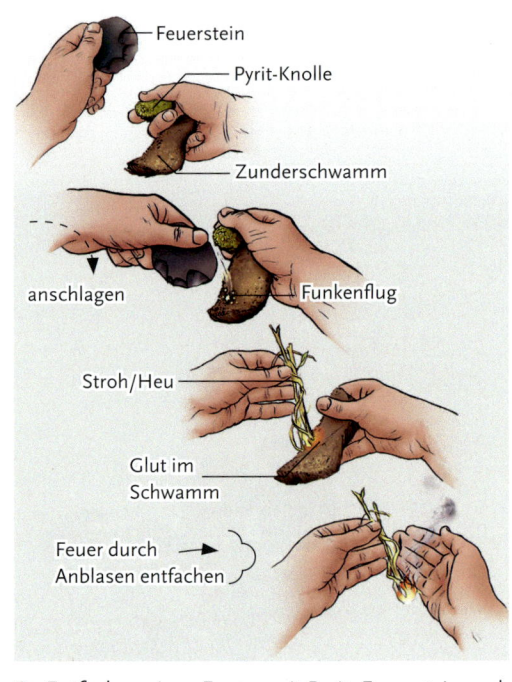

Feuerstein

Pyrit-Knolle

Zunderschwamm

anschlagen

Funkenflug

Stroh/Heu

Glut im Schwamm

Feuer durch Anblasen entfachen

2 – Entfachen eines Feuers mit Pyrit, Feuerstein und Zunderschwamm.

Altsteinzeit
Jungsteinzeit

Glutbehälter aus Birkenholz.

Pyrit (oben) und Zunderschwamm.

Beherrschung des Feuers

Für den Mann aus den Ötztaler Alpen war es vor über 5000 Jahren überlebenswichtig, das Feuer zu beherrschen. Er konnte damit Nahrung erhitzen und haltbar machen, sich vor Kälte und wilden Tieren schützen und wichtige Werkzeuge aus Metall oder Ton herstellen. Diese Erfindung ermöglichte es ihm und den anderen Menschen seiner Zeit, bis über die Alpen hinaus zu wandern und mit anderen Völkern Handel zu führen.

In Ötzis Gürteltasche fand man wichtige Gegenstände, die zur Herstellung von Feuer nötig waren:

– Teile eines sehr harten Gesteins – Pyrit (Randspalte),
– Zunderschwamm (Randspalte): ein in Urin getränkter Baumpilz, getrocknet und in Scheiben geschnitten,
– verschiedene Werkzeuge aus Feuerstein (z. B. sein Dolch, Bild 4).

Schlug man Pyrit lange genug an einen Feuerstein, sprühten Funken, die dann den Zunderschwamm oder trockenes Laub, Heu und dürre Äste entzündeten. Hielt man sich aber bei schlechtem Wetter im Freien auf, funktionierte diese Art der Feuererzeugung nur schlecht. Ötzi hatte aber auch hierfür eine Lösung: Einer der beiden Birkenholzbehälter diente als Glutbehälter (Randspalte). Glut wurde in feuchte Ahornblätter gewickelt und in dem Behälter transportiert. So musste er das Feuer nicht jedes Mal neu entfachen. Forscher gehen davon aus, dass Menschen Feuer lange vor der Metallzeit nutzten (der Zeit, in der Ötzi lebte), und zwar schon seit der Altsteinzeit, also seit fast einer Million Jahren. Aber erst seit Ende der Jungsteinzeit konnten Menschen Feuer richtig beherrschen. Das heißt, sie lernten, zu jedem Zeitpunkt ein Feuer entzünden zu können, die Glut zu bewahren und mithilfe des Feuers zu kochen und Werkzeuge herzustellen.

3 – Das Kupferbeil von Ötzi.

5 – Ötzis Innen- und Außenschuh. Der Außenschuh war rutschfest, der mit Stroh gefüllte Innenschuh sollte wärmen.

4 – Der Dolch.

6 – Rekonstruktion der Rückentrage.

Ein gefährlicher Jäger

Um sich vor wilden Tieren zu schützen und vor allem auch, um Nahrung zu besorgen, trug Ötzi eine Reihe von Waffen und Werkzeugen bei sich (siehe S. 39). Die meisten dieser Gegenstände waren aus Holz, Stein und Naturfasern hergestellt. Nur ein Gegenstand unterschied sich davon: Das Kupferbeil (Bild 3) ist das einzige vollständig erhaltene Beil der Urgeschichte, das bisher gefunden wurde. Das Metall der Klinge wurde zunächst in eine Form aus Ton gegossen und dann nach dem Erkalten geschliffen.

Der größte Gegenstand, den Ötzi bei sich trug, war nicht – wie es der erste Anschein vermuten lässt – ein Speer, sondern ein Bogenstab (Bild 1). Auch wenn er nicht einsatzbereit war, da keine Sehne daran befestigt war, kann man davon ausgehen, dass er ihn zusammen mit den Pfeilen, die er bei sich trug, zur Großwildjagd benutzt hat. In Gruppen trieben die Menschen Tiere in einen Hinterhalt, wo sie von anderen durch Pfeile erlegt wurden. Diese Pfeile waren äußerst zielgenau, da sie sich durch Federn am Schaftende im Flug drehten.

Unter seinem Mantel verborgen trug der Mann aus dem Eis auch ein aus Grasfasern geknüpftes Netz bei sich. Solche Netze dienten in der Urzeit zum Vogel- oder Hasenfang.

Beinahe jeder Mann trug vor 5000 Jahren einen Dolch (Bild 4) bei sich, wie ihn Ötzi mit einer Schnur an der Gürteltasche befestigt trug. Er diente ihm zum Schlachten und Zerlegen von Tieren, aber auch zum Bearbeiten seiner Pfeile. An einem Griff aus Eschenholz war mit Tiersehnen ein Feuerstein befestigt, den er vermutlich mit seinem Retuscheur (siehe S. 39) geschärft hatte.

Die erste Medizin?

Wissenschaftler fanden heraus, dass Ötzi Pilzkugeln zum Desinfizieren von Wunden und Stillen von Blutungen bei sich trug. Leider konnten ihm diese das Leben auch nicht retten.

❶ ■ Finde auf den Zeitleisten S. 12/13 und 186/187 heraus, wann Ötzi gelebt, hat und vergleiche, seit wann die Menschen mit Feuer umgehen konnten. Benenne die frühgeschichtlichen Epochen.

❷ ■ Erstelle eine Mindmap, in der du mithilfe des Texts und der Bilder alle Ausrüstungsgegenstände, die Ötzi bei sich trug, aufzählst. Verwende dazu die Bilder und die Texte.
▶ *Nimm die Methode „Eine Mindmap erstellen" von S. 26/27 zu Hilfe.*

❸ ■ Ergänze die Mindmap mit den Ausrüstungsgegenständen zusätzlich mit Informationen zu Verwendung und Nutzen.

❹ ■ Erläutere mithilfe des Texts und Bild 2, wie Ötzi Feuer entzündete und bewahrte.

❺ ■ Verfasse mithilfe der Materialien dieser Seite und S. 34/35 eine Antwort auf die Ausgangsfrage: Wie konnte Ötzi überleben?

❻ ■ Führe folgenden Satz weiter:
Ich finde, die Beherrschung des Feuers ist eine der bedeutendsten Erfindungen der Menschheit, weil ...

Wie verbesserten technische Geräte das Leben am Nil?

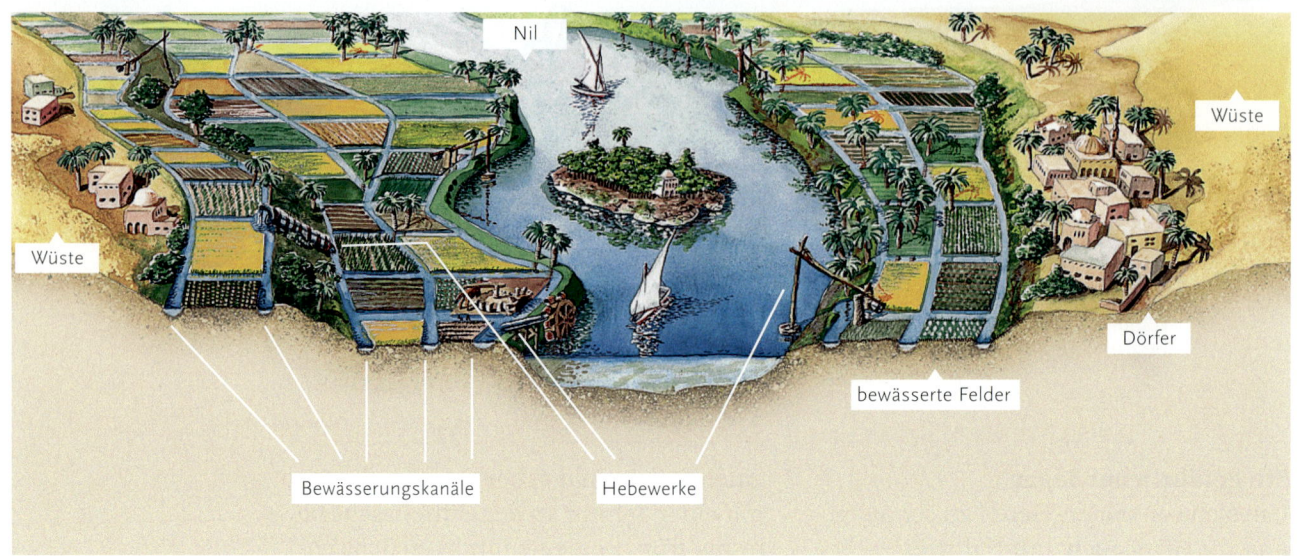

Nil

Wüste

Wüste

Dörfer

bewässerte Felder

Bewässerungskanäle

Hebewerke

1 – Bewässerungssystem im Niltal.

**ab 3000 v. Chr.
Hochkultur in
Ägypten**

* Delta
Das ist die Bezeichnung
für ein mehrarmiges
Mündungsgebiet eines
Flusses, das die Form eines
Dreiecks bildet (= griech.:
delta).

* Assiut
Assiut ist eine Stadt in
Mittelägypten mit
395 000 Einwohnern. Sie
liegt 375 km südlich von
Kairo auf dem westlichen
Nilufer.

Ohne Wasser keine Ernte, kein Leben
Um 3000 v. Chr. entstand die Hochkultur
Ägypten. Eine wichtige Voraussetzung dafür war die planmäßige Nutzung der Nilfluten. Sie sicherte die Nahrungsmittel-
versorgung der Bevölkerung durch
Abernten der Felder. Bei guten Ernten
konnten Reserven für schlechte Zeiten
angelegt werden. Diese Vorräte konnten
auch noch Menschen versorgen, die nicht
mehr in der Landwirtschaft arbeiteten –
so entstanden neue Berufe im Bereich der
Wasserwirtschaft.

**Welche Geräte wurden zur
Bewässerung genutzt?**
Die Felder und Dörfer mussten einerseits
vor einer zu hohen Flutwelle geschützt
werden. Hierfür sorgte die Anlage von
Deichen und Dämmen. Andererseits
musste das Flutwasser gleichmäßig verteilt werden. Hierfür sorgten Kanäle, die
das Wasser auch in Gebiete transportier-
ten, die weiter vom Nil entfernt lagen
(Bild 2).
Um 1550 v. Chr. kam in Ägypten der
Schaduf, ein Hebebaum mit Gegenge-

wicht (Bild 2), in Gebrauch. Arbeiteten
drei Männer an einem Schaduf, konnten
sie innerhalb einer Stunde bis zu 6000 Li-
ter Wasser fördern. Das Sakije, ein Wasserschöpfrad (Bild 3), hob das Wasser von
tiefer gelegenen Wasserstellen auf ein
höher gelegenes Feld. Allein im *Nildelta
waren von diesen Wasserrädern etwa
50 000 Stück im Gebrauch. Beide Techniken werden in Ägypten bis heute angewendet.

Der Nil schafft neue Berufe
Da die Wassernutzung eine wichtige Aufgabe war, wurde die Organisation von den
obersten Beamten gelenkt. Hierzu gehörten der Bau und die Instandhaltung von
Kanälen und Schöpfvorrichtungen genauso wie die Verwaltung und Verteilung des
Ernteertrags. Cheti I. war ein Fürst in der
Gegend des heutigen *Assiut und rühmte
sich in seiner Grabinschrift für seine Verdienste zur Wasserversorgung der Bevölkerung (Q1).
Um auf die Nilflut vorbereitet zu sein,
war es wichtig, den Zeitpunkt ihres Ein-
treffens bestimmen zu können. Dies war

2 – Bauern schöpfen das Nilwasser mit einem Schaduf in Bewässerungskanäle.

3 – Das Wasserschöpfrad (Sakije) wird auch heutzutage in Ägypten noch verwendet.

durch die Beobachtung der Sterne möglich. Aus deren Stellung zogen kundige Sternenbeobachter Rückschlüsse auf die Veränderungen des Flusses. Daraus entwickelte sich ein Kalender, der bereits um 2700 v. Chr. in Gebrauch war (siehe S. 52). Nach jeder Flut mussten die Felder neu vermessen und eingeteilt werden, denn das Wasser verwischte die Markierungen. Hierfür gab es die Feldvermesser. Für diese Arbeit, aber auch zur Berechnung des Ernteertrags zur Erhebung von Steuern bedurfte es mathematischer Kenntnisse. Um diese anspruchsvollen Arbeiten erfüllen zu können, war es notwendig, gut ausgebildete Beamte einzusetzen. Sie bildeten eine wichtige Stütze des Staates und ermöglichten die Weiterentwicklung zur Hochkultur.

Q1 Die Grabinschrift von Cheti I.

Ich habe dieser Stadt (Assiut) eine Gabe dargebracht. Der Kanal von 10 *Ellen wurde verstopft. Ich grub ihn für die Äcker, ich errichtete ein Schleusentor .... Ich belebte die Stadt, ich war ein Rechner beim Verbrauch an Getreide, einer, der Wasser sogar am Mittag gab, um zusammenzuhalten im Land der Wüste. Ich machte einen Kanal für diese Stadt, während Oberägypten in schwieriger Lage

war und es dort keinen gab, der Wasser gesehen hätte. Ich machte das Hochland zum ‚Delta‘. Ich ließ den Nil die alten Stätten wieder überfluten. ... Jedem Anlieger, der dürstete, gab ich Nil nach Herzenslust. ... So war ich reich an Getreide, als das Land in Not war durch mangelhafte Überschwemmung; und ich erhielt die Stadt am Leben dadurch, dass ich es scheffelweise abmaß.

* Elle
Das Längenmaß Elle entspricht einer Unterarmlänge (0,52 m).

❶ 🔲 Benenne die in Bild 1 dargestellten Möglichkeiten zur Bewässerung der Felder.

❷ 🔲 Erkläre mithilfe des Textes und der Bilder 2 und 3, wie die Wasserhebevorrichtungen funktionieren.

❸ 🔲 Liste auf, welche Verdienste sich Cheti I. in Q1 selbst zuschreibt.

▶ *Nimm die Methode „Arbeit mit Textquellen" von S. 90/91 zu Hilfe.*

❹ 🔲 Der Fürst Cheti beginnt in der Quelle viele Sätze mit „Ich ...". Überlege, welche Berufsgruppen man in den einzelnen Sätzen stattdessen einsetzen müsste.

❺ 🔲 Versetze dich in die Situation eines ägyptischen Bauern, der sein Feld bewässern muss und nun erstmalig ein Wasserschöpfrad zur Verfügung hat.

▶ *Gesegnet sei der Erfinder dieses Geräts ...*

❻ 🔲 Die Hochkulturen Mesopotamien und Ägypten nennt man auch Flusskulturen. Begründe diese Bezeichnung mithilfe deines Wissens aus Kapitel 2 und den Materialien dieser Doppelseite.

Kann Technik zur Herrschaftssicherung beitragen?

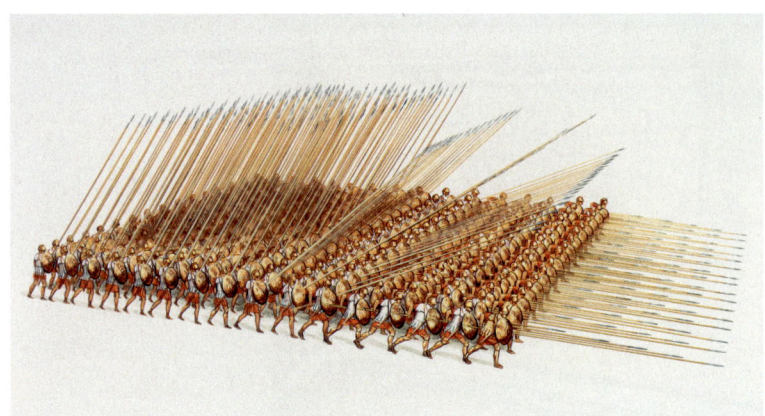

1 – Phalanx mit mehreren Reihen.

2 – Hopliten, Angehörige des griechischen Heeres mit Bewaffnung, ca. 400 v. Chr. Rekonstruktionszeichnung nach Darstellungen auf griechischen Vasen.

Antike

✶ Syrakus
Syrakus ist heute eine Stadt auf der italienischen Insel Sizilien. Zur Zeit des Archimedes war sie eine griechische Kolonie.

Archimedes von Syrakus gilt als einer der bedeutendsten Mathematiker der Antike.

Die mächtige griechische Armee

Die Technik in der Antike machte vor allem durch den Gebrauch von Eisen als Werkstoff für Waffen, Rüstungen und Werkzeuge große Fortschritte. Jedoch trugen nicht nur das besser ausgerüstete Militär, sondern auch verschiedene Erfindungen zur Sicherung der Herrschaft bei. Zur Verteidigung ihres Machtbereichs bauten die Griechen eine mächtige Armee auf. Diese setzte sich aus schwer bewaffneten Fußsoldaten, den Hopliten, zusammen. Ihre umfangreiche Ausrüstung bestand aus einer etwa zwei Meter langen Lanze, Helm, Brustpanzer und Beinschienen aus Bronze (Bild 2). Dazu kam der mit Eisen beschlagene Rundschild, der „Hoplon", von dem sich die Bezeichnung der Krieger ableitet. Zum Angriff stellten sie sich in einer besonderen Kampfformation auf, die als Phalanx bezeichnet wird (Bild 1). In mehreren Reihen hintereinander konnten sich so benachbarte Soldaten mit ihren großen Schilden gegenseitig schützen. Sie stimmten einen Schlachtgesang an und steigerten langsam ihre Geschwindigkeit bis zu einem Sturmlauf über die letzten hundert Meter. Dem Aufprall dieser gepanzerten und lanzenstarrenden Walze konnte niemand widerstehen.

Mittels dieser Schlachttechnik gelang es den Griechen sogar, zahlenmäßig überlegene Gegner wie z. B. die Perser 490 v. Chr. zu schlagen (siehe S. 97) und bis zur römischen Machtübernahme im Jahre 146 v. Chr. viele Kriege für sich zu entscheiden. Später übernahm die römische Armee dieses erfolgreiche System und entwickelte es weiter.

Beim Kampf zur See trugen die sehr wendigen Schiffe der Griechen, die Trieren (siehe S. 98/99), dazu bei, sich gegen die schwerfälligeren Schiffe der Perser in der Schlacht 480 v. Chr. durchzusetzen und diese für sich zu entscheiden.

Archimedes – Wissenschaftler und Erfinder

Ein bedeutender Wissenschaftler und Erfinder der griechischen Antike, war *✶Archimedes* von Syrakus (um 287–212 v. Chr., Randspalte), der wesentliche Grundlagen der Mathematik und der Physik schuf. Aber auch die technische Entwicklung hat er maßgeblich beeinflusst. Er konstruierte verschiedenste mechanische Geräte. Eines von ihnen war z. B. die archimedische Schraube (Randspalte rechts) zum Heraufpumpen von Wasser. Zur Zeit des Archimedes waren aber besonders seine Kriegsmaschinen, die er

3 – Verteidigung von Syrakus mithilfe von Brennspiegeln, die die Segel der römischen Schiffe in Brand setzten. Reproduktion.

4 – Katapult des Archimedes. Holzschnitt von 1727.

konstruierte, von Interesse: Die Stadt Syrakus wurde von 214–212 v. Chr. von den Römern belagert. Um sie zu verteidigen, entwickelte Archimedes eine Art Kran, mit der man die Schiffe der Römer zerstören konnte – die sogenannte „Kralle des Archimedes". Mithilfe von Hohlspiegeln, die das Sonnenlicht ähnlich einer Lupe konzentrierten und Segel in Brand setzten, soll Archimedes viele Schiffe der Römer vernichtet haben (Bild 3).

Maßgeblich zur Verteidigung der Stadt haben aber die Katapulte beigetragen, mit denen man die römischen Armeen über drei Jahre hinweg aufgehalten haben soll. Der Katapult ist eine Wurfmaschine, die als Fernwaffe eingesetzt wurde. Als Geschosse dienten in der Regel Steine, die Reichweiten von mehreren hundert Metern erreichen konnten. Die Zugkraft lieferten Menschen oder Tiere. Auch heutzutage werden Katapulte noch verwendet, z. B. in der Luftfahrt, wo sie als Starthilfevorrichtung für Flugzeuge dienen. Hierbei wird die nötige Kraft allerdings mithilfe modernster Technik (z. B. Atomantrieb) gewonnen.

Viele Erfindungen von Archimedes sind bis heute erhalten geblieben (Randspalte) und technisch weiterentwickelt worden.

Methoden zur Sicherung der Macht

Auch wenn die technischen Möglichkeiten in der griechischen Antike aus unserem heutigen Blickwinkel gering erscheinen, so gelang es den Menschen damals, durch gezielte Überlegungen große und bis heute reichende Entwicklungen voranzutreiben. Die technischen Erfindungen und die Kriegstechnik ermöglichten die Eroberung von neuen Territorien und die Abwehr von Feinden. So konnten die Herrscher ihre Macht sichern und der Alltag der Menschen wurde bereichert.

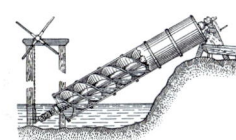

Prinzip der archimedischen Schraube. Illustration, 1926.

❶ ▪ Wiederhole mithilfe von S. 78 Anfang und Ende der Antike.

❷ ▪ Nenne alle Ausrüstungsgegenstände des Hopliten (Bild 2) und erkläre, wofür sie eingesetzt wurden.

❸ ▪ Erläutere mithilfe des Texts und Bild 1 Vor- und Nachteile der Phalanx.

❹ ▪ Erstelle mithilfe des Texts und der Bilder 3 und 4 eine Liste der Erfindungen, die bei der Verteidigung der Stadt Syrakus hilfreich waren.

❺ ▪ „Die technischen Erfindungen und die Kriegstechnik ermöglichten die Eroberung von neuen Territorien und die Abwehr von Feinden." Suche Beispiele für diesen Satz mithilfe der Materialien dieser Doppelseite.

❻ ▪ Beurteile folgende Aussage: Dass die archimedische Schraube heute noch verwendet wird, ist Beweis für Archimedes' Genialität.

Wie beeinflusste Technik das Leben der Römer?

1 – Bau einer Straße. Zuunterst lag eine tragende Schicht aus flachen Steinen, der eine Schicht mit groben Steinschotter folgte. Darauf lag eine Schicht aus feinem Schotter und Sand. Zuoberst lag eine Schicht aus flachen, harten Pflastersteinen. Die Oberfläche der Straße lag höher als der Erdboden. Rekonstruktionszeichnung.

um Christi Geburt: Zeitalter des Augustus

Limes

* **Serpentinenweg**
  Ein Serpentinenweg ist ein Weg, der sich einen Berg hinaufschlängelt.

* **Gleisweg**
  Gleisweg nennt man einen schmalen Weg, der sehr eng und gerade einen Berg hinaufführt und auf dem Karren wie auf Schienen fahren konnten.

* **Lot und Visierkreuz**
  Dabei handelt es sich um Geräte bei der Landvermessung zur Bestimmung von rechten Winkeln und Höhen.

Straßen verbinden das Reich

Besonders im Zeitalter des Augustus, also um Christi Geburt, wuchs das römische Reich im Laufe der Jahre zu einem riesigen Weltreich (siehe S.121). Um dieses aber überhaupt regieren zu können, überzogen die Römer das gesamte Reich von Rom aus bis zu seinen Grenzen am Limes, in Nordafrika bis nach Vorderasien mit einem dichten Netz an Fernstraßen von 80 000 km Länge. Dazu kamen fast 200 000 km unbefestigte Nebenstraßen. Diese Straßen dienten dem Militär als Marsch- und Versorgungswege. Im Ernstfall konnten Nachrichten weitergegeben werden, Truppen verlegt und somit Aufstände niedergeschlagen werden. Um die Macht im Reich zu sichern, ritten Boten regelmäßig nach Rom, um dem Kaiser von der Lage an den Grenzen zu berichten und Befehle entgegenzunehmen. Waffen, Nahrungsmittel und Handwerkzeuge konnten bis zu den entlegensten Ecken des Reiches gelangen. Entlang der Straßen entstanden so Rasthäuser mit Schlafzimmern und Bädern, in denen sich die Reisenden erholen konnten. Dortige Pferdewechselstationen machten es möglich, dass ein Reiter an einem Tag bis zu 200 km zurücklegen konnte.

Hohe Ingenieurskunst

Die römische Straßenbaukunst war so überragend, dass die Leute bis ins 19. Jahrhundert diese Qualität im Straßenbau nicht erreichen konnten. Selbst heute sind römische Straßen im Gelände noch sehr gut zu erkennen und moderne Straßen folgen oft der römischen Streckenführung. Die Römer planten ihre Straßen so, dass sie zwei Orte auf dem kürzesten Weg erreichen konnten. Die Straßen führten also geradlinig über Flüsse, Täler und Berge. Dies machte es nötig Brücken, Rampen, *Serpentinenwege, *Gleiswege und teilweise sogar Tunnel zu bauen. Um ihre Straßen und Brücken wirklich geradlinig zu bauen, benutzten die Römer ein Messwerkzeug namens Groma, eine Kombination aus *Lot und Visierkreuz. Mit diesem Geräten konnten sie nicht nur im Straßenbau äußerst exakte Geraden vermessen, auch im Bereich der Wasserversorgung war dieses Instrument nötig, um das Gefälle von Wasserleitungen zu bestimmen.

Wasser für alle

Römische Straßen führten oft über steinerne Brücken. Viele dieser Brücken dienten aber einem anderen Zweck.

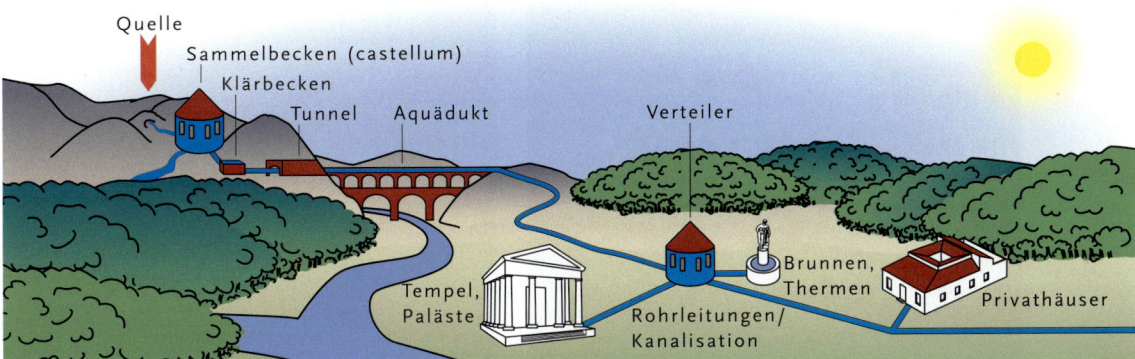

2 – Wasserversorgung Roms.

Sogenannte Aquädukte leiteten Wasser von der Quelle in den Bergen bis zu 200 km über diese Brücken in die Städte und Orte des Reiches (Bild 2).
In großen Städten, vor allem aber in Rom, wurden große Mengen an Wasser benötigt. Nicht nur die Trinkwasserversorgung musste garantiert werden, sondern auch die Versorgung von Handwerksbetrieben, Thermen, öffentlichen Brunnen oder Privathäusern der Reichen mithilfe von Verteilern war entscheidend für die Gesundheit, den Wohlstand und die Zufriedenheit der Menschen.

Q1 Der Dichter Statius (40–96 n. Chr.) über den Bau einer Straße:
Die erste Arbeit ist, Furchen anzufangen und Grenzen zu reißen und mit tiefer Ausschachtung das Erdreich ganz auszuhöhlen; darauf (folgt die Arbeit,) den ausgehobenen Graben anderweitig zu füllen und für den Fahrbahnbelag ein Bett zu bereiten, damit die Böden nicht schwanken, damit die Unterlage nicht zu knapp bemessen ist und unterschiedlich reagiert, wenn die Steine in das Bett gepresst werden. Dann (folgt die Arbeit,) mit von hier und dort zusammengetragenen Wackersteinen und vielen Verankerungen den Weg festzuhalten ...
Man vereinigt das Bauwerk mit ... schwarzem Tuff.

Q2 Der griechische Geograph Strabo (ca. 63 v. Chr.–23 n. Chr.) schrieb nach einem Besuch in der Stadt Rom:
Die Römer ... sorgten ... für unterirdische Kanäle, die den Schmutz der Stadt in den Tiber spülten. ... (Diese) aus eng aneinander gefügten Steinen gewölbten *Kloaken sind manchmal so weit, dass sie mit Heu beladenen Wagen Durchfahrt bieten können. ... In diese Kloaken hinein floss auch das Abwasser der öffentlichen Toiletten. Gullis nahmen das Wasser auf, das sich in den Straßen sammelte. Regelmäßige Spülungen der Abwasserkanäle mit frischem Wasser sollten diese durchlässig halten.

* Kloake
Eine Kloake ist ein Abwasserkanal.

Der Aquädukt in der Stadt Segovia (Spanien) aus dem 1. Jh. n. Chr.

❶ ▶ Nenne mithilfe von Q2 und den Bildern bauliche Meisterleistungen, die Vorbild für unsere heutige Bautechnik waren.
❷ ▶ Beschreibe mithilfe von Bild 1 und Q1 den Bau einer Pflasterstraße.
❸ ▶ Erläutere, in welchem Zusammenhang der Ausbau des römischen Straßennetzes mit der Sicherung der römischen Herrschaft steht.
❹ ▶ Überlege anhand von Q2, wie eine gute Wasserentsorgung mit der Wasserversorgung zusammenhing.
❺ ▶ Erkläre anhand von Bild 2 die Funktion eines Aquädukts.
❻ ▶ Beurteile, welche Probleme sich durch die römische Wasserentsorgung für die Umwelt ergaben und wo man diese Probleme auch heute noch findet.

Wie verändert das Internet den Alltag?

1 – Das World Wide Web vernetzt den Globus.

2 – Lieferung eines Pakets durch eine Drohne.

*Digitales Zeitalter
Veränderungen des Alltags durch Computer und Internet.

*Satelliten
Künstlich erschaffene Körper, die im Weltraum um die Erde kreisen, nennt man Satelliten.

*Soziale Netzwerke
Das sind Plattformen der Kommunikation im Internet. Man tritt mit anderen in Kontakt, aber nur durch PC, Smartphone etc., nicht physisch.

*Streaming-Media
Zu jeder Zeit können Video- oder Audiodaten über ein Netzwerk abgerufen werden. Diese gleichzeitige Übertragung wird als Streaming Media bezeichnet.

Entstehung eines digitalen Zeitalters

Die Erfindung der Schrift hat in den antiken Hochkulturen eine wesentliche Veränderung für den Alltag der Menschen eingeleitet. Als zweite entscheidende Entwicklung kann die Erfindung des Buchdrucks im 15. Jahrhundert gelten. Druckerzeugnisse wie Bücher oder die Zeitung ermöglichten eine neue Art der Informationsvermittlung.

Die Entwicklung des Internets im 20. Jahrhundert veränderte die Möglichkeiten der Kommunikation grundlegend. Im *digitalen Zeitalter wird durch das Internet die direkte Kommunikation aus verschiedensten Teilen der Welt ermöglicht.

Das World Wide Web erobert die Welt

Das World Wide Web ist ein riesiger Zusammenschluss von Computern, Geräten und über Kabel oder *Satelliten weltweit verknüpft.

Das Internet bezeichnet aber nur das Netzwerk, das bestimmte Leistungen zur Verfügung stellt und im digitalen Zeitalter allgegenwärtig ist. Neben der Kommunikation per E-Mail (seit 1984) oder Internet-Telefonie (1996) kann man es auch zum Austausch in *sozialen Netzwerken nutzen. Videoportale oder *Streaming-Medien haben die Unterhaltungsbranche wesentlich verändert. Das Internet dient mit online-Lexika oder Suchmaschinen als wichtigstes Medium zur Wissensvermittlung.

Veränderung des Kaufverhaltens

Auch das Einkaufen hat sich im digitalen Zeitalter verändert. Die meisten Konsumenten informieren sich vor einem Einkaufsbummel zuerst online über die Produkte und lassen sich dann vor Ort beraten. Weit über die Hälfte der Einkäufe wird dann trotzdem über das Internet getätigt, meist aus Preis- und Bequemlichkeitsgründen. Um die Wartezeit auf das Produkt zu verkürzen, wird neuerdings sogar über die Lieferung durch *Drohnen (Bild 2) nachgedacht. Dies ist ein aussagekräftiges Beispiel für die Schnelllebigkeit unseres Zeitalters.

❶ Erstelle anhand des Textes eine Liste, welche technischen Entwicklungen in der Geschichte wegbereitend waren. Ergänze die Informationen aus dem Text mit eigenen Ideen.

❷ Erläutere mithilfe des Texts Bild 1. Stelle dar, inwiefern das Internet die Menschen verbindet und ihren Alltag beeinflusst.

▶ Berücksichtige auch deine eigenen Erfahrungen.

Zusammenfassung

Technik verändert das Leben der Menschen

Techniken in vorgeschichtlicher Zeit

Vor über 5000 Jahren war es überlebenswichtig, das Feuer zu beherrschen. Dieses benötigte man nicht nur, um Nahrung zuzubereiten, sondern es diente auch als Schutz vor Kälte und wilden Tieren. Zudem konnten mithilfe des Feuers Waffen und Werkzeuge hergestellt werden, wie beispielsweise Kupferbeil oder Dolch. Feuer wurde entzündet, indem man Pyrit an Feuerstein schlug, bis es Funken sprühte. Es breitete sich durch Zunderschwamm und Laub oder Stroh aus. Mithilfe von Bogenstäben, Pfeilen und Netzen konnte Wild erlegt werden, das als Nahrung diente.

Technischer Fortschritt im alten Ägypten

In einem heißen Land wie Ägypten war und ist die richtige Bewässerung des Landes die Grundvoraussetzung, dass Landwirtschaft betrieben werden kann. Nur dann kann die Bevölkerung versorgt und können Entwicklungen vorangetrieben werden. Dafür sind Erfindungen aus dem 2. Jahrtausend v. Chr. bis heute in Gebrauch. Schaduf und Sakije sind Schöpfanlagen, die es ermöglichen, an das lebensnotwendige Wasser zu gelangen.

Technische Entwicklungen bei den Griechen und Römern

Die Griechen waren nicht nur wegweisend im Bereich der Wissenschaften wie der Politik, Philosophie und der Medizin. Auch im Bereich des Militärs konnten sie Schlachten aufgrund der Ausstattung ihrer Soldaten (Holipten) mit Schild, Schwert und Schutzkleidung sowie der Kampftechnik der Phalanx für sich entscheiden. Auch einige bedeutende Erfindungen wie Katapulte oder Brennspiegel ermöglichten die Bekämpfung der Feinde auf große Distanzen.
Ein dichtes Straßennetz diente dem römischen Militär als Marschweg, der Politik zur Übermittlung von Botschaften aus der Provinz in die Hauptstadt Rom und der Versorgung der Bevölkerung. Gute Planung und exakte Vermessungstechnik ermöglichten den Römern eine direkte Straßenführung, wobei auch Brücken, Rampen und Tunnel mit extra dafür entwickelten Werkzeugen errichtet wurden. Besonders herausragend ist dabei der zusätzliche Nutzen der Brücken als Wasserleitungen.

Moderne Technik als Basis für das digitale Zeitalter

Die Erfindung des Internets im 20. Jahrhundert ermöglicht ein digitales Zeitalter und vernetzt den Globus. Kommunikation, soziale Beziehungen, Unterhaltung, Wissensvermittlung und Einkaufsverhalten haben sich dadurch wesentlich verändert. Durch die neuen Medien wächst die Welt im 21. Jahrhundert enger zusammen.

Vor 3000 v. Chr.

Die Beherrschung des Feuers sichert das Überleben.

1550 v. Chr.

Der Schaduf erleichtert die Bewässerung in Ägypten.

1. Jh. n. Chr.

Die Römer errichten ein Straßennetz.

heute

World Wide Web

Das kann ich ...

Technik verändert das Leben der Menschen

Ich kann wichtige Daten und Begriffe im Zusammenhang erklären (Sachkompetenz):

Altsteinzeit
Jungsteinzeit
ab 3000 v. Chr.: Hochkultur in Ägypten
Antike
um Christi Geburt: Zeitalter des Augustus
Limes

❶◼ Übertrage die Tabelle M1 in dein Heft und ordne den Epochen die entsprechenden technischen Entwicklungen zu.
▶ *Nimm dein Wissen der Seiten 188–195 zu Hilfe.*

Ich kann folgende Aufgaben zum Thema lösen (Sachkompetenz):

❷◼ Erkläre mithilfe von Bild 1, wie in der Jungsteinzeit Feuer erzeugt und bewahrt wurde.

❸◼ Beschreibe mithilfe der Bilder 2 und 3, wie die Ägypter die Fluten des Nils nutzten.

❹◼ Kloaken waren Abwasserkanäle im Römischen Reich. Erkläre die Vorteile dieser Erfindung für den Alltag der Menschen, aber auch die Nachteile für die Umwelt.

❺◼ Erläutere, wodurch Technik in der Hochkultur Ägypten sowie in der griechischen und römischen Antike die Ausübung von Herrschaft beeinflusste.

Ich kann Geschichte verständlich darstellen (narrative Kompetenz):

❻◼ Du bist ein Handelsreisender, der um 100 n. Chr. gelebt hat und von Rätien nach Rom reist. Berichte in deinem Tagebuch mithilfe der Karte auf S. 122 über deine Reiseroute. Stelle die Vorteile des Straßennetzes für deinen Beruf und andere dar.
▶ *Nimm Bild 4 zu Hilfe.*
„Liebes Tagebuch, heute bin ich endlich in Rom angekommen. Mein Weg verlief über ...“

Ich kann mir ein Urteil bilden und es begründen (Urteilskompetenz):

❼◼ Beurteile folgende Aussage: Die Genialität des Archimedes sicherte die Macht der Griechen.
▶ *Nimm die Methode „Ein eigenes Urteil bilden“ von S. 82/83 zu Hilfe.*

Ich verstehe, warum das Thema für uns heute noch wichtig ist (Orientierungskompetenz):

❽◼ Verfasse eine kurze Begründung für die Überschrift des Kapitels „Technik verändert das Leben der Menschen“. Führe Beispiele aus diesem Kapitel an.

❾◼ Überlege, welche aktuelle technische Erfindung dein Leben am meisten verändert. Begründe deine Einschätzung.

Verstehen

M1 Wortspeicher

Epoche	Erfindung
Jungsteinzeit	...
3000 v. Chr. Hochkultur in Ägypten	...
Antike	...
um Christi Geburt	...

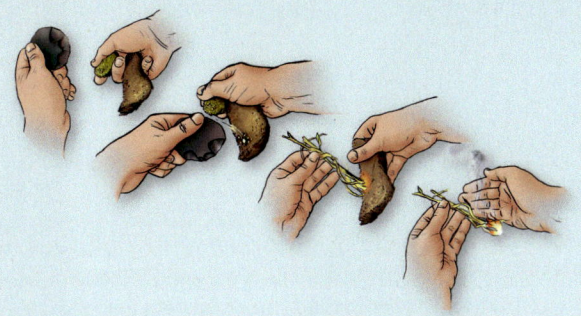

1 – Entzünden eines Feuers in der Steinzeit.

2 – Ein Schaduf

3 – Ein Sakije.

4 – Verkehrswege in der Römerzeit.

7 Längsschnitt
Menschen machen Geschichte

Viele wichtige Personen aus der Vergangenheit sind uns heutzutage immer noch bekannt. Sie begegnen uns in Sprichwörtern, auf Bildern, in Comics, Filmen und Schulbüchern.

Einer davon ist Gaius Julius Caesar, der berühmte römische Feldherr und Politiker, über den in diesem Buch schon berichtet wurde. Hier spielt ein Schauspieler seine Rolle im Film „Cleopatra" (1999).

Warum begegnen uns Personen wie Caesar nicht nur in den Geschichtsbüchern, sondern zum Beispiel auch in Filmen? Welche Menschen, die „Geschichte mach(t)en" kommen dir in den Sinn?

7 Längsschnitt
Menschen machen Geschichte

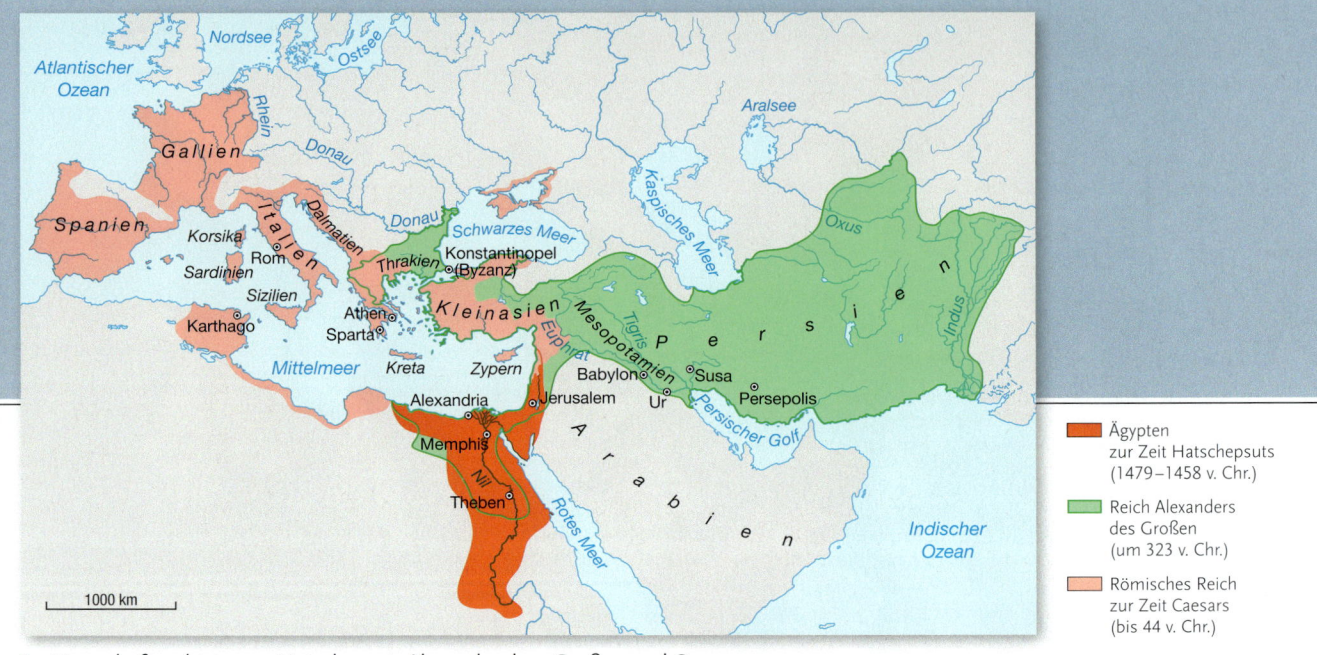

1 – Herrschaftsgebiete von Hatschepsut, Alexander dem Großen und Caesar.

Legende:
- **Ägypten** zur Zeit Hatschepsuts (1479–1458 v. Chr.)
- **Reich Alexanders des Großen** (um 323 v. Chr.)
- **Römisches Reich** zur Zeit Caesars (bis 44 v. Chr.)

Geschichte passiert nicht einfach so, Geschichte wird von großen Persönlichkeiten gemacht. Sie stellen seit Jahrtausenden die Weichen dafür, wie sich die Weltgeschichte in den verschiedenen Epochen entwickelt. Ihr beschäftigt euch in diesem Kapitel damit, welche Einflussmöglichkeiten drei ausgewählte Persönlichkeiten auf die Geschichte hatten. Dabei erkennt ihr aber auch, welche Grenzen sich für sie auftaten.

Am Ende des Kapitels kannst du folgende Fragen beantworten:

- Wie konnte Hatschepsut sich als weiblicher Pharao behaupten?
- Hat Alexander der Große seinen Titel wirklich verdient?
- War Caesar ein guter Politiker?

❶▶ Zeige mithilfe der Legende, welche in der Karte 1 dargestellten Reiche zu Hatschepsut, Alexander dem Großen und Caesar gehören.

❷▶ Ermittle, ob diese Reiche zur gleichen Zeit bestanden.

❸▶ Ordne die folgenden Begriffe sowie die Bilder 2–4 den Personen in der Zeitleiste zu:
Frühe Hochkultur, römische Antike, griechische Antike, weiblicher Pharao, Diktator, König.

▶ *Nimm die Zeitleiste auf S. 18/19 zu Hilfe.*

❹▶ Suche Personen aus diesem Buch und zeige auf, wie sie Einfluss auf die Geschichte genommen haben.

▶ *Zum Beispiel Perikles: begründete die Demokratie in Griechenland*

1495–1457 v. Chr.

Hatschepsut

356–323 v. Chr.

Alexander der Große

100–44 v. Chr.

Gaius Julius Caesar

2 – Büste eines Herrschers.

4 – Büste eines Feldherrn.

3 – Skulptur einer Herrscherin.

Eine Herrscherin – Hatschepsut

Hatschepsut – eine Frau steht ihren Mann?

1 – Tempel der Hatschepsut (Deir el-Bahari). Die prächtigen Wandbilder im Inneren zeigen Szenen aus Hatschepsuts Herrschaft.

---

ab 3000 v. Chr.: Hochkultur in Ägypten

Pharao

* Obelisk
Ein Obelisk ist ein freistehender, hoher Steinpfeiler mit pyramidenförmiger Spitze.

Obelisk der Hatschepsut in der Tempelanlage Karnak bei Luxor.

Hatschepsut – eine Frau wird Pharao

In Ägypten, einer der frühesten Hochkulturen in der Geschichte der Menschheit, gab es nur drei Frauen, die Herrscherinnen wurden. Eine davon war Hatschepsut (Herrscherzeit: 1479–1457 v. Chr.). Die Tochter des Pharao Thutmosis I. lernte schon als Mädchen das Lesen der Hieroglyphen, Wagenlenken, Schwertfechten und Bogenschießen. Zudem wurde sie darin unterrichtet, wie man über ein Reich herrscht. Dieses Wissen wandte Hatschepsut an, als ihr Ehemann Thutmosis II. ca. 1479 v. Chr. starb. Da ihr Stiefsohn zu diesem Zeitpunkt erst sechs Jahre alt war, übernahm sie – zunächst stellvertretend – dessen Aufgaben. Indem sie einflussreiche Leute wie Priester und Beamte durch Bestechungen hinter sich brachte, gelang es ihr, sich um 1472 v. Chr. selbst zum Pharao zu krönen.

Hatschepsut – eine Frau, die viel leistet

Obwohl es für zahlreiche Ägypter schwierig war, einen weiblichen Pharao anzuerkennen, konnte Hatschepsut sich durchsetzen. Dies lag nicht zuletzt an ihren zahlreichen besonderen Leistungen: Sie verwöhnte ihre Untertanen mit Luxusgütern aus dem Land Punt (Ostküste Afrikas), darunter Öle, Edelsteine, Gold, Weihrauch, Tiere und Ebenholz. Außerdem förderte sie Landwirtschaft und Handel und baute somit die Verwaltung des Landes aus. Zudem wurden unter ihrer Herrschaft keine Kriege geführt. Auch als Baumeisterin war sie angesehen. Sie ließ ihren eigenen Totentempel, Deir el-Bahari (Bild 1), bauen, der in eine Felswand am Westufer Thebens geschlagen wurde. Neben weiteren Bauwerken sind ihre damals welthöchsten *Obelisken bekannt (Randspalte). Sie erklärte den Sonnengott Amun-Re zu ihrem Vater, ließ Bilder ihrer göttlichen Zeugung in die Wände ihres Tempels meißeln und rechtfertigte ihre Herrschaft mit diesem göttlichem Ursprung.

Hatschepsuts Ende

1457 v. Chr. starb Hatschepsut. Nach ihrem Tod übernahm ihr Stiefsohn Thutmosis III. die Herrschaft und rächte sich für die geteilte Herrschaft. So ließ er alle Statuen der Königin zerschlagen und deren Name und Bildnis aus steinernen Inschriften ausmeißeln.

Webcode: EV649068-204
Hörtext

2 – Statue der Königin Hatschepsut in jungen Jahren.

3 – Hatschepsut auf der Jagd. Wandbild am Tempel Deir el-Bahari.

4 – Statue Hatschepsuts in späteren Jahren in einer Darstellung als Gott Osiris.

Q1 Aussagen Hatschepsuts aus Tempelinschriften über sich selbst:

Ich bin wie ein wilder Stier mit spitzen Hörnern. Ich bin ein Falke, der über Land fliegt, der sich auf der Erde niederlässt und seine Grenzen festigt. Ich bin ein ☀Schakal mit schnellem Schritt, der in einem Augenblick durch das ganze Land laufen kann. Ich bin ein wütendes Krokodil, das mit Gewalt zupackt, das ganz sicher zupackt und dem keiner mehr entkommen kann. Ich bin ein verborgenes Krokodil, ich bin ein heimtückisches Krokodil, das den Schatten sucht und das sich im Weideland versteckt hält.

M1 Der Autor Walter Saller schrieb 2002 über Hatschepsut:

Stets ging die Herrschaft (der Pharaonen) über vom Vater auf den Sohn oder einen engen Vertrauten – oder auch Konkurrenten. Auf jeden Fall aber vom Mann auf den Mann ... . Hatschepsut war die mächtigste Frau, die je am Nil gelebt hat. ... Sie machte sich selbst zum Pharao ... Zwar ließ sie den Thronfolger offiziell stets als Mitherrscher aufführen. Doch die Politik Ägyptens bestimmte von nun an nur noch sie allein.

☀ **Schakal**
Ein Schakal ist ein Wildhund mit wolfsähnlicher Gestalt.

❶▶ Wiederhole mithilfe der Seiten 56/57 Merkmale der Herrschaft von Pharaonen.

❷▶ Fasse mit eigenen Worten die wichtigsten Lebensstationen Hatschepsuts zusammen.

❸▶ Hatschepsut übernimmt eine Männerrolle. Beschreibe, wie sie schon als Kind an diese Rolle herangeführt wurde.

❹▶ Arbeite mithilfe von Q1 und den Bilden 2–4 heraus, wie Hatschepsut sich selbst sieht. Beachte auch die Veränderungen Hatschepsuts auf den Bildern.

▶ *Nimm die Herrschaftszeichen von Pharaonen auf S. 56/57 zu Hilfe.*

❺▶ Erstelle mithilfe deiner Ergebnisse aus Aufgabe 4 eine Mindmap (siehe Methode S. 26/27).

▶ *Mögliche Unterüberschriften: Charakter, Aussehen früher, Aussehen später, Selbstbild, ...*

❻▶ Begründe mithilfe der Seiten 56/57, M3 und des Texts,
– warum Hatschepsut den Gott Amun zu ihrem Vater erklärte.
– die unterschiedliche Darstellung Hatschepsuts in den Bildern 2 und 4.

❼▶ Entwirf mithilfe deiner Arbeitsergebnisse ein Streitgespräch zwischen einem Befürworter (B) und einem Gegner (G) Hatschepsuts. Der Anhänger möchte den Gegner von der Pharaonin überzeugen.

▶ *G: Es ist eine Schande, dass sich eine Frau als Pharao gekrönt hat. Wo soll das noch hinführen?*
B: Ich finde das gar nicht so schlimm. Sieh nur, was die Königin schon alles erreicht hat. ...

Ein Feldherr – Alexander der Große

Wer war Alexander von Makedonien?

1 – Alexander und der Perserkönig Dareios III. in der Schlacht von Gaugamela 331 v. Chr. Alexander ist links, Dareios rechts im Bild zu sehen. Alexander stürmt in das persische Heer, Dareios muss fliehen. Der persische König konnte zwar entkommen, wurde aber später umgebracht. Alexander ließ Dareios ehrenvoll bestatten und seinen Mörder hinrichten. Römisches Mosaik, eine Kopie des verlorenen Originals, ca. 150 n. Chr.

Demokratie

Alexander der Große
(Herrscherzeit:
336–323 v. Chr.)

Wer war Alexander von Makedonien?

Alexanderplatz (Berlin), Alexanderstraßen überall auf der Welt, Jungen und Männer, die den Namen Alexander tragen, Filme über Alexander den Großen ... Wer war dieser Alexander, auf den diese Namensgebung zurückgeht?

356 v. Chr. kam Alexander als Sohn König Philipps II. von Makedonien (Herrscherzeit 359–336 v. Chr.), einem Gebiet im Norden Griechenlands, zur Welt. König Philipp hatte in der Vergangenheit fast alle griechischen Stadtstaaten erobert und damit deren Freiheit und Demokratie beendet. Er bewunderte aber die griechische Kultur und gab seinem 13-jährigen Sohn daher einen griechischen Erzieher, den Philosophen Aristoteles. Ausführlich studierte Aristoteles mit seinen Schülern das berühmte Werk des Dichters Homer, die Ilias. Alexander erhielt von seinem Lehrer eine Abschrift des Textes auf einer Papyrusrolle, die er auf seinen späteren Feldzügen stets mit sich führte. Er lernte durch seinen Lehrer ebenfalls die griechischen Tragödien und Komödien kennen. Aristoteles prägte Alexander so sehr, dass dieser während der Feldzüge durch Briefe mit ihm in Kontakt blieb.

Alexander – der Feldherr

Nach der Ermordung seines Vaters 336 v. Chr. wurde Alexander mit 20 Jahren der Herrscher über Makedonien und Griechenland. Von dort aus begann der junge Alexander 334 v. Chr. seinen Feldzug nach Persien, er wollte nach eigener Aussage „bis an die Grenzen der bewohnten Welt und darüber hinaus".

Nach dem Sieg am Fluss Granikos 334 v. Chr. zerstörte Alexander in den folgenden Jahren die Macht des persischen Großkönigs Dareios III. Nach einer Schlacht bei Issos 333 v. Chr. eroberte der Makedone die Regionen an der östlichen Mittelmeerküste und Ägypten. Bei Gaugamela gelang Alexander 331 endgültig der Sieg über den Perserkönig und er besetzte die Zentren des Perserreiches: Babylon, Susa, Persepolis und Ekbatana. Ab 327 v. Chr. zog Alexander, der sich selbst als König von Asien bezeichnete, weiter in den Norden Indiens. Erst als seine Soldaten Widerstand leisteten, zeigte er sich zum Rückzug bereit. Sein plötzlicher Tod mit 32 Jahren verhinderte es, dass er weitere Eroberungszüge unternahm.

2 – Der Zug Alexanders des Großen und die Ausdehnung seines Reiches.

Wie setzte Alexander seine Ziele durch?

Alexander wurde bereits mit 22 Jahren des Mordes beschuldigt. Das Verhältnis zwischen ihm und seinem Vater war in dessen letzten Lebensjahren zunehmend schwieriger geworden, nicht zuletzt, da sich Alexander nach eigenen Eroberungen und Kämpfen sehnte. Nach der Ermordung Philipps II. kamen Gerüchte auf, Alexander habe beim Tod seines Vaters mitgewirkt, um endlich die Herrschaft übernehmen zu können. Konkurrenten und Verwandte, die diese Nachrichten verbreiteten, ließ Alexander hinrichten, sodass er seine Herrschaft durchsetzen und zu seinem Feldzug gegen Dareios III., den Herrscher des persischen Großreiches, aufbrechen konnte. Obwohl das persische Kernland erobert und der Großkönig 330 v. Chr. tot war, führte Alexander seine Eroberungszüge als König von Asien weiter. Brutal und rücksichtslos ging der König auf seinem Feldzug gegen Städte und Soldaten vor, die sich seinem Willen nicht beugen wollten. Als er sich selbst zum neuen Großkönig erklärte und von makedonischen Gefolgsleuten Kniefall und Fußkuss nach persischem Vorbild forderte, kam es zum Streit mit seinem Freund Kleitos, der ihm in einer Schlacht gegen die Perser das Leben gerettet hatte. Auf einer ausgelassenen Feier griff Alexander, nach einer provozierenden Aussage Kleitos', zur Lanze einer Wache und tötete ihn. Alexander war über seine Tat bestürzt und bereute diese.

Nachdem Alexanders Soldaten 325 v. Chr. im Norden Indiens nicht mehr weiterziehen wollten und die Umkehr beschlossene Sache war, ordnete er eine Expedition durch die Wüstenlandschaft Gedrosiens (Karte 2) an, die von 40 000 Mitziehenden nur etwa 15 000 überlebten.

---

❶ ▶ Sieh dir Bild 1 an. Überlege anschließend, mit welchen Eigenschaften du dir diese Person vorstellst.

❷ Fasse zusammen, was du über die Erziehung und den Unterricht von Alexander erfahren hast.

❸ Werte die Karte 2 aus. Ermittle insbesondere
  – die Ausdehnung des Reiches durch Alexander und
  – den Verlauf seiner Feldzüge.

▶ *Nimm die Methode „Geschichtskarten auswerten" von S. 120/121 zu Hilfe.*

❹ Ermittle mithilfe der Karte und eines Atlas, welche heutigen Länder das Alexanderreich umfasste.

❺ Alexander bezeichnete sich selbst als König von Asien. Das ist ein Titel, wie ihn so weder Griechen noch Perser zuvor kannten. Erkläre diese Aussage mithilfe des Textes und der Karte 2.

❻ Charakterisiere die Person Alexanders.

▶ *Finde mithilfe des Texts und der Bilder passende Adjektive, die ihn beschreiben, und formuliere damit einen kurzen Text.*

❼ Gestalte mithilfe deiner Arbeitsergebnisse eine Gedankenblase über das, was Alexander in Bild 1 durch den Kopf gegangen sein könnte.

❽ Diskutiere mit deinem Banknachbarn, ob Alexander als Mörder bezeichnet werden muss oder ob seine Taten notwendig waren, um seine Herrschaft zu sichern. Überlege, ob es andere Möglichkeiten gegeben hätte, seine Macht zu festigen.

Hat Alexander den Titel „der Große" verdient?

1 – Die Massenhochzeit in Susa. So stellte sie sich der Maler Andreas Müller im 19. Jahrhundert vor. Kolorierter Holzstich nach dem Gemälde von Andreas Müller.

---

* Hellenismus
Der Siegeszug Alexanders hatte zur Folge, dass sich im Mittelmeerraum und im Orient die griechische Sprache und die Lebensformen der Hellenen weit verbreiteten. Diese Epoche (300–30 v. Chr.) wird daher mit dem Begriff „Hellenismus" bezeichnet.

Kulturaustausch im Alexanderreich

Alexander beherrschte nun ein riesiges Reich, das sich von Makedonien bis nach Indien und von Ägypten bis nach Samarkand erstreckte (siehe Karte S. 207). Er reagierte auf Widerstand eroberter Gebiete hart, indem er die Aufstände – wie z. B. die der Städte Theben und Tyros – blutig niederschlug, Städte zerstörte und Teile der Bevölkerung in die Sklaverei verkaufte. Dort, wo es friedlich blieb, versuchte Alexander aber auch, die Bevölkerung für sich zu gewinnen und das Zusammenleben zwischen Makedonen und Griechen einerseits sowie der Bevölkerung der eroberten Gebiete andererseits zu fördern. Aus diesem Grund verheiratete er in Susa (heute: Iran) 324 v. Chr. 80 seiner Gefolgsleute mit vornehmen persischen Frauen (Bild 1). Er wollte damit eine neue Führungsschicht der Stadt begründen. Alexander gründete zahlreiche Städte, denen er seinen Namen gab und die er mit Griechen besiedeln ließ. Griechen und griechisch sprechende Einheimische übernahmen die wichtigsten Ämter. Tempel, Theater, Sportanlagen und Wohnviertel wurden nach griechischem Vorbild gebaut. Griechisch war die Sprache, mit der sich die Einwohner unterschiedlicher Herkunft miteinander verständigten. Die neue Weltkultur, die damals entstand, nennt man den *Hellenismus.

Was wurde aus dem Alexanderreich?

Alexander, der 323 v. Chr. starb, hatte keine Nachkommen, sodass sich seine Generäle (Diadochen) um die Nachfolge stritten. Fast 50 Jahre lang kämpften sie um die Vorherrschaft. Schließlich entstanden drei größere Diadochenreiche, die nach den neuen Königsgeschlechtern benannt wurden. Wie Alexander waren die neuen Könige Alleinherrscher und ließen sich wie Götter verehren. In allen Nachfolgereichen wurden auch weiterhin neue Städte gegründet.

Die Bewertung Alexanders

Alexander wurde zu unterschiedlichen Zeiten von verschiedenen Personen beschrieben und bewertet.
Die Römer gaben ihm später den Beinamen „der Große".

Q1 Der griechische Historiker Diodor schrieb im 1. Jh. v. Chr. über Alexander:

In kurzer Zeit hat dieser König große Taten vollbracht. Dank seiner eigenen Klugheit und Tapferkeit übertraf er an Größe

2 – Denkmal Alexanders des Großen in Alexandria.

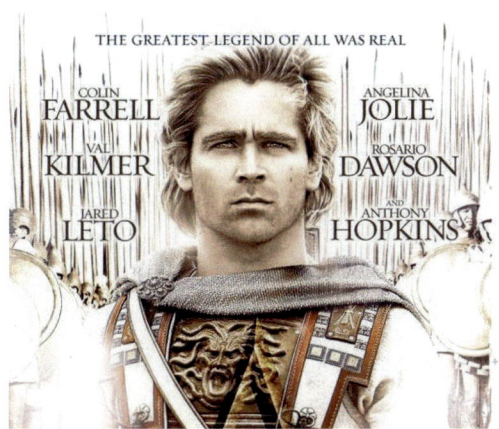

3 – Plakat für den Film „Alexander" von 2004.

der Leistungen alle Könige, von denen die Erinnerung weiß. In nur zwölf Jahren hatte er nämlich nicht wenig von Europa und fast ganz Asien unterworfen und damit zu Recht weitreichenden Ruhm erworben, der ihn den alten Heroen und Halbgöttern gleichstellte.

Q2 Der römische Politiker Seneca (um 4 v. Chr.–65 n. Chr.). schrieb über Alexander:

Den unglücklichen Alexander trieb seine Zerstörungswut sogar ins Unerhörte. Oder hältst du jemanden für geistig gesund, der mit der Unterwerfung Griechenlands beginnt, wo er doch seine Erziehung erhalten hat? ... Nicht zufrieden mit den Katastrophen so vieler Staaten, die sein Vater Philipp besiegt oder gekauft hatte, wirft er die einen hier, die anderen dort nieder und trägt seine Waffen durch die ganze Welt. Und nirgends macht seine Grausamkeit erschöpft halt, nach Art wilder Tiere, die mehr reißen, als ihr Hunger verlangt.

M1 Die Historikerin Tanja Scheer äußerte sich 2014 zu Alexander:

Ob wir heute als Historiker Alexander noch als den Großen bezeichnen sollten, ist eine schwierige Frage. Denn worin besteht historische Größe? Das 19. Jahrhundert hätte vermutlich gesagt: Selbstverständlich, wer am meisten Territorium erobert ... Heutzutage würde man ... andere Kriterien anlegen. ... „Der Große" klingt sehr positiv. Insofern würde ich von dieser Bezeichnung vielleicht eher absehen wollen. Aber man kann sagen, er war ganz bestimmt jemand, ohne den die Entwicklung der griechischen Welt anders ausgesehen hätte, der also durchaus auch als Einzelperson die Dinge verändert hat.

❶ ▶ Zähle die Städte in der Karte 2, S. 207, die den Namen Alexanders tragen. Vermute anschließend, warum sie so benannt wurden.

❷ ▶ Begründe den Standort des Denkmals in Bild 2.

❸ ▸ Erkläre, was unter Hellenismus zu verstehen ist.

❹ ▸ Lies dir die Aussagen über Alexander aufmerksam durch und fasse zusammen, wie er jeweils beurteilt wurde (Q1, Q2, M1).

❺ ▸ Überlege mithilfe deiner Arbeitsergebnisse aus Aufgabe 4, ob du die Darstellung auf dem Plakat (Bild 3) für zutreffend hältst. Begründe deine Einschätzung.

❻ ▸ Hat Alexander den Titel „der Große" verdient? Diskutiere mit deinem Banknachbarn darüber, indem du deine Meinung mit Textbeispielen von den Seiten 206–209 belegst.

▶ *Berücksichtige auch deine Ergebnisse aus Aufgabe 4. Gibt es eine Bewertung Alexanders, die dich überzeugt?*

❼ ▸ Formuliere abschließend ein persönliches Werturteil und trage es deinen Mitschülern vor.

▶ *Nimm die Methode „Ein eigenes Urteil bilden" von S. 82/83 zu Hilfe.*

Ein Staatsmann – Caesar

Caesar – ein guter Politiker?

1 – Gaius Julius Caesar. Ausschnitt aus dem Film „Cleopatra" von 1999.

1. Jh. v. Chr.:
Übergang von der
Republik zur
Kaiserzeit

Senat
Republik
Diktator
Caesar

✱ Kleopatra
Kleopatra war eine ägyptische Pharaonin (Herrscherzeit 51–30 v. Chr).

Caesar als Politiker

Der adlige Caesar (100–44 v. Chr.), der im ersten Jahrhundert v. Chr. in der Übergangszeit von der Republik zur Kaiserzeit lebte, wollte schon als Jugendlicher Politiker werden. Er durchlief die in der römischen Republik übliche Ämterlaufbahn, um sein Ziel zu erreichen. Um vom Volk zum Konsul gewählt zu werden, gab er enorme Geldsummen aus. Er ließ die sehr beliebten Wagenrennen und Gladiatorenkämpfe stattfinden. Immer wieder erwirkte er gegen den Willen des Senats die Verabschiedung von Gesetzen, indem er Gewalt anwandte, Vorschriften missachtete, Verhaftungen vornahm und Drohungen aussprach. Seine Macht baute er als Feldherr durch die erfolgreichen Gallischen Kriege (siehe S. 128, 153) aus, wodurch er aber erneut den Senat provozierte und Gefahr lief, als Staatsfeind angeklagt zu werden. Daraufhin begann Caesar einen Bürgerkrieg gegen den Senat und den römischen Politiker Pompeius, den er auch gewann (siehe S. 128). Anschließend ließ er sich zum „Diktator auf Lebenszeit" ernennen und mit fast göttlichen Ehrungen übersäen. Caesar wurde deshalb von vielen Anhängern der Republik als Zerstörer der Republik empfunden. Einige verschworen sich gegen Caesar und ermordeten ihn in einer Senatssitzung am 15. März 44 v. Chr.

Wo begegnet uns Caesar noch heute?

Bis in die heutige Zeit ist Caesar bekannt. Er bleibt den Menschen nicht nur durch das Verhältnis mit ✱Kleopatra oder dem Monat „Juli", seinem Geburtsmonat, der Caesars Namen trägt, in Erinnerung. Sein „Julianischer Kalender" musste bis heute auch kaum verändert werden. Zahlreiche Sprichwörter verweisen auf Taten oder Aussprüche Caesars: „veni vidi vici" („Ich kam, sah, siegte"), „alea iacta est" („Die Würfel sind gefallen"), die „Iden des März" oder das „Überschreiten des Rubikon". Zudem trug er als Diktator und Feldherr maßgeblich zum Ende der Römischen Republik bei und war indirekt am Beginn der Kaiserzeit beteiligt. Der Titel „Kaiser" leitete sich nach Caesars Tod von dessen Namen ab. Auch als Schriftsteller schuf er Werke für die Nachwelt: Sein Buch über den Gallischen Krieg zählt noch heute zur Standardlektüre im Lateinunterricht. Zudem ist Caesar durch die Comic-Reihe „Asterix" bekannt.

Q1 Caesar schrieb im Bürgerkrieg (49–45 v. Chr.) nach der Kapitulation der Gegner unter der Leitung von Domitius:
… Alle die Vorgeführten schützte Caesar vor Schmähungen und Misshandlungen durch seine Soldaten. Er hielt ihnen nur in aller Kürze vor, dass ihm einige von ih-

2 – Caesar mit Lorbeeerkranz. Der Kranz ist ein Symbol für Siege oder besondere Erfolge. Porträts von lebenden Personen auf Münzen waren in Rom unüblich. Sie galten als Zeichen eines Königs. Münze aus dem Jahr 44 v. Chr.

3 – Sieg über die Gallier. Auf dieser Münze wird an Caesars Sieg im Gallischen Krieg (58–51 v. Chr.) erinnert. Dargestellt sind erbeutete gallische Waffen und ein gallisches Horn. Münze, um 48 v. Chr.

nen keinen Dank für seine großen Wohltaten erwiesen. Dann entließ er alle unversehrt. Sechs Millionen Sesterzen (Münzen) ... gab er Domitius zurück. Man solle nicht sagen, er, Caesar, habe mehr Beherrschung gezeigt, wenn es um Menschenleben als um Geld ging. ...

Q2 Einer der vielen Briefe des Redners Marcus Tullius Cicero (106–43 v. Chr.) spiegelt die Meinung wider, die über Caesar im Senat herrschte:
Dieser elende, wahnsinnige Kerl, der niemals auch nur einen Hauch des Edlen verspürt hat! Und da sagt er noch, er tue dies alles, um seine Ehre zu wahren. Aber was heißt Ehre ohne Anstand?

Q3 Cicero über Caesar:
Er besaß Geist, einen scharfen Verstand, ein gutes Gedächtnis, wissenschaftliche Bildung, Arbeitskraft, Scharfsinn und Umsicht. Seine Kriegstaten waren zwar ein Unglück für den Staat; sie waren aber dennoch bedeutend. Viele Jahre lang hatte er auf die Errichtung einer Zwangsherrschaft hingearbeitet, mit großer Anstrengung und beträchtlichem Risiko hatte er seine Pläne in die Tat umgesetzt. Durch Spiele, Bauten, Spenden und Volksbankette hatte er die unwissende Menge geködert, seine Anhänger hatte er

durch Belohnungen, seine Gegner durch den Schein der Milde an sich gefesselt.

❶ ▪ Lege ein Cluster mit den Eigenschaften Caesars an, die im Verfassertext „Caesar als Politiker" herauszulesen sind. Ergänze das Cluster, sobald du auf dieser Doppelseite weitere Informationen darüber bekommst.

❷ ▪ Nenne aus dem Text Dinge, die bis heute an Caesar erinnern.

❸ ▪ Betrachte die Münzen und beschreibe, wie Caesar dargestellt wird. Stelle Vermutungen an, weshalb er sich auf Münzen abbilden ließ.

❹ ▪ Lies Q1 und Q3. Verfasse einen Tagebucheintrag aus der Sicht eines Römers, der sich über Caesars Verhalten gegenüber seinen Gegnern Gedanken macht.

▶ *Liebes Tagebuch, es ist nun schon das zweite Mal, dass ich von Caesars Milde gegenüber seinen Feinden höre. Wieso verschont er sie? Möglicherweise ...*

❺ ▪ Gib die Meinung des Senats sowie Ciceros in Q2 und Q3 mit eigenen Worten wieder. Inwiefern unterscheidet sich diese von Caesars Selbstbild?

❻ ▪ Betrachte Bild 1 und bewerte, ob die Darstellung Caesars zutreffend ist.

❼ ▪ Bewerte, ob Caesar aus deiner Sicht ein guter Politiker war. Begründe deine Ansicht anhand deiner Ergebnisse aus Aufgabe 1 und der Materialien dieser Seiten.

▶ *Nimm die Methode „Ein eigenes Urteil bilden" von S. 82/83 zu Hilfe.*

❽ ▪ Ermittle mithilfe des Internets die Bedeutung der lateinischen Aussprüche Caesars (Text S. 210, 2. Spalte).

▶ *Nimm die Methode „Im Internet recherchieren" von S. 221 zu Hilfe. Verwende die Aussprüche als Suchstichwörter.*

Menschen machen Geschichte

Hatschepsut, Alexander und Caesar – ein Vergleich

1 – Hatschepsut mit Pharaonenattributen.

2 – Münze Alexanders des Großen. Die Vorderseite (links) zeigt den Halbgott Herakles, die Rückseite (rechts) den Gott Zeus. Dort steht „Von Alexander".

3 – Caesar mit Lorbeeerkranz. Münze, 44. v. Chr.

* Ornat
So wird eine Amtstracht genannt.

Wie mache ich mich zum Star?

In diesem Kapitel wurden stellvertretend Menschen vorgestellt, die in ihrer Zeit Einfluss auf die Geschichte genommen haben: eine Herrscherin – Hatschepsut, ein Feldherr – Alexander und der Politiker und Eroberer Caesar. Gemeinsam ist ihnen die Inszenierung ihrer Person, um ihre Herrschaft zu sichern und um der Nachwelt ihren Ruhm vorzuführen. Wie stellten sie das an?

Die ägyptischen Herrscher ließen sich stets in jugendlicher Schönheit abbilden, egal wie alt sie tatsächlich waren. Der Betrachter sollte auf den ersten Blick sehen, dass der Pharao den Göttern gleich ist. Hatschepsut, die nach ihrer offiziellen Thronbesteigung als männlicher Herrscher über Ober- und Unterägypten auftrat, übernahm die königlichen Insignien und den königlichen *Ornat. Gleichfalls erhielt sie eine vollständige Benennung einer Herrscherin. Neben dem Pharaonenbart, der die Göttlichkeit des Herrschers aufzeigen sollte, sind der Krummstab und die Geißel die wohl bekanntesten Symbole pharaonischer Macht (siehe S. 56/57). Auch heute gibt es Gegenstände, die königliche Macht symbolisieren. So werden beispielsweise die Kronjuwelen von der englischen Königin bei besonderen Anlässen getragen. Alexander der Große setzte sich mit der Gründung von Städten, die seinen Namen trugen, ein Denkmal. Außerdem ließ er – wie auch Caesar – Münzen mit seinem Bildnis prägen. Seine Darstellungen auf den Münzen erinnerten an seine Erfolge und stellten ihn ebenfalls gottgleich dar. Der Zahlungsverkehr mit diesen Münzen im ganzen Reich vergrößerte seine Bekanntheit und auch über den Tod hinaus seinen Ruhm. Die Tradition, Porträts auf Münzen abzubilden, breitete sich durch die römischen Kaiser in der westlichen Welt aus und hat teilweise bis heute Bestand. So ist der König der Belgier auf der Euro-Münze abgebildet.

❶ ◼ Nenne, wo uns auch heute Spuren der drei Herrscher begegnen.

▶ *Schlage auf den Seiten 204–212 nach.*

❷ ◼ Beschreibe mithilfe der Seiten 204–212, wie sich Hatschepsut, Alexander und Caesar vor der Bevölkerung darstellten. Lege hierzu eine Tabelle an. Erkläre dann, was sie mit ihrer Darstellung erreichen wollten.

	Hatschepsut	Alexander	Caesar
Eroberungen	...	...	...
Wohltaten	...	...	...
Abbildungen	...	...	Lorbeerkranz

❸ ◼ Erläutere mithilfe der Seiten 204–211, inwiefern diese drei Personen Geschichte gemacht haben.

Zusammenfassung

Menschen machen Geschichte

Eine Herrscherin, ein Feldherr und ein Staatsmann im Vergleich

Geschichte wird von großen Persönlichkeiten gemacht und viele dieser Menschen aus der Vergangenheit sind uns noch heute bekannt. Bildquellen oder darstellende Quellen, wie beispielsweise Gemälde, Münzen, Statuen oder Tempel, ebenso wie schriftliche Quellen bieten uns die Möglichkeit, mehr über Hatschepsut, Alexander den Großen oder Caesar zu erfahren und uns über ihre Einflussmöglichkeiten, aber auch ihre Grenzen zu informieren. Sie lebten zu unterschiedlichen Zeiten, wurden durch verschiedene herausragende Leistungen bekannt und hinterließen der Nachwelt jeweils ein großes Erbe.

Hatschepsut – eine Frau krönt sich selbst zum Pharao

Das als junges Mädchen erlernte Wissen nutzte Hatschepsut, um sich im Jahr 1477 v. Chr. selbst zum Pharao zu krönen. Sie verwöhnte ihre Untertanen mit Luxusgütern, förderte Landwirtschaft und Handel, führte während ihrer Herrschaft keine Kriege und war eine angesehene Baumeisterin. Aufgrund dieser Leistungen konnte sie sich als Herrscherin durchsetzen. Ihr Stiefsohn rächte sich nach ihrem Tod und wollte die Erinnerung an seine Mutter durch Zerstörung ihrer Bildnisse und aus den Inschriften auslöschen.

Hatschepsut

ca. 1495–1457 v. Chr.

Alexander von Makedonien – ein Feldherr zieht ans Ende der bewohnten Welt

Nach der Erziehung durch den griechischen Gelehrten Aristoteles und der Ermordung seines Vaters übernahm Alexander mit 22 Jahren die Herrschaft über Makedonien und Griechenland. Von dort aus begann er seinen Feldzug nach Persien, um die Grenzen der bewohnten Welt zu erreichen. Tief bestürzt war der junge Feldherr, als er nach einer provozierenden Aussage seinen Freund Kleitos mit einer Lanze durchbohrte. Nach Alexanders Tod zerfiel das riesige Reich in Diadochenreiche, in welchen weiterhin neue Städte gegründet wurden, Griechen die wichtigsten Ämter übernahmen und Gebäude nach griechischem Vorbild errichtet wurden. Somit hatte der Siegeszug Alexanders zur Folge, dass sich im Mittelmeerraum und im Orient die griechische Sprache und die Lebensformen der Hellenen weit verbreiteten. Diese Epoche wird als Hellenismus bezeichnet.

Alexander der Große

356 v. Chr.–323 v. Chr.

Caesar – ein Staatsmann mit großem Vermächtnis

Nachdem er die Ämterlaufbahn der römischen Republik durchlaufen hatte, konnte sich Caesar nach einem Bürgerkrieg gegen den Senat zum „Diktator auf Lebenszeit" ernennen. Obwohl er von vielen als Tyrann empfunden und aus diesem Grund auch ermordet wurde, hinterließ er der Nachwelt ein großes Vermächtnis. Der „Julianische Kalender" wie auch zahlreiche Sprichwörter gehen auf den römischen Staatsmann zurück. Ebenso schuf er als Schriftsteller zahlreiche Werke für die Nachwelt.

Caesar

100 v. Chr.–44 v. Chr.

Das kann ich …

Menschen machen Geschichte

Ich kann wichtige Daten und Begriffe im Zusammenhang erklären (Sachkompetenz):

ca. 3000 v. Chr.: Hochkultur in Ägypten

1. Jh. v. Chr.: Übergang von der Republik zur Kaiserzeit

Pharao

Demokratie

Senat

Diktator

Caesar

❶ ▣ Welche der Bilder 1–4 lassen sich den oben abgedruckten Begriffen zuordnen? Begründe deine Entscheidungen.

❷ ▣ Erkläre deiner Banknachbarin/deinem Banknachbarn die Herrschaftsformen Demokratie, Republik und Kaisertum. Erstellt anschließend gemeinsam jeweils einen kurzen Lexikonartikel.

Ich kann folgende Aufgaben zum Thema lösen (Sachkompetenz):

❸ ▣ Beschreibe, welche Mittel Hatschepsut, Alexander und Caesar einsetzten, um ihre Herrschaft vor den Zeitgenossen, aber auch der Nachwelt positiv darzustellen.

❹ ▣ Gestalte zu Hatschepsut, Alexander oder Caesar einen Steckbrief. Verwende folgende Kriterien: Namen, Lebensdaten, Funktion, Erfolge, Misserfolge.

▶ *Nimm die Seiten 204–211 zu Hilfe.*

❺ ▣ Erläutere, wie sich Hatschepsut als Pharaonin durchsetzen konnte.

Ich kann Geschichte verständlich darstellen (narrative Kompetenz):

❻ ▣ Ein griechischer Bauer hört von einem Fernhändler, dass Alexander der Große im Jahr 323 v. Chr. in Babylon nach einem langen Feldzug gestorben ist. Schreibe auf, was der Händler über diesen Eroberungszug erzählt haben könnte.

▶ *Verwende hierfür die Karte auf Seite 207 und beginne so: Nachdem Alexander 334 v. Chr. zu seinem Feldzug aufbrach, errang er am Fluss Granikos einen Sieg …*

Ich kann die Methode „Textquellen untersuchen" anwenden (Methodenkompetenz):

❼ ▣ Lies Q1. War der Verfasser ein Zeitgenosse Alexanders?

❽ ▣ Teile den Text in Sinnabschnitte ein und gib ihnen passende kurze Überschriften.

❾ ▣ Fasse zusammen, was der Text über den Charakter Alexanders aussagt.

Ich kann mir ein Urteil bilden und es begründen (Urteilskompetenz):

❿ ▣ Verfasse mithilfe der Seiten 206–209 und dem Ergebnis aus Aufgabe 9 ein Werturteil zu Alexander dem Großen aus heutiger Sicht.

▶ *Nimm die Methode „Ein Urteil bilden" von S. 82/83 zu Hilfe.*

Ich verstehe, warum das Thema für uns heute noch wichtig ist (Orientierungskompetenz):

⓫ ▣ Auch heute spielen die im Kapitel vorgestellten Persönlichkeiten noch häufig eine große Rolle. Trage mit deiner Partnerin/deinem Partner zusammen, wo du auf Spuren dieser stoßen kannst.

⓬ ▣ Auch heute machen Menschen Geschichte. Verfolge zwei Tage die Nachrichten im Fernsehen, Internet oder der Zeitung. Wähle ein Ereignis und eine Person aus, durch die Geschichte geschrieben wurde. Begründe deine Einschätzung.

Verstehen

1 – Sarkophag des Tutanchamun.

3 – Kanaldeckel in Rom mit der Aufschrift „Senatus Populusque Romanus" = Senat und Volk von Rom.

2 – Römische Münze mit dem Bildnis Caesars im Lorbeerkranz. 44 v. Chr.

4 – Caesars Tod. Ölgemälde von Karl von Piloty, 1865.

Q1 Der Geschichtsschreiber Plutarch (45–120 n. Chr.) erzählte eine Begebenheit aus Alexanders Kindheit
König Philipp von Makedonien wurde das Pferd Bukephalos zum Kauf angeboten. Als das Pferd jeden abwarf, wollte Philipp es wegführen lassen: Da sagte Alexander: „Was für ein Pferd ruinieren sie da, weil sie aus Unverstand und Schlappheit nicht mit ihm umzugehen wissen!"
Zuerst schwieg Philipp dazu; als aber Alexander weiter auf ihn einredete und ganz aufgeregt wurde, sagte er zu ihm: „Willst du älteren Leuten Vorwürfe machen, als ob du es besser verstündest und richtiger mit einem Pferde umgehen könntest?" „Mit diesem wenigstens", erwiderte er, „würde ich besser umgehen als ein anderer." „Wenn es dir aber nicht gelingt, welche Buße willst du dann für deine Anmaßung leisten?" „Dann will ich das Pferd bezahlen." Als es darauf ein Gelächter gab, dann Wetten um das Geld abgeschlossen wurden, lief er rasch auf das Pferd zu, nahm den Zügel und wendete es gegen die Sonne, weil er offenbar bemerkt hatte, dass es

scheute, wenn es seinen Schatten vor sich fallen und bewegen sah. Nachdem er es ein wenig beruhigt und getätschelt hatte und nun merkte, wie es sich neu mit Zorn und Mut erfüllte, warf er leise den Mantel weg, sprang auf und fasste seinen festen Sitz. Dann zog er ein wenig den Zaum mit den Zügeln an und ließ es ohne Schlag und Sporn ansteigen. Als er fühlte, dass das Pferd den Widerstand aufgegeben hatte, aber nun losrennen wollte, ließ er die Zügel nach und galoppierte los, indem er nun auch lauteren Zuruf brauchte und ihm die Hacken in die Weichen schlug. In der Umgebung Philipps herrschte zuerst angstvolles Schweigen. Als er aber wendete und schulgerecht stolz und froh zurückgeritten kam, da jauchzten alle anderen ihm zu. Der Vater aber soll vor Freude ein wenig geweint und den Sohn, als er abstieg, auf den Kopf geküsst und gesagt haben: „Such dir ein Reich, mein Sohn, das deiner würdig ist, denn Makedonien ist für dich nicht groß genug."

Lernaufgabe zu Kapitel 1

Was ist von der keltischen Kultur erhalten geblieben?

Wusstest du, dass Asterix ein Kelte ist? In seinen Geschichten erfahren wir immer wieder etwas über keltische Sitten und Bräuche. Auch in anderen Dingen lebt die keltische Kultur in der heutigen Zeit weiter.

Gestalte mithilfe der Ergebnisse aus den Aufgaben 1–4 eine Wandzeitung zur Leitfrage: „Was ist von der keltischen Kultur erhalten geblieben?"

❶ ▪ Beschreibe mithilfe von Bild 1 das typische Aussehen eines Hobbits. Erzähle, wie du dir das ursprüngliche Wichtelvolk vorstellst.

❷ ▪ Samhain (Bild 2) war der Ursprung des Halloweenfestes, das heute jeweils am 31. Oktober gefeiert wird. Nenne und notiere mindestens fünf Dinge, die du mit dem heutigen Fest verbindest, und markiere Übereinstimmungen mit Samhain farbig.

❸ ▪ Beschreibe anhand der Aussagen von Plinius den keltischen Mistelkult (Q1). Ermittle anschließend mithilfe von Sachbüchern oder des Internets, wofür die Mistel heute manchmal noch benutzt wird. Inwiefern ähneln sich die Bedeutungen jetzt und damals?

▶ *Nimm die Methode „Im Internet recherchieren" von S. 221 zu Hilfe.*

❹ ▪ Von der keltischen Kultur sind noch viele andere Dinge erhalten geblieben. Suche im Internet nach drei der folgenden Begriffe und stelle schriftlich deren keltische Ursprünge dar: Walisisch, Gälisch, Regenbogenschüsselchen, Runenanhänger, Beltane (Tanz in den Mai), Barde.

▶ *Nimm die Methode „Im Internet recherchieren" von S. 221 zu Hilfe*

Q1 Der römische Historiker Plinius (23–79 n. Chr.) schrieb über den keltischen Mistelkult:

Denn nichts halten die Druiden, so nennen sie ihre Magier, für heiliger als die Mistel und den Baum, auf dem sie wächst. ... Sie nennen die Mistel in ihrer Sprache die alles Heilende. Sie bereiten nach ihrer Sitte das Opfer und das Mahl unter dem Baum und führen zwei weiße Stiere herbei, deren Hörner da zum ersten Mal umwunden werden. Der Priester, bekleidet mit einem weißen Gewand, besteigt den Baum und schneidet die Mistel mit einer goldenen Hippe ab: Sie wird mit einem weißen Tuch aufgefangen. Endlich schlachten sie dann die Opfertiere und bitten die Gottheit, sie möge die Gabe glückbringend machen für diejenigen, denen er sie gab. Sie glauben, ein von diesem Gewächs bereiteter Trank mache ein jedes unfruchtbare Tier fruchtbar; auch sei es ein Hilfsmittel wider alle Gifte.

1 – Ausschnitt aus dem Film „Der Herr der Ringe". Dargestellt sind hier menschenähnliche Wesen, die Hobbits. Der Film geht auf das Buch des Schriftstellers J. R. R. Tolkien zurück, der sich für sein Werk von keltischen Mythen (= sagenhafte Geschichten) inspirieren ließ. Zum Beispiel war deren Wichtelvolk Vorbild für das Entstehen der Figur des Hobbits.

2 – Inschriften auf dem keltischen Kalender von Coligny (Südostfrankreich, 1. Jh. v. Chr.) aus Bronzeblechstücken weisen auf das Totenfest Samhain hin. Es wurde jährlich in der Nacht vom 31. Oktober gefeiert und läutete das Ende des Sommers und damit den keltischen Winteranfang ein, der für den Tod stand. Es entwickelte sich das Ritual, sich möglichst abschreckend zu verkleiden, damit der Tod dachte, dass die Menschen bereits gestorben sind und sie verschont bleiben. Auch wurden vermutlich kleine Gaben vor die Häuser gelegt, um die Geister zu besänftigen.

3 – Der Magier Miraculix sammelt Misteln. Abbildung in dem Comic „Asterix der Gallier".

Lernaufgabe zu Kapitel 2

Wie errichteten die Ägypter die Pyramiden?

Ein junger Ägypter wird zum Arbeitseinsatz an die Pyramidenbaustelle gebracht. Beeindruckt blickt er auf die vielen Menschen, die hier bereits beschäftigt sind und die schweren Steine Stück für Stück über die Rampen hinaufbefördern. Er ist so stolz, beim Bau dieses imposanten Grabmals für seinen Pharao helfen zu dürfen!

❶ 🔲 Ermittle mithilfe von Q1 und Bild 1, wie das Baumaterial zur Pyramide gekommen ist.

❷ 🔲 Beschreibe die Arbeitsvorgänge auf der Pyramidenbaustelle (Bild 1), indem du eine Liste erstellst, welche Arbeiter man dort benötigte und wofür sie zuständig waren.

❸ 🔲 Benenne mithilfe von M1 die Messinstrumente (Bild 2), die für die Bearbeitung der Steinblöcke notwendig waren, und erläutere ihre Funktionsweise.

❹ 🔲 „Mitarbeit beim Pyramidenbau – Ehre oder lästige Pflicht?" Vergleiche die Aussagen Herodots (M1) mit dem Informationstext auf S. 66/67 und stelle dar, wie ein ägyptischer Arbeiter darüber gedacht haben könnte.

❺ 🔲 Als Arbeiter auf einer Pyramidenbaustelle bist du lange Zeit fern der Heimat. Schreibe deiner Familie einen Brief und berichte ihr von deinem Arbeitsalltag.

▶ *Denke dabei an deine verschiedenen Tätigkeiten, die Arbeitsbedingungen (z. B. Hitze, Werkzeuge, Gefahren), die Bedeutung dieser Arbeit usw.*

1 – Bau einer Pyramide. Rekonstruktionszeichnung.

Q1 **Der griechische Geschichtsschreiber Herodot (um 485–425 v. Chr.) über den Bau der Cheops-Pyramide:**

Cheops hat das Land ins tiefste Unglück gestürzt. ... Er hat alle Ägypter gezwungen, für ihn zu arbeiten. Die einen mussten aus den Steinbrüchen im arabischen Gebirge Steinblöcke bis an den Nil schleifen. Über den Strom wurden sie auf Schiffe gesetzt und andere mussten die Steine weiterziehen bis hin zu den sogenannten libyschen Bergen. Hunderttausend Menschen waren es, die daran arbeiteten und alle drei Monate abgelöst wurden. So wurde das Volk bedrückt und es dauerte zehn Jahre, ehe nur die Straße gebaut war, auf der die Steine daher geschleift wurden, ein Werk, das mir fast ebenso gewaltig scheint wie der Bau der Pyramide selber.

2 – Bearbeitung von Steinblöcken für den Pyramidenbau. Zeichnung.

M1 **Werkzeuge zur Bearbeitung der Steinblöcke:**

Name des Werkzeugs	Funktion des Werkzeugs
Rechter Winkel	Bestimmung, ob der Stein im Winkel von 90° behauen ist
Richtwaage	Bestimmung, ob eine Fläche gerade ist
Seile	Messung von Längen

Lernaufgabe zu Kapitel 3

Athen – Vorbild der europäischen Kultur?

Die Familie von Augias stammt ursprünglich aus der Polis Athen. Seine Großeltern siedelten aber nach Korinth um, um ein neues Leben zu beginnen. Als dort der Platz zu eng wurde, fuhren sie mit anderen Korinthern aus, um eine neue Stadt zu gründen. Augias wurde Jahre später in der neu gegründeten Tochterstadt Syrakus geboren, wuchs dort auf und lebt noch heute dort. Nun ist er nach Athen zurückgekehrt, um einen dortigen Verwandten, Leodes, zu besuchen. Dieser führt Augias durch die Polis Athen.

❶ Gestalte anhand von Bild 1 einen Stadtrundgang, der die berühmten Bauten und Plätze der Blütezeit Athens berücksichtigt. Gehe dabei dort, wo es möglich ist, auf die Funktion der Orte im Hinblick auf die Demokratie ein.

▶ *Gehe so vor: Schlage dazu auf den Seiten 78/79 und 93–95 die Orte und Funktionen einiger der hier genannten Gebäude nach. Schreibe dann die Führung aus der Sicht Leodes auf, z. B. „Bei uns gibt es wirklich viel zu entdecken. Zuerst gehen wir mal zur nächstgelegenen Sehenswürdigkeit, unserem Tempelbezirk …*

❷ Augias fallen die Ähnlichkeiten im Aufbau Athens zu seiner Heimatstadt Syrakus auf. Erkläre mithilfe der Seiten 80/81 diese Ähnlichkeiten.

❸ Formuliere mithilfe deiner Ergebnisse aus den Aufgaben 1 und 2 eine Antwort auf die Ausgangsfrage „Athen – Vorbild der europäischen Kultur?". Berücksichtige hier dein Wissen aus Kapitel 3 (S. 77, Bild 4 , S. 86/87, 104–108 und S. 111).

① Akropolis
② Agora
③ Dionysos-Theater
④ Pnyx
⑤ Parthenon-Tempel, der der Schutz- und Stadtgöttin Athene geweiht war.
⑥ Propyläen: Torbau mit Seitenflügeln, der als prunkvoller Vorplatz und Zugang fungierte.
⑦ Erechtheion. Ebenfalls Tempel zu Ehren der Göttin Athene.
⑧ Haus von Leodes

Lernaufgabe zu Kapitel 4

Wie beeinflussten die Römer das Leben in den Provinzen?

Romanisierung

Der Legionär Publius Cornelius Quintus ist in Rom aufgewachsen und lebt jetzt in einer Provinzstadt in Rätien. Er erhält Besuch von einem Bauern aus dem Umland und führt diesen durch die Stadt.

❶▶ Entwirf anhand von Bild 1 eine Führung, die die Elemente einer typischen Provinzstadt beinhaltet. Berücksichtigt auch, wozu die Gebäude dienten. Schlage dazu auf den Seiten 130/131 nach und recherchiere gegebenenfalls mithilfe von Sachbüchern oder dem Internet Funktionen, die du nicht kennst.

▶ *Nimm die Methode „Im Internet recherchieren" von S. 221 zu Hilfe.*

❷▶ Stelle in der Führung dar, inwiefern Rom als Vorbild für den Bau der Provinzstädte gelten kann. Nimm M1 und das Stadtmodell auf S. 130/131 zu Hilfe.

❸▶ Suche Gründe für die Ähnlichkeiten.

❹▶ Formuliere mithilfe der Ergebnisse aus den Aufgaben 1–3 eine Antwort auf die Ausgangsfrage „Wie beeinflussten die Römer das Leben in den Provinzen?".

M1 Wichtige Gebäude des antiken Rom:

- Kolosseum
- Via Appia antica (Straße)
- Caracalla Thermen
- Pantheon (den Göttern Roms geweihtes Heiligtum)
- Forum Romanum (zentraler Platz mit Gebäuden zu politischen und religiösen Zwecken)
- Marcellus-Theater
- Vesta-Tempel
- Aquädukt

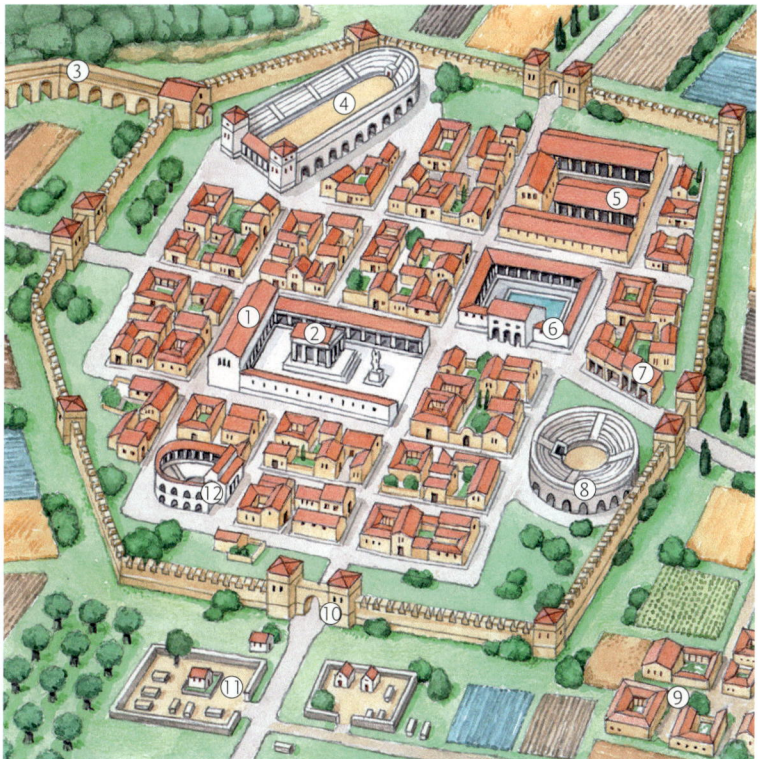

① Forum
② Tempel
③ Aquädukt
④ Circus
⑤ Kasernen
⑥ Thermen
⑦ Gaststätten
⑧ Amphitheater
⑨ Dorf der Einheimischen
⑩ Stadttor
⑪ Friedhof
⑫ Theater

1 – Eine typische römische Provinzstadt. Illustration.

Lernaufgabe zu Kapitel 5

Was blieb von der Antike im Mittelalter, was änderte sich?

Es gab Umbrüche in der Zeit des Übergangs von der Antike zum Mittelalter. Dazu gehörte die Völkerwanderung. Andere Dinge haben sich aus dieser Zeit erhalten. An der Geschichte der Stadt Augsburg wird dies sichtbar.

Gestalte zu diesen Umbrüchen und bleibenden Dingen mithilfe der Lösungen der Aufgaben 1–3 ein Lernplakat. Nimm die Methode „Ein Lernplakat erstellen" von S. 227 zu Hilfe.

❶▪ Ein Historikerteam hat vor einiger Zeit einen Text zur Geschichte der Stadt Augsburg verfasst. Leider sind einige Wörter verblasst und nicht mehr lesbar. Es handelt sich wohl um folgende Begriffe:
Schutz – Christentum – Fernstraßen – Legionslager – Stadt – Vindelicum – Rätien – Mittelalter – Alamannen
Schreibe den Text auf das Plakat und setze die Wörter an den richtigen Stellen ein.

M1 Augsburg von der Antike zum Frühmittelalter

Augsburg ist eine der ältesten Städte Deutschlands. Nach dem Sieg der Römer über den keltischen Stamm der Vindeliker im Jahre 15 v. Chr. entstand zunächst ein _____, dann eine Siedlung. Ihr lateinischer Name lautet Augusta _____. Der Name geht auf den römischen Kaiser Augustus zurück, der Truppen aussandte, um den rebellischen Stamm zu bändigen.

Die Siedlung wuchs im 1. nachchristlichen Jahrhundert immer mehr, wurde im Jahr 95 zur Hauptstadt der römischen Provinz _____. Um 98 entstanden _____ wie z. B. die Via Claudia Augusta, die den Handel der Siedlung beförderte. Die Lage an diesen Straßen sorgte auch im _____ dafür, dass Augsburg zu einem bedeutenden Handelsplatz wurde.

Von 250 bis 300 n. Chr. war die Siedlung zahlreichen Angriffen ausgesetzt, unter anderem durch den germanischen Stamm der Juthunger, der Markomannen und _____. Nach einem erneuten Einfall dieser beiden Stämme um 450 zogen sich die Römer aus Rätien und Augusta Vindelicum zurück. Die Mauern der römischen Siedlung boten jedoch ihren verbliebenen Bewohnern weiterhin _____. Aus der Siedlung entwickelte sich später die mittelalterliche _____.

Im Gegensatz zum Vielgötterglauben der Römer verbreitete sich das _____ schon in der Spätantike in der Provinz Rätien. Augusta Vindelicum wurde sogar Bischofssitz – und blieb es auch im Mittelalter.

❷▪ Markiere im abgeschriebenen Text jeweils zwei Elemente, die für Wandel und Umbruch in der Geschichte Augsburgs stehen. Verfasse zu deinen Markierungen eine kurze Erläuterung, inwiefern sie etwas Neues im Mittelalter oder etwas Bleibendes aus der Antike im Mittelalter darstellen.

▶ *Nimm die Bilder unten und die Seiten 158, 162/163 und 174/175 zu Hilfe.*

❸▪ Stell dir vor, du hättest die Möglichkeit, mit einer Zeitmaschine erst 10 und dann 1000 Jahre in die Vergangenheit zu reisen. Überlege mit deinem Banknachbarn, welche Dinge aus der Gegenwart ihr auch in der Vergangenheit antreffen würdet. Welche Dinge würden euch fremd vorkommen?

▶ *In folgenden Bereichen kannst du Beispiele für Umbrüche und Bleibendes finden: Technik, Zusammenleben, Religion, Medizin, Architektur.*

1 – Stadtansicht von Augsburg im Mittelalter, 1493. Die mittelalterliche Mauer ging aus der der römischen Siedlung hervor.

2 – Der römische Weihealtar erinnert an die erfolgreiche Abwehr der Juthunger durch die Römer im Jahr 260.

3 – Nachgebildeter römischer Meilenstein an der Via Claudia Augusta bei Augsburg.

Methode

Gewusst wie … arbeiten mit Methode

Methodenübersicht

Informationen beschaffen

Mit dem Internet arbeiten

Eine gute Möglichkeit, Informationen zu beschaffen, bietet das Internet. Allerdings solltest du folgende Hinweise bei der Arbeit mit dem Internet beachten.
… und so wird's gemacht:

1 Internetrecherche

Zunächst solltest du prüfen, ob die Internetrecherche sinnvoll ist. Sie kann sinnvoll sein, wenn
– du schnell Informationen benötigst,
– du aktuelles Datenmaterial suchst,
– du Material benötigst, über das die örtlichen Bibliotheken nicht oder nicht so schnell verfügen können,
– du vielleicht noch nicht genau weißt, welche Informationen es zu einem Thema gibt.

2 Wie finde ich was im Internet?

Am einfachsten ist es, wenn man die Adresse kennt. Sehr häufig wird inzwischen in Zeitungen, Zeitschriften und im Fernsehen die Internetadresse angegeben – sie beginnt mit „www". Achte darauf, die Adresse genau anzugeben – vor allem die Punkte.
Viele Adressen sind hingegen unbekannt. Sie müssen über „Suchmaschinen" herausgefunden werden. Die bekanntesten Suchmaschinen für Kinder findest du unter: fragfinn oder seitenstark

3 Mit Suchmaschinen arbeiten

– Gib den Namen der gewünschten Suchmaschine ein.
– Auf der Startseite der Suchmaschine gibst du den Suchbegriff ein: „Steinzeit". Die Suchmaschine durchforstet das ganze Web und du erhältst innerhalb kürzester Zeit auf dem Bildschirm eine Liste mit Internetadressen. An der Statuszeile kannst du ablesen, wie viele Einträge diese Liste umfasst.
– Die Liste ist zu lang? Du kannst deine Auswahl auch durch zwei oder mehr Suchbegriffe einschränken (z. B. „Altsteinzeit", „Jungsteinzeit").
– Sobald du eine vielversprechende Adresse hast, klickst du mit dem Mauszeiger auf diesen Link. Findest du unter der angezeigten Seite Informationen, die du zur Lösung deiner Fragestellung gebrauchen kannst, solltest du sie komplett oder in Auszügen auf der Festplatte deines Computers speichern und ausdrucken. Gib die Adresse dieser Seite als „Quelle" an, auch wenn du nur Auszüge verwendest. Und Achtung: Jeder kann im Internet Inhalte ungeprüft veröffentlichen. Du musst also auch prüfen, von wem die Informationen stammen und – soweit dies geht – ob sie sachlich richtig sind.

Ein Museum erkunden

1 Den Museumsbesuch vorbereiten
– Welches Museum bietet etwas zum aktuellen Thema an?
– Welche Fragen interessieren mich?
– Was will ich im Museum lernen, was ich nicht ohne weiteres auch in Büchern erfahren kann?
– Welche besonderen Programme bieten die Museen an?
– Welche Prospekte oder Materialien stellt das Museum für die Vorbereitung des Museumsbesuchs zur Verfügung?
– Wie sollen die Informationsmöglichkeiten genutzt werden?
– Wie sollen die Ergebnisse des Museumsbesuchs festgehalten werden?

2 Den Museumsbesuch durchführen
– Was mache ich zuerst: besondere Angebote wie museumspädagogische Führungen, Filmvorführungen und Experimente oder eine allgemeine Erkundung des Museums?
– Was kann notiert und fotografiert (nach Erlaubnis fragen) werden?
– Wie nutze ich vom Museum im Vorfeld bereitgestellte Materialien?

3 Auswertung und Vorstellung der Ergebnisse
– Wie erfährt am besten jemand etwas über meine Ergebnisse, der selbst nicht mit im Museum war?
– Wie präsentieren ich meine Erfahrungen und Ergebnisse?
– Was ist bei unserem Museumsbesuch gut verlaufen? Was hätte ich in der Vorbereitung oder Durchführung besser machen können?

Informationen ordnen

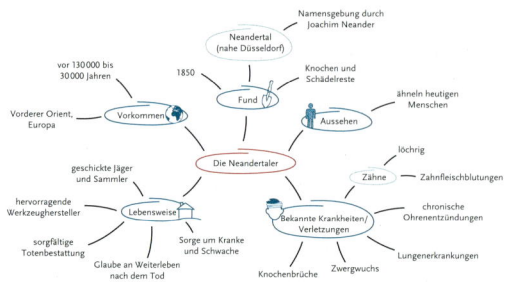

Eine Mindmap erstellen

Wenn du dir über ein Thema Gedanken machen und Informationen zusammentragen sollst, ist es sinnvoll, diese in eine übersichtliche und geordnete Form zu bringen. Neben dem Erstellen einer Tabelle oder eines Clusters ist das Zeichnen einer Mindmap ein geeignetes Vorgehen. Hier werden Gedanken nicht hinter- oder untereinander notiert, sondern es entsteht – wie es der englische Begriff schon sagt – eine Gedankenkarte.

Eine Mindmap kann nicht nur Wissen aus einem vorgegebenen Text ordnen, sondern etwa auch eigene Gedanken in eine gewisse Form bringen. Dabei kann die Mindmap immer wieder ergänzt und erweitert werden.

Neben handschriftlichen Gedankenkarten ist es möglich, eine Mindmap auch am Computer zu erstellen. Hierfür gibt es zahlreiche Mindmapping-Programme, wie etwa „Freemind", das du in mebis (siehe S. 9) finden kannst.

... und so wird's gemacht:

1 Thema festlegen und Informationen sammeln
– Wähle ein Thema aus, über das du etwas erfahren möchtest.
– Suche dazu Texte und/oder Bilder.
– Unterstreiche nützliche Informationen zum Thema im vorliegenden Text.
– Überlege, welche Begriffe zusammengehören, und finde Überschriften.

2 Mindmap zeichnen
– Nimm ein unliniertes Papier zur Hand.
– Formuliere das Thema in der Mitte, am besten umrahmst du es.
– Zeichne nun so viele dicke Hauptlinien vom Thema in der Mitte nach außen, wie du Überschriften gefunden hast.
– Schreibe diese an die Enden der Hauptlinien.

– Davon ausgehend zeichnest du weitere, dünnere Zweige. Notiere an deren Ende dazugehörige Stichworte.

3 Symbole und Farben einfügen

– Die Überschriften und besonders wichtige Stichpunkte solltest du jetzt durch Unterstreichen oder verschiedene Farben hervorheben. So kannst du auf einen Blick erkennen, was Ober- und Unterpunkte sind.

– Zum besseren Einprägen kannst du Symbole oder einfache Zeichnungen zu den einzelnen Überschriften malen.

Eine Zeitleiste erstellen

Wenn du zu Hause in deinen Fotoalben blätterst, wirst du auf Bilder aus deiner Vergangenheit stoßen. Nicht an alles wirst du dich erinnern. Zu manchen Bildern können dir nur deine Eltern oder Großeltern etwas erzählen. Diese Fotografien sind wichtige Bildquellen deiner eigenen Geschichte. Wenn du sie zeitlich ordnest, kannst du mit ihnen deine Lebensgeschichte und die Geschichte deiner Familie darstellen.

… und so wird's gemacht:

1 Bilder sammeln

– Suche zu Hause Bilder von deiner Familie. Befrage dazu auch deine Eltern und Großeltern.

– Lass dir von deinen Eltern und Großeltern aus deren Leben erzählen.

2 Material ordnen

– Sortiere ähnliche Bilder aus und mache Fotokopien von den ausgewählten Bildern.

– Schreibe zu jedem Bild auf, aus welchem Jahr es stammt.

– Berechne, wie viele Jahre seitdem bis heute vergangen sind.

3 Zeitleiste anlegen

– Nimm eine Tapetenbahn und zeichne darauf einen Zeitstrahl (siehe Bild 1).

– Unterteile den Zeitstrahl auf der Tapetenbahn in mindestens zehn gleiche Abschnitte.

– Schreibe von rechts nach links unter die Markierungen die Jahreszahlen 2020, 2010, 2000, 1990, 1980 …

– Markiere dann die Jahreszahl des aktuellen Jahres.

4 Zeitleiste gestalten

– Lege deine Bilder auf den richtigen Platz auf dem Zeitstrahl. Probiere aus, wie du die Bilder am besten platzierst.

– Klebe die Bilder auf und beschrifte sie.

Informationen fachgerecht auswerten

Sachtexte verstehen

Wenn wir über Geschichte mehr erfahren wollen, lesen wir häufig Sachtexte. Diese können auf Schautafeln und in Informationsmaterialien von Museen stehen. Darüber hinaus gibt es neben Zeitungsartikeln und Forschungsberichten von Wissenschaftlern auch verschiedenste Informationstexte in deinem Schulbuch. Sachtexte sind oft kompliziert, enthalten unbekannte Wörter und stellen einen Sachverhalt meist kurz und stark zusammengefasst dar. Die unten abgedruckten Arbeitsschritte und Leitfragen sollen dir das Lesen und die Erschließung von Sachtexten erleichtern.

… und so wird's gemacht:

1 Erfassung des Themas

– Worum geht es in dem Text?

– Weißt du bereits etwas über dieses Thema?

2 Beantwortung von Fragen an den Text

– Um welche Sorte von Text (Forschungsbericht, Infotext in einem Museumsführer …) handelt es sich?

– Kannst du die W-Fragen (Wer? – Was? – Wo? – Wann? – Wie? – Warum?) klären?

– Welche Wörter sind unbekannt?

3 Gliederung des Textes

– Wie viele Abschnitte gibt es und worum geht es in den einzelnen Abschnitten?

– Welche Überschriften kann man für die einzelnen Textabschnitte finden?

4 Markierung von Schlüsselwörtern

– Kannst du Unbekanntes mithilfe eines Wörterbuches, des Internets oder im Klassengespräch klären?

– Welche wichtigen Wörter im Text (Schlüsselwörter) hast du markiert?

5 Wiedergabe des Textinhalts

– Ist der Sachtext für dich verständlich oder bestehen weiterhin Unklarheiten?

– Kannst du einer dritten Person über den Text berichten, sodass diese ihn verstehen kann?

Bilder untersuchen

Vor allem aus der frühgeschichtlichen Zeit stehen als Quellen oft nur bildliche Darstellungen zur Verfügung. Diese kann man als Felszeichnungen (z. B. in Höhlen), Wandmalereien (z. B. in Grabstätten), Abbildungen (z. B. auf Vasen) oder Papyrusmalerei im alten Ägypten finden. Sie liefern wichtige Informationen darüber, wie die Menschen lebten und den Alltag gestalteten, was sie gedacht haben und was sie sich wünschten. Diese Informationen können dabei helfen, geschichtliche Zusammenhänge zu erklären und historische Ereignisse bewusster zu beurteilen.

Bilder zeigen Menschen, Dinge oder die Natur aber nicht immer so, wie sie in Wirklichkeit waren.

Bei Bildern aus dem alten Ägypten beispielsweise muss man beachten, dass Menschen immer nach einem bestimmten Schema dargestellt wurden. So wurde der Kopf immer in der Seitenansicht gemalt, wobei ein Auge den Betrachter direkt ansieht. Der untere Teil des Körpers ist ebenfalls von der Seite gemalt, während der Oberkörper von vorne zu sehen ist.

Frauen wurden mit einem langen weißen Gewand dargestellt, Männer mit einem weißen Rock oder Lendenschurz. Beamte trugen darüber ein langes, durchsichtiges Gewand.

… und so wird's gemacht:

1 Beschreibung der Einzelheiten eines Bildes
– Aus welcher Zeit stammt das Bild (Bildlegende beachten)?
– Welche Personen/Gegenstände sind dargestellt?
– Wie sind sie dargestellt? Beachte dabei Hautfarbe, Kleidung, Kopfbedeckungen usw.
– Gibt es Unterschiede bei der Darstellung der verschiedenen Personen (Größe/Hautfarbe/Ausschmückung)?
– Welche weiteren Gegenstände sind auf dem Bild zu entdecken?
Welche Funktion haben diese?

2 Zusammenhänge erklären
– Welche Tätigkeiten üben die Personen aus?
– Wie ist das Verhältnis der Personen zueinander?
– Gibt es Merkmale, die eine besondere Bedeutung haben könnten?
– Was erfahren wir aus dem Bild über das Leben der Menschen zur damaligen Zeit (Lebensumstände, Familiensituation, Arbeitsleben usw.)?

3 Zusätzliche Informationen beschaffen
– Wer war der Auftraggeber der Bilder?
– Was kann man über die dargestellten Personen aus anderen Quellen erfahren?
– Gibt es noch andere Bilder zu diesem Thema?
– Was verstehe ich nicht und wo finde ich dann noch weitere Informationen?

Textquellen untersuchen

Neben den Texten der Autorinnen und Autoren gibt es in diesem Schulbuch auch Textquellen, die von früher lebenden Menschen stammen. Das können Berichte, Briefe, Gesetze oder auch Inschriften sein. Diese Texte liefern wichtige Informationen. Aber manchmal sind sie auch schwer zu verstehen, weil ihre Verfasser z. B. einseitig berichten oder etwas verschweigen. Man darf diese Texte also nicht einfach für die einzig mögliche „Wahrheit" halten, sondern muss sie gezielt befragen.

… und so wird's gemacht:

1 Fragen zum Verfasser
– Wer ist der **Verfasser**?
– Hat der Verfasser die Ereignisse, über die er berichtet, selbst erlebt?
– Versucht der Verfasser **neutral** zu sein oder ergreift er deutlich Partei für bestimmte Personen?

2 Fragen zum Text
– Um welche **Art von Text** handelt es sich: Bericht, Erzählung, Inschrift usw.?
– Welche Begriffe sind unbekannt? – Wo kann man eine Erklärung finden?
– Wovon handelt der Text?
– Welcher Gesichtspunkt steht im Mittelpunkt?
– Lässt sich der Text in **einzelne Abschnitte** gliedern? Welche Überschriften könnten sie erhalten?
– Wie lassen sich die Informationen des Textes kurz zusammenfassen?

3 Textabsicht erklären und Quelle beurteilen
– Welche Sätze enthalten **Sachinformationen**, welche Sätze geben die **Meinung** des Verfassers oder sein Urteil wieder?

– Wie kann man diese Unterschiede erkennen?

– Lässt sich mit der Herkunft des Verfassers erklären, warum er einseitig berichtet?

Ein eigenes Urteil bilden

Bevor Historikerinnen und Historiker sich über einen geschichtlichen Sachverhalt ein Urteil bilden, informieren sie sich zunächst so umfassend wie möglich. Sie befragen schriftliche Berichte ebenso wie z. B. Bildquellen. Erst wenn sie möglichst viele Fakten gesammelt haben, veröffentlichen sie ihr Ergebnis. Man spricht hier von einem Sachurteil, das von jedem überprüft werden kann.

Vom Sachurteil unterscheidet man das Werturteil. Darin wird gesagt, was wir persönlich heute über eine Sache denken. Das heißt, hierbei spielen auch unsere eigenen Wertvorstellungen eine Rolle. Wir sagen dann z. B., ob wir das Handeln von Menschen für richtig oder falsch halten. Ein Urteil muss nicht immer eindeutig sein. Ihr könnt auch abwägen: einerseits – andererseits. Respektiert andere Meinungen.

... und so wird's gemacht:

1 Art des Urteils festlegen

– Willst du wissen, was genau passiert ist, und ein Urteil aus der Sicht der damaligen Zeit heraus treffen (Sachurteil) oder möchtest du das Geschehen aus deiner Sicht heute bewerten (Werturteil)?

– Sammle hierzu verschiedene Texte, Berichte von Zeitzeugen oder bildliche Darstellungen zu diesem Thema.

2 Die Glaubwürdigkeit des Materials prüfen

– Finde heraus, ob die Verfasser einen bestimmten Zweck erreichen wollten oder ob sie einen Auftraggeber, der bestimmte Absichten verfolgte, hatten.

3 Aus heutiger Sicht ein begründetes Werturteil formulieren

– Überlege, ob wir heute genauso oder ähnlich handeln wie die Menschen damals. Was spricht dafür, was spricht dagegen? Was hat sich verändert?

4 Urteile abwägen und vergleichen

– Welche Darstellung oder Stellungnahme erscheint einleuchtend?

– Sammle Argumente, die für oder gegen eine bestimmte Beurteilung sprechen.

Geschichtskarten auswerten

Den Umgang mit Karten kennst du bereits aus dem Geographieunterricht. Im Geschichtsunterricht benutzen wir Geschichtskarten. Diese behandeln ein bestimmtes historisches Thema wie z. B. die Ausdehnung (Expansion) des Römischen Reiches. Um eine Geschichtskarte richtig lesen zu können, muss man sich vor allem die Erklärungen und die Bildunterschrift ansehen.

... und so wird's gemacht:

1 Thema der Karte finden

– Welches **Gebiet** ist dargestellt?

– Welcher **Zeitraum** wird behandelt?

– Um welches **Thema** geht es?

2 Darstellung des Themas herausarbeiten

– Welche Informationen kann man der **Legende** der Karte entnehmen?

– Welche Bedeutung haben die Flächenfarben?

– Welche Symbole enthält die Karte und was bedeuten sie?

– Wie groß sind Entfernungen und Ausdehnung eines Gebietes (**Maßstab**)?

3 Informationen der Karte auswerten

– Welche Aussagen kannst du zu einzelnen **Informationen** der Karte machen?

– Welche **Gesamtaussage** der Karte kannst du formulieren?

– Welche Fragen interessieren dich zusätzlich zu den Informationen, die du aus der Karte erhältst?

Eine historische Darstellung verfassen

Menschen haben schon immer Geschichte(n) erzählt, um Wissen über die Vergangenheit weiterzugeben. So gibt es zum Beispiel die griechischen und römischen Sagen, die mündlich weitererzählt wurden. Bei diesen Geschichten weiß man heute nicht mehr so genau, was sich tatsächlich ereignet hat und was frei erfunden ist. Daneben hast du auch schon Darstellungen von Historikerinnen und Historikern über frühere Zeiten gelesen. Solche Geschichtsdarstellungen versuchen, die Ereignisse der Vergangenheit möglichst exakt wiederzugeben.

Du kannst auch selber eine historische Darstellung schreiben. Du musst dann darüber berichten, was sich früher einmal ereignet haben könnte. Das heißt, du darfst nicht irgendwelche Geschichten frei erfinden. Du kannst also nur berichten, was du selbst erlebt oder was du aus glaubwürdigen Berichten von Zeitzeugen und aus Überresten (= Quellen) erfahren hast. Wenn du nicht sicher weißt, wie es wirklich war, dann musst du das angeben durch ein „vermutlich" oder „sicher wissen wir das nicht".

… und so wird's gemacht:

1 Thema der Erzählung festlegen
- Über welches **Thema** will ich etwas erzählen?
- Was soll im Mittelpunkt der Darstellung stehen?
- Über welchen **Zeitraum** will ich erzählen, wie kann ich ihn eingrenzen?

2 Informationen beschaffen
- Welche **Quellen** (z. B. Berichte von Zeitzeugen) gibt es?
- Welche **Darstellungen** wurden zu meinem Thema bereits geschrieben?
- Wo kann ich suchen? (Bibliothek, Archiv, Museum, Internet, Schulbuch)
- Wie glaubwürdig sind die Informationen, die ich beschafft habe?

3 Eine historische Darstellung verfassen
- Für wen schreibe ich meine Darstellung? (für meine Mitschüler, für meinen Lehrer, für meine Eltern)
- Wie **beginne** ich meine Darstellung? (weit ausholend, mit dem zentralen Ereignis, mit dem Denken oder Handeln einer wichtigen Person)
- Wie verknüpfe ich einzelne Teile der Darstellung?
- Wie mache ich deutlich, dass ein Teil der Darstellung nicht durch Quellen belegt ist? („vermutlich", „wahrscheinlich", „so könnte es gewesen sein")
- Wie **beende** ich die Darstellung?

Textquellen vergleichen

Woher wissen wir eigentlich, was vor tausenden oder hunderten Jahren geschehen ist? Es war von uns doch niemand dabei! Aber wir haben viele verschiedene Quellen, in denen Zeitzeugen uns von der Vergangenheit berichten. Seit der Antike können wir auch auf Textquellen zurückgreifen. Dabei berichten die Texte häufig aus der Perspektive der Person, die uns als Zeitzeuge dient. Damals wie heute ist es so, dass die Menschen Ereignisse und Zusammenhänge unterschiedlich erleben und wahrnehmen. So kommt es, dass die Texte manchmal ganz unterschiedliche Botschaften enthalten. Mit verschiedenen Fragen könnt ihr euch den verschiedenen Darstellungen nähern und so einen besseren Blick auf das jeweilige Ereignis gewinnen. So könnt ihr vermeiden, voreilige Schlüsse zu ziehen. Nicht immer ist das, was wortwörtlich dasteht, das eigentlich Interessante oder die eigentliche Botschaft.

… und so wird's gemacht:

1 Jeden Text für sich untersuchen
- Worum geht es in dem Text? (Wer? Wo? Was? Wann?)
- Welche **Textsorte** liegt vor?
- Was weiß ich über den **Autor** des Textes?
- Wie ist der Text **gegliedert**?

2 Vergleich der verschiedenen Texte
- Wo stimmen die Texte überein? Wo machen die Texte verschiedene Aussagen?
- Welche Passagen sind sachlich, welche geben eine Meinung oder Wertung wieder?
- Welche Ursache gibt es für die verschiedenen Darstellungsweisen?
  → Herkunft der Autoren? Absicht der Verfasser?

3 Texte bewerten
- Schenkt man einer Quelle mehr Vertrauen und wenn ja, warum?
- Gibt es Gesichtspunkte, die in beiden Texten unerwähnt bleiben?
- Was kann man zusammenfassend über das behandelte Thema feststellen?

Informationen präsentieren

Die Jungsteinzeit

Neuerungen:

Folgen:

1. Menschen werden sesshaft

Dörfer entstehen

2. Feldbauern und Tierhalter

Zugtier   Pflug

Ziege   Schwein   Schaf

Ein Lernplakat erstellen

Ein Lernplakat dient der Ergebnissicherung deiner Arbeit. Du kannst damit wichtige Ergebnisse zusammenfassen und veranschaulichen. Mit einem Lernplakat kannst du ein Thema präsentieren, deinen Mitschülerinnen und Mitschülern vorstellen und erläutern. ... und so wird's gemacht:

1 Thema auswählen

Orientiere dich, welche Themen zur Auswahl stehen. Entscheide dich für ein Thema. Du kannst mit einem Partner oder in der Gruppe arbeiten.

2 Wahlthema erarbeiten

Arbeite dein Wahlthema in Partnerarbeit oder Gruppenarbeit durch.

– Lies die Texte, betrachte das Bildmaterial dazu.

– Bereite das Lernplakat vor: Wie soll die Überschrift lauten?

– Welche Materialien werden benötigt? Stelle einen Arbeitsplan auf.

3 Material sammeln und auswählen

Sammle Bilder, Texte und weitere Materialien zu deinem Lernplakat. Du kannst in Sachbüchern, in einem Lexikon oder im Internet über das Thema weiter recherchieren. Trage deine Ergebnisse zusammen.

4 Das Lernplakat gestalten

Achte dabei auf Folgendes:

– Die Überschrift muss gut lesbar sein.

– Die Bilder und Fotos müssen zum Thema passen.

– Es muss insgesamt gut erkennbar sein, um welches Thema es geht.

– Die Texte und die Bilder sollten so angeordnet sein, dass die Betrachter schnell das Wichtigste erfassen können.

– Das Lernplakat informiert und zeigt deine Arbeitsergebnisse. Du kannst mithilfe des Plakates das Thema erläutern (Kurzvortrag).

Blaue Schrift: grundlegende Daten und Begriffe

Grundlegende Daten

(ab) 3000 v. Chr.:	Hochkultur in Ägypten
753 v. Chr.:	Gründung Roms nach der Sage
5. Jh. v. Chr.:	Blütezeit Athens
1. Jh. v. Chr.:	Übergang Roms von der Politik zur Kaiserzeit
um Christi Geburt:	Zeitalter des Augustus
(um) 500:	Reichsbildung der Franken
800:	Kaiserkrönung Karls des Großen

A

Altsteinzeit
Vor etwa 2 Millionen Jahren begann die Altsteinzeit. Sie endete mit der letzten Eiszeit vor 12 000 Jahren. In dieser Zeit lebten die Menschen ausschließlich als Jäger und Sammler. Sie zogen in familienähnlichen Lebensgemeinschaften von etwa 20 bis 30 Personen umher. Ihre Geräte und Waffen stellten sie aus Steinen, Knochen und Holz her.

Antike
Die Antike ist ein Zeitabschnitt nach der nichtschriftlichen Vor- und Frühgeschichte; beginnend mit den frühen Hochkulturen um 3000 v. Chr., endend mit dem Zerfall des Weströmischen Reiches ca. 500 n. Chr. Die Zeit der klassischen Antike in Griechenland beginnt um 1000 v. Chr. und endet um 500 n. Chr.

Archäologen
Sie erforschen durch Ausgrabungen und Bodenfunde alte Kulturen. Viele Funde werden zufällig entdeckt, z. B. bei Bauarbeiten. Die Auswertung der Funde erfolgt in einem Labor. Die Wissenschaft der Archäologen wird Archäologie genannt.

Aristokratie
(griech.: aristoi = die Besten; kratein = herrschen) Aristokratie bezeichnet die Herrschaft einer adligen Minderheit. Staatsform in den griechischen Stadtstaaten.

B

Bischof
(griech.: episkopos = Aufseher) Nach katholischer Lehre sind Bischöfe die Nachfolger der Apostel und Gesandte Jesu Christi. In ihren Gemeindebereichen (Diözesen) sind sie für Gesetzgebung, Verwaltung und Rechtsprechung zuständig. Einen höhergestellten Bischof mit noch größerer Verwaltungsverantwortung nennt

man auch Erzbischof.

Bronzezeit
Sie dauerte von etwa 2200 bis 800 v. Chr. Die Verarbeitung von Bronze setzte sich zuerst im östlichen Mittelmeerraum für Werkzeuge, Waffen und Schmuck durch. Mit Steinhämmern zerkleinerten die Bergarbeiter große Erzbrocken und mahlten sie anschließend mit Handmühlen. Das Erz wurde erhitzt, dann wurde die entstehende Bronze mit Zinn in einem Schmelzofen geschmolzen und in Formen gegossen. Aus den Formen konnten nun Schmuck, Werkzeuge und Waffen hergestellt werden.

Bürger
Dies waren in der Antike alle Personen, die am politischen Leben aktiv teilnahmen und das Bürgerrecht besaßen.

Bürgerrecht
In Rom galt das Bürgerrecht zunächst für die Bürger von Rom. Bürger waren freie erwachsene Männer, die wählen bzw. gewählt werden durften. Das Bürgerrecht war erblich, das heißt, wenn beide Eltern römische Bürger waren, hatte das Neugeborene automatisch Bürgerrechte. Ab 212 n. Chr. erhielten alle freien Bewohner des Römischen Reiches das Bürgerrecht.

Byzantinisches Reich
siehe Oströmisches Reich

C

Caesar
Das Wort leitet sich vom Ehrentitel „caesar" ab, der römische Kaiser der Antike.

Caesar, Gaius Julius (100–44 v. Chr.)
Er entstammte der römischen Patrizierfamilie der Julier. Als Feldherr der römischen Republik eroberte er in zehnjährigen Kämpfen ganz Gallien (Frankreich) und drang bis England und Germanien (Deutschland) vor. Er teilte sich die Macht in der römischen Republik zunächst noch mit zwei weiteren Patriziern, besiegte diese dann in einem Bürgerkrieg und machte sich zum Alleinherrscher (Diktator). Viele Senatoren befürchteten, dass Caesar die Republik zerstören wollte. Einige von ihnen töteten Caesar im März 44 v. Chr.

Christentum
Christen glauben an Jesus Christus, den Sohn Gottes, der als Mensch vor mehr als 2000 Jahren in Bethlehem, Palästina, geboren wurde. Das Christentum gehört, wie auch das Judentum und der Islam, zu den sogenannten Offenbarungsreligionen. Diese Religionen stützen sich auf Offenbarungen (Botschaften), die Menschen von Gott

empfangen haben. Schriftlich sind diese in der Bibel (Christentum), der Thora (Judentum) und dem Koran (Islam) festgehalten.

D

Demokratie
(griech.: demos=Volk, kratie=Herrschaft) Dies bezeichnet die Herrschaft aller im Unterschied zur Aristokratie und Monarchie. Es war in der Antike die Herrschaft aller männlichen Staatsbürger (Vollbürger) ab 20 Jahren, deren Eltern Athener waren. Diese relativ kleine Gruppe im Verhältnis zur Gesamtbevölkerung wirkte direkt an politischen Entscheidungen mit.

Diktator
In der römischen Republik konnte für besondere Krisensituationen auf Vorschlag des Senats einer der beiden Konsuln einen Diktator als außerordentlichen Beamten ernennen. Dieser bekam große Vollmachten. Seine Amtszeit (die Diktatur) war auf höchstens sechs Monate beschränkt. Die übrigen Magistrate (Beamten) blieben während dieser Zeit im Amt, waren jedoch dem Diktator untergeordnet. Caesar ließ sich 46 v. Chr. zunächst für zehn Jahre zum Diktator ernennen.

E

Eisenzeit
Die Eisenzeit dauerte von 800 bis 15 v. Chr. Für die Herstellung von Waffen und Werkzeugen wurde immer häufiger Eisen verwendet.

Epoche
Dies ist ein größerer Abschnitt in der Geschichte. Wir unterscheiden zwischen der Urgeschichte, der Antike, dem Mittelalter und der Neuzeit.

Evangelium
Das Evangelium ist die Botschaft Jesu vom Kommen des Gottesreiches. Diese Botschaft wurde zusammen mit Berichten über das Leben Jesu in den Werken der vier Evangelisten Matthäus, Markus, Lukas und Johannes aufgeschrieben. Damit ist sie Teil des Neuen Testaments in der Bibel.

Expansion
Als Expansion bezeichnet man z. B. die Ausdehnung des Römischen Reiches. Durch Kriege und politische Entscheidungen dehnte sich das Römische Reich auf bis dahin nichtrömische Städte und Länder aus, die dann von Römern regiert wurden.

F

Frankenreich

Das Frankenreich war ein auf dem ehemals römischen Gebiet von Gallien und den angrenzenden rechtsrheinischen Siedlungsgebieten entstandenes germanisches Königreich. Sein größter Herrscher war Karl der Große.

G

Gallien

So nannten die Römer das heutige Frankreich, Belgien, Teile Norditaliens und der Schweiz. Von Griechen und Römern wurden die Gallier auch Kelten genannt. Keltische Siedlungen gab es auch in anderen Gebieten Europas und im Mittelmeerraum.

Germanen

Germanen waren mehrheitlich freie Bauern. Es gab aber auch Adlige und Unfreie. Sie lebten mit allen Familienangehörigen in Sippen zusammen. Gemeinsam zog man in den Kampf und half sich gegenseitig. Mehrere Sippen schlossen sich zu Stämmen zusammen. Bedeutende Germanenstämme waren die Franken, Ost- und Westgoten, Burgunder, Alemannen, Langobarden und Vandalen.

H

Hellenismus

Der Siegeszug Alexanders hatte zur Folge, dass sich im Mittelmeerraum und im Orient die griechische Sprache und die Lebensformen der Hellenen weit verbreiteten. Diese Epoche (300–30 v. Chr.) wird daher mit dem Begriff „Hellenismus" bezeichnet.

Historiker (Geschichtswissenschaftler)

(griech.: Erkundung, Erforschung) Ein Historiker ist ein Wissenschaftler, der sich mit der Erforschung und Darstellung der Geschichte beschäftigt. Ein wichtiger Bestandteil dieser Arbeit ist die Überprüfung von Aussagen der geschichtlichen Quellen.

Hochkultur

Merkmale einer Hochkultur wie in Ägypten oder Mesopotamien waren: Staat mit zentraler Verwaltung und Regierung, Arbeitsteilung, ein Abgaben- oder Steuersystem, Recht, Schrift, Zeitrechnung, Kunst, Architektur, Anfänge von Wissenschaft und Technik.

I

Imperium Romanum

Dies bezeichnet die militärische und zivile Befehlsgewalt der römischen Konsuln.

Später wurde das römische Herrschaftsgebiet (das römische Weltreich) als Imperium Romanum bezeichnet.

Islam

Der Islam ist eine Religion, die im frühen 7. Jahrhundert in Arabien durch den Propheten Mohammed gestiftet wurde. Der Islam ist mit etwa 1,3 Milliarden Anhängern nach dem Christentum (2,1 Milliarden) die zweitgrößte Religion der Welt. Seine Anhänger bezeichnen sich als Muslime oder Moslems. Das Wort „Islam" ist arabisch und bedeutet Unterwerfung, Hingabe und Gehorsam gegenüber Gott. Ein gläubiger Moslem ist gehalten, sich dem einen Gott Allah ohne Vorbehalte zu unterwerfen. Der Islam ist damit wie das Judentum und das Christentum eine monotheistische Religion. Die heilige Schrift der Muslime ist der Koran.

J

Judentum

Das Judentum ist wie das Christentum und der Islam eine monotheistische Religion, also eine Religion, in der man an nur einen Gott glaubt. Die heilige Schrift der Juden ist die Thora, die aus den fünf Büchern Mose besteht. Sie wurde dem Volk der Juden von Gott übergeben. Der Ort des jüdischen Gottesdienstes ist die Synagoge.

Jungsteinzeit

Sie begann im Vorderen Orient um 11 000 v. Chr., im heutigen Deutschland etwa um 5500 v. Chr., und dauerte bis etwa 2200 v. Chr. In dieser Zeit gingen die Menschen zum Ackerbau und zur Viehzucht über. Sie wurden sesshaft und lebten in Siedlungen.

K

Kaiser

(lat.: Caesar) Das Kaisertum war die höchste weltliche Herrscherwürde. Nur der Papst konnte den Kaiser krönen, der damit auch große weltliche Macht gewann. Die mittelalterlichen Kaiser beanspruchten die Herrschaft über Italien und eine Einflussnahme auf die Kirche.

Karl der Große (747–814)

Karl der Große war König des Frankenreichs von 768–814. 800 krönte ihn der Papst in Rom zum römischen Kaiser. Karl führte zahlreiche Feldzüge: gegen die Sachsen im Norden und die Langobarden im Süden.

Er förderte die Kunst und Literatur, indem er zahlreiche Kirchen und Schulen bauen ließ.

Karolinger

Die Karolinger sind das Herrschergeschlecht der Franken, das ab 751 im Frankenreich die Königswürde innehatte. Es ist nach Karl dem Großen benannt.

Kelten

Sie bewohnten um 500 v. Chr. ein Gebiet, das sich von Ostfrankreich über West- und Süddeutschland bis nach Tschechien erstreckte. Von diesem Kerngebiet aus zogen im Laufe der Jahrhunderte immer wieder keltische Stämme bis nach Italien, Griechenland oder sogar Kleinasien. Andere drangen bis an die französische Mittelmeerküste vor, setzten nach England über und besiedelten auch Irland. In ihrem gesamten Herrschaftsbereich führten die Kelten den Gebrauch des Eisens ein. Woher sie die Kenntnis der Eisenverarbeitung hatten, ist bis heute nicht bekannt.

Kolonie

Eine Kolonie ist eine Tochtergründung einer griechischen Mutterstadt außerhalb der Heimat.

König

Ein König ist eine Person, die durch das Vorrecht der Geburt, z.B. durch Abstammung aus dem Adel, an der Spitze eines Staates steht. Das Königtum im Frühmittelalter hatte sich aus den germanischen Sitten und Gebräuchen entwickelt. Die Könige im fränkischen Reich wurden zwar gewählt, traten aber auch eine Erbfolge an.

Konstantinische Wende

Die konstantinische Wende ist die Entscheidung Kaiser Konstantins 313 n.Chr., die christliche Religion gleichberechtigt neben allen anderen Religionen im Römischen Reich zuzulassen.

Konsul

Dies waren die beiden obersten Beamten in der römischen Republik. Sie wurden von der Volksversammlung für die Dauer eines Jahres gewählt.

Koran

Es sind verschiedene Auslegungen des Korans entstanden, die auch in abweichenden Übersetzungen ihren Ausdruck finden.

L

Limes

Der Limes war eine Grenzbefestigung zwischen dem Römischen Reich und den von verschiedenen germanischen Völkern beherrschten Gebieten.

M

Metallzeit

Um 3000 v. Chr. lernten die Menschen, wie sie aus Metall Gegenstände formen konnten. Zunächst nutzten sie als Metall Bronze für Waffen, Werkzeuge und Schmuck. Abgelöst wurde die sogenannte Bronzezeit ab 800 v. Chr. in Europa von der Eisenzeit.

Metöken

(griechisch = Mitbewohner) Dies waren die Bewohner Athens, die vor allem in Handwerk und Handel tätig waren. Obwohl sie keine Sklaven waren, durften sie nicht an der Volksversammlung teilnehmen oder Land besitzen.

Migration

(lat.: migrare = wandern, sich bewegen) Das bedeutet, dass Menschen ihre Heimat verlassen, um woanders zu leben.

Missionierung

Missionare wurden von ihren Kirchen ausgesandt, um den christlichen Glauben weiterzuverbreiten und neue Anhänger zu taufen. Manchmal geschah die Missionierung auch gewaltsam durch Zwangstaufen.

Mittelalter

Dies war die Zeit zwischen Altertum und Neuzeit. Sie begann mit der Auflösung des Weströmischen Reiches (5. Jh.) und endete mit den Entdeckungen (um 1500).

Monarchie

Monarchie bezeichnet einen Staat, in dem eine durch Vorrecht der Geburt, wie z. B. Abstammung aus dem Adel, ausgezeichnete Person an der Spitze eines Staates steht (König, Kaiser). Heutige Monarchien gibt es in Dänemark, Schweden, den Niederlanden und dem Vereinigten Königreich.

Monotheismus

Der Gläubige einer monotheistischen Religion glaubt nur an einen Gott, z. B. in Judentum, Christentum, Islam.

N

Neolithische Revolution

Die Epoche der Jungsteinzeit (= Neolithikum) begann um 11 000 v. Chr. In der Jungsteinzeit änderte sich das Leben der Menschen grundlegend. Sie lebten nicht nur vom Sammeln und Jagen, sondern ernährten sich von Ackerbau und Viehzucht. Sie wurden zunehmend sesshaft und wohnten in festen Siedlungen. Diese radikale Änderung der Lebensweise wird Neolithische Revolution genannt.

Neuzeit

Die Neuzeit bezeichnet in Europa den Zeitraum von etwa 1500 bis zur Gegenwart.

Die Abgrenzung zum Mittelalter wird mit dem grundlegenden Wandel durch Humanismus, Renaissance und Reformation begründet.

Nilschwemme

Die Nilschwemme ist ein durch Regen verursachtes Hochwasser und Überschwemmung durch den Nil. Der Wasserstand des Nils stieg im alten Ägypten zwischen Juni und Oktober um bis zu acht Meter an und das flache Land verschwand unter den Fluten.

Nomaden

Die Jäger und Sammler der Altsteinzeit hatten keinen festen Wohnsitz, sondern wechselten im Laufe eines Jahres ihren Siedlungsplatz, um Gebiete aufzusuchen, in denen es ausreichend pflanzliche Nahrung und Tiere gab, die sie jagen konnten.

O

Olympische Spiele

Dies waren sportliche Wettkämpfe, die zu Ehren des Göttervaters Zeus in Olympia veranstaltet wurden. 293-mal konnten die Spiele 776 v. Chr. bis 393 n. Chr. in ununterbrochener Reihenfolge stattfinden. Danach wurden sie durch den römischen Kaiser Theodosius (347–395 n. Chr.) als heidnischer Brauch verboten. Der Franzose Baron de Coubertin (1863–1937) rief sie erst 1896 wieder ins Leben.

Oströmisches Reich

(auch: Byzantinisches Reich) Im 4. Jh. n. Chr. teilte sich das römische Großreich in ein Ost- und ein Weströmisches Reich. Kaiser Konstantin I. erklärte die Stadt Byzanz (heute Istanbul) im oströmischen Teil zu seinem Hauptsitz und Byzanz wurde 330 n. Chr. nach ihm in Konstantinopel umbenannt. Das Oströmische Reich hatte seine Blütezeit im 6. Jahrhundert n. Chr. und blieb bis 1453 bestehen.

P

Papst

(lat. papa = Vater) Oberhaupt der katholischen Kirche. Sein Amtssitz, der bischöfliche Stuhl des Bistums Rom, ist als heiliger Stuhl bekannt.

Papsttum

Das Amt und die Institution des Papstes.

Patrizier

(lat.: patres = die Väter) So wurde der römische Adel genannt.

Pfalz

(lat.: palatium = Palast) Da die mittelalterlichen Könige nicht von einer Hauptstadt aus regierten, sondern umherreisten, gab

es königliche Güter, in denen die Könige mit ihrem Gefolge auf Reisen untergebracht waren. Die Pfalzen waren keine Paläste, sondern große und gut befestigte Höfe. Sie dienten den Königen und ihrem Gefolge auch als Verwaltungssitz und Gerichtsort. Pfalzen waren über das ganze fränkische Reich verteilt.

Pharao

Dies war der Titel der ägyptischen Könige. Der Begriff bedeutet „großes Haus", das heißt Palast. Der Pharao war als Alleinherrscher oberster Herr aller Menschen am Nil. Ihm gehörten das Land, aber auch die Menschen und Tiere, die darin lebten. Es gab auch einige Frauen auf dem Pharaonenthron.

Plebejer

(lat.: plebs = Menge, Masse) Dies waren freie Bauern, Handwerker, Händler und Kaufleute in Rom, die nicht zum römischen Adel gehörten.

Polis

(griech.: Burg, Stadt; Mehrzahl: Poleis) Dies ist die Bezeichnung für die im alten Griechenland selbstständigen Stadtstaaten, z. B. Athen, Sparta, Korinth. Die Einwohner einer Polis verstanden sich als Gemeinschaft. Sie waren stolz auf ihre politische Selbstständigkeit und achteten darauf, wirtschaftlich unabhängig zu bleiben.

Polytheismus

Dies bezeichnet die religiöse Verehrung einer Vielzahl von Göttern, z. B. in der Antike durch die alten Griechen und Römer.

Prinzipat

(lat. princeps: der Erste im Staat) Diese Herrschaftsform wurde von Augustus eingeführt, äußerlich eine Republik, tatsächlich eine Monarchie.

Proletarier

(lat.: proles = die Nachkommenschaft) Dies ist die Bezeichnung der Römer für die Besitzlosen, die nichts außer ihrer Nachkommenschaft besaßen.

Provinzen

Provinzen waren alle Besitzungen des römischen Staates außerhalb der Halbinsel Italien.

Pyramide

Eine Pyramide ist eine Grab- und Tempelform verschiedener Kulturen. Im alten Ägypten waren dies mächtige Königsgräber für den Pharao. Die größte ist die Cheops-Pyramide, erbaut um 2540 v. Chr.

Q

Quellen

Dies sind alle Überreste und Überlieferungen aus der Vergangenheit. Zu den schriftlichen Quellen zählen wir: Tagebücher, Inschriften, Verträge, Briefe, Urkunden … Zu den nichtschriftlichen Quellen gehören Sachquellen wie Gefäße, Werkzeuge, Knochen, Baudenkmäler und bildliche Quellen wie Fotografien, Karten, Zeichnungen, Grafiken.

R

Recht

Das Recht sind Regeln, die für alle gelten und auf jeden Sachverhalt angewendet werden. Sie werden von gesetzgebenden Einrichtungen wie z. B. dem Parlament geschaffen. Schon im alten Ägypten gab es ein überliefertes Recht, das für alle galt: die Maat (= Weltordnung, Harmonie). Das erste schriftlich verfasste Recht wurde von König Hammurabi, dem Herrscher von Babylon, geschaffen.

Reisekönigtum

Im Mittelalter wurde das Reich von Bischöfen, Äbten oder Grafen verwaltet und der König reiste umher, um dafür zu sorgen, dass seine Gesetze durchgesetzt wurden. Daher war er ständig auf Reisen und man spricht in diesem Fall von einem Reisekönigtum.

Republik

(lat.: res publica = die öffentliche Sache) Als Republik bezeichneten die Römer ihren Staat. Sie wollten damit deutlich machen, dass die Macht nicht mehr von einem König, sondern vom Volk oder von Teilen des Volkes ausgeübt wird.

Romanisierung

Häufig übernahmen die besiegten Völker die römische Lebensweise, indem sie sich z. B. kleideten, ernährten oder wohnten wie die Römer. Auch in der Bauweise ihrer Häuser ahmten sie das römische Vorbild nach. Diesen Vorgang bezeichnet man heute als Romanisierung.

Römisches Bürgerrecht

In Rom galt das Bürgerrecht zunächst für die Bürger von Rom. Bürger waren freie erwachsene Männer, die wählen bzw. gewählt werden durften. Das Bürgerrecht war erblich. Seit 212 n. Chr. erhielten alle freien Bewohner des Römischen Reiches das Bürgerrecht.

S

Sagen

Sagen beschäftigen sich mit überlieferten Erzählungen aus der Frühgeschichte eines Volkes.

Senat

(lat.: senex = Greis) Rat der Ältesten, eigentliches Regierungsorgan in der römischen Republik.

Spezialisierung

Dies bedeutet, sich mit einem bestimmten Bereich (zum Beispiel der Herstellung von Bienenkörben) besonders vertraut zu machen. In der Urgeschichte nutzten die Menschen die Spezialisierung bereits, um sich die Arbeit untereinander aufzuteilen.

Staat

Als Staat wird eine Form des Zusammenlebens bezeichnet, bei der eine Gruppe von Menschen – das Volk – in einem abgegrenzten Gebiet nach einer bestimmten Ordnung lebt. Der ägyptische Staat gilt als einer der ersten Staaten, die wir kennen, und wird heute als „Hochkultur" bezeichnet. Er wurde um 3200 v. Chr. gegründet, nachdem die Oberägypter die Macht über ganz Ägypten übernommen hatten.

Staatsreligion

Ein Staat bestimmt eine Religion zur alleinigen Religion, alle anderen werden verboten. Unter Kaiser Theodosius (379–395) wurde das Christentum im Jahre 391 zur alleinigen Staatsreligion erklärt.

Statthalter

Dies ist die Bezeichnung für den Vertreter des Staatsoberhauptes oder der Regierung in einem Teil des Landes.

Steinzeit

Dies bezeichnet eine Epoche in der Frühgeschichte, die nach den Werkzeugen, die die frühen Menschen in dieser Zeit herstellten, benannt ist.

U

Urgeschichte

Darunter versteht man den Zeitraum vom Beginn der Menschheitsgeschichte bis um etwa 3000 v. Chr. Für diesen Zeitraum gibt es keine schriftlichen Quellen.

V

Verfassung

Eine Verfassung legt fest, welche Aufgaben und Rechte die Bürger haben und wer den Staat regiert. Sie kann eine „geschriebene Verfassung" sein, wie etwa das Grundgesetz der Bundesrepublik Deutschland.

Volksversammlung

Mindestens 40-mal im Jahr wurden die Bürger Athens zur Volksversammlung geladen. Auf der Volksversammlung wurden alle Gesetze beschlossen, die Beamten gewählt und über Krieg und Frieden entschieden.

Völkerwanderung

Umfangreiche Wanderbewegungen germanischer Völker zwischen 300 und 500 n. Chr. Aufgrund von Klimaverschlechterung, Hunger und Kriegen drängten die Germanen von Norden und Osten in das Römische Reich.

W

Wahl

Nach der Einführung der Demokratie in Athen im 5. Jahrhundert v. Chr. wählte die Volksversammlung jedes Jahr die Strategen. Dabei gaben sie ihre Stimmen für einen Mann ab und derjenige mit den meisten Stimmen gewann.

Weströmisches Reich

Das Weströmische Reich entstand 395 n. Chr. aus einer Teilung der Herrschaft im Römischen Reich unter den Söhnen des Kaisers Theodosius I. Der ältere Sohn erhielt den Osten des Reiches mit der Hauptstadt Byzanz, der jüngere regierte den westlichen Teil, zunächst von Mailand, später von Ravenna aus. Das Weströmische Reich zerfiel im 5. Jh. n. Chr.

Z

Zeitleiste

Damit wir die lange Geschichte der Menschheit überhaupt darstellen können, benutzen wir eine Zeitleiste. Sie ist eine in Jahre, Jahrzehnte oder Jahrtausende eingeteilte Linie, auf der man wichtige Ereignisse einträgt.

Zeitrechnung

Seit frühester Zeit haben Menschen in unterschiedlichen Kulturen die Zeit gemessen und Kalender entwickelt. Die christliche Zeitrechnung misst die Zeit in den Jahren vor und nach Christi Geburt. Nach jüdischem Glauben wurde die Welt 3761 v. Chr. erschaffen. Die islamische Zeitrechnung beginnt 622 mit dem Auszug des Propheten Mohammed von Mekka nach Medina.

Textquellenverzeichnis

1. Der Mensch und seine Geschichte

S. 17 M1: Autorentext **S. 22 M1:** Hubert Filser, Die Geburtsstunde des Urmenschen, in: Süddeutsche Zeitung, 09.04.2010, S. 16. **S. 23 M2:** Ders.: a. a. O. **S. 25 M1:** Owen, Linda R.: Männer jagen, Frauen kochen?, in: Eiszeit – Kunst und Kultur. Begleitband zur Großen Landesausstellung im Kunstgebäude Stuttgart, 18.09.2009. bis 10.0.2010, hg. von Archäologisches Landesmuseum Baden-Württemberg, Susanne Rau (Red.), Osterfildern (Thorbecke) 2009, S. 159. **S. 25 M2:** Dies., a. a. O. S. 161, bearb. **S. 27 M1:** Hans-Gert Oomen, in: Entdecken und Verstehen Baden-Württemberg 1, hg. von Hans-Gert Oomen u. Thomas, Berger-v.d. Heide, Berlin (Cornelsen) 2016, S.34 **S. 27 M2:** Ebd. **S. 34 M1:** Elisabeth Rastbichler Zissernig, Die Fundgeschichte – eine Zufallsgeschichte, in: Ötzi 2.0. – Eine Mumie zwischen Wissenschaft, Kult und Mythos, hg. von Angelika Fleckinger, Stuttgart (Theiss) 2011, S. 50. **S. 35 M2:** http://www.iceman.it/de/node/24, © Südtiroler Archäologiemuseum (07.10.2014); **S. 35 M3:** Eduard Egarter-Vigl, Kriminalfall Ötzi, in: Ötzi 2.0., a. a. O., S.73 f. **S. 43 M1:** www.historisches-forum-bayern.de/userfiles/Unterrichtsmaterialien/Informationsbroschuere_HFB.pdf, Staatsinstitut für Schulqualität und Bildungsforschung München, (08.05.2017) **S. 47 M1:** Friedemann Schenk, Die Neandertaler, München (C.H. Beck) 2008.

2. Ägypten – eine frühe Hochkultur

S. 53 Q1: Ägyptische Hymnen und Gebete, hg. von Jan Assmann, Zürich (Artemis) 1975, S. 500 ff. **S. 57 M1:** Autorentext **S. 59 Q1:** Altägyptische Weisheit, hg. und übers. v. Helmut Brunner, Darmstadt (WBG) 1988, S. 153 ff. **S. 62 Q1:** Herodot, Gesamtausgabe, Buch 2, hg. von Hans-Wilhelm Haussig, übers. v. August Horneffer, Stuttgart (Kröner), 4. Aufl., S. 145 ff. **S. 69 Q1:** Gesetzesstele Chammurabis, hg. u. übers. v. Wilhelm Eilers, Leipzig (Hinrichs) 1932, S. 16 f.

3. Die griechische Antike

S. 81 M1: www.uno-fluechtlingshilfe.de/fluechtlinge/fluechtlinge-erzaehlen/fluechtlinge-aus-suedsudan.html (08.05.2017) **S. 83 Q1:** Herodot, Historien IV, hg. u. übers. v. Josef Feix, München (Heimeran) 1977, S. 150 ff. **S. 84 M1:** Gustav A. Süß, Curriculum Geschichte, Altertum, Bd. 1, Frankfurt/Main (Diesterweg) 1975, S. 185 **S. 85 Q1:** Ludwig Drees, Olympia – Götter, Künstler und Athleten, Stuttgart (Kohlhammer) 1967, S. 68 **S. 86 M1:** Ludwig Drees, a. a. O., S. 59 **S. 91 Q1:** Die Fragmente, hg. u. übers. v. Heinrich Heitsch, München (Artemis) 1983, S. 19, bearb. **S. 91 Q2:** Xenophanes, Aus den Elegien, in: Die Fragmente der Vorsokratiker (griech. u. dt.), Bd.1, hg. v. Walter Kranz; übers. v. Hermann Diels, Berlin (Weidmann) 1922, S. 54 ff. **S. 93 Q1:** Thukydides II, 37-46, zit. n.: Materialien für den Geschichtsunterricht in den mittleren Klassen, Bd. 2, hg. v. Wolfgang Kleinknecht u. Herbert Krieger, Braunschweig (Diesterweg) 1982, S. 96. **S. 93 Q2:** Thukydides, Der große Krieg, übers. u. eingel. v. Herbert Weinstock, Stuttgart (Kröner), 5. Auflage 1959, zit. n.: Geschichte in Quellen, Altertum, Bd. 1., hg. v. Wolfgang Lautemann u. Manfred Schlenke, bearb. v. Walter Arend, übers. v. Herbert Weinstock, München (bsv) 1989, 4. Aufl., S. 227, bearb. **S. 97 Q1:** Herodot, Historien V, hg. v. Hans-Wilhelm Haussig, übers. v. August Horneffer, Stuttgart (Kröner) 1971, 4. Aufl., S. 347 **S. 97 Q2:** Herodot, Historien VII, Kap. 8, a. a. O., S.436, bearb. **S. 99 Q1:** Herodot, Historien VII, Kap. 139, a. a. O., S.485 **S. 101 Q1:** Xenophon – die sokratischen Schriften, hg. v. Ernst Bux, Stuttgart (Kröner) 1956, S. 249, bearb. **S. 101 Q2:** Die Kultur der hellenistischen Welt, übers. v. William Tarn u. Gertrud Bayer, Darmstadt (WBG) 1966, S. 302; **S. 102 M1:** Pierre Miquel u. Pierre Probst, Pierre, So lebten sie im alten Griechenland, übers. v. Heike Renwratz, Hamburg (Tessloff) 1928, S.30 **S. 102 Q1:** Xenophon – die sokratischen Schriften, a. a. O., S. 261, bearb. **S. 107 Q1:** Hippokrates. Fünf auserlesene Schriften, eingel. u. neu übertr. v. Wilhelm Capelle, Bd. 4, Zürich (Artemis) 1955, S. 628 ff. **S. 111 Q1:** Herodot, Historien III, a. a. O., S.80 ff. **S. 111 Q2:** §1 Abs. 3 GG: http://www.bundestag.de/bundestag/aufgaben/rechtsgrundlagen/grundgesetz/gg_01/245122 (09.10.2015)

4. Das Imperium Romanum

S. 117 M1: Autorentext **S. 119 Q1:** Titus Livius: Römische Geschichte, Buch 21, hg. u. übers. v. Josef Feix, Berlin (De Gruyter) 2000, S. 97 **S. 119 Q2:** Titus Livius: Römische Geschichte, Buch 33, übers. u. eingel. v. Walter Sontheimer, Stuttgart (Reclam) 1959. **S. 125 Q1:** Zit. n. Geschichte in Quellen. Altertum. Alter Orient, Hellas, Rom, hg. v. Wolfgang Lautemann, Manfred Schlenke, bearb. v. Walter Arend, übers. v. Wilhelm Capelle, München (bsv) 1975, S.647, bearb. **S. 127 Q1:** Livius, zit. n.: Geschichtsbuch 1, hg. v. Norbert Zwölfer, Berlin (Cornelsen) 1992, S. 134 f. **S. 129 Q1:** Tacitus: Annalen 1, 2, zit. n.: Geschichte Plus 5/6, Brandenburg, hg. von Walter Funken und Bernd Koltrowitz, übers. v. Helmut Willert, Berlin (Cornelsen) 5. Dr. 2010, S. 140, bearb. **S. 129 Q2:** Cassius Dio: Römische Geschichte, 5 Bände, übers. v. Otto Veh, Düsseldorf (Artemis & Winkler), zit. n.: Materialien für den Geschichtsunterricht in den mittleren Klassen, a. a. O., S. 317 ff., bearb. **S. 130 Q1:** zit.n.: Geschichte in Quellen, Altertum, a. a. O.; Otto Weinrich (Übers.), München (bsv) 1980, S. 599. **S. 130 Q2:** Römische Satiren, eingel. u. übertr. von Otto Weinreich, Zürich (Artemis) 1949, zit. n. Geschichte in Quellen, Altertum, a. a. O., S. 667 **S. 131 Q3:** Seneca, Bd. 3, Lucilius Briefe über Ethik 1–69, lat. Text v. François Préchac, übers. v. Manfred Rosenbach, Darmstadt (WBG) 1995, bearb. **S. 135 M1:** Eric Morvillez, Die Römer - Spuren der Geschichte. Königswinter (Fleurus) 2004, S. 34. **S. 137 Q1:** Seneca, Stoa und Stoiker, übers. v. Max v. Pohlenz, Zürich (Artemis) 1948, S. 265 **S. 137 Q2:** Plutarch: Große Griechen und Römer, eingel. u. übers. v. Konrat Ziegler, München (Artemis) 1954, S. 347 f. **S. 139 Q1:** Konrat Ziegler (Übers.): a. a. O., 1955, S. 258 **S. 139 Q2:** Florus, Epitome 118, 14, zit. n.: Antonio Guarino, Spartakus – Analyse eines Mythos, übers. v. Gullath, Brigitte, München (dtv) 1980, S. 126 **S. 139 Q3:** Appian, Römische Geschichte II, übers. v. Otto Veh, Stuttgart (Hiersemann) 1989, S. 93. **S. 141 Q1:** Zit. n. Geschichte in Quellen, Altertum, a. a. O., München (bsv) 1978, 3. Aufl., S. 645 f., bearb. **S. 145 Q1:** Zit. n. Judentum, hg. v. Peter Antes u. Gisela Aslam-Malik, Stuttgart (Klett) 1990, S.55. **S. 147 Q1:** Das Neue Testament. Briefe des Paulus an die Römer 12, 9–15 **S. 147 Q2:** Zit. n. Brennpunkte der Kirchengeschichte, hg. v. Herbert

Gutschera u. Jörg Thierfelder, Paderborn (Schöningh) 1976, S. 88. **S. 147 Q3:** Ebd. **S. 149 Q1:** Zit. n. Materialien für den Geschichtsunterricht, a. a. O., S. 408, bearb. **S. 149 Q2:** Zit. n. Brennpunkte der Kirchengeschichte, a. a. O., S. 47 **S. 153 Q1:** Augustus: Res gestae/Tatenberichte. Lateinisch, Griechisch, Deutsch, übers., komm. u. hg. v. Marion Giebel, Stuttgart (Reclam) 1975, S. 22 f., 34 f.,

5. Von der Antike zum Frühmittelalter

S. 159 M1: Sarah Schaschek, „Fliehe, warten, hoffen", in: Zeit LEO. Jan./Febr. 2015, S. 45. **S. 161 Q1:** Corpus iuris civilis. Eine Auswahl der Rechtsgrundsätze der Antike, hg. und übers. v. Rudolf Düll, München (Heimeran) 1960, bearb. **S. 163 Q1:** Gregor von Tours, Zehn Bücher Geschichten, Band 2, übers. v. Rudolf Buchner, Darmstadt (WBG) 1955, zit. n. Geschichte in Quellen. Mittelalter, Reich und Kirche, hg. v. Wolfgang Lautemann u. Manfred Schlenke, übers. v. Rudolf Buchner, München (bsv) 2. Aufl. 1978, S. 27 **S. 163 Q2:** Johannes Bühler, Das Frankenreich, Frankfurt/M. (Insel) 1923, S. 415 f. **S. 165 Q1:** Zit. n. Liber Pontificalis, Vita Leos III., hg. v. Louise Duchesne, Paris 1884–1892 **S. 167 Q1:** Einhard, Vita Karoli Magni. Das Leben Karls des Großen, übers. von Evelyn Scherabon Firchow, Stuttgart (Reclam) 1981 (Copyright 1968), S. 53. **S. 167 Q2:** Bilderstreit und Arabersturm in Byzanz. Das 8. Jahrhundert (717–813) aus der Weltchronik des Theophanes, übers., eingel. u. erkl. von Leopold Breyer, Graz, Wien, Köln (Styria) 1957, zit. n.: Geschichte in Quellen. Mittelalter., a. a. O.; übers. v. Leopold Breyer S. 71 **S. 169 Q1:** Johannes Bühler, a. a. O., S. 370 f. **S. 170 Q1:** Einhard: Das Leben Karls, in: Ausgewählte Quellen zur Geschichte des deutschen Mittelalters, hg. und übers. v. Reinhold Rau, Darmstadt (WBG) 1993, S. 193 ff., bearb. **S. 170 Q2:** Quellen zur karolingischen Reichsgeschichte unter Benützung der Übers. von O. Abel und J. v. Jasmund, Die Reichsannalen, Einhard Leben Karls d. Grossen; Reinhold Rau (Bearb.), (=Freiherr vom Stein-Gedächtnisausgabe V), Darmstadt (WBG) 1987, S. 197, **S. 171 M1:** Peter Brokemper, in: Geschichte Real 1, hg. v. Peter Brokemper, Elisabeth Köster, Dieter Potente, Berlin (Cornelsen) 2003, S. 179 **S. 179 Q1:** Der Koran, Sure 4,74 u. Sure 8,65, übers. u. komment. v. Rudi Paret, Stuttgart (Kohlhammer) 2010, 12. Aufl., S. 67 u. S. 131 **S. 179 Q2:** Ebd., S. 280 **S. 179 Q3:** Abdallah ibn al-Khatib: Kitab Amal al-alamn 1372–1374. Islamische Geschichte Spaniens, hg. und übers. v. Wilhelm Hoenerbach, Zürich (Artemis) 1970, S. 54 f. **S. 183 Q1:** Johannes Bühler, a. a. O., S. 223 f. bearb.

6. Technik verändert das Leben der Menschen

S. 191 Q1: Hellmut Brunner, Die Texte aus den Gräbern der Herakleopoliten-Zeit von Siut, in: Ägyptolog. Forschungen, 5/1937, S. 29 f. zit. n.: Geschichte lernen, 36/1993, S. 39, bearb.; **S. 195 Q2:** Strabo, Geographie 5, 3, zit. n. Stefan Eltner: Wasser für das Imperium, Römische Technik und Baugeschichte In: Praxis Geschichte 6/1993, S. 40.

7. Menschen machen Geschichte

S. 205 Q1: Zit. n. Manfred Clauss, Das alte Ägypten, Berlin (Alexander Fest Verlag) 2001, S. 197. **S. 205 M1:** Walter Saller, Geo Epoche, zit. n.: http://www.geo.de/magazine/geo-epoche/10805-rtkl-hatschepsut-die-frau-die-pharao-war (18.05.2017) **S. 208 Q1:** Seneca, zit. n. Hans-Joachim Gehrke, Alexander d. Große, München (C.H. Beck) 1996, S. 9 **S. 209 Q2:** Ebd., S. 100 f. **S. 209 M1:** Tanja Scheer im Interview zu Terra X „Alexander" am 06.10.2014: https://www.zdf.de/dokumentation/terra-x/fragen-von-zuschauern-und-antworten-von-terra-x-experten-zu-100.html (18.05.2017) **S. 210 Q1:** Iulius Caesar, Der Bürgerkrieg. Lat.-deutsch, hg. u. übers. v. Otto Schöneberger, Düsseldorf/Zürich (Artemis&Winkler) 2005, 4. Aufl., S. 33, bearb. **S. 211 Q2:** Marcus Tullius Cicero, zit. n. Wolfgang Will, Caesar, Darmstadt (WBG) 2009, S. 141. **S. 211 Q3:** Cicero: Philippische Reden gegen Antonius, Erste und zweite Rede, Lateinisch / Deutsch, übers. u. hg. v. Marion Giebel, Stuttgart (Reclam) 1998, S. 155. **S. 215 Q1:** Plutarch, Alexandros 6 In: Ders.: Große Griechen und Römer, eingel. u. übers. v. Konrat Ziegler, Bd. 5, Zürich/Stuttgart (Artemis) 1960, S. 12 ff., bearb. **S. 216 Q1:** Plinius d. Ä., Naturkunde, Lat./Dt., hg. u. übers. v. Roderich König in Zusammenarbeit mit Joachim Hopp, München/Zürich (Artemis) 1991, S. 155 f. bearb. **S. 217 Q1:** Herodot, hg. v. Hans Wilhelm Haussig, a. a. O., S. 164, bearb. **S. 219 M1:** Autorentext **S. 220 M1:** Autorentext.

Bildquellenverzeichnis

Cover: laif/Berthold Steinhilber; **S. 2|1:** picture-alliance/dpa; **S. 2|2:** F1online; **S. 3|3:** Fotolia/samott; **S. 3|4:** F1 online; **S. 4|5:** Stadt Aachen; © VG Bild-Kunst, Bonn 2025; Ottmar Hörl: Schachfiguren, 2014; **S. 4|6:** Museen der Stadt Regensburg/A. Boos; **S. 5|7:** Allstar/ABC; **S. 6|ob. re.:** Fotolia/samott; **S. 7|un. mi.:** Staatsministerium des Innern, für Bau und Verkehr

1. Der Mensch und seine Geschichte
S. 10/11: picture-alliance/dpa; **S. 13|5:** Bridgeman Images; **S. 14|1:** Mauritius images/imageBROKER/Siepmann; **S. 14|2:** Mauritius images/Westend61/EJW; **S. 14|3:** Mauritius images/imageBROKER/Thomas Robbin; S. 14|4: Reinhard Schmid/HUBER IMAGES; **S. 14|5:** picture-alliance/ dpa; **S. 15|6:** Mauritius images/Rainer Waldkirch; **S. 15|7:** picture-alliance/ prisma/© Bayerische Schlösserverwaltung; **S. 15|8:** SZ Photo/Gert Mähler; **S. 17|ob. li.:** akg-images/arkivi UG; **S. 17|ob. 2.v.l.:** picture-alliance/CTK; **S. 17|ob. 2. v. re.:** Fotolia/biker3; **S. 17| ob. re.:** Shutterstock/Vanessa Nel; **S. 17|un. li.:** mauritius images/United Archives; **S. 17|un. mi.:** Shutterstock/Elzbieta Sekowska; **S. 17|un. re.:** Fotolia/ stormy; **S. 20|1:** bpk/Alinari Archives; **S. 20|2:** akg-images/Science Photo Library; **S. 20|3:** bpk/Münzkabinett, SMB/Reinhard; **S. 20|4:** Interfoto/Sammlung Rauch; **S. 21|5:** bpk/Museum für Vor- und Frühgeschichte, SMB/Herbert Kraft; **S. 21|6:** mauritius images/Stockbroker RF; **S. 21|7:** Bridgeman Images; **S. 21|8:** picture-alliance/ dpa; **S. 21|9:** bpk/RMN – Grand Palais/Emilie Cambier; **S. 24|Randsp.:** Bridgeman Images; **S. 31|3:** BPK/RMN – Grand Palais/Jean Schormans; **S. 34|1:** Mauritius Images/Alamy/Martin; **S. 34|2:** Paul Hanny; **S. 35|3: :** Südtiroler Archäologiemuseum – www.icernan.it; Bridgeman Images/Wolfgang Neeb; **S. 37|2 und 3:** Wolfgang David; **S. 38|1:** mauritius images/Alamy; **S. 38|2:** Paul Hanny; **S. 39|3a–d:** Südtiroler Archäologiemuseum – www.icernan.it; **S. 39|3e und g:** Bridgeman Images/Wolfgang Neeb; **S. 39|3f:** Bridgeman Images; **S. 40|1:** Bayerisches Landesamt für Denkmalpflege-Luftbilddokumentation, Aufnahmedatum 30.05.2011, Foto: Klaus Leidorf, Archiv-Nr. 7736/114, Dia 9248-20; **S. 40|2:** Bayerisches Landesamt für Denkmalpflege-Luftbilddokumentation, Oberschneiding: Kreisarchäologie Straubing-Bogen, 2010; **S. 41|3a und 3b:** Archäologische Staatssammlung München, Stefanie Friedrich; **S. 41|3c:** Archäologische Staatssammlung München; **S. 43|1:** © Lothar Breinl, Fotograf: Florian Breinl; **S. 44|o.:** Staatsministerium des Innern, für Bau und Verkehr; **S. 44|1:** Geschichte in Buchbrunn e.V./Gabriele Koch; **S. 44|2:** ABK Süd; **S. 44|3:** Wolfgang David; **S. 44|4:** Museen der Stadt Regensburg; Foto: Michael Preischl; **S. 44|5:** © Archäologisches Museum der Stadt Kelheim, Kelheim 2016; **S. 44|6:** Fotowerbung Bernhard/Gäubodenmuseum Straubing; **S. 45|1:** bpk/Münzkabinett, SMB/Reinhard; **S. 45|4:** Wolfgang David; **S. 47|2:** Archäologisches Museum der Stadt Kelheim, Kelheim 2016; **S. 47|3:** INTERFOTO/Granger, NYC; **S. 47|4:** Interfoto/Mary Evans/Natural History Museum

2 Ägypten – eine frühe Hochkultur
S. 48/49: F1online; **S. 51|3:** bpk/Scala; **S. 51|4:** bpk/The Trustees of the British Museum; **S. 51|5:** 360 CREATIV/ddp images/robertharding/Lizzie ; **S. 52|1:** Huber Images/Gräfenhain; **S. 56|1:** Bridgeman Images; **S. 58|2:** bpk|Scala; **S. 60|1:** Bridgeman Images/Werner Forman Archive; **S. 60|2:** picture-alliance/Artcolor; Museum August Kestner Hannover, Fotograf: Christian Tepper; **S. 60|3:** Bridgeman Images; **S. 61|4:** bpk|The Trustees of the British Museum; **S. 62|2:** bpk|The Trustees of the British Museum; **S. 63|3:** Bridgeman Images; **S. 63|4a:** Bridgeman Images; **S. 63|4b:** bpk|The Trustees of the British Museum; **S. 65|1:** Interfoto/ARTCOLOR; **S. 65|2:** Bridgeman Images; **S. 65|3:** Bridgeman Images; **S. 66|Randsp.:** Imago/INSADCO; **S. 67|2:** stock.adobe.com/Lsantilli; **S. 68|Randsp. beide:** Bridgeman Images; **S. 69|2:** Bridgeman Images; **S. 71|ob.:** Huber Images/Gräfenhain; **S. 71|2. v. u.:** F1online; **S. 71|un.:** bpk|The Trustees of the British Museum; **S. 73|1:** bpk/The Metropolitan Museum of Art

3 Die griechische Antike
S. 74/75: Fotolia/samott; **S. 77|2:** imago sportfotodienst; **S. 77|3:** Mauritius images/Steve Vidler; **S. 77|4:** picture-alliance/dpa; **S. 77|5:** bpk|RMN – Grand Palais|Raphaël Gaillarde; **S. 78|1:** lookfoto/Thomas Stankiewicz; **S. 79|2:** akg-images/ Peter Connolly; **S. 80|Randsp.:** bpk|Antikensammlung, SMB/Johannes Laurentius; **S. 81|2:** picture alliance/Sueddeutsche Zeitung; **S. 85|2:** Bridgeman Images; **S. 86|1:** bpk|The Metropolitan Museum of Art; **S. 86|2:** Bridgeman Images; **S. 86|3:** bpk|The Trustees of the British Museum; **S. 87|4:** ddp images/Sven Simon; **S. 85|5:** picture alliance/dpa; **S. 87|6:** action press/Orange County Register via ZUMA action press; **S. 91|1:** Fotolia/kyrien; **S. 91|2:** bpk|Antikensammlung, SMB/Ingrid Geske; **S. 94|Randsp.:** akg-imges; **S. 95|2:** bpk|Scala; **S. 95|3:** dpa Picture-Alliance/ Deutscher Bundestag | © VG Bild-Kunst, Bonn 2025; Ludwig Gies: Der Bundestagsadler, 1953; **S. 97|2:** Bridgeman Images/ France Lauros /Giraudon; **S. 97|3:** bpk|Scala; **S. 98|2 und 99|3:** akg-images/Osprey Publishing/Salamis 480 BC/Peter Dennis; **S. 100|1 und 2:** Bridgeman Images; **S. 100|3:** bpk|Antikensammlung, SMB/Johannes Laurentius; **S. 101|4:** akg-images/Peter Connolly; **S. 101|5:** bpk|Antikensammlung, SMB/Johannes Laurentius; **S. 102|1:** bpk|RMN – Grand Palais|Hervé; **S. 102|2:** bpk|RMN – Grand Palais/Hervé Lewandowski; **S. 103|3:** bpk|Antikensammlung, SMB/Johannes Laurentius ; **S. 104|1:** ddp images/Robert Harding/James G; **S. 105|5:** picture alliance/Westend61; **S. 105|6:** Bridgeman Images; **S. 105|7:** Huber Images/H.P. Huber; **S. 106|1:** akg-images/ Peter Connolly; **S. 106|2:** bpk|Antikensammlung, SMB/Christa Begall; **S. 107|ob.:** bpk|Alinari Archives/Pedicini, Luciano for Alinari; **S. 107|un.:** bpk|Alinari Archives/Bencini, Raffaello; **S. 108|1:** picture alliance/dpa/Sven Hoppe; **S. 109|2. v.ob:** Bridgeman Images; **S. 109|un.:** picture alliance/Westend61; **S. 111|1:** fotolia/Irene Rick; **S. 111|2:** INTERFOTO/Christian Bäck; **S. 111|3:** dpa Picture-Alliance/ Deutscher Bundestag | © VG Bild-Kunst, Bonn 2025; Ludwig Gies: Der Bundestagsadler, 1953

4 Das Imperium Romanum
S. 115|ob. mi: bpk|Scala; **S. 115|2:** bpk/Alinari Archives; **S. 115|5:** Limesmuseum Aalen; **S. 116|Randsp:** AS Rom; **S. 117|2:** bpk/Alinari Archives; **S. 119|2:** mauritius images/mauritius images/ Jeff Morgan 03/Alamy; **S. 125|2:** INTERFOTO/Christian Bäck; **S. 128|1:** akg-images; **S. 128|Randsp.:** bpk|Scala; **S. 130|1:**

5 Von der Antike zum Frühmittelalter

6 Technik verändert das Leben der Menschen

7 Menschen machen Geschichte

Anhang

Auftragsillustrationen und Karten

Projektleitung: Dr. Christine Keitz, Dr. Uwe Andrae
Redaktion: Gisela Veerkamp
Grafik und Illustration: Klaus Becker, Oberursel; Thomas Binder, Magdeburg;
Erfurth&Kluger, Berlin; Elisabeth Galas, Bad Breisig; Heimann&Schwantes, Berlin;
A. Pflügner, Mörfelden-Walldorf; Matthias Pflügner, Berlin; Michael Teßmer, Hamburg;
Hans Wunderlich, Berlin;
Karten: Dr. Volkhard Binder, Telgte; Carlos Borrell Eiköter, Berlin;
hüttenwerke. Klaus Kühner, Hamburg
Bildassistenz: Jana Markert, Jana Tichauer, Anja Schwerin
Gesamtgestaltung: Heimann und Schwantes, Berlin
Technische Umsetzung: zweiband.media, Berlin

Das Umschlagbild zeigt den rekonstruierten römischen Tempelbezirk
im Park Cambodunum in Kempten (Allgäu). Foto von Berthold Steinhilber/laif.

www.cornelsen.de

Die im Werk enthaltenen Links (z.B. Mediencodes, QR-Codes) enthalten
zusätzliche Unterrichtsmaterialien, die der Verlag in eigener Verantwortung
zur Verfügung stellt.

Soweit in diesem Lehrwerk Personen fotografisch abgebildet sind und ihnen von der
Redaktion fiktive Namen, Berufe, Dialoge und Ähnliches zugeordnet oder diese Personen
in bestimmte Kontexte gesetzt werden, dienen diese Zuordnungen und Darstellungen
ausschließlich der Veranschaulichung und dem besseren Verständnis des Inhalts.

1. Auflage, 2. Druck 2025

Alle Drucke dieser Auflage sind inhaltlich unverändert
und können im Unterricht nebeneinander verwendet werden.

© 2018 Cornelsen Verlag GmbH, Mecklenburgische Str. 53, 14197 Berlin,
E-Mail: service@cornelsen.de

Druck: Livonia Print, Riga

ISBN 978-3-06-064906-8 (Schülerbuch)

PEFC zertifiziert
Dieses Produkt stammt aus nachhaltig
bewirtschafteten Wäldern und kontrollierten
Quellen.

PEFC
PEFC/12-31-006

www.pefc.de

Darum geht es ...	▶ Beispiele und Starthilfen

- Schätze die Situation aus der Rolle, die du übernimmst, ein. Was könnten die Beteiligten gedacht und gesagt haben?
- Sprich dich mit deinen Mitschülerinnen und Mitschülern über den Ablauf des Spiels, über den Beginn und den Abschluss ab. Fertige Notizen an.

- ▶ *Einladung an die Gäste, gemeinsames Essen ...*
- ▶ *Hauptteil: Fragen an die Bewohner stellen*
- ▶ *Gegenseitiges Berichten über Lebensgewohnheiten, dabei jeweils die Vorteile betonen ...*
- ▶ *Personen mit besonderen Fähigkeiten berichten*
- ▶ *Abschluss: Gäste ziehen friedlich ab ...*

überprüfen (prüfen)

Aussagen, Vorschläge oder Maßnahmen an Sachverhalten auf ihre sachliche Richtigkeit hin untersuchen und ein begründetes Ergebnis formulieren.

- Stellt zunächst fest, um was es geht.
- Erläutert, wie ihr bei der Überprüfung vorgeht.
- Begründet euer Ergebnis.

↗ **Aussagen, Behauptungen ...**

Behauptung: Altsteinzeit-Menschen waren primitiv.
- ▶ *Überprüfung der Aussage anhand der Materialien ...*
- ▶ *Unzutreffende Aussage, da*
  – Höhlenmalerei
  – Funde von Werkzeugen ...

untersuchen

Materialien oder Sachverhalte gezielt befragen.

- Sachtext analysieren: Um welches Thema geht es? Um welche Textsorte handelt es sich? Wer? Was? Wo? Wann? Wie? Warum? ... (siehe Methode: Einen Sachtext verstehen, S. 42).
- Textquelle: Wer ist der Verfasser? Hat er die Ereignisse, über die er berichtet, selbst erlebt? Bleibt er neutral oder ergreift er Partei? ... (siehe Methode: Textquellen untersuchen, S. 90).
- Bildinterpretation: Handelt es sich um ein Bild aus der Zeit oder ist es nachträglich entstanden? Was ist dargestellt? (siehe Methode: Bilder untersuchen, S. 64).

↗ **Informationen in Texten, Bildern, Sachquellen ...**

Eine Textquelle analysieren
- ▶ *Der Verfasser ist ...*
- ▶ *Er lebte ...*
- ▶ *Bei dem Text handelt es sich um ...*

vergleichen

Wesentliche Übereinstimmungen und Unterschiede finden, vorstellen und im geschichtlichen Zusammenhang begründen.

- Verschaffe dir einen Überblick über das, was zu vergleichen ist; Stichwörter sind hilfreich.
- Ordne nach 1. Gemeinsamkeiten und Ähnlichkeiten, 2. nach Unterschieden, Widersprüchen, Gegensätzen.
- Eine Tabelle kann sinnvoll sein.
- Beachte die jeweilige Zeit und die Umstände.
- Formuliere ein Ergebnis.

↗ **Zeiträume, Entwicklungen, Vorstellungen ...**

Vergleich: Vorstellungen vom Leben ...

Ägyptische Vorstellungen	Meine Vorstellung
Ein Leben nach dem Tod	
ja	*ja*
Anzahl der Götter	
Viele Götter	*Ein Gott, ...*

zusammenfassen (zusammentragen, wiedergeben)

Wesentliches herausfinden, Informationen knapp und richtig in Satzform und mit eigenen Worten wiedergeben.

- Suche wesentliche Informationen im Text.
- Formuliere in knapper Form.
- Schreibe nicht aus dem Buch ab, sondern erstelle eigene Texte.

↗ **Informationen in Texten, Grafiken ...**

Erkenntnisse der Wissenschaftler über ...
- ▶ *„Ötzi" lebte vor etwa ... und wurde ca. ...*
- ▶ *Zu seiner Kleidung gehörte ...*
- ▶ *Für einen gewaltsamen Tod spricht ...*

Exkursionsziele: Spuren der Römer in Bayern

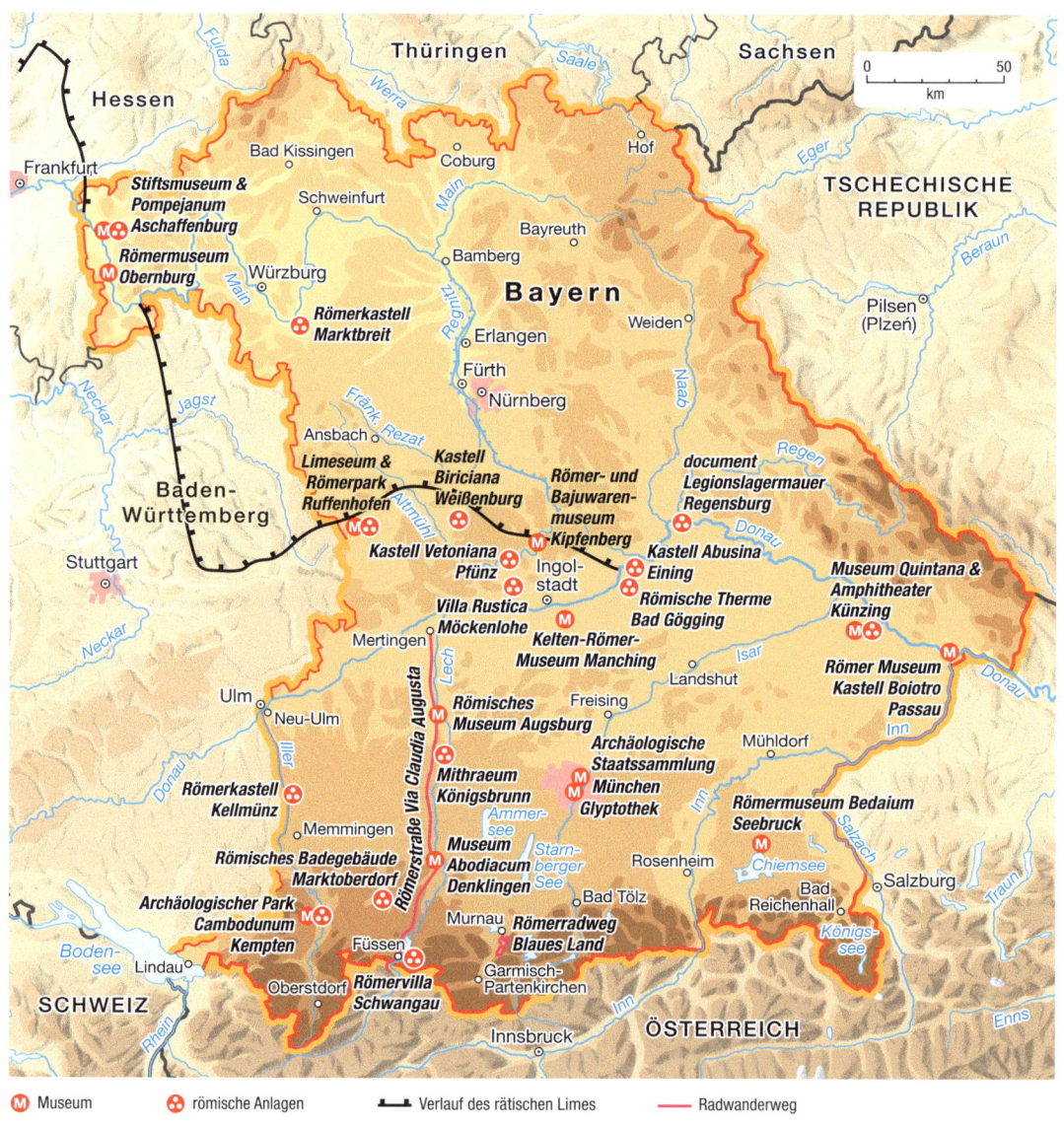

Hessen · Thüringen · Sachsen

Frankfurt

Stiftsmuseum & Pompejanum Aschaffenburg

Römermuseum Obernburg

Bad Kissingen · Coburg · Hof

Schweinfurt

Würzburg

Römerkastell Marktbreit

TSCHECHISCHE REPUBLIK

Bayreuth

Bamberg

Bayern

Erlangen · Weiden

Pilsen (Plzeń)

Fürth

Nürnberg

Baden-Württemberg

Ansbach

Limeseum & Römerpark Ruffenhofen

Kastell Biriciana Weißenburg

Römer- und Bajuwaren-museum Kipfenberg

document Legionslagermauer Regensburg

Stuttgart

Kastell Vetoniana Pfünz

Ingolstadt

Kastell Abusina Eining

Museum Quintana & Amphitheater Künzing

Villa Rustica Möckenlohe

Römische Therme Bad Gögging

Mertingen

Kelten-Römer-Museum Manching

Römer Museum Kastell Boiotro Passau

Ulm · Neu-Ulm

Römerkastell Kellmünz

Römisches Museum Augsburg

Freising

Landshut

Archäologische Staatssammlung München Glyptothek

Mühldorf

Römermuseum Bedaium Seebruck

Mithraeum Königsbrunn

Memmingen

Ammer-see

Römisches Badegebäude Marktoberdorf

Museum Abodiacum Denklingen

Starn-berger See

Rosenheim

Bad Tölz

Salzburg

Bad Reichenhall

Archäologischer Park Cambodunum Kempten

Füssen

Murnau

Römerradweg Blaues Land

Bodensee · Lindau

Oberstdorf

Römervilla Schwangau

Garmisch-Partenkirchen

SCHWEIZ

Innsbruck

ÖSTERREICH

M Museum · römische Anlagen · Verlauf des rätischen Limes · Radwanderweg

Karte: Das Frankenreich zur Zeit Karls des Großen von 768–814

Darum geht es ...

▶ **Beispiele und Starthilfen**

---

erstellen (gestalten, entwerfen, entwickeln)

Informationen auswählen, ordnen und sie überschaubar und informativ mithilfe eines Produkts vorzeigen.

- Kläre das Thema und das Produkt (z.B. Wandzeitung).
- Sammle Informationen und Bildmaterial.
- Fertige eine Skizze und ordne das Material probeweise an, bevor du klebst und schreibst.
- Sorge für die angemessene Größe (Schrift, Bilder ...) und für eine saubere und ansprechende Gestaltung.

↗ **Thematische Überblicke in Form von Wandzeitungen, Plakaten, Mindmaps, Ausstellungen ...**

Wandzeitung über Verfolgungen heute

Planung, Wandzeitung

Verfolgung:
Was ist das? (Definition)

Verfolgte:
Können wir etwas für sie tun?

Beispiele:
Wo? ... Wer? ...
Warum ...
Von wem? ...
Auswirkungen? ...
Fotos

---

herausarbeiten

Sachverhalte je nach Aufgabenstellung aus vorgegebenem Material entnehmen und wiedergeben.

- Kläre mithilfe eines Lexikons unklare Begriffe.
- Gib in eigenen Worten die wichtigsten Informationen wieder.

↗ **Informationen in Texten, Bildern, Schaubildern ...**

Bei den vorgegebenen Materialien handelt es sich um ...
- ▶ *Der Begriff X bedeutet ...*
- ▶ *Aus den Materialien geht hervor ...*
- ▶ *Zusammenfassend lässt sich sagen ...*

---

informieren (erkundigen, herausfinden, befragen)

Selbstständig Informationen über Geschichte beschaffen (z. B. durch Lexika, Fachbücher, Internet, Museen, Expert/-innen ...) und sachlich vorstellen.

- Überlege, woher du die gesuchten Informationen beschaffen kannst.
- Kläre, wie du die Infos verarbeiten willst (z. B. mündlich als Referat, schriftlich ...).
- Halte alle Infos z.B. als Notiz, Skizze, ... fest.
- Gib immer deine Quellen an!

↗ **Informationen, Daten ...**

Referat: Archimedes
- ▶ *Mithilfe dieser Mindmap möchte ich euch über Archimedes berichten ... Meine Informationen habe ich aus ...*

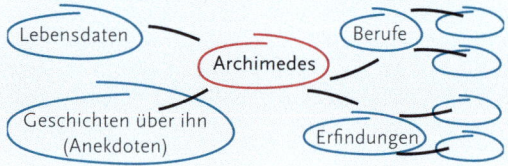

---

nennen (aufzählen, notieren)

In knapper und übersichtlicher Form einzelne, korrekte Informationen zusammentragen.

- Beginne mit einer Überschrift, dem Thema.
- Ordne die Informationen übersichtlich.
- Eine Tabelle/Übersicht kann hilfreich sein.
- Fasse dich kurz.

↗ **Informationen in Texten, Schaubildern ...**

Techniken in urgeschichtlicher Zeit

Altsteinzeit	Jungsteinzeit	Metallzeit
Jagen	Töpfern	Erzabbau
Sammeln	Weben	Schmelzen
...	...	...

---

spielen (sprechen als, handeln als, darstellen)

Sich in eine Situation in der Vergangenheit hineindenken, sie aus Sicht der Beteiligten einschätzen und entsprechend handeln.

- Kläre das Thema und das Produkt (z.B. Rollenspiel).
- Verschaffe dir Informationen über die Zeit und die Beteiligten, über ihre Bedeutung, Ziele, Wünsche, Möglichkeiten, Grenzen, ...

↗ **Situationen, Konflikte, Gespräche, Reden ...**

Begegnung von altsteinzeitlichen und jungsteinzeitlichen Menschen
- ▶ *Beginn: Gegenseitiges Betrachten, Neugier, Ablegen der Waffen ...*

Das römische Weltreich um 200 v. Chr.
(nach den Punischen Kriegen)

bis 133 v. Chr.
(Unterwerfung Spaniens/Erbe Pergamons)

bis 44 v. Chr.
(durch Pompeius und Caesar)

bis 14 n. Chr.
(beim Tode Augustus')

bis 117 n. Chr.
(durch Traian)

30 v.   Jahr der Erwerbung v. Chr.

74 n.   Jahr der Erwerbung n. Chr.

Iberia   Vom Röm. Reich abhängige Staaten 117 n. Chr.

-----   Provinzgrenzen zur Zeit Traians 117 n. Chr.

Thyni   Provinzhauptstadt

X   Schlacht

Chatti   Nichtrömische Völker

~~~   Flüsse

A.C. = Alpes Cottiae   A.P.   = Alpes Poeninae
A.M. = Alpes Maritimae   Ag. Dec. = Agri Decumates

enedae

S a r m a t i a

H u n n i

Borysthenes

Rha

Mare Caspium

Tanais

A l a n i

Olbia

Regnum

Bospori

47 v.

Tyras
57 n.

Panticapaeum

Chersonesus

Colchis

Iberia

Albania

107 n.

·cia

aiana
·etusa

·tium

Durostorum

Oescus

29 v.

Roxolani

Tomi

Moesia Inferior

Pontus Euxinus

Phasis

Ataxata

Araxes

Thracia
46 n.

Sinope

A r m e n i a
114–117 n.

Philippopolis

74 v.

P o n t u s

Philippi

Byzantium

Nicomedia

Zela

Tigranocerta

·onia

Sebaste Tectosagum

Galatia

Cappadocia

Nisibis

REGNUM

·Thessaloniki

Dardanos
Prusa

25 v.

17 n.

Assyria
115–117 n.

·salus

Pergamum

Melitene

Caesarea

73 n.

Carrhae

Mesopotamia
115–117 n.

PARTHORUM

Asia

Apamea

Lycaonia

Dura

·Athenae

Ephesus 133/129 v.

Cilicia
67 v.

Antiochia
63 v.

Syria

Ctesiphon

·nthus

Miletus

Pamphylia

Tarsus

Palmyra

Tigris

Lycia
74 n.

Rhodos Patara
74 v.

Cyprus

58 v.

Salamis

Emesa

Babylon

Creta
67 v.

Cnossus

Gortyn

Phoenicia
63 v.

105 n.

Damascus

Euphrates

Tyrus

Bostra

·yrene

·ica

Judaea
6 n.

Hierosolyma

unter röm. Kontrolle

A r a b i a

Alexandria

Pelusium

Petra

Arabia
106 n.

Nabataei

20 v.

Memphis

30 v.

Aegyptus

Nilus

Darum geht es ...	▶ Beispiele und Starthilfen

diskutieren

Zu einer Frage Argumente dafür und dagegen entwickeln, die am Ende zu einer begründeten Bewertung führen.

- Sammle Argumente dafür (pro) und dagegen (kontra).
- Gewichte die Argumente. Welches Argument ist am überzeugendsten und warum?
- Komme aufgrund der Gewichtung zu einer begründeten Bewertung.

↗ **Handlungen, Überzeugungen, Ereignisse, Konflikte ...**

Argumente entwickeln und abwägen
- ▶ *Für ... spricht ...*
- ▶ *Dagegen spricht ...*
- ▶ *Dieses Argument ist nicht überzeugend, weil ...*
- ▶ *Daher komme ich zu dem Schluss ...*

einordnen

Sachverhalte schlüssig in einen vorgegebenen Zusammenhang stellen.

- Kläre, welche Bedeutung die einzelnen Sachverhalte haben.
- Suche und benenne Verbindungen zwischen ihnen und mache sie deutlich.

↗ **Ereignisse, Sachverhalte ...**

Die Begriffe gehören zusammen ...
- ▶ *Jungsteinzeit – Ackerbau*

..., da die Menschen in der Jungsteinzeit sesshaft wurden und Äcker anlegten ...

erklären

Verständlich machen, was sich in der Vergangenheit ereignet hat, und begründen, warum und wie es dazu kommen konnte.

- Beginne mit der Ausgangssituation.
- Bringe Dinge, die sich nach und nach ereigneten, miteinander in Beziehung.
- Begründe deine Aussagen.

↗ **Zusammenhänge, Ursachen, Folgen ...**

Die Weitergabe von Wissen
- ▶ *In der Altsteinzeit war das Leben voller Gefahren ...*
- ▶ *Zunächst ..., dann ...*
- ▶ *Durch die Erfindung der Schrift ..., weil ...*

erläutern (ausführen)

Sachverhalte mit Beispielen oder Belegen veranschaulichen.

- Fertige Stichwörter zum Thema an.
- Beginne mit einer allgemeinen, aber wichtigen Aussage.
- Beziehe auch Einzelheiten mit ein.
- Beende den Text mit einer knappen Zusammenfassung.

↗ **Themen, Probleme, Überzeugungen ...**

Die Bedeutung der Erfindung von Rad und ...
- ▶ *Rad, Wagen, Transport, ...*
- ▶ *Die Erfindung von Rad und Wagen war von großer ...*
- ▶ *Vorteile erbrachten Rad und Wagen z.B. bei ...*
- ▶ *Zusammengefasst wurde der Alltag der Menschen ...*

erörtern

Zu einer vorgegebenen These oder Problemstellung durch Abwägen von Pro- und Kontra-Argumenten ein begründetes Ergebnis formulieren.

- Finde Pro- und Kontra-Argumente; eine Tabelle kann hilfreich sein.
- Stelle das stärkste Argument an den Schluss.
- Formuliere dein Ergebnis.

↗ **Probleme, Überzeugungen ...**

Ins römische Heer eintreten?

Pro	Kontra
– gesicherte Einkommens-quelle	– monatelang von zu Hause fort

Darum geht es ...	▶ Beispiele und Starthilfen

begründen

Aussagen (zum Beispiel eine Behauptung, eine Position) durch Argumente stützen, die durch Beispiele oder andere Belege untermauert werden.

- Erfasse den Inhalt der Aussage.
- Bearbeite die vorgegebenen Materialien und ziehe gegebenenfalls Material aus dem Unterricht hinzu.
- Suche Argumente für deine Begründung und gib zur Veranschaulichung Beispiele.

↗ **Überzeugungen, Meinungen ...**

Eine Begründung schreiben
- ▶ *Der Verfasser ist der Meinung, dass ...*
- ▶ *Er begründet dies mit ...*
- ▶ *Für die Aussage sprechen folgende Argumente ...*

beschreiben

Geschichtliche Einzelheiten und Zusammenhänge erkennen (z.B. Karte, Text, Bild) und mit eigenen Worten wiedergeben.

- Beginne mit dem Thema oder dem Titel.
- Beschreibe zuerst das Wesentliche.
- Gehe dann auch auf Einzelheiten ein.
- Fasse den Gesamteindruck zusammen.

↗ **Informationen in Bildern, Schaubildern, Texten ...**

Das Schaubild trägt den Titel ...
- ▶ *Es zeigt ...*
- ▶ *Von zentraler Bedeutung ist ...*
- ▶ *Mir fällt noch auf, dass ...*

beurteilen

Geschichtliche Ereignisse aus der Sicht der damaligen Zeit und deren Wertmaßstäben heraus beurteilen.

- Versetze dich in die damalige Situation und überlege, warum die Menschen so handelten.
- Suche evtl. weitere Informationen zu dem Geschehen.
- Entwickle Argumente aus deinen Ergebnissen, die du bei der Beurteilung einbeziehst.

↗ **Handlungen, Überzeugungen ...**

Ein begründetes Sachurteil formulieren
- ▶ *Die Menschen handelten so, weil ...*
- ▶ *Ihre Sichtweisen waren ...*
- ▶ *Ihre Ziele haben die Menschen ...*

bewerten (Stellung nehmen)

Geschichtliche Ereignisse aus heutiger Sicht und deren Wertmaßstäbe bewerten.

- Kläre und benenne den Maßstab für deine Bewertung.
- Beginne mit deiner Stellungnahme und füge stützende Argumente an.
- Wichtig ist, dass deine Meinung gut begründet ist.

↗ **Handlungen, Überzeugungen ...**

Ein begründetes Werturteil formulieren
- ▶ *Gerechtfertigt/nicht gerechtfertigt finde ich ...*
- ▶ *Einerseits ..., andererseits ...*
- ▶ *Wenn ich in der Situation wäre, würde ich ...*
- ▶ *Andere sind der Ansicht, dass ...*

darstellen

Sachverhalte mit ihren typischen Merkmalen beschreiben und unter bestimmten Gesichtspunkten zusammenfassen.

- Tipp: Nenne die Merkmale der Hochkultur Ägypten.

↗ **Informationen in Texten, Bildern ...**

Die Hochkultur Ägypten darstellen
- ▶ *Merkmale von Hochkulturen sind ...*
- ▶ *Folgende Merkmale treffen auf das alte Ägypten zu:*
- ▶ *Staatswesen Ägyptens*
- ▶ *...*

Exkursionsziele: Spuren der Ur- und Frühgeschichte in Bayern

Ⓜ Archäologisches Museum	✴ archäologischer Fundort	Ⓚ Ort mit keltischen Spuren